E. OTTO / PESTALOZZI

PESTALOZZI

WERK UND WOLLEN

VON

ERNST OTTO

Berlin

WALTER DE GRUYTER & CO.

vorm. G. J. Göschen'sche Verlagshandlung
J. Guttentag, Verlagsbuchhandlung
Georg Reimer, Karl J. Trübner
Veit & Comp.

1948

Archiv Nr. 34 71 48

Druckausführung: Mittler und Sohn, Berlin SW 68
919. 5. 48. 3000

Druckgenehmigungsnummer 9468 der Nachrichtenkontrolle der
Amerikanischen Militärregierung

VORWORT

„Ich sah den großen Glückszustand der Völker und besonders meines Vaterlandes in seiner ganzen Nichtigkeit. Ich sah die höchste sittliche, geistige und bürgerliche Verwilderung, in der unsere Geschlechter verblutet, wie Europa noch nie verblutete. Ich sah endlich das Volk unsers Weltteils durch Armut, Elend und Not allgemein in eine Tiefe versinken, wie Europa's Völker noch nie so allgemein versunken sind."

Pestalozzi an's Publikum, 1817.

Es ist eine begründete Tatsache, daß das Leben großer Persönlichkeiten in jedem Zeitabschnitt neu geschrieben werden will. Dies um so mehr, je stärker die Auffassung und Darstellung eines Lebenswerkes ihrer Zeit verhaftet ist oder gar umgedeutet und einseitig für ein bestimmtes Weltbild, eine bestimmte Weltanschauung in Anspruch genommen wurde.

Für Pestalozzi liegt es nun so, daß sein Werk und Wollen, das wirklich Gemeinte ungemein schwierig zu entziffern ist im Neben- und Durcheinander der Vorarbeiten, der Hauptschrift, der geplanten oder ausgeführten Neubearbeitungen, von ihm selbst oder von einem Mitarbeiter geschrieben, durchstrichen, verbessert, ergänzt, mit oft sehr bedeutsamen Neuansätzen oder bloßen Wiederholungen. Erschwert wird das Verständnis der Schriften durch die entwickelnde Art der Darstellung: Pestalozzi gibt wohl auch das Ergebnis seiner Überlegungen, systematisch geordnet, mehr indes, und zwar in immer neuen Anläufen, den Ablauf der sich in der Niederschrift erst klärenden Betrachtungen. Das gilt für die vorbereitenden Aufzeichnungen wie für das eigentliche Werk, schließlich auch für die Verbesserungen und Nachträge — die wieder „Fragmente" sein können.

Dazu kommt seine eigenwillige Ausdrucksweise, der typische Niederschlag seiner eigenartigen Denkform und ursprünglichen Anschauungsweise, in der sich oft Ansätze unaussprechlicher Wahrheiten verbergen. Daher versagt das übliche Verfahren, sein Wollen durch gelehrte Parallelen aus der Geschichte zu erläutern oder seine Gedanken gar auf ältere Quellen zurückzuführen, so daß schließlich alles schon einmal gesagt wäre. Das bedeutete nichts anderes als eine Fälschung. Pestalozzi vertritt nicht Rousseaus Pessimismus und Naturalismus, nicht Leibnizens Lehre vom Wandel unklarer Perzeptionen (Vorstellungen) zu klarem Bewußtsein, noch dessen Entfaltung göttlicher Kräfte im Menschen, nicht Kant noch Schelling, nicht Fichte noch Schleiermacher, noch weniger Nietzsches Kampf gegen die behagliche Selbstzufriedenheit des Spießbürgers. Es ist vielmehr bei ihm grundsätzlich alles anders: „Ich blieb, was ich war, und keine meiner Adern nahm einen Tropfen Blut auf, der das meinige in dieser Hinsicht auch nur im geringsten anders gemacht hätte, als es immer war." Wenn er auch zeitweise, um 1790, recht viel gelesen hat, so bezeugen doch seine „Bemerkungen zu gelesenen Büchern" und die gleichzeitigen Arbeiten, daß wohl diese oder jene Idee, z. B. die Zusammenhänge von Eigentum, Recht und Sittlichkeit, in seinem Denken einen gut vorbereiteten Boden gefunden hat, späterhin aber mehr zurücktritt. Da gibt es keinen Knick, sondern nur eine stete „Entfaltung" der in ihm liegenden „Keime". Pestalozzi bleibt immer er selbst! Daher hat er uns auch mehr zu sagen als irgendeiner der überzeugenden Künder menschlichen Seins und Sollens; er, der auch in einer Zeit der Kriege und Revolutionen, der Zerstörung und des Aufbaus gelebt und, bei aller Nüchternheit kritischer Beurteilung, doch an das Gute im Menschen, im armen Menschen geglaubt hat.

Dies mahnt zu verdoppelter Vorsicht, Pestalozzi nicht in ein bekanntes Schema zu pressen, einer bestimmten Zeit und ihrer Betrachtungsweise zu überantworten. Daher macht die vorliegende Schrift den schlichten Versuch, statt geistvollen Redens über Pestalozzi, seine Reifung und die Formulierung einzelner Gedankengänge im Zusammenhang des Ganzen aus Pestalozzi selbst zu verstehen, ihn dabei möglichst selbst sprechen zu lassen, um nicht einer späteren Klärung die Wege zu sperren. Denn es ist ein mühseliger, nicht immer durchschaubarer Aufstieg von der Aufweisung der „Anfangspunkte" bis hin zum „inneren Wesen" der Elementarbildung. Aus diesen Gründen müssen auch ältere Darstellungen über Pestalozzi stärker zurücktreten.

Besonders dankbar fühle ich mich verpflichtet der Biographie Pestalozzis von H. Morf (Bd. I—IV, Winterthur 1868, 1885 und 1889), der Pestalozzi-Bibliographie Aug. Israels in den Mon. Germ. Paedag. (Bd. XXV, XXIX, XXXI, Berlin 1903, 1904 und 1905) und H. Schönebaum für seine vier Pestalozzibücher (Leipzig bzw. Erfurt und Langensalza 1927, 1931, 1937 und 1942), dazu den im Text erwähnten Schriften. Die politischen Ereignisse der letzten Jahre haben die Beschaffung von Texten und Quellen ungemein erschwert, wenn nicht gar unmöglich gemacht. Mein Dank gilt weiterhin Fr. Mann, Bibliothek pädagogischer Classiker III und IV, Langensalza 1906 bzw. 1894; desgleichen der zweiten Pestalozzi-Ausgabe von L. W. Seyffarth (Liegnitz 1899 ff.), deren Zitate mit S vor der Angabe des Bandes gekennzeichnet sind, z. B. S X—25, d. h. Seyffarth, Liegnitzer Ausgabe, X. Bd., Seite 25, während die Abkürzung Ma auf die erwähnten Werke Fr. Manns hinweisen. Einen unermeßlichen Wert bedeutet die kritische Ausgabe von Buchenau-Spranger-Stettbacher (Berlin 1927 ff.), die bisher infolge der tragischen Weltkatastrophe nicht bis zum Abschluß gefördert werden konnte. Der Text der Werke, Textkritik und Sacherklärung der einzelnen Bände von E. Dejung, W. Feilchenfeld, H. Schönebaum, G. Stecher und ihren Mitarbeitern geben ein umfassendes und gewissenhaft erarbeitetes Material, das der Forschung späterer Jahre noch unschätzbare Dienste leisten wird. Wo ein weiterer Hinweis fehlt, z. B. XII—50, ist auf diese kritische Ausgabe Bezug genommen. Dabei wurde, trotz der störenden Unterschiedlichkeit der Schreibweise, die in den betreffenden Ausgaben vorliegende Rechtschreibung beibehalten.

Herrn Dr. Herbert Schönebaum, der sich der großen Mühe unterzogen hat, die Korrektur mitzulesen, bin ich für seine gütige Hilfsbereitschaft und Unterstützung aufrichtig dankbar.

Es erhebt sich nun die Frage, welcher Weg zu wählen ist, um Werk und Wollen Pestalozzis geordnet darzustellen. Soll die systematische Methode gewählt werden oder, was näher liegt, die historische Entfaltung seiner Gedanken und Ideen? Kann die Einheit seiner großen Schriften und Reden ganz aufgelöst und leitenden Gesichtspunkten eingeordnet werden? Dadurch ginge sicherlich ein gut Stück seiner besonderen Eigenart verloren, besonders auch die übersichtliche Stellungnahme zu großen Zeitereignissen und zu Problemen, die er immer wieder in anderen Zusammenhängen geschaut hat. Andererseits bedarf es der Sonderung umfassender Gedankenkreise, um die reiche Fülle seiner nach Klärung drängenden Überzeugungen einigermaßen überschaubar und einsichtig zu machen.

Wir werden demgemäß in jedem Hauptteil, ohne die Einheit gegebener Zusammenhänge zu gefährden, je eins der umfassenden Probleme gesondert herausstellen, mit denen Pestalozzi gerungen hat. So ergeben sich drei Teile: Pestalozzi der Methodiker, Pestalozzi der Volkserzieher und Pestalozzi der Wahrheitssucher. Da sich mit der inneren Berufung zum Schulmeister für Pestalozzi zunächst eine ganz neue Bahn eröffnet, stellen wir diesen grundlegenden Aufgabenkreis, der von der Methode handelt, den beiden anderen voran, um dann zu Ende des letzten Teiles, der die Begründung seines Wahrheitsstrebens gibt, die Einheit seines Lebenswerkes wiederherzustellen. Wenn auch Überschneidungen bzw. Wiederholungen nicht zu umgehen sind, so erscheint derselbe Gegenstand doch jedesmal in dem neuen Zusammenhang in anderer Beleuchtung.

Jeder einzelne Teil gliedert sich in I. „Einführung“ und II. „Ausführung“. In der ersteren wird das einzelne Werk dem Ganzen sachlich und zeitlich eingeordnet, dazu eine allgemeine Charakteristik gegeben, in inhaltlicher sowohl wie in sprachlich-stilistischer Hinsicht.

Im Mittelpunkt der „Ausführung“ stehen jedesmal entscheidende Schriftwerke, denen gleichzeitige oder verwandte Aufsätze, Briefe, kürzere Reden u. dergl. angefügt sind, mit vergleichenden Verbindungslinien zu früheren oder auch späteren Anschauungen, und zwar wiederum unter Angabe der betreffenden Werke und ihrer Entstehungszeiten, wo die Häufung solcher Nachweise die Lektüre nicht unnötig erschwert hätte. Weitere Rechenschaft meines Verfahrens wird die „Rückbesinnung“ am Ende der Schrift erstatten.

Die Spannung zwischen genauer Bezeichnung der herangezogenen Belege und der flüssigen Lesbarkeit des Textes ist nicht leicht zum angemessenen Ausgleich zu bringen. Um den Zusammenhang nicht dauernd zu stören, sind daher, wo irgend angängig, die Stellennachweise bis zum Ende der betreffenden Abschnitte verschoben und dann in der Reihenfolge der natürlichen Zahlen angefügt worden.

E. Otto.

Coswig (Dresden), 31. August 1945.

INHALTSVERZEICHNIS

ERSTER TEIL

Seite

PESTALOZZI DER METHODIKER

ZWEITER TEIL

Seite

PESTALOZZI DER VOLKSERZIEHER

DRITTER TEIL

PESTALOZZI DER WAHRHEITSSUCHER

ERSTER TEIL

Pestalozzi der Methodiker

Das siebzehnte und achtzehnte Jahrhundert ist das Zeitalter der Methode. Nach dem Zusammenbruch der mittelalterlichen Forschung griff man wiederum auf die klassische Kultur zurück, zunächst aber, mit Beginn der Renaissance, auf Sprache und Inhalt der Antike. Das neue Lebensgefühl verlangte überdies nach klärender Besinnung über die „Bestimmung" des Menschen, über Sein und Sollen des „neuen Lebens", der vita nuova, der scienza nuova. Dazu bedurfte es einer neuen Methode, zuvörderst in der Wissenschaft, dann aber auch in der Erziehung. „Methode, Methode ist's, meine Herren, die die Aufmerksamkeit fesselt", ruft Herder aus in seiner Rede „Von der Grazie in der Schule".

Ob man nun „ratio" sagte, wie Erasmus und Vives (De ratione studii) nach Art der jesuitischen Schulordnungen, oder „organon", wie Fr. Bacon (Novum organon) im Anschluß an Aristoteles, oder „Methode" wie Ratke und Komenský (Methodus linguarum) sowie Descartes (Discours de la méthode) und Leibniz (Nova methodus), ebenso Basedow und Felbiger (Methodenbuch, nach Art des früheren Schulmethodus, z. B. von Gotha), oder „Didaktik", „Ordnung" (Francke), „Principia" etc. — immer steht das Bestreben nach methodischer Bewältigung und Durchdringung der gegebenen oder aufgegebenen Welt der Dinge und Menschen im Hintergrund.

So auch bei Pestalozzi! Sein Ringen um eine neue Methode ist teils reine Wissenschaft, eine Anthropologie und Soziologie mit den Grundfragen nach dem Wesen des Menschen sowie der menschlichen Gesellschaft; teils Normwissenschaft mit der Frage, wie der Mensch, die Menschheit sein soll. So erklärt es sich, daß die ursprüngliche, aus Erfahrung und Experiment erwachsene Methode sich immer mehr wandelt zur Idee der „naturgemäßen Elementarbildung", zu einer Kulturphilosophie auf weltanschaulicher Grundlage, die sich als ewige Aufgabe der gesamten Menschheit verpflichtet fühlt. Dies deutet das ständige Beiwort „Idee“ an, das allmählich, vielleicht unter Niederers Einfluß, frühere Bezeichnungen wie „inneres Wesen“, „Werk meiner selbst“ mehr und mehr ersetzt. Damit mündet das Anliegen der Schule in das Werk der Volkserziehung des Wahrheitssuchers Pestalozzi ein, was in dem abschließenden und zusammenfassenden Abschnitt des dritten Teiles zum Ausdruck kommt.

Die gesuchte Elementarbildung meint zunächst das geschlossene, allgemeine und allgemeingültige System von Kategorien jeglicher Bildung schlechthin, mit Pestalozzis Worten: die ewige, lückenlose Stufenfolge von vereinfachten Bildungsmitteln, welche den Fundamenten, Elementen oder Anfangspunkten der gesamten Natur und ihren Gesetzlichkeiten, im besonderen der göttlichen Menschennatur und ihrer Entfaltung entsprechen. Menschenbildung ist auf dieser Grundlage harmonische Kraftbildung. Wie Pestalozzi 1802 an seinen Freund Stapfer in Paris schrieb, bedeutet „Methode“ den „gemeinsamen Vereinigungspunkt alles Wahren und Guten“ aller Stände und aller Kinder (Morf, a. a. O. II—136). Ihre Anwendung knüpft an die äußere Lage und die inneren Bedürfnisse des einzelnen Menschen an.

Dem ersten Teil liegen folgende Werke zugrunde:

1. Über den Aufenthalt in Stanz (1799), Bd. XIII.
2. Denkschrift Die Methode (1800), Bd. XIII. — Vorarbeit der Denkschrift (1800), Bd. XIII. — Fragment der Denkschrift (1800), Bd. XIII.
3. Wie Gertrud ihre Kinder lehrt (1801), Bd. XIII. („Geßnerbriefe“). — Vorarbeiten und Entwürfe (seit 1799), Bd. XIII. — Fragmente zu einer Neubearbeitung (1802—4), Bd. XVI. — Neue Vorrede und Zusätze der Cottaschen Ausgabe (1820), Bd. XIII.
4. Erklerung über die Grundseze und Mittel meiner Methode sowie über ihren Erfolg (1803—4), Bd. XVI.
5. Ansichten und Erfahrungen, die Idee der Elementarbildung betreffend (1806—7), S IX.

I. EINFÜHRUNG

1. In seiner Schrift „ÜBER DEN AUFENTHALT IN STANZ" erstattet Pestalozzi im Jahre 1799 seinem Freunde Heinrich Geßner einen ausführlichen Bericht über die Armenanstalt, die er, nach Errichtung der Helvetischen Republik, am 14. Januar 1799 für die verwaisten Kinder des Halbkantons Nidwalden eröffnet hatte. Auf die Nachricht der anrückenden österreichischen bzw. französischen Truppen wurde die Anstalt am 8. Juni geschlossen.

In Stans hatte die Regierung das neue Gebäude der Ursulinerinnen Pestalozzi als Wohnung zur Verfügung gestellt. Aber Schwierigkeiten über Schwierigkeiten drängten sich ihm in den Weg: das schlechte Wetter (Winter!); die Unfertigkeit des Gebäudes; Unreinlichkeit und Krankheit der ungepflegten und unerzogenen Kinder; außer einer Haushälterin keine Hilfe; die Verelendung der ganzen Umgebung; das Mißtrauen der Bevölkerung gegenüber dem Anhänger und Vertreter der revolutionären Regierung; das Mißtrauen der Kinder, obgleich Pestalozzi ständig, Tag und Nacht, unter ihnen weilte, für sie sorgte und mit ihnen arbeitete; die Unvernunft der Eltern — vieles, was er schon in der Armenanstalt auf seinem Gute Neuhof erfahren hatte. Schließlich gelang es ihm doch, die Herzen der Kinder zu gewinnen.

Der Unterricht fand morgens von 6 bis 8, nachmittags von 4 bis 8 statt, wie Pestalozzi an den helvetischen Minister Rengger berichtet[1]). In Wirklichkeit scheinen die Kinder jedoch, nach Pestalozzis Bericht über den Aufenthalt in Stans (XIII—13), „vom frühen Morgen bis an den späten Abend fast unabläßig" zum Lernen angehalten zu sein. Ursprünglich ging er allerdings darauf aus, im Sinne seiner früheren Pläne (XIII—26) „das Lernen mit dem Arbeiten, die Unterrichts- mit der Industrie-Anstalt zu verbinden", ja auch noch mit der „Land-

---

[1]) Die Zeiteinteilung des Tages war zu allen Zeiten recht verschieden. Man vergleiche den „Rechenschaftsbericht" des Jahres 1802 (im XIV. Bd.) mit den Angaben A. Zanders, Leben und Erziehung in Pestalozzis Institut zu Iferten, Aarau o. J., S. 14 ff.

kultur". Aber Mangel an Personal und Maschinen hatte verhindert, daß man über die Anfänge des Spinnens nicht hinauskam. Immerhin erklärten sich die Kinder bereit, gegebenenfalls noch mehr zu arbeiten (16). Wenn also nicht viel klingender Gewinn dabei erzielt wurde, so schätzte Pestalozzi diese Anfänge doch wenigstens unter dem Gesichtspunkt der (formalen) Übung aller leiblichen und seelischen „Kräfte", der Aufmerksamkeit sowie der Hinführung auf die Verdienstfähigkeit. Damit stehen wir bereits an der Pforte seiner Ideen über die Methode.

Die Darstellung dieses Briefes über Pestalozzis „Aufenthalt in Stanz" ist leidlich geordnet, die Rechtschreibung in der vorliegenden Fassung einheitlich durchgeführt. Pestalozzi zählt z. B. die Schwierigkeiten seines Unternehmens klar und übersichtlich auf, allerdings mit Einschüben (10), und kommt dann zum Schluß des Briefes noch einmal auf dieses Thema zurück. Seine methodischen Folgerungen sind jedoch nicht systematisch abgeleitet und verarbeitet.

Die sprachliche Gliederung der einzelnen Satzvorstellungen ist vollständig — das Prädikat fehlt nie —, erinnert jedoch hier und da an das frühere Kreisen um eine Kernidee, z. B. S. 30 f. (Siehe weiter unten: „Die Abendstunde"!) Nachdem zweimal das Wort „Gedächtniswerk" gefallen ist, werden die folgenden Sätze mit dem Wort „Gedächtnis" fünfmal angeknüpft! Ähnlich ziehen die Ausdrücke „Wille" und „will" dann viermal den Abschluß der folgenden Sätze mit „das will es" nach sich. Auch das Verfahren, den positiv geäußerten Gedanken in negativer Wendung zu verstärken, begegnet uns wiederholt, z. B. S. 7. Schwer zu sagen, inwiefern die Verwendung der Wörter „Mittelpunkt" und „Kreis" (3, 7, 14) auf die Gepflogenheiten der Kreisdenker hinweisen!

2. In seiner Denkschrift „DIE METHODE" geht Pestalozzi den Zusammenhängen zwischen Theorie und Praxis, zwischen der Einsicht in die „Natur" und den Bildungsgang der Jugend noch weiter nach. Diese Schrift war im Juni 1800 verfaßt, also ein Jahr nach dem Bericht über Stans und ungefähr ein Jahr vor den Geßner-Briefen „Wie Gertrud ihre Kinder lehrt". Nachdem Pestalozzi seit Juli 1799 erst in der Hintersassenschule des Schusters Samuel Dysli, dann in der Schule der Jungfer Stähli der Jüngeren und seit Mai 1800 (mit Krüsi) in der zweiten Knabenschule in Burgdorf seine Methode im Lesen, Schreiben und Rechnen ausprobiert hatte, erstattete er der „Gesellschaft von Freunden des Erziehungswesens" Bericht über seine Erfahrungen und Grundsätze. Wir greifen auch gelegentlich auf die „Vorarbeit" der Denkschrift wie auf das „Fragment" der Denkschrift zurück (XIII. Band).

Pestalozzi stellt in der Denkschrift als Ziel auf: „Umfassende Kenntnis der (umgebenden) Natur, allgemeine Heiterkeit (d. h. Klarheit) in den wesentlichen Begriffen und kraftvolle Übung in den wesentlichsten Fertigkeiten (103 f.), um dem Menschen die „innre Zufriedenheit mit sich selbst" zu ermöglichen."[1]) Die gleiche Zielstellung wie in der „Abendstunde" und in den „Geßnerbriefen" (XIII —334) — bis an sein Lebensende! Pestalozzi zeigt dann, wie mit Hilfe der „allgemeinen Einlenkungsmittel der Kunst" (d. h. der Methode) und mit den „besonderen Kunstmitteln" des Lesens, Schreibens und Rechnens sein Ziel erreicht wird. Nach den Versuchen in Burgdorf gehen demnach die allgemeinen Einlenkungsmittel, „der Gesang und das Schönheitsgefühl" (für die Sprache bzw. für Zeichnen und Schreiben), dem Rückgriff auf die Anfangspunkte Wort — Form — Zahl voran (XIII—86; 109). Jedenfalls müssen die Elemente alles menschlichen Wissens vereinfacht und, auf Grund der sinnlichen Anschauung, in eine geordnete Reihenfolge gebracht werden, den ewigen Gesetzen des menschlichen Geistes gemäß.

Ebenso wie nach einer allgemeinen Einleitung der erste größere Teil der späteren Schrift „Wie Gertrud ihre Kinder lehrt" dem Unterricht, der zweite kürzere der Erziehung gewidmet ist, verfährt Pestalozzi auch in der Denkschrift „Die Methode". Der Inhalt der „Vorarbeit" stimmt damit im allgemeinen überein. Doch finden sich hier auch einige Gesichtspunkte, die nicht in die eigentliche Denkschrift aufgenommen sind, z. B. daß uns der tierische Laut reden bzw. singen lehrt (86; vgl. 205: „Wie Gertrud ihre Kinder lehrt"), sowie die Übersicht über die Stufenfolge von Ton, Wort und Sache (89). Sonstige Einzelheiten, die zur weiteren Klärung des Sinnes von Wörtern und Zusammenhängen beitragen, sind an den entsprechenden Stellen vermerkt.

Die Darstellung der Denkschrift „Die Methode" bringt im einzelnen wohlgeordnete und gut geschriebene Übersichten und Zusammenfassungen; das Ganze ist aber wenig überschaubar angelegt, noch weniger die fragmentarische Urfassung der sogenannten „Vorarbeit". Die Sätze entbehren allerdings nie des Prädikats, sind aber häufig ineinandergeschachtelt. Die Seiten 107 f., wo Pestalozzi mit größerer Begeisterung von seinen Ansichten und Forderungen spricht, erinnern sehr an die Besonderheit des Kreisdenkers: es häufen sich in schneller Folge wiederholte Ausdrucksweisen wie „wirbeln um", „umschweben", „Kreis", „Mittelpunkt", „Umfang", die mithin stark an den Stil der „Abendstunde" gemahnen; ebenso

[1]) Es fragt sich, ob sich auf Lehrausflüge und auf Handfertigkeitsübungen der volkstümliche Unterricht der Unterklassen gründen ließe.

die gehäuften Anknüpfungen mit dem Imperativ: „Faß es ins Aug!" (viermal) und „Ahme es (ihn) nach!" (zweimal).

3. Die Schrift „WIE GERTRUD IHRE KINDER LEHRT" ist Mitte 1800 entworfen worden, im Herbst 1801 erschienen und im Jahre 1820 „beinahe unverändert" nebst einem Vorwort in die bei Cotta erschienene erste Veröffentlichung der sämtlichen Schriften übernommen. Wir zitieren sie als „Geßnerbriefe". Der wenig zutreffende Titel — Gertrud kommt in dem Werk gar nicht vor — stammt nicht von Pestalozzi, sondern ist ohne sein Wissen vom Buchhändler H. Geßner, an den die Briefe gerichtet sind, dem Werk vorangestellt worden. Der Verfasser hat die Schrift, wie er im ersten Fragment zu ihrer Neubearbeitung selbst sagt, vielmehr als „Vorrede" zu einem Versuch betrachtet, „den Müttern Anleitung zu geben, ihre Kinder selbst zu unterrichten". In diesem Sinne sollte die „Kunst" der Elementarbildung möglichst vereinfacht werden, und zwar durch Rückgang auf die drei Fundamente: Wort, Form und Zahl[1]). Tatsächlich legt die vorliegende Arbeit auch wesentlich die praktischen Grundsätze des methodischen Vorgehens dar, wobei ihre allgemein sittliche wie ihre volkhafte Reichweite besonders betont wird. Sie gibt uns einen Rückblick über Pestalozzis Wollen und Wirken der letzten Jahre, namentlich in Stans und Burgdorf, über seine Gemütsstimmung, über Werdegang und Ansichten seiner Mitarbeiter in Burgdorf, Krüsi, Tobler und Buß, mit herber Selbstkritik seines „Probeversuches", der hohen Voraussetzung alles erzieherischen Tuns. Der erste, umfassende Teil handelt vom Unterricht (Wort, Form, Zahl), die letzten Briefe von der sittlichen und religiösen Erziehung (Liebe, Vertrauen, Glauben); eingeschoben ist ein kürzerer Abschnitt über Kunstfertigkeit bzw. Leibesübungen. Dieser Anordnung liegt bereits die Klassifikation der Psyche in intellektuelle, physisch-technische und sittlich-religiöse Kräfte zugrunde.

Die gleichfalls im XIII. Band abgedruckten „Vorarbeiten und Entwürfe", die bis in die Zeit des Jahres 1799 zurückgehen, werden wir in die Behandlung der Hauptschrift einbeziehen. Sie umfassen 14 kürzere und auch längere Bruchstücke, in denen sich Pestalozzis verzweifeltes Ringen offenbart, die ersten „Anfangspunkte" alles Unterrichts und die „lückenlose Stufenfolge" aller „Unterrichts"- und „Erziehungsmittel", auf Grund der in der An-

---

[1]) So schon in den „Vorarbeiten und Entwürfen" (XIII — 367, 370 u. ö.) sowie in der Ankündigung über das Lehrerseminar in Burgdorf vom 2. Juni 1801 (XIII—177).

schauung gebotenen „Naturordnung", mit der menschlichen Natur zwecks Veredlung des Menschengeschlechts in Übereinstimmung zu bringen.

Zu dieser Naturordnung gehört auch das Verhältnis von Mutter und Kind, indem sich schon im Unmündigen das Werk Gottes: Liebe und Dank, Vertrauen und Gehorsam entfaltet. Mit Recht sieht Pestalozzi in Liebe und Gehorsam und Glauben die „Grundlinien" unserer Entwicklung; denn „Gehorsam mit Liebe vereinigt", entfaltet in der Tat den ersten Keim des Gewissens (375 f., 384)[1]: Gehorsam (Vertrauen) und Liebe ergänzen einander zur Gesamtidee der Sittlichkeit, des „Guten".

Pestalozzi hat die Schwächen seiner Theorie sowie die überstürzte Zusammendrängung des letzten Teiles der „Geßnerbriefe" schmerzlich empfunden und seit 1802 an eine Neubearbeitung des vergriffenen Werkes gedacht. Diese Vorbereitungen sind aber zu keiner Neuausgabe gereift (vgl. die Mitteilungen in Bd. XIV). Die vorliegenden „Fragmente" aus den Jahren 1802 bis 1804 sind in Bd. XVI wiedergegeben. Wir bezeichnen sie als „Fragmente I—IV". Die ersten drei bringen Umarbeitungen, Zusätze und Berichtigungen zu den laufend angegebenen Stellen der ursprünglichen Schrift, und zwar von verschiedener Hand, auch von Pestalozzi geschrieben und korrigiert. Inhaltlich bringen sie weitgehende Selbstkritiken Pestalozzis, schwankend zwischen Selbstanklagen und berechtigtem Stolz auf das Gewollte und Erreichte; sein Bemühen um eine psychologisch begründete Methode und die Widerstände seitens konservativer Kreise; wichtige Zusätze über die Sprecherziehung in der Kinderstube (III. Fragment); sein Kampf gegen die Verwahrlosung des Landes und des Volkes, für dessen Erziehung und Bildung er begeisternd wirbt (146 f., 153). Das kurze IV. Fragment, von Krüsis Hand, hebt die Zusammenhänge von Religion und Wahrheit hervor und schließt mit einem Anruf an das darniederliegende Vaterland.

In der neuen Vorrede zu den in der ersten Gesamtausgabe (1820) abgedruckten „Geßnerbriefen", die dem Anhang des XIII. Bandes (452 ff.) eingefügt ist, zollt Pestalozzi in einem Rückblick auf den mühseligen Weg seiner methodischen Erkenntnisse vor allem seinem Mitarbeiter Johannes Niederer hohes Lob. Er ist mit größtem Dank für das Geleistete gegenüber seinem Gott erfüllt. An den „Anmerkungen zur neuen Ausgabe" fällt vor allem auf, wie er selbst seine früheren Ansichten als unreif und dunkel kritisiert, wie auch schon in den Fragmenten zu der geplanten Neubearbeitung. Das um so

[1]) Vgl. meine Schrift „Wert und Wirklichkeit", S. 74 (Leistung und Liebe).

mehr, als Pestalozzi auf die Umarbeitungen aus der Zeit von 1802 bis 1804 nicht zurückkommt.

Darstellung und Stil der Schrift „Wie Gertrud ihre Kinder lehrt" erklärt sich daraus, daß auch diese Schrift aus „träumendem Suchen und Selbstgesprächen" (246 u. 254 f.) entstanden und „hingeworfen" ist (249), — später (XVI—137) sagt er aus „Intuitionen", nicht aus Reflexionen. So kam es, daß Gegenstand wie Fassung in dauernden „Experimenten" und Überprüfungen, um mit sich selbst einig zu werden (Idee der Harmonie!), erst während der Niederschrift zur weiteren Klärung heranreifte (185 u. 204). Wenn auch der Rahmen, Rückblick und methodische Folgerungen aus eigenen Erfahrungen, im allgemeinen feststand, auch wohl der Fortgang von den intellektuellen zu den physisch-technischen und weiter zu den sittlich-religiösen Fragen, so mußte die Aufgabe doch immer wieder von einer anderen Seite gesehen werden, von ihm bzw. von seinen Mitarbeitern und Freunden, wenn die Kenntnis der Wahrheit „bei dem Menschen von der Kenntnis seiner selbst" ausgeht. Daraus erklärt sich die Mannigfaltigkeit ordnender Zusammenfassungen: 200, 203, 204 ff., 220 f., 247 f. (in Anlehnung an die „Methode" S. 105 ff.) und 243 ff. Ähnlich die übersichtlichen Gruppierungen im einzelnen, z. B. S. 255 ff.

Abgesehen von der Unsicherheit in der Bestimmung der Elemente Wort, Form und Zahl, die Pestalozzi später anders beurteilt hat, ist die Darstellung der in Briefform verfaßten Schrift verhältnismäßig klar, der Satzbau in der Regel geordnet zu Ende geführt, ebenso in der flüssig niedergeschriebenen Vorrede zur ersten Gesamtausgabe von 1820, im Gegensatz zu den oft hastig hingeworfenen und häufig verbesserten Notizen und Entwürfen der „Vorarbeiten". Größere Abschweifungen schieben sich in die „Geßnerbriefe" ein, wo Pestalozzi in kräftigen und immer neuen Wortschöpfungen gegen die veraltete Methode des Volksschulunterrichts und die Schulorganisation wettert. Besonders zieht er gegen das viele Reden statt der tätigen Anschauung zu Felde: er nennt das Wortkram, Brockenlehre, Brockenmittel unserer Kultur, Zauberworte, elende Kommödianten-Bildungs-Manier, Raisonnieren, Maulbrauchen, Maulbrauchverderben, Maulwaschen der elenden Wortmenschen, der Schriftgelehrten, Maulmenschen, Wortnarren, Theater-Souffleurs, welche die Wahrheit quaken etc.[1]). Wo Pestalozzi von Erregung und Begeisterung übermannt wird, fällt er in die besondere Eigenart seines unausgeglichenen Wesens zurück:

[1]) Die „Kinderlehre der Wohnstube" (1781) ist jedoch noch nach der Methode des Sokratisierens bearbeitet.

abgesehen von der Technik, das positiv Ausgesagte noch durch die Negation zu klären (z. B. wiederholt 249 f.), weicht die sachliche Darstellung emphatischen Ausrufen und Anreden, wenn er von seinen eigenen Kämpfen spricht, von den Aufgaben echter Volkserziehung gepackt wird, begeistert von den heiligen Pflichten der Mutter schwärmt — „Mutter! Mutter!" —, der Führerin zu einem versittlichten Glauben des Herzens, und wenn er sich dann zum Dienst an seinem „Volk", einmal auch „Schweizervolk", bekennt: „Ich will Schulmeister werden."

Die „Fragmente zu einer Neubearbeitung" der „Geßnerbriefe" aus den Jahren 1802 bis 1804 halten sich an die Vorlage, nur die Fragmente I und III schweifen am Ende mehr und mehr ab. Die Darstellung ist im übrigen geordnet und zusammenhängend bei reichlichen Verbesserungen und Veränderungen der ursprünglichen Niederschrift.

4. Die Entwürfe, die unter dem Titel „ERKLERUNG ÜBER DIE GRUNDSEZE UND MITTEL MEINER METHODE SOWIE ÜBER IHREN ERFOLG" im XVI. Band zusammengefaßt sind, bestehen aus 11 unzusammenhängenden Handschriften des Jahres 1803/4. Sie schließen sich an den Versuch, „allgemeine Entwicklungsmittel" aufzuspüren, die „allen Unterrichtsmitteln" und allem positiven Unterricht wie Lesen, Schreiben, Rechnen vermöge der Menschennatur zugrunde liegen, also auch unterrichtlich vorhergehen müssen. Pestalozzi hatte (bereits in der „Denkschrift"!) im menschlichen Körper und in der Einheit des Vierecks diese allgemeinen Entwicklungsmittel („Urbilder") jeder intellektuellen und physisch-technischen Elementarbildung entdeckt. An diese grundsätzlichen Darlegungen schließen sich dann einige praktische Ausführungen über die Ausbildung der Abstraktionskraft im Rechnen, besonders aber über den ersten Sprachunterricht im Anschluß an den menschlichen Körper. Die letzten Handschriften enthalten Gliederungen und Anweisungen, die in der Schrift „Wie Gertrud ihre Kinder lehrt" bereits näher ausgeführt sind.

Die Darstellung dieser „Erklerung über die Grundseze und Mittel meiner Methode sowie über ihren Erfolg" steht unter dem krampfhaften Bemühen, zunächst einmal die grundsätzliche Frage nach der Art und Reihenfolge der Entwicklungsmittel auf Grund der Menschennatur eindeutig zu stellen. Im ersten Absatz des ersten Manuskripts wird die wesentliche Frage verfehlt: der Gedanke, daß Reifung und Kunst in Übereinstimmung stehen müssen, stößt nur bis zum Wort „Entwiklung" vor, das beides bedeuten könnte. Im zweiten Absatz drängt bereits die Idee einer Reihenfolge und einer Verallgemeinerung zum Ausdruck: es kommen hinzu die Worte „vorhergehen" und „jeder" Unterricht. Der dritte Absatz verzichtet auf die Herausarbeitung einer Fragestellung, bejaht vielmehr die nicht gestellte Frage dahin, daß allgemeine Entwicklungsmittel aller Grundkräfte, der Menschennatur gemäß, allen positiven Unterrichtsmitteln vorhergehen müssen. Der vierte Absatz bestimmt „die ganze Summe der Entwiklungsmittel der Geisteskräfte" im einzelnen. Der fünfte Abschnitt betont den Ausgang von der Anschauung und zwar von „Urbildern" („Urformen" der „reinen Anschauung"). Der nächste Absatz nennt diese beiden Urbilder: den menschlichen Körper (für anschauliches Bemerken und die Sprache) und das Quadrat (für Form und Zahl); jedem der beiden wird ein besonderer Absatz gewidmet. Und dann stellt endlich der folgende Absatz (232) die anfangs versuchte Frage! Die folgenden Absätze klären schließlich an der Hauptfrage den für Pestalozzi so wichtigen Gesichtspunkt der Reihenfolge der Entwicklungsmittel, woran sich dann noch untergeordnete Fragen anschließen. Den in sich geschlossenen Entwurf endet Pestalozzi mit einer Betrachtung über die Tragweite seiner Feststellungen. Dies alles ein Muster seiner Art zu arbeiten, mit vielen Ausbesserungen, Streichungen und Ergänzungen!

Das zweite Manuskript — und ebenso das dritte — beginnt dann wieder mit den wiederholten und später gestrichenen Fragestellungen: „Sollen Entwiklungsmittel . . .", „Soll die Entwiklung . . .", „Soll eine Elementarbildung . . .", worauf dann in beiden Fällen der zweite Absatz ähnlich beginnt: „Ist (dann aber) diese Frage bejahet . . ." So tastet sich Pestalozzi in immer erneuten Versuchen zur befriedigenden Fragestellung und Lösung durch.

5. Die „ANSICHTEN UND ERFAHRUNGEN, DIE IDEE DER ELEMENTARBILDUNG BETREFFEND" ist eine Umarbeitung der Schrift „Wie Gertrud ihre Kinder lehrt". Die „Aufsätze und Bruchstücke" sind in der Zeit von 1804 bis 1806 entstanden und in der gehobenen Stimmung, die Pestalozzi zu Beginn seiner Wirksamkeit in Iferten beseelte, wesentlich im Jahre 1805 gefördert worden. Die erste und größere Hälfte erschien in dem ersten und einzigen Heft des „Journals für Erziehung" 1807 und wurde dann in die Cottasche Ausgabe (XI—1 ff.) aufgenommen[1]. Auf Grund neuer Funde veröffentlichte dann Seyffarth das vorliegende Material, das er in der folgenden Weise zusammenstellt:

[1]) Ausführliches teilt dazu L. W. Seyffarth mit in seiner Pestalozzi-Ausgabe, Liegnitz 1901, IX — 195 ff.

„Ein Blick auf meine Erziehungszwecke und Erziehungsversuche“:

a) Blick in das Allgemeine (S IX—203 bis 226),

b) Theoretische und praktische Durchführung:

Erster Abschnitt: 8 Briefe an Geßner über die Grundsätze der Erziehung (226—264).

Zweiter Abschnitt: „Organisation von Erziehungsmitteln“, d. h. Notwendigkeit von Erziehungsversuchen mit der Elementarbildung (264—279).

Dritter Abschnitt: „Äußere Maßregeln“, d. h. die Wahl guter Schulmänner (279—286).

Nachtrag: a) Elternglaube und Kinderliebe (287—289).

b) Notwendigkeit der Schulen (289—292).

c) Schädlichkeit schlechter Schulen und Kampf dagegen (292—296).

d) Wesen und Segen der Methode (296—314).

e) Allgemeine Menschenbildung (314—317).

Wie schon die Überschriften (z. T. von Seyffarth verfaßt) zeigen, ist das Ganze keine geordnete Einheit; kann es auch nicht sein, selbst wenn die „Bruchstücke“ von Pestalozzis Hand selbst zusammengestellt wären, seiner Arbeitsweise gemäß! Es fragt sich aber, inwiefern darf ein Bearbeiter hier ordnend eingreifen, auseinanderlegend und zusammenfügend? Jedenfalls ist das Ergebnis dann nicht mehr Pestalozzis eigenartige Schöpfung.

Die Darstellung der einzelnen Stücke ist flüssig und im Ausdruck treffender denn je, mit sehr vielen Wiederholungen, wenn man alle Bruchstücke vergleichsweise heranzieht, die übrigens noch nicht vollständig abgedruckt sind. Die Grundstimmung ist im ganzen optimistisch, in eine bessere Zukunft weisend, wenn auch immer mit pessimistischen Rück- und Ausblicken, die der erträumten Zukunft gegenübergestellt werden.

II. AUSFÜHRUNG

Pestalozzi betrachtet die Methode, d. h. die Schulmethodik, als Glied der gesamten Volkserziehung. Denn Unterricht kann nicht, bewußt oder unbewußt, ohne bestimmte Einseitigkeit von der Erziehung abgelöst werden. Wie ihm die Revolution seines Landes (1798) nur als „eine einfache Folge der verwahrlosten Menschennatur" erscheint, so kann nicht die äußere politische Form, sondern nur „eine Umschaffung des Erziehungswesens" eine Besserung der menschlichen Verhältnisse — äußerlich und innerlich — mit sich bringen. Das ist die Aufgabe der Methode! Ihre Begründung und Durchführung bildet einen seiner „alten Volkserziehungswünsche" (XIII—3).

1. „FUNDAMENTALANSICHTEN" der Erziehung und des Unterrichts.

Pestalozzi faßt an drei verschiedenen Stellen seines Briefes „ÜBER DEN AUFENTHALT IN STANZ" folgende Fundamentalansichten seines Wollens und Wirkens zusammen (S. 3, 7, 19):

Eine „merkliche Anzahl" ärmster Kinder zu sammeln, sie aber nicht „aus ihrem Kreis" zu heben, sie vielmehr an denselben zu knüpfen;

Keine künstlichen Hilfsmittel zu benutzen, sondern die „die Kinder umgebende Natur, die täglichen Bedürfnisse und die immer rege Tätigkeit derselben".

Das sind die damaligen „Anfangspunkte" (der „Mittelpunkt") seiner Methode.[1])

Die sittliche Elementarbildung[2]) beruht auf der „Erzielung einer sittlichen Gemüthsstimmung durch reine Gefühle; sittlicher Übungen

[1]) Später, in den „Geßnerbriefen" (1801) und dann ausdrücklich in den „Epochen", um 1802 (XIV. Bd.), werden der Glaube an den Heiland und das „Kinderverhältnis der Menschheit gegen Gott" zu den „Anfangspunkten" unserer Veredlung! Damit bahnt sich der Übergang von bloßen Anfangspunkten zu den unwandelbaren, ewigen Ur-Elementen (Fundamenten) an.

[2]) Dieser Ausdruck kommt hier bereits zweimal vor.

durch Selbstüberwindung und Anstrengung in dem, was recht und gut ist; und endlich der Bewirkung einer sittlichen Ansicht durch das Nachdenken und Vergleichen der Rechts- und Sittlichkeitsverhältnisse, in denen das Kind schon durch sein Daseyn und seine Umgebungen steht". Dies Wort von der „sittlichen Gemüthsstimmung" und der „(reinen) Gefühle" (19) ist voll der Probleme, die allmählich zu klären sind!

Die Ordnung seines Vorgehens sucht Pestalozzi auf bestimmte „Fundamente" und „Elemente" zu gründen, die aus seiner Erfahrung, aus den gegebenen Verhältnissen und aus den Bedürfnissen seiner Kinder erschlossen sind und die er als allgemein gültig zum weiteren Ausbau der „glücklichen Nachwelt" überliefern will (3, 25). Aber weil er, der Lehrer, noch dauernd lerne, kann er keinen geeigneten Mitarbeiter finden: sie seien entweder zu roh und ungebildet oder zu gelehrt und gebildet (6, 29). Nur unter seinen Schülern erstehen ihm Mitarbeiter; darum weil auch sie lehrend lernen.[1]) In der Tat, nur der Mitlernende ist der echte Lehrer einer Lebensgemeinschaft! Man könnte das auch für höhere und Hochschulen behaupten. Desgleichen bringt er den Müttern viel größeres Vertrauen entgegen als den Schulmeistern, den „Handwerksleuten" („Vorarbeit" zur Denkschrift „Die Methode", S. 95)! Auf dieser Grundlage gelangt Pestalozzi zu folgenden Überzeugungen, Versuchen und Ergebnissen:

a) Er will zunächst eine größere Anzahl armer Kinder in „einfache, aber reine häusliche Umgebungen und Verhältnisse versetzen" (6), „die Kinder durch die ersten Gefühle ihres Beysammenseyns . . . zu Geschwistern" machen und „das Haus in den einfachen Geist einer großen Haushaltung" zusammenschmelzen (14). Die Erziehung ist demnach grundsätzlich Gemeinschaftserziehung mit dem besonderen Charakter der Familienerziehung. Demgemäß soll auch die Wirksamkeit des Erziehers „im ganzen Umfang der häuslichen Verhältnisse allgemein belebte Vaterkraft" sein (8). Sind doch diese Verhältnisse nach den Darlegungen der „Abendstunde" (I—271) die „ersten und vorzüglichsten Verhältnisse der Natur". „Wie die Mutter die erste Nährerinn des Physischen ihres Kindes ist, so soll sie auch von Gottes wegen seine erste geistige Nährerinn seyn" (XIII—30). Diese Nachahmung der häuslichen Verhältnisse im öffentlichen Erziehungswesen wird uns nun immer wieder eingeschärft (7, 19 u. ö.). Solche Kindererziehung im häuslichen Geiste beruht auf Liebe, auf Wohltun und erzeugt Vertrauen. An die Stelle der Mutter tritt das vorbildliche Beispiel des väter-

[1]) Vgl. dazu die Darstellung in „Wie Gertrud ihre Kinder lehrt": „Kinder lehrten Kinder" (XIII—189), ein Gedanke, der uns noch öfter begegnen wird.

lichen Erziehers. Wohl selten hat ein Mann so um die Liebe und das Zutrauen der ihm anvertrauten Kinder gerungen wie Pestalozzi. Ihr Glück war sein Glück, ihre Freude seine Freude (8). Tag und Nacht lebte er mit seinen Kindern, arbeitete mit ihnen, sorgte für sie. In erschütternden Bekenntnissen gibt der vereinsamte Mann — seine Frau wird nicht genannt — davon Kunde (8, 14, 25).

Das Naturverhältnis ist das Verhältnis, in dem die Kinder miteinander unter Pestalozzis „Besorgung" leben (25). Naturverhältnis bedeutet mithin „die wesentlichsten Verhältnisse der Dinge" (6), vor allem aber das häusliche Zusammenleben der Kinder. Das sind die sicheren Fundamente, auf denen sich alle ihre Seelenkräfte gleichförmig entwickeln können (25). Die „feste anschauende Erkenntniß" der „wesentlichen nächsten Verhältnisse", gesichert durch ein einfaches, reines, aber fest entwickeltes Kraftgefühl „rein genossener Menschenverhältnisse", leitet den Bildungsprozeß ein (24, 26). Darum wird das „sinnliche Anschauen", das „Anschaulich-Machen", die „sittliche Ansicht" (im eigentlichen und uneigentlichen Sinne) dessen, „was schön und was häßlich, was recht und was unrecht ist", dauernd betont (6, 19, 21, 22, 36 f. u. ö.). Alles hängt davon ab, daß sich jeder „Lehrsatz" für „Wahrheits- und Rechtsgefühl" durch das Bewußtsein „intuitiver, an Realverhältnissen angeketteter Erfahrung" der Pflichtübung als wahr darstelle (23, 24; 17 f. u. 39). Das ist also das Kriterium der Wahrheit! Pestalozzi nennt seine Methode dann mit vollem Recht: Anschauung — nicht im Sinne eines äußerlichen Hinschauens oder der verstandesmäßigen Belehrung, sondern insofern sich der Mensch aus eigenen, sittlichen Kräften in der wortlosen Schau und Betätigung der häuslichen Ordnung bildet, der man sich demütig einordnet und die mit seinen Wünschen — und der gesamten Natur — übereinstimmt (13, 16). Je mehr der Mensch weiß, um so mehr muß er „zur Einigkeit seiner selbst mit sich selbst, zur Harmonie seines Wissens mit seinen Verhältnissen, und zur Gleichförmigkeit in der Entwicklung aller seiner Seelenkräfte geführt werden". Sonst wird sein Wissen ein Irrlicht, das sein Inneres zerrüttet und ihm den ruhigen Lebensgenuß raubt (25). Dieses „Naturverhältnis", die Harmonie der Seelenkräfte, aus „unserer Natur" und unseren „ersten Verhältnissen" erwachsen, ist Grundlage und Sinn der (sittlichen) Anschauung — zugleich die tiefste Begründung jeglichen Heimatunterrichts!

Wie wird nun der Unterricht unter solchen Voraussetzungen „organisiert"? Pestalozzi lehnt jede „Organisation des Unterrichts" ab, sucht vielmehr für die Ordnung des Ganges im Ganzen selbst noch „ein höheres Fundament", das sowohl den Unterricht wie die

Ökonomie „gleichsam hervorbringen" könnte. „Statt eines vorgefaßten Planes" sollten die „höheren Grundsätze" des Kräfte bildenden Unterrichts unmittelbar aus den häuslichen Verhältnissen hervorgehen, d. h. als „Erzeugniß des höhern Geistes der Anstalt" aus dem Gemeinschaftsleben der Kinder, aus ihrer Aufmerksamkeit, ihren Bedürfnissen und ihrer Tätigkeit (XIII—13). Der Zwang einer äußeren Ordnung und Ordentlichkeit sowie das Einpredigen von Regeln und Vorschriften, um das Innere der verwahrlosten Kinder zu veredeln, wäre zwecklos gewesen. Wie die Erziehung der Kinder zu Geschwistern in der häuslichen Gemeinschaft ein erster „Versuch" auf Grund „leitender Ideen" war, mußte auch der zweite Grundsatz „erprobt" werden, erst das Innere rein zu machen, dann das Äußere des Unterrichts, der nun auch wieder ein „Versuch" war (13 f.; Aufsätze über die Armenanstalt I—181; „Wie Gertrud ihre Kinder lehrt", XIII—204, 218 u. ö.). Demgemäß wurden die Herzen der Kinder zunächst aufgeschlossen durch Befriedigung ihrer täglichen Bedürfnisse, durch Liebe und Wohltätigkeit; es gelang dann, ihnen viele Fertigkeiten anzugewöhnen, wodurch dieses Wohlwollen noch gesichert und ausgebreitet wurde. Abschließend wurde den Kindern, möglichst mit zwei Worten, Grund und Zweck ihres Zusammenlebens klar gemacht. Vieles Reden würde die natürliche Entwicklung des Probeversuches nur irreleiten[1]).

b) Wir fassen den pädagogischen Ertrag von Pestalozzis Erziehungs- und Unterrichtsversuchen in Stans mit kurzen Ergänzungen und in möglichster Anlehnung an Pestalozzis eigene Sprache zusammen, wobei wir diejenigen Worte, deren vollgültiger Sinn sich erst im Laufe der Arbeit erschließen wird, in Anführungsstrichen herausheben.

1. Auf dem Neuhof wie in Stans steht die Pflege der Sittlichkeit im Vordergrund, dem biblischen Wort gemäß, erst das „Innerliche" rein zu machen. Das Vorbild Pestalozzis, Übungen der „Selbstüberwindung" und „Anstrengungen" in Not und Armut führen die Kinder hin zum gegenseitigen Wohltun in Liebe und Vertrauen. Die Erziehung beginnt mit der Gewöhnung an Sauberkeit, Ordnung und Mäßigkeit (einfache, gesunde Kost). Die „Veredlung" der Menschen durch Volksbildung fordert mithin ein Umschaffen des gesamten Erziehungswesens, namentlich eine öffentliche Erziehung der Armen.

[1]) Auch nach dem ersten Weltkrieg haben Schulreformer wiederholt versucht, die Methode der „neuen Schule" auf dem Wege zu finden, daß der Lehrer hinter den Schülern ganz zurücktrat.

2. An die Stelle künstlicher Hilfsmittel tritt die (sinnliche) „Anschauung" der „wesentlichen" „nächsten" Verhältnisse in der umgebenden „Natur", der Menschen und der Dinge, verstärkt und vertieft durch die Vorstellung lebhafter „Bilder" der Zukunft, Nachdenken und Urteilen über tägliche Erfahrungen und die möglichen Folgen unseres Tuns. Dann ergibt sich das Bewußtsein der Wahrheit und des Rechtsgefühls intuitiv aus den Erfahrungen realer Verhältnisse. Die „Belebung" der Gefühle geht dem Reden über Tugend voran (Gedanke der angemessenen „Reihenfolge"!). Da die Worte nicht die Tatsache selber geben, kommen die Wörter, die gefährlichen Zeichen des Guten und Bösen, zuletzt (Reihenordnung!). Also kein wortreicher Unterricht, sondern die Bildung einer sittlichen Ansicht, vielumfassender Begriffe für weise Gesinnung und Entschlossenheit, dazu Hauptsätze menschlicher Erkenntnis, sofern sie durch Aufmerken und Vergleich mit Liebe und „Ruhe" (Cottasche Ausgabe: ruhiger Kraft) den Kindern nahegelegt werden, und einfache Gefühle, eine wohlwollende „Gemütsstimmung" für „Wahrheit und Recht" wecken.

3. Die Erziehung knüpft, unter Berücksichtigung der besonderen „Lage", an die „Bedürfnisse" des Kindes an. In voller „Freiheit", unter Vermeidung jeglichen Zwanges, ohne „äußere" Ordentlichkeit und Vorschriften, ist das „Innere" des Kindes zu veredeln. Von körperlichen Züchtigungen (Ohrfeigen) wurde nur im Falle von Roheiten Gebrauch gemacht. Das Kind hat ein „allgemein" starkes Rechts- und Billigkeitsgefühl. Es will und kann das Gute, wodurch wiederum neue „Kräfte" geweckt werden und die lebendige Naturkraft in ihm rege wird. Also sind die „inneren" Kräfte im Menschen, seine Interessen und Gefühle immer wieder „anzuregen".

4. Wenn die Kinder in ihrem „Innern" durch Liebe und Wohltätigkeit weitherzig geworden sind, erst dann sind ihnen viele Fertigkeiten anzugewöhnen (Gedanke der Reihenfolge!). Solch Angewöhnen von Fertigkeiten wie auch einer tugendhaften Haltung ist besser als alles Lehren. Kann sich doch der Arme allein durch gebildete Kenntnisse und Fertigkeiten den Menschen nützlich machen und ihre Achtung erringen. Pestalozzi sucht daher das Lernen mit „Industrie und Landkultur" zu vereinigen, doch sind seine Kinder in Wirklichkeit nicht über die Anfänge des Spinnens hinausgekommen.

5. Der Unterricht nahm den ganzen Tag vom frühen Morgen bis an den späten Abend in Anspruch. Doch hielt Pestalozzi das Lernen als Wortsache für ziemlich unwichtig. Wie auch der

Gesichtspunkt des Gewinnes durch Handfertigkeiten zurücktrat, war es ihm mehr getan um allseitige Übung der Seelenkräfte: Aufmerksamkeit, Bedachtsamkeit, Selbständigkeit, Erinnerungskraft, wobei das Gedächtnis die Einbildungskraft, die hohen Gefühle und auch die Aufmerksamkeit in sich schließt und jede Art von Geistesübung „allgemein" und sicher vorbereitet. Muß doch erst das „innere" Selbst, die rechtliche und sittliche Gemütsstimmung im Kinde geweckt und belebt werden, damit es dadurch auch für das „Äußere" aufmerksam und tätig werde! Dabei ist erst das eine zu vollenden, zur „Vollkommenheit" zu bringen, ehe man zum andern weiterschreitet. Im übrigen blieb jedoch der Unterricht im Technischen stecken: Vor- und Nachsprechen, Chorsprechen, auswendig Buchstabieren vor der Kenntnis der Buchstaben gemäß Gedikes „Kinderbuch", Ausspracheübungen in systematischen Tonfügungen, ohne daß die besondere Natur eines jeden Faches herausgearbeitet wurde. Realien und Geographie, ebenso Geschichte traten, wie auch später Besucher bemerkten, stark zurück. Aber schon kommt Pestalozzi zu dem wegweisenden Schluß, daß die eigentlichen Vorteile menschlicher Kenntnisse in der Sicherheit der „Fundamente" bestehen, von denen unser Wissen ausgeht und auf denen es beruht! Hier liegt der fruchtbare Ansatz für Pestalozzis eigenartiges Werk.

6. Der treibende Gedanke liegt in der Idee der „Vereinfachung" der Lehrmethode und der Lehrmittel für den Gebrauch der Mutter, der physischen und geistigen Nährerin des Kindes. Folglich ist der Schulunterricht mit den häuslichen Verhältnissen in „Übereinstimmung" zu bringen, ja, es müssen die Vorzüge der häuslichen Erziehung von der öffentlichen „nachgeahmt" werden. So wird die Schulstube zur Wohnstube! Es freuten sich Pestalozzis Kinder, wenn sie die Mutterstelle vertraten und mit Pestalozzi lehrend lernten. Die Kinder waren im Anfang seine einzigen Mitarbeiter und Gehilfen, da es den gelehrten und gebildeten Erwachsenen an gesundem Sinne fehle.

7. Je mehr der Mensch gelernt hat, um so mehr muß er zur „Harmonie" aller seiner Seelenkräfte geführt werden, und zwar von Anfang an zur „Einheit" mit sich selbst und seiner Umgebung unter Umfassung des „ganzen" Geistes, dessen die Menschenerziehung bedarf. Im Glück einer stillen, friedlichen Haushaltung und Pflichterfüllung, in der heiteren, ruhigen Gemütsstimmung eines wahrhaft häuslichen Erziehungsverhältnisses wird jeder einzelne Eindruck bestimmt durch das feste Dasein dieser allgemeinen Herzensstimmung.

8. Da sich Pestalozzi über das „Wesen“ seiner Ansichten, über die Natur der Sache noch nicht klar war, so mußten die gesuchten „Fundamente“ („Elemente“ und „Anfangspunkte“) des Unterrichts erst aus Versuchen auf Grund leitender Ideen und aus dem Geiste der häuslichen Verhältnisse hervorgebracht und erprobt werden. Solche Erfahrungen fließen aus der Beobachtung des Seelenzustandes, der Augen und des Mundes der Kinder.

9. Es gab in Stans keinen Religionsunterricht. Pestalozzi hat weder Moral noch Religion gelehrt, aber er betete gemeinsam mit den Kindern, noch im Bett, bis diese einschliefen.

Diesen Fundamentalansichten, deren Tragweite Pestalozzi selbst noch gar nicht überschauen konnte (XIII—189, 195 f.), ist er zeitlebens getreu geblieben[1]). Er blieb, wie er rückschauend in seiner „Selbstschilderung“ vom Jahre 1802 sagte in seinem Wesen, aber auch in seinen grundlegenden Ansichten immer derselbe, immer das, was er bereits von Jugend auf war!

c) In seiner „Denkschrift“ stellt Pestalozzi die kennzeichnende Frage: „Was thut die Natur selber“, um mir meine Welt „wahrhaft vorzustellen“ und diese Anschauung „in mir selbst“ zur befriedigenden Reife zu bringen und damit zu innerer Zufriedenheit mit mir selbst zu verhelfen? Er beantwortet seine Frage dahin: Sie „thut es durch meine Lage, meine Bedürfnisse und meine Verhältnisse“, d. h. durch meine Lage begründet sie die sinnlichen Fundamente meiner Kenntnisse, durch meine Bedürfnisse diejenigen meines Berufes, durch meine Verhältnisse diejenigen meiner Vorsicht und Sorgfalt, meiner Tugend (XIII—103 f.). Daraus ergibt sich zunächst, daß „Lage“ mehr auf die Kenntnisnahme der gegenständlichen Umwelt bezogen zu sein scheint, wenn „Verhältnis“ als Angelegenheit der Vorsicht und Sorgfalt mehr auf die gesellschaftliche Mitwelt „ausgedehnt“ wird. „Bedürfnisse“ sind dagegen nicht ein äußerer, sondern ein innerer Faktor!

Diese Zusammenstellung fällt auf. Es wird sich aber zeigen, daß Pestalozzi auch späterhin keinen Anstoß daran nimmt, die drei Faktoren in einem Atem zu nennen. So wird als dreifache Quelle der physisch-mechanischen Gesetze unserer Natur und somit der Unterrichtsmethode genannt: unser Anschauungsvermögen, unsere Sinnlichkeit und unsere Lage im Verhältnis zu unserm Erkenntnisvermögen (XIII—249 ff.). Nach der Arbeit über den „Sinn des Gehörs“ (XVI—265) sind dem neugeborenen Kinde von Natur die fünf

[1]) So haben Ausdrucksweisen wie „Natur“, „Fundament“, „ganz“, „allgemein“ etc., wie auch die Gegenüberstellung von „inner“ und „äußer“ noch ihren schlichten Sinn bei aller Vorahnung künftiger Einsichten.

Sinne, äußere Gegenstände und Bedürfnisse unmittelbar gegeben, dazu ein Vermögen, der Eindrücke von Gegenständen auf unsere Sinne „in sich selbst" bewußt zu werden. Und ebenda (321): die allgemeinen Grundlagen unserer Entwicklung sind „Noth, Bedürfnis und Lage"; auch: „Dein Stand, deine Lage und deine Neigungen" (535, Variante). Denn die Natur lehrt nicht durch Erklärungen, sondern dadurch, daß sie den Menschen zum Gebrauch aller Sinne und zur Übung aller Kräfte zwingt und ihm durch ihren unabänderlichen Gang eine ebenso bestimmte Ordnung der Tätigkeit vorschreibt (XVIII—253). Im „Schwanengesang" können daher die „belebten Tätigkeits-Gegenstände" als die vorzüglichsten Bildungsmittel bezeichnet werden (S XII—387). Damit sind gewisse Unklarheiten noch nicht völlig behoben.

Daher wirft Pestalozzi in „Ansichten und Erfahrungen" die bestimmte Frage auf, die sich der Erzieher vorlegen muß: „Was liegt, erstens, im Kinde selbst, und zweitens, in seinen notwendigen Umgebungen und Verhältnissen . . .!" (S IX—242. Er antwortet: Die Methode baut die „Kräfte der Selbsthilfe" „auf das Fundament des reinen (!) Bewußtseins von Gott gegebener Umgebungen und aus ihnen entspringender Verhältnisse und Bedürfnisse" (S IX—220). Das ist die Lösung: die erlebten Umgebungen und (besonderen) Verhältnisse sind als Bewußtseinsvorgänge, wie der Wille, Sache des Innenlebens! Die Natur, das „einzige" und „eigentliche wahre Fundament des menschlichen Unterrichts", ist also nicht nur die äußere, gegenständliche und personale Umwelt (Lage, Verhältnisse), sondern als die alles durchdringende und umfassende Kraft, als die „hohe Mutter Natur" wirkt sie in Gegenständen, Pflanzen, Tieren, Menschen — in deren Bewußtsein und in ihren Bedürfnissen! So werden denn bis hin zum „Schwanengesang" „Lage", „Verhältnisse" und „Umstände" immer mit den Kräften verbunden (z. B. S XII—411). Die Anreihung erklärt sich mithin so, daß die Natur selbst ein Kraftzentrum bedeutet (s. u. „Natur"); daher „Kraft" (bzw. „Drang") der Umstände (z. B. IV—277). So geht denn alles, was der Mensch ist und soll, von ihm selber aus. Die Methode gründet sich mithin auf die Kenntnis dieser Kraft, auf die Bewußtmachung von dem, was in ihm liegt, auf Selbstkenntnis. Der sich selbst erkennende Mensch ist der „Mittelpunkt, von dem das Wesen des ganzen menschlichen Unterrichts ausgehen muß" (XIII—40, 47, 98, 107, 116; auch später z. B. XVI—174).

Daraus ergibt sich die Forderung nach durchgehender Harmonie von Natur (i. w. S.) und Unterrichtskunst, die wir zusammenfassend im Anschluß an den „Schwanengesang“ (im dritten Teil) zu behandeln haben werden. In den „Geßnerbriefen“ (XIII—389) wird als vorläufiges „Zihl“ die „Harmonie meiner selbst“ genannt; die Aufgabe ist, „die Mittel, die Geseze dieser Harmonie“ aufzufinden: es sind die Elemente einer jeden Kunst (Unterrichtskunst) durch Befolgung der „physisch mechanischen Gesetze“, nach welchen unser Geist sich von sinnlichen Anschauungen zu deutlichen Begriffen erhebt, mit dem Wesen meines Geistes in Übereinstimmung zu bringen (XIII—109: „Die Methode“).

Das genügt aber nicht. Der Unterricht, der in strenger Folge von Anschauungen zu deutlichen Begriffen führt, soll nicht nur mit der Natur unseres Geistes (unseres Anschauungs- und Abstraktionsvermögens) ganz allgemein in Übereinstimmung gebracht werden, sondern auch im besonderen „mit derjenigen meiner Lage und meinen Verhältnissen“. Vgl. „die Vorarbeit“ zu der Schrift „Die Methode“, XIII—85. Diese Aufgabe stellt sich Pestalozzi schon zu Beginn der „Denkschrift“.

Bieten doch die „Kunstmittel“ des Unterrichts die Möglichkeit, den Natureinfluß der Lage auf die Bildung zur Einsicht, zur Anstrengung und zur Tugend zu „verstärken“ (105, 107). Der Unterricht und seine Mittel ahmen somit nach und vollenden in harmonischer Weise, was unser Geist in einer bestimmten Lage begonnen hat. Dieses Problem des barocken Universalismus läßt Pestalozzi nicht wieder los. Unter dem Gesichtspunkt der „Naturgemäßheit“ taucht es immer wieder auf bis hin zur „Langenthaler Rede“ und dem sie ergänzenden „Versuch einer Skizze über das Wesen der Idee der Elementarbildung“ im Jahre 1826. Denn wenn die positiven Bedingungen der besonderen Lage u n d die Bedürfnisse, d. h. die geistigen Strebungen der Menschen beachtet und somit Positivismus u n d Idealismus verknüpft werden, erst dann ergibt sich ein angemessenes Verständnis geschichtlichen Werdens aus einem umfassenden und fruchtbaren Realismus.

Wenn also die Natur der Unterrichtskunst die Wege weist, so versteht man seine auf Klärung hindrängende Frage nach den Zusammenhängen von Lage (Verhältnissen) und Bedürfnissen, d. h. schließlich von Außen und Innen. Aber damit ist das entscheidende Problem nach dem Fundament des „reinen“ Bewußtseins in seiner A l l g e m e i n h e i t für eine absolute Methode noch nicht klar aufgewiesen.

d) Diese Ansätze Pestalozzis sind in der Besinnung seiner unterrichtlichen Tätigkeit in der Elementarschule zu B u r g d o r f seit 1799 weitergeführt und vertieft worden. Wie oben in der Einführung zum ersten Teil (S. 5) bereits angedeutet wurde, werden zunächst Gesang wie Schönheitsgefühl als natürliche „Anfangspunkte" erkannt, für die Begründung des Sprachunterrichts einerseits, andererseits für den Zeichen- und Schreibunterricht. Damit war eine erste Sonderung der Fächer und ihrer „Anfangspunkte" angebahnt.

Auch die im gleichen Jahre entstandene Schrift über „Die Sprache als Fundament der Kultur" beweist, wie angestrengt Pestalozzi mit der Grundlegung des Sprachunterrichts gerungen hat, damals wie während seines ganzen Lebens. Wir werden am Schlusse des zweiten Teiles auf diese Arbeit in Verbindung mit der Volkserziehung zurückkommen. Hier ist jedoch die Einsicht herauszuheben, daß die Sprache mit der „ursprünglichen intuitiven Entwicklung des Menschengeistes" in „innerer Harmonie" steht.

Sprache ist „der allgemeine Rükwurf der Eindrüke", welche die Natur auf mein Bewußtsein gemacht hat (XIII—39, 54, 279). Die Sprache enthält daher „die ganze Masse der Realintuitionen", den „ganzen Schaz" des durch Jahrtausende entwickelten Bewußtseins unseres Verhältnisses zu den Dingen. So wird unsere Natur selber zum Fundament dieser Kultur (54)[1]. Ist doch die menschliche Sprache auch in „meiner Natur" begründet, „im großen und festen Zusammenhang meiner selbst mit der ganzen sinnlichen Natur", weswegen „kein Schlußsaz in mich hineingebracht werden kone, sonder alle aus mir herausgebracht werden müssen" (47, 52 f.)! Der Mensch, der die Sprache „zum Fundament seiner Geistesentwiklung legt", bewahrt sich daher vor Einseitigkeiten (40)[2]. Daher ist die Sprache ein vorzügliches Mittel der Bildung. Insofern die Eindrücke aber empirisch bedingt sind, kann sie als „außerliches Mitel" meiner Bildung bezeichnet werden (39). Auf diese Weise füllt die Sprache als das allgemeine Vehiculum veritatis die „Intuitionslucke" aus, welche die Beschränkung unserer Natur über uns verhängt hat (40). Wenn wir den Menschen reden lehren und so „mit verdoppelter Krafft in den Genuß der Natur in ihrem ganzen Umfang hineinfuhren",

---

[1]) Es herrscht „eine unbeschreibliche Harmonie" zwischen dem Ganzen einer Sprache und ihrer derzeitigen Kultur. Als Abschluß des zweiten Entwurfs der Schrift „An die Freunde der Menschen und an Helvetiens Freunde" (1802; XIV. Bd.).

[2]) Bloße Definitionen jedoch, als „der einfachste und reinste Ausdruck deutlicher Begriffe", enthalten für das Kind nur insoweit wirkliche Wahrheit, als es sich des sinnlichen Hintergrundes dieser Begriffe „mit großer umfassender Klarheit bewußt" sei („Geßnerbriefe", XIII—322). Daher wird nach einer später gestrichenen Stelle die „Leerheit der Anschauungserkenntnis" mit „Seifenblasen von Wortern" verglichen („Vorarbeiten und Entwürfe", XIII—380).

bringen wir ihn mit der Wahrheit der reinen Naturgefühle wieder in Übereinstimmung und befähigen ihn, demgemäß zu handeln (38, 45, 49, 53) — was Pestalozzi allerdings nicht hinderte, späterhin sein Dictionarium als Realregister mehr und mehr von den vorgestellten Bildern abzulösen[1]).

Der andere Anfangspunkt, das Schönheitsgefühl, dient der Grundlegung des Zeichnens und des daraus hervorgehenden Schreibunterrichts. Wenn die Richtigkeit der Buchstaben an den Linien des Rechtecks (sowie des Bogens) nachgeprüft werden konnte und die in das Rechteck bzw. das Quadrat eingezeichneten Figuren sprachlich zu bestimmen waren, so ist damit die Rückführung des Schreibens auf das Zeichnen sowie die Verbindung mit der Sprache gegeben. Alle diese Erwägungen bieten die theoretische Grundlage für die strengere Systematik des praktischen Unterrichts in Burgdorf, wo eine Wendung zur Bildung der intellektuellen Kräfte einsetzt. Darüber berichten die Denkschrift „Die Methode" sowie die „Geßnerbriefe".

Pestalozzis Begründung des Sprach- wie des Zeichen- und Schreibunterrichts und ihre Beziehungen zur „Anschauung" muß jedoch noch in einem umfassenderen und tieferen Zusammenhang gesehen werden.

Da ja die allgemeinen Einlenkungsmittel[2]) aller Unterrichtskunst, Gesang und Schönheit, mit dem Wesen unseres Geistes in Übereinstimmung zu bringen sind und deren Einwirkung allen anderen Unterrichtsmitteln vorangehen oder doch wenigstens mit ihnen gleichen Schritt halten muß (XIII—109)[3]), so ziehen wir die entsprechende Stelle der „Vorarbeit" heran (XIII—86 ff.; vgl. 110), um die Bedeutsamkeit dieser Ausdrücke zu klären: „Gesang und Schonheitsgefuhl sind einfache Naturäußerung meiner mich selbst nach hoherer Ansicht

---

[1]) Vgl. dazu die Ausführungen des „Schwanengesangs" (1825, S XII—366 ff.; aber auch S. 333). Das dauernd erweiterte u. umgestaltete, als Ganzes aber nie gedruckte Dictionarium hat seinen Niederschlag im „Natürlichen Schulmeister" gefunden (S IX—349 ff.). Darüber sowie über die „Elementarbücher", siehe H. Schönebaum, a. a. O. III—68 ff. sowie die „Geßnerbriefe" (XIII—317; Die Reihenfolge der Wortlehre wird durch die Ähnlichkeit der Form bestimmt, die Anordnung der Tonlehre jedoch durch die Ähnlichkeit der Töne.

[2]) Das Wort „Einlenkung", das in Grimms Deutschem Wörterbuch nicht verzeichnet ist, im Sinne von Entwicklung findet sich z. B. X—14, also Einlenkungsmittel = Entwicklungsmittel, dann auch „eingelenkte Versöhnungshandlung", „Einlenkungs- u. Anbahnungsmaßregeln" (S XII—286 f.); als Verb: „Wenn die Anschauung der Natur ... allgemein eingelenkt und gesichert ist" (z. B. XIII—110). Vgl. dazu ästhetische Schönheit als „bloße fließende Einbiegung" in das Wesen der Grundformen (Winkel etc.), XIII—113. Daneben des öftcren „Hinlenkung" und „hinlenken".

[3]) Vgl. dazu Morf, a. a. O. I—228 f.

aller Dinge drangvoll hinlenkenden unverdorbenen Sinnlichkeit"[1]): Gesang, der Ausdruck des Frohsinns, und Schönheit lenken uns (unsere „Anstrengungen") also als natürliche, in der Sinnlichkeit begründete Anlagen auf das Höhere hin, zumal diese Anlage auch wiederum mit der äußeren Umgebung insofern übereinstimmt, als die ganze Natur „voll reizender und erhabener Formen ist". Also können wir durch die Unterrichtskunst — das Wort „Methode" wird hier sparsamer gebraucht — mit Hilfe der beiden Einlenkungsmittel gebildet werden! Pestalozzi offenbart damit (XIII—113: Die ästhetische Schönheit aller Formen) fruchtbare Gedanken über die Förderung des Schönheitsgefühls und namentlich des Gesangs, der vom Ammengesang der Mutter zum Nationalgesang hinführt und sich schließlich zum hohen Gesang der Gottesverehrung erheben müßte. Aber eine „zerstreute, überladene Frau" ist dem entwöhnten Kinde nicht mehr Mutter (109).

Wo der Unterricht (die Kunstbildung) mit der wirklichen Anschauung der Natur nicht gleichen Schritt geht und voreilt, sind Verhärtung, Einseitigkeit, Schiefheit und Oberflächlichkeit die Folge. Europa habe aber für die Armen, für die niedere Volksbildung noch nichts getan, um die Organisation und die Elementarmittel der menschlichen Erkenntnis mit dem Wesen des menschlichen Geistes und seinen Gesetzen in Übereinstimmung zu bringen! Wir sind von der Bahn der Natur abgewichen, wir haben kein Schönheitsgefühl, man hat die Volksmassen nicht einmal reden gelehrt („Vorarbeit", S. 86 f.).

e) Mit dieser Fundierung der Methode durch die Kunst, durch Gesang und Schönheitsgefühl gibt sich Pestalozzi nicht zufrieden. Er versucht noch tiefer zu schürfen und seine Unterrichtskunst auf unser instinktives Naturgefühl zurückzuführen.

In der „Vorarbeit" zu der Schrift „Die Methode" stellte sich Pestalozzi die Aufgabe, die Unterrichtsform, die er bisher unter dem Gesichtspunkt des „Anschauungsvermögens" betrachtet hat, nun auch aus der Vereinigung unseres Anschauungsvermögens mit „unserer sinlichen Natur selber" herzuleiten (XIII—85). Was ist unter sinnlicher Natur zu verstehen?

Die Selbstkenntnis, von welcher der Unterricht als Mittelpunkt ausgehen soll, umfaßt außer der Kenntnis meiner „physischen Natur" noch die Kenntnis meiner „inneren Selbstständigkeit, Bewußtseyn meines Willens, mein eigen Wohl selbst zu befördern, und

[1]) „Das Schönheitsgefühl ist an die Wahrheit und Liebe gebunden". Aufsatz „Über den Sinn des Gehörs", 1804 (XVI—313).

meiner Pflicht, meinen Einsichten getreu zu seyn . . ." (XIII—116). Zu diesen geistigen Fähigkeiten (im strengen Sinne) gehört das Vertrauen zu der Mutter und zu Gott, woraus das Streben nach Veredlung erwächst. Das ist die eine Seite meiner Natur. Die andere ist die sinnliche Natur; sie gliedert sich der „physischen Natur" ein. Damit ist einmal das Psychophysische gemeint, wenn Pestalozzi z. B. von der physischen Kunstkraft spricht (Glieder, Organe, Sinne), dann aber auch das Sinnlich-Tierische des Naturmenschen (z. B. XII—163, XIII—270). Wir können Sinnlichkeit insofern mit „Triebhaftigkeit" (Instinkt) i. w. S. wiedergeben (XIII—341: „die Kraft eines ganz sinnlichen Instinktes"; ähnlich 335)[1]. Denn nach Pestalozzi schwankt unsere Sinnlichkeit zwischen Vorwitz und Trägheit, zwischen Wohlwollen und Selbstsucht und ist sowohl als Sinnenreiz wie als Sinnenmäßigung eine wesentliche Grundlage unseres Denkens. Dieses Schwanken umschließt zunächst ein lebhaftes Streben nach Befriedigung, wenn wirkliche Bedürfnisse auftreten, aber auch die Wahrheit sichernde Ruhe, falls kein Bedürfnis vorliegt („Vorarbeit", S. 85). Ähnlich „Wie Gertrud ihre Kinder lehrt" (XIII—250): die Sinnlichkeit bewegt sich zwischen dem Wissen-Wollen und dem Trägheitsmoment des genießenden Stillestehens. Ersteres ist wertvoll als „sinnliches Fundament" unserer Forschungskraft, letzteres verleiht die Kaltblütigkeit des gereiften Urteils. Wenn Pestalozzi mithin als zweite Quelle der physisch-mechanischen Gesetze die mit dem Anschauungsvermögen „allgemein verwobene Sinnlichkeit" unserer Natur erwähnt, so wird damit gesagt, daß die Gesetzlichkeiten unseres gesamten menschlichen Seins im tiefsten Grunde unseres instinktiven Naturgefühls und Anschauungsvermögens verwurzelt sind (249 f.). Ebenso sind alle sittlich-religiösen Kräfte im Urgrund unserer Sittlichkeit angelegt und harren der Belebung zu gebildeten Geisteskräften; so im „Schwanengesang", z. B. S XII—401. Darauf ist bei Behandlung der „Nachforschungen" zurückzukommen.

Die oben (S. 18) erwähnte Frage: Was thut die Natur selber, um mir meine Welt im Prozeß der Anschauung wahrhaft vorzustellen? hat Pestalozzi dahin beantwortet, daß sie es durch meine Lage, durch meine Bedürfnisse und durch meine Verhältnisse vollbringt, worauf sich Kenntnisse, Beruf und Tugend gründen. Es ist dann

---

[1]) Vgl. die „Lenzburger Rede" (1809, Ma III—531 ff. u. besonders die in der Cottaschen Ausgabe gestrichene Stelle — weil Niederers Zusatz?): Unterscheidung von „Sinnlich" als dem „ungöttlichen" „Element des Irdischen, des Weltsinns" u. der „sinnlichen Offenbarung des Sittlichen und Göttlichen selbst".

mit „Bedürfnissen“ wohl ganz allgemein der Wille gemeint[1]), im besonderen aber auch die sittlich-indifferente Triebhaftigkeit, die zwischen der Ruhe und dem Streben nach Befriedigung schwankt[2]).

Insofern aber Pestalozzi auch von „sinnlichen Eindrücken“, von „sinnlichen Naturmitteln“, von sinnlichen Anschauungen und von „der uns umschwebenden sinnlichen Natur“ etc. spricht, wäre hier „sinnlich“ auf die Anschauung mittels der Sinne zu beziehen („Vorarbeit“, XIII—85; „Wie Gertrud ihre Kinder lehrt“, XIII—253 u. 222[3]). Über „sinnliche“ (physische) Natur siehe weiter unten im dritten Teil!

f) Den Ertrag des ersten Jahres in Burgdorf, wie er in der Denkschrift über „DIE METHODE“ (1800) seinen Niederschlag gefunden hat, fassen wir in den folgenden Erkenntnissen und Forderungen zusammen, deren weiterweisende Gedanken wir auch hier wieder in Anführungsstriche setzen.

1. Da Pestalozzi den Unterricht „psychologisieren“ will, so fragt er zunächst, was die Natur ihrerseits tut, um dem Menschen die Welt „wahrhaft“ vorzustellen. In dieser Frage bricht Pestalozzis ontologischer Standpunkt auf!

Natur ist erstens die Gesamtheit der uns umschwebenden Gegenstände. Da diese Natur das einzige Fundament menschlicher Erkenntnis ist, wird die „Anschauung der Natur“ auch zum eigentlichen und wahren „Fundament“ des Unterrichts. Dieser hat das „Wesentliche“ seiner Erkenntnis tief in das „Wesen“ des menschlichen Geistes einzugraben. In schneller Folge begegnet an dieser Stelle, auch vorher und nachher, siebenmal hintereinander der bedeutungsvolle Ausdruck „Wesen“ bzw. „das Wesentliche“ (108)!

---

[1]) Pestalozzi unterscheidet (IX—426) zwischen „Willen“ und „Entschließungsvermögen“. Der naturhafte Wille, wie der Trieb, ist gebunden, der Notwendigkeit unterstehend. Das Entschließungsvermögen ist frei! Daher XIII—327: „Der Mechanismus meiner Sinnlichkeit“.

[2]) Daher auch die „sinnlichen Kräfte“ der Selbstsucht und Begehrlichkeit im Gegensatz zur Vernunft, dem Wohlwollen und „berichtigten Willen“, „Wie Gertrud ihre Kinder lehrt“, XIII—348, 350 (meine sinnliche Natur). Was des öftern gestreift wird, ist im Nachtrag zu den „Geßnerbriefen“ vom Jahre 1820 klar ausgesprochen: die sinnliche Natur, von der „die Notwendigkeitsgesetze des Daseyns“ ausgehen, scheint nur dem Ganzen geheiligt und eigentlich blind zu sein. Ihr gesetzlicher Ablauf muß den Gesetzen der sehenden, geistigen und sittlichen Natur untergeordnet, durchleuchtet und mit ihr in Harmonie gebracht werden (XIII—124 f., 347, 389 u. 474). Der erste Unterricht des Kindes sei aber nie Sache der Vernunft (des „Kopfes“), sondern der Sinne (des „Herzens“). S. 349.

[3]) Ebenso „Sinnlichkeit“ in der Denkschrift „Die Methode“ (XIII—104 f.), u. auch später „rein sinnlich“ von „Sinnenübungen“ („Lenzburger Rede“, 1809, Ma III—472).

Natur ist fernerhin der Mensch. Er ist der „Mittelpunkt", von dem alles ausgeht, was er ist, was er will, was er soll. Daher ist die „innere Selbständigkeit" und die „Selbstkenntnis" der eigentliche „Mittelpunkt", von dem das „Wesen" des ganzen Unterrichts ausgehen muß.

2. Die „allgemeine Grundlage" unseres Geistes befähigt unsern Verstand, die Eindrücke, welche die Sinnlichkeit von der umgebenden Natur empfangen hat, in seiner Vorstellung mittels der Sprache zur Einheit des Begriffs aufzufassen. So ist jedes „Wort", jede „Zahl", jedes „Maß" ein Resultat gereifter Anschauungen des Verstandes. Es ist daher Aufgabe des Unterrichts, in Befolgung der „ewigen" psychologischen Gesetze, nach denen sich unser Geist von sinnlichen Anschauungen zu klaren und weiterhin zu deutlichen Begriffen erhebt, die „Elemente" der Unterrichtskunst mit dem „Wesen meines Geistes" in Übereinstimmung zu bringen, und zwar durch Anschauung „meiner" (individuellen) Lage, unter Berücksichtigung „meiner" Bedürfnisse und „meiner" Verhältnisse, die also nur empirisch-besondere „Mittel" der Anschauungsweise und damit der „allgemeinen Kunstmittel" sind!

3. Das ist insofern möglich, als der Mechanismus der sinnlichen Menschen-Natur „in seinem Wesen" den nämlichen Gesetzen unterworfen ist wie die physische Natur. Die „allgemeine" Harmonie des „Ganzen" ist die Bedingung jedweden Unterrichts. Er ist mithin zu „psychologisieren", um diesen lebendigen Zusammenhang im Ebenmaß zu erhalten. Die Folge wäre sonst nicht „Beruhigung", sondern sinnliche Verhärtung, Einseitigkeit und Oberflächlichkeit des Volkes.

4. Da die Natur das einzige Fundament menschlicher Erkenntnis ist, hat die Kunst (des Unterrichts) die Aufgabe, die hohe Kunst der Mutter Natur in Freiheit „nachzuahmen" und die „Elementarmittel" menschlicher Erkenntnis mit dem „Wesen" des menschlichen Geistes sowie auch mit den Gesetzen des physischen Mechanismus in Übereinstimmung zu bringen. Die Übung der Unterrichtskunst ermöglicht es, uns das ineinanderfließende Meer verwirrter Anschauungen zahlreicher, richtiger und dauerhafter vorzustellen.

5. Da der Mechanismus der Natur in seinem ganzen Umfange hoher, einfacher „Gang" ist, sind auch die allgemeinen Kunstmittel möglichst zu „vereinfachen", zur „Vollkommenheit" zu vollenden und die Formen, in denen das Reden, Lesen, Zeichnen,

Schreiben, Rechnen und Messen gelehrt werden soll, in „einfache Stufenfolgen" („Reihenfolgen") zu bringen[1]).

6. Wie in dem Briefe „Über den Aufenthalt in Stanz" gründet Pestalozzi auch in der „Denkschrift" den Erfolg der Erziehung auf das in den Busen des Kindes gelegte Vertrauen gegenüber der Mutter und gegenüber Gott, aus Gehorsam gegen „Wahrheit und Recht". Religion ist nicht Unterrichts-, sondern Herzenssache, was man ihm allerdings sehr verargt hat. Auch G. A. Gruner berichtet in seinen „Briefen" aus Burgdorf (Morf, a. a. O. II—240 f.), wie Pestalozzi in seinen persönlichen Anreden sowie in seinen Prüfungs- und Andachtsstunden seine Zöglinge immer wieder ermahnt, an Gott zu denken und aus Liebe zu Gott das Gute zu tun. Das Kind lebt, nach „innerer Veredlung" strebend, in der „Anschauung" Gottes und betet ihn an. Das ist das Fundament der menschlichen Beruhigung. Damit sind bereits grundlegende Gedanken der Methode Pestalozzis ausgesprochen oder doch wenigstens vorgeahnt (vgl. XIII—452 ff.). Von den Besuchern seiner Anstalt ist auch nicht einer dem „Wesen" dieser Zusammenhänge nahegekommen.

In der „Vorarbeit" zur „Denkschrift" kündigt sich bereits eine entscheidende Klärung solcher Gedanken an, die im Laufe der Jahre zur Lösung des vorliegenden Problems führen sollten. Hatte Pestalozzi in den Aufsätzen über „Die Sprache als Fundament der Kultur" von einem „außerlichen Mitel" der Bildung gesprochen; hatte er bisher immer bestimmter auf das „Innere" des Menschen, die „innere Selbständigkeit" und weiterhin auf letzte Fundamente, Elemente und Anfangspunkte hingezielt[2]); war er den verschiedenen Arten von Gesetzen nachgegangen, die jetzt und später als „ewig" bezeichnet werden, in welcher Richtung auch der gelegentliche Ausdruck „allgemein" zielt, z. B. allgemeine Kunstmittel, so liegen in all dem bereits Hinweise auf das „Wesen" bzw. das „Wesentliche" des Menschen, seiner Erkenntnis wie des Unterrichts. In der „Vorarbeit" und nicht in der eigentlichen Denkschrift (!) werden von dem Rückgang auf die Elemente nunmehr Ergebnisse von unbedingter Notwendigkeit erwartet, die von den „einseitigen" Eindrücken „wandelbarer" Beschaf-

---

[1]) Vgl. dazu den Bericht J. R. Fischers „Pestalozzianum", 24. IV. 1942, S. 5 ff.

[2]) Entgegen Hennings Auffassung vom Sinn des „Elements" erklärt Niederer: „Element in Pestalozzis Sinn ist der Urbestandteil, das Konstitutive jedes individuellen Erkenntnisgegenstandes, ohne das er aufhört zu sein, was er ist." Em. Dejung, Pestalozzi im Lichte zweier Zeitgenossen: Henning u. Niederer, Zürich 1944, S. 47.

fenheiten eindeutig abgehoben werden (XIII—86, 88, 92). Pestalozzi grenzt somit das „Gemeine", d. h. das Zufällig-Empirische verwirrter Anschauungen von der allgemeinen und notwendigen Gesetzlichkeit der Elemente ab, die als das Innere und Ewige charakterisiert wird[1]). Der Charakter der Zufälligkeit empirisch-individueller Lebensbedingungen wird späterhin, wie wir noch sehen werden, sehr klar ausgesprochen, z. B. in der Geburtstagsrede 1818 (S X—534). Der Mensch wird gebildet „durch das Zufällige, das in seiner Lage, in seinen Umständen und in seinen Verhältnissen liegt". Über diese individuellen Grundlagen hinaus drängt Pestalozzi mithin, mehr oder weniger bewußt, auf Fundamente hin, die man als allgemeine Kategorien menschlichen Seins, menschlicher Erkenntnis und des darauf gegründeten Unterrichts bezeichnen könnte, und damit auf eine absolute Methode, da er sich immer mehr davon überzeugt, daß es nur eine Methode geben kann. Auf Grund dieser Trennung von Wesentlichem und Wandelbarem erklärt sich dann die spätere Sonderung verschiedener Arten von Anschauungen, einer „äußerlichen" und einer „innerlichen" (s. o. S. 14); so wird auch der Gedanke der Vereinfachung von Kunstmitteln verständlich, die einfach und elementar sein müssen wie die Elemente selbst, und damit zugleich die Idee einer Elementar-Bildung, wie sie von jeder Mutter gehandhabt werden kann! So leuchtet auch die notwendige allgemeine Harmonie ein zwischen den Kunstmitteln und dem Wesen des menschlichen Geistes, was wiederum die Selbstkenntnis des Menschen voraussetzt, die eine Psychologisierung der Methode verbürgt (124). Soll doch nach den psychologischen Gesetzen der menschlichen Natur der Unterricht „das Wesentliche seines Erkenntnisfaches unerschütterlich tief in das Wesen des menschlichen Geistes eingraben, dann das weniger Wesentliche" allmählich, aber kraftvoll „an das Wesentliche anketten" und alles in einem lebendigen Zusammenhang erhalten (XIII—108).

Wenn sich dann das Wachstum des Baumes in der Natur als ununterbrochene Folge aus dem „inneren Wesen des Kerns" entfaltet und der Erzieher mit dem Gärtner verglichen wird (XIII—107 f., S X—531, 539), so liegt es nahe, daß auch die Bildungsmittel in lückenloser „Stufenfolge" an das „Wesentliche" angekettet werden. Hier liegen alle Probleme der Methode, der Elementarbildung. Die Aufgabe war damit gesehen;

[1]) Vgl. unten (Abschnitt k): Die „gemeine Anschauung" des menschlichen Körpers.

die Lösung sollte sich allmählich einstellen, geboren aus der Not der Schule, aus der Not der Revolution und ihrer Fehlschläge, aus der gläubigen Liebe eines um Wahrheit und Recht kämpfenden Mannes.

Infolge der Scheidung dieser wesentlichen Elemente von den unwesentlichen Beschaffenheiten der empirischen Wirklichkeit wird schließlich klar, warum „Lage" und „Bedürfnisse" jetzt und in den späteren Werken verkoppelt werden können: sind sie doch beide nichts Wesentliches, sondern wandelbare Faktoren zufälliger Erfahrung, nach Stand und Alter individuell bzw. differentiell verschieden! Vgl. z. B. im „Schwanengesang" S XII—324, 350, 352, 386 ff., 390, 394, 410, 460. Daher einerseits das differenzierende Pronomen „mein" oder „dein" (vgl. o. S. 18 u. 19) vor „Lage" (Individual-„Lage"!) wie vor „Bedürfnissen" („Individualansprüche"!), während andererseits von den „wahren und ewigen Grundlagen" (Elementen, Fundamenten), von der Gemeinkraft der „Menschennatur", vom „Geschlecht" oder dergl. ganz „allgemein" gesprochen wird (z. B. S XII—376, 387, 408 etc.). Das alles ist wohl zu beachten, wenn man dem intuitiven Tiefblick Pestalozzis und seiner Weisheit annähernd gerecht werden will.

g) Die „allgemeine" Anschauung der umgebenden Natur ist das „erste Fundament aller menschlichen Erkandtnis" und damit alles Unterrichts (XIII—88, 95, 104). Aufgabe der wahren Unterrichtskunst ist es daher, die Erkenntnis der Natur gegenüber jedem „einseitigen Eindruck" sowie ihrer „wandelbaren Beschaffenheit" zu sichern[1]). „Das Wesen alles bessern Unterrichts" besteht demgemäß darin, auf die Elemente der Anschauung zurückzugehen und damit zu Ergebnissen von unbedingter Notwendigkeit zu gelangen! Der Mensch erhebt sich über die „einfache thierische Ansicht" der in der Natur zerstreuten Dinge, wenn er jeden Gegenstand unter klaren Begriffen, dem intellektuellen und sittlichen Fundament, ins Auge faßt und so „von sinnlichen Anschauungen zu deutlichen Begriffen" fortschreitet. Alle Erkenntnisse sind dann in einen geordneten Zusammenhang zu bringen, wodurch das Wesen aller Dinge hervorsticht und dem Menschen

---

[1]) In den „Geßnerbriefen" (XIII—317) wird die „innere" Anschauung der Sprachtöne durch das Ohr von der „äußern", d. h. der willkürlichen Zeichensprache gesondert. In dem „Fragment über die Grundlagen der Bildung" (1803) unterscheidet Pestalozzi zwischen der „äußerlichen" und der „innerlichen Anschauung": Das Urteil meines Geistes über die äußere Anschauung und das damit verbundene Gefühl der (Un-)Behaglichkeit ist das Innere, die innere Anschauung (XVI—3). Vgl. damit die „gemeine Anschauung" des menschlichen Körpers.

stark und unerschütterlich eingeprägt werden kann. Das „offenbare ABC der Natur“ geht mithin „dem Kunst-ABC unserer Buchstabenweisheit“ voran (88, 105, 108, 110).

Als Elemente aller Erkenntnis und alles Unterrichts sind nach Pestalozzi nunmehr Wort, Zahl und Form erkannt[1]). Steht doch zunächst einmal die S p r a c h e „mit der würklichen Wahrheit aller Dinge in einem unbegrenzten Zusammenhang“[2]). Mittels der Sprache bezeichnen wir den erkannten Gegenstand als „Einheit“, benennen seine Merkmale und vermögen durch die Sprache die Beschaffenheiten der Dinge mit Hilfe unseres Vergleichungs- und Abstraktionsvermögens auszudrücken (XIII—92; 266 ff.). Weitere Ergänzungen bringen die Darlegungen des zweiten Hauptteils über die Sprache als Vehiculum veritatis[3]).

Auch die Z a h l der Wörter, die „uber einen und ebendenselben Gegenstand im Umlauf sind“, der Umfang, Zusammenhang und die Reihenfolge ähnlicher Gegenstände sind vorzüglich geeignet, das Wesen aller Gegenstände „vor ihrer wandelbaren Beschaffenheit“ dem Kinde vor Augen zu führen und damit ein Vorgefühl der innern Wahrheit eines jeden Gegenstands zu entwickeln!

Die Buchstabenschrift wird zunächst als „unwesentliche“ F o r m des Redens, als welche sie ihre Spezialregeln hat, charakterisiert. Die Form der Buchstaben zu erlernen, ist dann das „Spiel

---

[1]) In der „Ersten öffentlichen Äußerung über mein jetziges Thun und meine Ansichten der Volksbildung“ (S VIII—450 f.) findet sich vielleicht der erste Hinweis auf seine Lehre von „Maß (Form), Zahl und Wort“ sowie auf die Zusammenhänge von Sprechen und Schreiben.

[2]) So auch neuerdings die von G. Ipsen und F. Karg durchgeführten „Schallanalytischen Versuche“, Heidelberg 1928, sowie H. Müller, Experimentelle Beiträge zur Analyse des Verhältnisses von Laut und Sinn, Berlin 1935, welche die von J. Wittmann aufgestellte These einer strukturellen Übereinstimmung von Wortklang und Bedeutung nachprüfen.

[3]) In seinen Untersuchungen „Über den Sinn des Gehörs, in Hinsicht auf Menschenbildung durch Ton und Sprache“ aus der Zeit um 1803—4 (XVI—265 ff.) geht Pestalozzi der historischen Entwicklung von der Bildschrift der Hieroglyphen zur Zeichenschrift, die nur noch eine Abbreviatur ist, und weiter zur Tonschrift nach, die uns noch mehr vom Zusammenhang des Lebens entfernt. Um die Disharmonie zwischen der Schriftsprache, die keinen Zusammenhang mit der auszudrückenden Sache hatte, und der „Mundsprache“ aufzuheben, mußte eine „Auflösung der Töne in ihre Grundtheile“ erfolgen und zwar durch ein Alphabet der Töne, durch dessen Gebrauch die Wortzeichen mit dem gesprochenen Ton in Übereinstimmung gebracht werden konnten. Beim Lesen und Schreiben muß man dann Sache, Ton und Form des Tonzeichens in Übereinstimmung bringen und diesen Vorgang zu „Vernunftübungen“ zwecks Bildung der Kräfte erheben. Das ist die hohe Aufgabe der Mutter: Es kommt das Kind durch Hören zum Reden. Anschauung und Sprache müssen aber mit der Wahrheit, der Liebe und dem Glauben immer zusammenwirken (XVI—331 ff., 272).

von einigen Tagen", wenn das Kind die Artikulation der Laute einmal beherrscht. Die Bedeutung der Form für die Meßkunst und Linearzeichnung liegt darin, daß das Kind, ganz abgesehen von dem Nutzen für die Richtigkeit der Buchstabenformen, durch einfache Bestimmung der Parallelen, Winkel und Bogen zur Beurteilung der Größenverhältnisse geführt werden kann (92 f.). In den „Vorarbeiten und Entwürfen" der „Geßnerbriefe" wird schließlich die Form sogar „das erste wesentliche dieser Unterrichtselemente" genannt (XIII—380). Und in den „Geßnerbriefen" selbst (267): Zahl und Form sind als „die eigentlichen Elementareigenheiten aller Dinge" die zwei Punkte, an die sich alle übrigen Mittel anschließen. Es drängt sich hier der Gedanke auf, dem wir auch im dritten Teil weiter nachzugehen haben, daß unter „Form" wenigstens der Grundgedanke der neueren Gestaltpsychologie nicht zu verkennen ist[1]).

h) Ich fasse den methodischen Ertrag der immer von neuem überdachten Unterrichtserfahrung in Burgdorf nach den „GESSNERBRIEFEN" folgendermaßen zusammen: es werden einmal frühere Einsichten wiederholt, erweitert, vertieft, in Verbindung gesetzt und durch ausführliche Beispiele der Unterrichtspraxis belegt (6.—8. Brief). Sodann tritt eine grundsätzliche Wendung ein in der Richtung auf das Gesetzliche und Allgemeine, auf das „Wesen" der Unterrichtsmethode, bereits vorgeahnt in der Vorarbeit der „Denkschrift (s. o. S. 27).

Genetisch betrachtet, wirken sich darin aus: die häuslichen Einflüsse der Jugend, der Mutter und der Dienstmagd Babeli — daher wird das „Naturverhältnis" von Mutter und Kind sowie der Geschwister zur Grundlage jeglichen Unterrichts (XIII—210 f., 310 f., 341 ff. u. ö.; das besagt auch der Untertitel des Werkes!); weiterhin die Einflüsse des Kreises um Bodmer (Breitinger: Steinbrüchel!), namentlich der Naturalismus Rousseaus[2]) und der Universalismus der Barockzeit — daher der Rückgang auf das Heilige unserer „Natur", Einfachheit, Gesetzlichkeit, Kraft, Harmonie sowie die

---

[1]) H. Möller, Die weltanschaulichen Grundlagen der Erziehungslehre Pestalozzis. Gestalt und Gemeinschaft, Berlin 1940, S. 25 ff.

[2]) K. Giering, Lavater u. der junge Pestalozzi, Pestalozzi-Studien III (1932) S. 87 ff., berichtet über die Einflüsse, die Pestalozzi von Th. Abbt, Leibniz, Hirzel, Rousseau, den Vorträgen der „Politisch-Historischen Gesellschaft zur Gerwj", von der „Moralisch-Politisch-Historischen Gesellschaft auf dem Bach", vom Kreis der „Patrioten", von Mesmers Leben und Lehre und vor allem von Lavater (Zeitschrift der „Erinnerer") empfangen hat. A. Seeger hat dazu „Pestalozzis sozialpolitische Anschauungen" (Straßburg 1912) untersucht und den Einfluß der Physiokraten, namentlich Quesnays auf Pestalozzi nachgewiesen.

Frage nach dem Verhältnis von (unterrichtender) Natur und Unterrichts-Kunst (XIII—197, 201, 243 f., 245, 320, 339) und der Grundsatz der Nachahmung (245 f.: Vergleich mit der Entwicklung des Baumes); ferner Experimente und Erfahrungen mit seinem Sohn, in der Armenanstalt auf dem Neuhof, im Waisenhaus zu Stans, im Privatunterricht des kleinen Ludwig (S. 200), in den Schulen zu Burgdorf. Auf Grund dieser Einflüsse und Erfahrungen erfolgt die Nachprüfung der Versuche und Urteile seiner Mitarbeiter Fischer, Tobler, Krüsi und Buß (1.—3. Brief, S. 209 u. 329) sowie der Kritiken von Besuchern der Schule, z. B. Glayre (196); es erheben sich Widersprüche gegen andere Unterrichtsreformen, z. B. der Philanthropen (Katechisieren und Sokratisieren, leere und unverstandene Worte, „Realkenntnisse gegen Buchstabenkenntnisse", 190, 215, 221; vgl. die textkritische Anmerkung des Anhangs I zu S. 215 f.). Der Ausbau und die Vertiefung des Systems erfolgt nun als Ergebnis einer scharfen Beobachtungsgabe (Grundsatz der nahen und umfassenden Anschauung), eines zähen und unerschütterlichen Wollens, einer unbedingten Wahrhaftigkeit („ewige Wahrheit und ewiges Recht", S. 184 ff., 187, 196, 201, 252 f.) mit Hilfe von Vergleich und Analyse („höchste Einfachheit", „einfachste Bestandtheile", 194, 200 f.). Entscheidend ist Pestalozzis Hang zur „Ordnung" (die lückenlose, progressive „Reihen"- und „Stuffenfolge"), zur philosophisch-psychologischen Verinnerlichung, dem innern „Wesen" der Dinge auf den Grund zu gehen (vereinfachte Anfangspunkte, Kräfte, Elemente, Formen, Fundamente), das Allgemeine im Wirrwarr der äußeren, zufälligen Beschaffenheiten zu ergründen (die „unwandelbaren", „unerschütterlichen", „ewigen Gesetze") und dabei, statt aller Einseitigkeiten, das vollendete, umfassende G a n z e in den Griff zu bekommen: so kämpft er denn gegen „Brockenlehren", aber für „Wahrheit und Leben"; es geht ihm um den „Menschen" und das „Geschlecht". In diesem Lichte betrachte man das gleichseitige Viereck als gemeinsame Grundlage für Wort, Form und Zahl und auch auffallende und unendlich oft wiederkehrende Zusätze wie „allgemein", in seinem „ganzen Umfange", „umfassend", „vielseitig" (S. 189, 314, 318 f., 321, 338)[1]. Schließlich wird das „Wesen der Lehrart" den tief innerlichsten Gefühlen der Gottesverehrung und Sittlichkeit eingeordnet, der Liebe zu den Armen mit dem Ziele, das versunkene Volk durch Volksunterricht aufzurichten, es zu veredeln, zur „höchsten Reinheit deutlicher Begriffe" und zur inneren Selb-

[1]) So kommt schon in den „Vorarbeiten und Entwürfen" (XIII—366) in einem kurzen Abschnitt fünfmal hintereinander „allgemein" vor.

ständigkeit emporzuheben, um sich dann selbst helfen zu können (183 f., 222, 235, 318 ff., 339 f., 350).

Noch ist aber zu Beginn der „Geßnerbriefe", zuweilen auch späterhin, die theoretische Wendung zu der kategorialen Auffassung der Anfangspunkte („erste" bzw. „unterste" Punkte, Fundamente) mehr seherisch geschaut als deutlich erkannt. Man vergleiche unter diesem Gesichtswinkel die kennzeichnenden Stellen auf S. 198 (Fundamente der Kunst und der Wahrheit), 206 (innere Wahrheit, wandelbare Beschaffenheiten, zunächst nur syntaktisch gesehen!), 207 (Fischers Punkte, zunächst nur lexikalisch-semantisch betrachtet: Data oder Rubriken oder leitende Ideen, von Pestalozzi selbst erläutert!), und dazu 219 ff. (Krüsis Gesichtspunkte: Fundamente zu allen Arten von Kenntnissen, auch der Rechenkunst), 213 (Fundamente höherer Geistesbildung), 215 ff. (Fundamente des Fragens, der Sachen usw.), 219 (feste und sichere Fundamente — innere Kraft), 228 (Tobler: innere Kraft, Fundamente und Grundsätze), 234 ff. (Buß: die ersten Anfangspunkte, Fundament einer Kunstsprache, Weiterschreiten zu den höheren Punkten); daraus wird dann (241), bei Pestalozzi, der höhere Unterricht. Überall offenbart sich hier die drängende Sehnsucht Pestalozzis und seiner Mitarbeiter nach Vertiefung und Klarheit. Vgl. dazu die Vorrede von 1820 (XIII—452 ff.). Dann aber heißt es schließlich (S. 207): „Jetzt suche ich in Zahl, Maß und Sprache die allgemeinen und ersten Fundamente", und weiterhin im zehnten Brief (S. 323 ff.) wird dann in folgerichtiger Ableitung die Möglichkeit, auf Grund der Anschauung zu deutlichen Begriffen zu gelangen, von der Sorgfalt abhängig gemacht, die „Anfangseindrücke der wesentlichsten Gegenstände unserer Erkenntniß" dem Kinde von Anfang an so bestimmt und umfassend wie möglich vor die Sinne zu bringen. Denn die Gesetze der Natur sind wohl „ewige Wahrheit", ihre einzelnen Wirkungen bieten aber dem Individuum (empirisch) den „Wirrwarr" einzelner Anschauungen. Auf diese Art lernt das Kind, die „wandelbaren Beschaffenheiten" der Gegenstände dem „Wesen" derselben unterzuordnen. Seine Kraft entwickelt sich. Es liest wie in einem offenen Buche in der Natur, wo sich alle „zufälligen Beschaffenheiten" der Gegenstände „mit hoher Einfachheit an das tiefe Bewußtseyn ihres Wesens und ihrer innern Wahrheit" anketten und sich der ganze Erfahrungskreis „mit Reinheit und Umfassung seiner innerer Kraft" aneinanderkettet. So kann man auf der Grundlage der sinnlichen Anschauung „lückenlose, Irrthum allgemein verhütende, und die Wahrheit allgemein begründende, Reihenfolgen unsrer Erkenntnismittel" bauen und zu „untrüglichen Wahrheiten" vorstoßen. Das ist „die" Lehre der Wahrheit. Pestalozzi ist sich der Tragweite dieser Entdeckung voll bewußt; er sagt selbst dazu: „Das Wort . . . ist groß" (S. 324 ff., 327 f.).

Unter teilweiser Wiederholung der in der „Denkschrift" hingeworfenen Einzelerkenntnisse und früherer Überlegungen (vgl. o. S. 25 u. 27 f.) stellt sich der methodische Fortschritt, nach erneuter Prüfung der Zusammenhänge, in den „Geßnerbriefen" dann folgendermaßen dar:

1. Pestalozzi war davon überzeugt, daß der Mensch nur durch die „Kunst", d. h. durch die „allgemein psychologische Unterrichtsmethode" zum Menschen werden kann (S. 244 ff.)[1]).

2. Es galt mithin, die „ewigen Gesetze" aufzufinden, nach denen „der menschliche Geist sich von sinnlichen Anschauungen zu deutlichen Begriffen" erhebt. Da der Gang der Natur in der Entwicklung des Menschengeschlechts unwandelbar ist, kann es auch nur eine und „nicht zwey gute Unterrichtmethoden geben" (S. 242, 246, 320).

3. Alles, was der Mensch ist, will und soll, geht von ihm aus, dem „Mittelpunkt" unseres ganzen Seins, also auch meine Erkenntnis. Wie jede physische Reifung das Resultat der gänzlich vollendeten Frucht ist, so kann auch nur dasjenige Urteil für reif zu erachten sein, das als Resultat einer in allen Teilen vollendeten Anschauung des zu beurteilenden Gegenstandes ins Auge fällt (S. 246, 248, 381).

4. Da der Mechanismus der physisch sinnlichen Menschennatur „in seinem Wesen" den nämlichen Gesetzen unterworfen ist, nach denen die physische Natur (z. B. in der Entwicklung des Baumes) allgemein ihre Kräfte entfaltet, so ist das ganze Tun der „Kunst" mit demjenigen der Natur „eins und ebendasselbe" (S. 245 f.).

5. Es sind daher die mechanischen Formen des Unterrichts den „ewigen Gesetzen der sinnlichen Natur" einzuordnen und mit dem „Gang der Natur" überall in Übereinstimmung zu bringen. Dabei sollen die Resultate der Kunst, wenn sie schon zur „physischen Nothwendigkeit" erhoben sind, doch durch „Reichthum und Vielseitigkeit" das „Gepräge der Freiheit und Selbstständigkeit" „allgemein" an sich tragen (S. 243 f., 247 f.).

6. Es hat also der Unterricht das Tun der „hohen Natur" ins Auge zu fassen und nachzuahmen, mag auch das Ein-

[1]) In der Schrift „Die Methode" fehlt die Seite XIII—244, Zeile 26 bis S. 245, Zeile 28.

zelne, was die Kunst auf das Fundament der Natur anbaut, nur klein und unmerklich sein (107 f., 245 f.).

7. Alle „Kunst" wird daher das „W e s e n t l i c h s t e (!) seines Erkenntnisfaches" unerschütterlich tief in das „Wesen des menschlichen Geistes eingraben", das „weniger Wesentliche" dann allmählich mit ununterbrochener Kraft an das „Wesentliche" anketten und alle Teile in einem lebendigen Zusammenhang erhalten (246). — Daran schließen sich dann Pestalozzis praktische Anweisungen, vom „Einfachen" zum „Verwickelten" in lückenloser „Stuffenfolge" durch unmerkliche Zusätze fortzuschreiten (246 f.).

8. Nun werden S i t t l i c h k e i t und R e l i g i o s i t ä t, die nicht Sache der Erkenntnis, sondern des Herzens sind, durch das instinktive Walten der Mutter dem Unterricht eingeordnet. Nach den „Vorarbeiten und Entwürfen" (XIII—377 f., 384 ff., 388 f.) sowie nach den „Geßnerbriefen" (13 u. 14) geht der Weg vom „Bedürfnis" des Kindes zur Begierde, von der befriedigten Begierde zur Liebe, indem Schutz das Vertrauen erzeugt, und Gehorsam, mit Liebe und Dank vereinigt, den ersten Keim des Gewissens, der Pflicht und des Rechts weckt. Aus dieser G e m ü t s s t i m m u n g, welche der menschlichen Anhänglichkeit an den Urheber unsrer Natur eigen ist, entkeimt eine „Glaubensneigung": die Gefühle der Liebe, des Dankes und des Vertrauens umfassen nun auch Gott, den das Kind noch nicht kennt. Auf Grund dieser „Gemüthsstimmung" sowie durch das Vorbild der Mutter, die den Namen Gottes nennt und den „Allliebenden" in der gesamten Natur wie in jeder seiner Kräfte zeigt, schreitet das Kind weiter zur Bruderliebe, vom Glauben zum Gehorsam gegen Gott und nun erst zu den von Gott in unsere Brust gelegten Vereinigungsmöglichkeiten von Sittlichkeit und Erkenntnissen, so wie sie uns über die „Wahrheit von Gott" möglich sind. Und hier muß nun die „Kunst" einsetzen, um, nach dem Vorbild des Naturverhältnisses von Mutter und Kind, einer Welt der Selbstsucht und Gewalt entgegenzuarbeiten sowie unserm „berichtigten Willen" unterzuordnen.

9. Nach der in mehreren Ansätzen durchgeführten Grundlegung seines gesamten Systems fühlt sich Pestalozzi gedrängt, das „Wesen der Naturgesetze", auf denen seine Einsichten beruhen, in ihrer ganzen Einfachheit umfassend darzulegen (5. und 6. Brief). Es geschieht unter dem Gesichtspunkt einer dreifachen Q u e l l e, deren erste die N a t u r u n s e r e s G e i s t e s selber ist, insofern sich diese von dunkeln Anschauungen zu deutlichen Begriffen emporschwingt. Die zweite Quelle, die als verbindende Grundlage des ersten und dritten Gesichtspunktes nicht besonders behandelt wird, ist die mit dem Anschauungsvermögen allgemein verwobene S i n n l i c h k e i t, als

Neigung alles Wissen-Wollens bzw. des kaltblütigen (trägen) Stillstehens im Urteilen über das „willenlose Anschauen". Vgl. dazu o. S. 24 f. Die dritte Quelle liegt in dem Verhältnis unseres Erkenntnisvermögens zu der äußeren Lage, in der sich der Mensch als Mittelpunkt der angeschauten Welt befindet. Diese Unterscheidung ermöglicht eine weitgehende Klärung der Lehre von den „Anfangspunkten".

Jede Anschauung besteht nämlich aus „einfachen Grundtheilen" oder Anfangspunkten, Elementen, Urformen (S. 253), die der Mensch in die Hand bekommen muß, damit ihm auch die verwickeltste Anschauung einfach werde (250). Denn die sinnlichen Erscheinungen sind nur insofern „Mittel zu richtigen Einsichten", als ihr „unwandelbares, unveränderliches Wesen vorzüglich vor ihrem wandelbaren Wechselzustand" in unsere Sinne fällt. Es ist daher, „mit Vorbeygehung des Zufälligen, das Wesentliche aller Anschauungserkenntnisse" schon dem Kinde vor die Sinne zu stellen und damit seine „innere Wahrheit" unvergeßlich zum Bewußtsein zu bringen! Das meint Pestalozzis Ausdruck, „die Anschauung zur Kunst zu erheben". Durch Vergleich mehrerer, möglichst nahe gebrachter und mit mehreren Sinnen erforschter Gegenstände wird unsere Erkenntnis ihrer „inneren Wahrheit" „wesentlich und allgemein erweitert, geschärft und gesichert". Deutliche Begriffe beruhen also auf der Kenntnis des (kategorialen) „Wesens" der Dinge! Einzelne Beschaffenheitseindrücke, d. h. der einseitige Eindruck „von Beschaffenheiten einzelner Gegenstände", schließen die Gefahr einer „gedankenlosen Vermischung der Außenseite der Gegenstände" mit ihrem „Wesen" in sich. So erklärt sich die spätere so scharf herausgearbeitete Gegenüberstellung von Außen und Innen (äußern — innern Beschaffenheiten), von „zufälligen" Beschaffenheiten einzelner (empirischer) Gegenstände und ihrem wahren, reinen „Wesen" (249 f., 254 f., 312 ff.)[1])!

Soweit das Verhältnis von Erkenntnisvermögen und angeschauter Welt! Sodann die erstere Quelle, die Natur unseres Geistes als „psychologischer Ursprung" aller Kunstmittel, insofern unser Verstand es ist, der die Eindrücke der Sinnlichkeit (kategorial) zur Einheit des Begriffs auffaßt und diesen Begriff allmählich zur Deutlichkeit entwickelt. Die Grundsätze des Unterrichts müssen daher von der „unwandelbaren Urform der menschlichen Geistesentwiklung abstrahirt werden"! Denn der „Mittelpunkt", in dem sich alle Vor-

[1]) In diesem Sinne ersetzt die Cottasche Ausgabe von 1820 den älteren Ausdruck „physisch-mechanische Gesetze" (S. 289, Cotta) durch „inner". Dazu die Abänderungen von S. 324.

stellungen vereinigen, ist doch der Mensch. Folglich ist der Ausgang unserer Erkenntnis von uns selbst „eine Stufe kürzer" als von dem, was außer uns ist. Alles, was der Mensch von sich selber fühlt, ist an sich selbst eine *bestimmte* Anschauung; nur was außer ihm ist, kann eine verwirrte Anschauung für ihn sein. Die Kenntnis der Wahrheit geht mithin für den Menschen „von der Kenntniß seiner selbst" aus (XIII—255).

Die psychologische Besinnung führte Pestalozzi zur Überzeugung, daß jede Linie, jedes Maß, jedes Wort ein Resultat des Verstandes ist, das von gereiften Anschauungen erzeugt wird. Alle möglichen Gegenstände haben nämlich Zahl, Form und Namen. Das sind Eigenschaften, die uns gleich beim ersten Anblick so in die Augen fallen, daß wir verschiedene Gegenstände danach unterscheiden und ihre sinnlichen Eindrücke folgenden Gesichtspunkten unterwerfen können: 1. Wie sie der Form nach aussehen; 2. Wieviele es sind; 3. Wie sie heißen. Ihre Auffassung setzt bereits folgende „Kräfte" voraus: 1. Die Kraft, sich ungleiche Gegenstände der Form nach zu vergegenwärtigen; 2. Die Kraft, sich die Gegenstände der Zahl nach als Einheit oder als Vielheit zu vergegenwärtigen; 3. Die Kraft, um sich die vergegenwärtigten Gegenstände „durch die Sprache zu verdoppeln und unvergeßlich zu machen". Form, Zahl und Namen sind folglich auch die „Elementarpunkte", in denen sich „die ganze Summe aller *äußern* Eigenschaften eines Gegenstandes" vereinigt und unserm *Bewußtsein* eigen gemacht wird[1]). Ihnen entsprechen somit die „Grundkräfte" („Elementarkräfte") des Menschen. Die „Kunst" muß mithin „von diesem dreyfachen Fundamente" ausgehen und an ihre „Vorkenntniß" die Kenntnis aller übrigen Qualitäten der Gegenstände unmittelbar anketten. So wandelt sich die „Verwirrung" zur „Bestimmtheit", weiterhin zur „Klarheit", die durch das Bewußtsein des Zusammenhangs aller Kennzeichen zur deutlichen Erkenntnis wird. Diese Frage ist also nicht nur ein psychologisches, sondern auch wesentlich ein erkenntnistheoretisch-ontologisches Anliegen (253 f., 256 ff.)!

Damit ist „*ein allgemeiner Ursprung aller Kunstmittel des Unterrichtes*" aufgefunden und die Ausbildung unsers Geschlechts „durch das Wesen unserer Natur selber bestimmt"

---

[1]) In den „Vorarbeiten und Entwürfen" offenbart sich Pestalozzis Bemühen um Erkenntnis der natürlichen Reihenfolge von Form („das erste wesentliche dieser Unterrichtselemente") u. Zahl, die beide „wurkliche Begriffe" sind, gegenüber dem Wort (Namen), das „nur" ein Mittel ist, mir das „Bewußtseyn dieser Realiteten" zu vergegenwärtigen, obgleich das Redenkönnen „das erste Mittel der Kunstentwiklung" unsers Geschlechts ist (XIII—370 ff., 380).

(258). Diese Grundsätze sollen in den „Ansichten und Erfahrungen" noch ergänzt werden[1]).

i) Pestalozzis Zielsetzung wird, nach mancherlei Ansätzen, abschließend in dem dritten „Fragment zu einer Neubearbeitung" der „Geßnerbriefe" vom Jahre 1804 (XVI—152, von Krüsis Hand geschrieben) im einzelnen dahin formuliert: Es sind die ewigen Gesetze zu finden, nach welchen die Anlagen der Menschennatur allgemein und harmonisch „durch sich selbst" zu „gebildeten Kräften" erhoben werden können, d. h. Gesetze, nach denen die „reinen selbständigen Kräften" unserer „innern Anschauung" wohl „an dem Faden der außern Anschauung", aber doch durch die eigene „Geistesthätigkeit des Menschen" und insofern „unabhangend von allem" außer uns zu „Urformen" emporgehoben werden können (XVI—152 ff.). Demnach sind diese Formen „in der allgemeinen Einrichtung unsers Geistes gegründet", durch „psychologische Wekkung unser Grundkräffte in uns selbst" erzeugt. Diese allgemeinen Entfaltungsprodukte des Menschengeschlechts werden demgemäß durch die äußere Anschauung „zum progressiven Fortgang" gebracht. Dann ist jedes Wort, jedes Maß, jede Zahl nicht nur Entwicklungsprodukt der reinen Naturkraft, sondern zugleich Entwicklungsmittel unserer weiteren Kunstbildung, der Natur unseres Geistes gemäß. Diese allgemeinen „Wekkungs- und Belebungsmittel" sind die „zur höchsten Einfachheit gebrachten und psychologisch richtig geordneten dreifachen Anschauungslehrmittel", Sprache, Zahl, Form (155 f.). Pestalozzi unterscheidet demnach, wenn auch die Bezeichnungen nicht genau durchgeführt werden:

I. „Grundkräfte" oder „reine Naturkräfte". Das sind die Anlagen, die „reinen selbständigen Kräften" unseres Geistes, „in denen sich das Wesen unser Krefften unabhangend von allem, was außer uns" ist, uns selbst darstellt.

II. „Urformen" oder „ewige, unabänderliche Fundamente unserer reinen Entwiklung" (155). Diese Urformen, die in unserm Geist angelegt sind, bilden die allgemeine Grundlage, „vermög welcher unser Verstand die Eindrüke, welche die Sinnlichkeit [d. h. die Sinne] von der Natur empfangen, in seiner Vorstellung zur Einheit, das ist, zu einem Begriff auffaßt" („Denkschrift" XIII—105).

---

[1]) Auch Glöckner-Wiget, Pädagogische Umorientierung Pestalozzis?, Pestalozzi-Studien III (1932), heben (S. 24 f.) hervor, daß Pestalozzi in den „Ansichten u. Erfahrungen" das „Selbständige und Wesentliche der Menschennatur" als Grundlage der Erziehung weiter herausarbeiten wollte. Spätere Versuche hätten nur noch die Anwendung des „Unwidersprechlichen und Ewigen" der aufgestellten Fundamente näher zu bestimmen.

Diese „allgemeine Einrichtung unsers Geistes" ist es also, welche das ineinanderfließende Meer verwickelter Anschauungen sondert, ordnet, in ihren wandelbaren Zuständen zu klaren Begriffen erhebt und mit dem Kreis unseres übrigen Wissens in Verbindung bringt (XIII, 253 f.). Auch der „Einheitsbegriff" des Quadrats erfüllt eine ähnliche Funktion („Erklerung über die Grundseze und Mittel", XVI—239 ff.). „Begriff" bedeutet also (intellektuelle) Kategorie im ontologischen Sinne (vgl. XII—226: „reine Begriffe").

III. „Mittel" oder „Urmittel des Unterrichts" (XVI—155, 156). Diese methodischen Kunstmittel der äußeren Anschauung unterstützen die natürliche Reifung. „Von der unwandelbaren Urform der menschlichen Geistesentwiklung abstrahirt", müssen diese Ergebnisse der allgemeinen Tätigkeit und Kraft des Menschen nach den Gesetzen des menschlichen Organismus bearbeitet werden, um das Werk der eigenen Geistestätigkeit jedes einzelnen Kindes werden zu können (XIII—253; XVI—156 f.). Aus der Einsicht, daß die drei Urformen (Wort, Form, Zahl) zunächst reines („unabhangendes") Ergebnis unserer Geistestätigkeit, also Grundkräfte sind, sich an der Umgebung zu Urformen entwickeln und schließlich „durch mich" und durch die Anschauung zu äußeren Unterrichtsmitteln (Urmitteln) „für mich" werden können, ergibt sich die Deutung folgender drei Unterscheidungen („Scheidepunkte"): „Es stellte sich nemlich mit diesem Bewußtsyn in mir selbst ein Scheidepunkt auf zwüschen der reinen Krafft meiner Natur und allem dem, was die Natur mir außer mir (darstellt), zwüschen dem, was ich selbst bin, und dem, was mich umgibt, und endlich zwüschen dem, was ich durch das, was in mir, und das, was außer mir durch mich für mich selbst, und das, was außer mir ist, werden kan" (156).

Sind die Bildungsmittel nach dem Grade der steigenden Kräfte des Kindes gesondert und in eine lückenlose Reihenfolge gebracht, so haben Unterrichtsbücher und Unterricht nach dieser Stufenfolge zu verfahren: die drei Kunstmittel der intellektuellen Bildung sind dann an die Urform des Geistes „angekettet"; die Lehrform ist mit dem Wesen der menschlichen Vernunft in Harmonie gebracht (XIII—108, 197, 440, Punkt 2; XVI—151, 156). Damit ist die Möglichkeit gegeben, daß die Kunst den Gang der Natur nachahmt und den Prozeß der natürlichen Reifung mit Hilfe der Kunstmittel verstärkt.

Neben dieser „Harmonie meiner selbst", der Übereinstimmung von menschlicher Vernunft, Organisation und Unterrichtsmitteln müssen auch die einzelnen Teile der psychologischen Stufenfolge in ihrem ganzen Umfang unter sich selbst in Übereinstimmung gebracht werden (XIII—105, 108, 366, 389, 440, Punkt I u. ö.).

Die theoretischen Grundlagen der Entwicklungsmittel Wort, Form, Zahl werden in den Jahren nach den „Geßnerbriefen" noch weiter untersucht, besonders in der „ERKLERUNG ÜBER DIE GRUNDSEZE UND MITTEL MEINER METHODE SOWIE ÜBER IHREN ERFOLG" (1803 u. 1804, Bd. XVI). Die Unterrichtsmittel der intellektuellen Elementarbildung, Reden und Lesen, Zeichnen und Schreiben sowie das Rechnen werden wiederum auf die Elemente (oder allgemeinen Entwicklungsmittel) Wort, Form und Zahl (234: Zahl- und Maßverhältnisse) zurückgeführt. Diese objektiven, allgemeinen Eigenschaften „aller Dinge" (schon in den „Vorarbeiten" zu den „Geßnerbriefen" klar ausgesprochen, XIII—373) werden weiterhin den (subjektiven) Grundkräften oder Grundanlagen zugeordnet: der Bemerkungs- und Sprachkraft, die in der Regel gekoppelt werden, wofür auch Bemerkungsvermögen sowie Sprachanlage (XVI—231), ebenso Bemerken und Reden (237) gesagt wird. Weniger eindeutig ist das Folgende. Der Form entspricht die Kunstkraft; dafür steht auch „Handlung" sowie Kunstfertigkeit (nachträglich abgeändert in „Kunst"), wofür es auch „Kraft des Augenmaßes" (237) heißt. Der Zahl wird die Abstraktionskraft zugeordnet, auch als Abstraktions- oder Denkvermögen bezeichnet (237: so verbessert; ähnlich 237, 239, 240, 249). Neben der Sprach- und der Kunstkraft wird demzufolge auch von der Denkkraft (= Abstraktionskraft) gesprochen, z. B. 251. Diese Benennung würde der Ausdrucksweise: „Nicht mehr bloß sinnliche Vorstellungskraft" in den „Geßnerbriefen" (257) wohl entsprechen. Es gehört hier der Ausdruck „Geisteskraft" wesentlich in den Bezirk des Rechnens (231 ff.)[1]. Gelegentlich wird jedoch auch „Abstraktionsansicht" in bezug auf Form und Zahl gebraucht (232), der gemeinsamen Ableitung der entsprechenden Kräfte von der Einheit des Vierecks gemäß (s. u.).

k) Mit der Aufdeckung der drei Kunstmittel (Wort, Form, Zahl) und ihrer Zurückführung auf die entsprechenden Kräfte und Formen

[1] In „Lienhard und Gertrud" (1785, III—175) finden wir die Begründung dieser Ausdrucksweise: „Rechnungsgeist" und „Wahrheitssinn" können nicht getrennt werden. „Recht sehen und hören ist der erste Schritt zur Weisheit des Lebens; und Rechnen ist das Band der Natur, das uns im forschen nach Wahrheit vor Irrthum bewahrt, und die Grundsäule der Ruhe und des Wohlstands, den nur ein bedächtliches und sorgfältiges Berufsleben den Kindern der Menschen bescheret." Dem Leutnant war das Rechnen „als die beste Art der Kopfübung und der Ausbildung der innern Wahrheits-Empfänglichkeit seiner Kinder höchstwichtig" (IV—279).

des Geistes, wie sie bis zum Jahre 1801 feststanden (XIII—298), begnügt sich aber Pestalozzi in Zukunft nicht mehr. Er glaubt, die Entwicklungsmittel der intellektuellen Bildung noch weiter auf bestimmte Urbilder der Anschauung zurückverfolgen zu können.

Der menschliche Körper[1]) als die „Urform der gemeinen Anschauung" (XVI—232, 237) ist dem Kinde zunächst der „Typus", woran sich sein Bemerkungsvermögen und seine Sprachkraft üben (242 u. ö.), weil ein großer sinnlicher Zusammenhang zwischen der Erkenntnis des eigenen Körpers und den uns nahe liegenden Gegenständen besteht; weil sein Körper ihm von Geburt an ununterbrochen vor den Sinnen steht und so zum Bewußtsein seiner selbst wird, zumal die Gegenstände der äußeren Welt in größerer Nähe allseitig auf ihn als ihren Mittelpunkt (!), mithin bestimmt und richtig wirken (239, 251 f. u. ö.). Denn alle (wahre) Erkenntnis muß ja, wie Pestalozzi schon früher gelehrt hat, vom Mittelpunkt unseres Seins, von uns selbst ausgehen (256).

Wie die Entwicklung des Abstraktionsvermögens wesentlich vom Bewußtsein der Sonderung eines Gegenstandes von allen anderen und von der Einheit ausgeht, so bildet das Viereck als „Urform der reinen Anschauung" (232; 237), sowohl des Ganzen wie seiner Abteilungen mittels gerader Linien, das sinnliche Fundament, an dem sich das Abstraktionsvermögen der Denkkraft durch Zusammensetzung, Trennung und Vergleichung entwickelt (238, 239, 240, 242 f.); überdies aber auch die Kunstkraft in Rücksicht auf Auge und Hand. Denn die Kunstkraft beruht auf Augenmaß und auf Handübung im Nachzeichnen, denen wiederum Verhältnis- und Schönheitsgefühl zugrunde liegen (240, 241, 244). Daher ist der von Realgegenständen abstrahierte Einheitsbegriff des Quadrats das beste Mittel, sich alle Verhältnisse des Raumes und der Zeit richtig vorzustellen (240 f.).

Neben der geraden Linie wird auch das Nachzeichnen des Ovalen, des Runds und der Schlangenlinien in Betracht gezogen (S. 244). Schließlich dient der menschliche Körper auch als „Urform" für die Entwicklung des Denkens und der Kunstkraft, indem die „Urmittel" der intellektuellen Elementarbildung „alle gemeinsam vom menschlichen Korper und vom Einheitsbegriff ausgehen" (245, 251 ff.); doch ist andererseits solche Verallgemeinerung von Pestalozzi später gestrichen worden (243). Dieses Schwanken entspricht der oben (S. 8) erläuterten Unsicherheit der Fragestellung.

---

[1]) Pestalozzi stellt im „Schwanengesang" (1825) sehr klar die „Erkenntnis der gemeinen Gegenstände des Lebens" den „wissenschaftlichen Ansichten dieser Gegenstände" entgegen (S XII—364). „Wissenschaftlich" steht hier im Sinne von Allgemein-Notwendig. Vgl. o. S. 26, 27 f

Pestalozzi glaubt, seine „sprechende", „redende" Methode, die lückenlos vom Nahen fortschreitet, so entwickelt und vollendet zu haben, daß die mit der Natur in Harmonie gleichlaufende Ordnung und Reihenfolge der beiden Entwicklungsmittel „reine" Wahrheitskräfte weckt und von der wissenschaftlichen Bildung und den Privatansichten der Lehrer unabhängig ist, also auch in ihrer Anwendung auf das Kind weder Abweichungen noch Zweideutigkeiten, Lücken noch Spielraum für Verirrungen offen läßt (233, 245 ff., 250). Ordnet doch „die Natur selbst" die Reihenfolge der Gegenstände sowie ihren Zusammenhang „durch sich selbst für das Kind" (S. 253 f.).

l) Zusammenfassend und ergänzend (zu Abschnitt i) stellen wir fest, daß Pestalozzi drei Grundkräfte (Gemeinkräfte) unterscheidet, auf deren Vervollkommnung die Selbstbildung durch „entwickeltes Kraftgefühl" beruht: die intellektuelle Denkkraft (des Kopfes), die physische Kunstkraft[1]) (der Hand) und die sittlich-religiöse Tatkraft (des Herzens), oder auch: Kennen, Können (Handeln) und Wollen. Die Kräfte werden durch Anschauung zu (subjektiven) tätigen Urformen des Geistes entwickelt. Ihnen müssen die (objektiven) Unterrichts- und Erziehungsmittel (Kunst-, Lehr-, Bildungs-, Elementar-, Anschauungslehrmittel, Vorbereitungs-, Weckungs- und Belebungsmittel, Entwicklungs-, Erleichterungsmittel etc.) entsprechen. Diese sind:

I. Die allgemeinen Einlenkungsmittel: Ton (Gesang) und Schönheitsgefühl.

II. Besondere Kunstmittel (Elemente, Elementarpunkte, Fundamente): Wort, Form und Zahl.

III. Die allgemeinen Entwicklungsmittel (oder die Urbilder): der menschliche Körper, der „Mittelpunkt der Anschauung der Welt", und das Viereck. Als „Urmittel" gehen sie den Elementen, Wort, Form und Zahl, und somit dem „positiven Unterricht" im Lesen, Schreiben und Rechnen voran.

α) Die unter II. aufgeführten Mittel sind wesentlich intellektuelle (Elementar-)Mittel der Denkkraft (der Anschauungs- und Abstraktionskraft).

β) Die besonderen Mittel zur Entwicklung der physischen Kunstkraft („Übung in Linien, Winkeln und Bogen", bzw. der Rückgang auf den menschlichen Körper und das Viereck, XVI—232) erstrecken sich auf die Fertigkeiten (der Hand); hierher gehören

[1]) Hier handelt es sich in der Tat um eine Art Kunstunterricht (ein handwerkliches Können im ästhetischen Sinne), nicht um die Unterrichtskunst (Methode).

auch die Leibesübungen. Die Fundamentalansichten der letzteren sind nicht so ausführlich dargelegt („Geßnerbriefe", XIII —220, 334, 341).

Auch auf dem Gebiete der Fertigkeiten und Leibesübungen spricht sich Pestalozzi gegen alle Einseitigkeiten und Äußerlichkeiten aus: „Es ist vielleicht das schrecklichste Geschenk, das ein feindlicher Genius dem Zeitalter machte: Kenntnisse ohne Fertigkeiten" — und in einem Zusatz vom Jahre 1820: „Einsichten ohne die Anstrengungs- und Überwindungskräfte" (XIII—479). Aus inneren Bedürfnissen heraus will der Mensch wissen und denken, aber auch handeln. So fordert denn Pestalozzi in Übereinstimmung mit Goethe: Denken und Handeln (1820: „können und handeln"). Wir müssen daher der „physischen Entkräftung" des Volkes entgegenwirken und die Menschen je nach ihren Bedürfnissen in Harmonie mit ihrer Lage und ihren Verhältnissen zum künftigen Beruf und zur Tugend erziehen: also nicht Buchstabierschulen, Schreibschulen etc., sondern Menschenschulen!

Im ersten Band der seit Mai 1807 erschienenen „Wochenschrift für Menschenbildung von Pestalozzi und seinen Freunden" findet sich eine Zahl von Aufsätzen „Über Körperbildung als Einleitung auf den Versuch einer Elementargymnastik, in einer Reihenfolge körperlichen Übungen", deren grundsätzlicher Teil wohl von Pestalozzi stammt. Die Aufsätze sind abgedruckt in der Seyffarthschen Ausgabe (S X—157 ff.). Hier wird ausdrücklich hervorgehoben, daß „die Mittel zur physischen Gelenkigkeit" in jedem Fall mit denjenigen zur intellektuellen und sittlichen Ausbildung den nämlichen Gang bilden (S. 166)! Das Ziel der Gymnastik liegt darin, das Kind „Körpers halber wieder zur vollkommenen Einheit und Harmonie mit seinem Geist und Herzen zurückzuführen, von der es ursprünglich ausging". Pestalozzi und seine Freunde suchen eine ganzheitliche Gymnastik, die selbst ein Mittel der Geistesbildung, der sittlichen und der ästhetischen Entwicklung (hinsichtlich der „Kunstfertigkeiten des körperlichen Anstandes und der Schönheit", z. B. des Tanzes) sei (172). Die Bewegungen sind nichts anderes als Ausfluß des kindlichen Triebes nach Tätigkeit, wie auch alle Spiele des Kindes offenbar nichts anderes als Gelenkübungen sind! Damit werden rein äußerliche Fertigkeiten sowie einseitig betriebene Übungen wie bloß Fechten oder nur Reiten abgelehnt (159). Auch die Lebensart der Armen und das gewaltsame „Schuldasitzen" unserer Kinder sind keine „Bildungsmittel der physischen Volkskraft und physischen Volksgewandtheit". Allerdings drängt die Betonung der Berufsbildung praktisch immer wieder zur Einseitigkeit nützlicher Fertigkeiten.

γ) Den „sinnlichen Fundamenten der Weisheit" (d. h. den intellektuellen Mitteln) werden die „sinnlichen Erleichterungsmittel meiner Tugend" an die Seite gestellt (XIII—340)! Diese Erleichterungsmittel der Sittlichkeit leiten weiter zur „Gottesverehrung". Hierbei ist ausführlicher zu verweilen.

Pestalozzi macht gerade dies letztere Problem zum Ausgang überzeugender Erörterungen. Schon in der „Vorarbeit" und dann in der eigentlichen Denkschrift „Die Methode" (XIII—115 ff.) wird die Erziehung, abgesehen von der Wirkung von Gesang und Schönheitsgefühl, gegründet auf die Anschauung der nächsten Gegenstände der Welt, auf Selbstkenntnis als Mittelpunkt des Unterrichts. Diese Selbstkenntnis umfaßt zunächst die Kenntnis meiner „physischen Natur" und sodann die Kenntnis meiner „inneren Selbstständigkeit", mein eigen Wohl selbst fördern zu wollen. Die Beweggründe zu solcher Pflicht liegen „in dem sinnlichen Erfahrungskreis des Kindes", vor allem aber im Vertrauen und dem daraus folgenden Gehorsam gegen die Mutter. Dieser Ansatz wird zunächst abgebrochen, in den „Geßnerbriefen" aber weitergeführt (vgl. unten S. 45). Auch der „Mensch" findet in den Erfahrungen seiner Sinnlichkeit nicht genug Beweggründe pflichtgemäßen Lebens. Und hier wird nun Gottesfurcht und das Vertrauen zu Gott, das „die Natur" in seinen Busen gelegt hat, zum Beweggrund willigen Gehorsams und beständigen Strebens nach innerer Veredlung. Aber auch der Gehorsam gegen Wahrheit und Recht ist harte Notwendigkeit; er ist, seinem Ursprung nach, physisches Bedürfnis seiner Lage; seiner Leistung nach, leichte Pflicht und dazu Quelle der Freuden.

Die (natürliche) Religion bedeutet für Pestalozzi nicht „Verstandes-Übung und Unterrichts-Sache", sondern ist Herzensangelegenheit. Daher die Anfechtungen orthodoxer Kreise! Dagegen konnten sich Pietismus, den Pestalozzi nur bedingt anerkennt, und Brüdergemeinde mit Pestalozzis Religiosität des Gottes-Dienstes wohl abfinden. Pestalozzi zeigt den Kindern Gottes Größe sowie die Weisheit und die Größe der Menschennatur. Sie ahnen Gott in der angeschauten Welt, was dann durch angeschlossene Vergleiche noch weiterhin geklärt wird.

In den beiden letzten „Geßnerbriefen" (XIII—341 ff.), wie schon in den „Vorarbeiten und Entwürfen" (S. 383 ff.) stellt Pestalozzi die Frage: „Wie entkeimt der Begrif von Gott in meiner Seele", wenn ich ihn liebe und ihm vertraue? Die Lösung der religiösen Frage wird wiederum „in mir selbst“ gesucht, indem von den Gefühlen der Liebe (des Dankes) und des Vertrauens (Gehorsams) ausgegangen wird. Das sind die „Anfangspunkte“ der religiösen Elementarbildung, der Gottesverehrung. Dann erfolgt hier der Rückgriff auf die Mutter: wir müssen Menschen lieben und ihnen trauen, ehe wir uns zu Gott erheben können! Diese Gefühle der Liebe und des Vertrauens stammen hauptsächlich aus dem „Naturverhältnis“ von Mutter und Kind, das nun in begeisternden Worten verherrlicht wird. Siehe die „Proben“ des Anhangs! Der im Kinde angelegte Keim wird von der Mutter genährt, die das Kind versorgt, küßt, tröstet, erfreut, zur Pflicht und Selbsterziehung hinführt aus „entkeimender Selbstkraft“ (342 ff.)! Dies harmonische Verhältnis wirkt sich aus auf das sittliche und rechtliche Verhältnis des Kindes zur Welt, ergreift den Vater, die Geschwister, die Mitmenschen, das ganze Menschengeschlecht — und schließt auch Gott ein. Denn „Gott ist in diesen Gefühlen“. So bewährt sich auch hier der Grundsatz der Anschauung und gibt die Begründung und Rechtfertigung für den in Stans gemachten Ansatz und Versuch. Vgl. oben S. 16. Das Kind fühlt bald, daß die Mutter nicht allein um seinetwillen in der Welt sei und daß es auch selbst nicht um seinetwillen allein sei, daß es Pflichten gegen andere habe. Im Augenblick, wo es die Hand der Mutter verläßt, spricht die Mutter das große Wort: „Kind! es ist ein Gott, dessen du bedarfst.“ Wenn nun die Welt mit Sinnengenuß das Kind lockt, ist es Aufgabe der Erziehungskunst einzugreifen.

Erziehung und Unterrichtskunst, deren Maßregeln auf der Erfahrung von Jahrtausenden beruhen, vollenden des Kindes Bildung mit Hilfe der „von Gott selbst in unsere Natur gelegten“ „Vereinigungsmittel“ (!) unserer geistigen (intellektuellen) und sittlichen Veredlung. Unterricht und Erziehung sind demgemäß mit den Gesetzen der intellektuellen und sittlichen Entwicklung „in Übereinstimmung zu bringen“ (348, 351 f.). Denn die gesetzliche Entwicklung der sinnlichen Fundamente der (intellektuellen) Weisheit und diejenige der Tugend entsprechen einander (340). Ohne die Mutter jedoch verfällt das Kind dem Luge und Truge der Welt. Auch das Elementarbuch, das „Buch der Mütter“, sollte helfen, dem Kinde zu zeigen, daß Gott in allem lebt, in der aufgehenden Sonne, im Baum und in der Blume, in seinem Herzen, in seinen Kräften und seinem Tun. Diese Überzeugung ist insofern ein Werk der „Vernunft“ („Vorarbeiten und Entwürfe“, XIII—385; „Geßnerbriefe“ S. 349).

m) Immer wieder wird die Forderung erhoben, die Kunst der Erziehung und des Unterrichts mit den Gesetzen des „physischen Mechanismus“ in Harmonie zu bringen. Wird doch auch sonst, z. B. in den „Nachforschungen“ (XII—62, 124 u. ö.), so auch in der „Vorarbeit“ zur Denkschrift „Die Methode“ von der „phusischen Kraft“ und vom „physischen Bedürfnis“ des Kindes in seiner Lage gesprochen (XIII—96, 116). Vgl. dazu oben S. 26. Wie Pestalozzi selbst gesteht, ist ihm das Wort Mechanismus vom Vollziehungsrat M. Glayre in den Mund gelegt (XIII—196: Vous voulez méchaniser l'éducation) und zwar „vorigen Sommer“ (1800). Daher schon in der „Vorarbeit“ und in der eigentlichen Denkschrift solche Ausdrucksweisen wie „phusisch-mechanische Gesetze“, Gesetze des „phusischen Mechanismus“, der „Mechanismus der Natur“ usw. (XIII—85, 87, 88, 95, 98, 107 u. ö.), während gleichzeitig auch von „psychologischer Organisierung“ („Vorarbeit“ der „Denkschrift“, S. 91), vom „Psychologisieren“ des Unterrichts („Denkschrift“ XIII—103), von „psychologischen Fundamenten“, von der „psychologischen Basis“, von „unpsychologischen Schulen“ u. dergl. („Wie Gertrud ihre Kinder lehrt“, XIII—190, 198, 204) die Rede ist. Augenscheinlich versteht Pestalozzi unter „physischem Mechanismus“ zunächst die strenge Notwendigkeit nach Art der physikalischen Gesetze; sodann das lückenlose Ineinandergreifen sowie die (äußere) Übereinstimmung von Kunstmitteln und menschlicher Natur („Josepf und Claus“, 1803, XVI—83)[1]. Daraus erklärt sich (1803, „Anschauungslehre der Zahlenverhältnisse“, XVI—100 f.) das spätere Schwanken zwischen psychologisch, Mechanismus, Organismus und, in den „Fragmenten zu einer Neubearbeitung“ der „Geßnerbriefe“ (1802—04) wie auch in der Cottaschen Ausgabe (1820), die Bezeichnung Organismus statt Mechanismus (XVI—156, XIII—249, 250, Anhang 465). Entsprechend wird in der Cottaschen Ausgabe die Ausdrucksweise „physische Notwendigkeit“ ersetzt durch „bestimmteste“ bzw. „unbedingte Notwendigkeit“ (XIII—305, 306, Anhang S. 470). Und die Ausdrucksweise des Vollziehungsrates Glayre wird nunmehr auch im Sinne von „psychologisch geordnet“ von Pestalozzi selbst gedeutet (XIII, Anhang S. 461).

Nur aus einer solchen Deutung erklärt sich die Auffassung des Menschen als Kraft, die allgemeine Menschenbildung als Kraftbildung aus eigenem Kraftgefühl, der einzelne Mensch in seiner

[1] Nach Niederer versteht Pestalozzi unter Mechanismus „den inneren (!) Bau einer Sache, die Übereinstimmung aller ihrer Theile miteinander und zu dem durch sie beabsichtigten Zwecke“, die Aneinanderreihung aller Unterrichts- und Bildungsmittel „nach den Gesetzen der zu bildenden menschlichen Seele . . . . .“ (Morf., a. a. O. II—254).

Lage als Mittelpunkt der belebten Natur, die Übereinstimmung zwischen Mensch und Naturordnung, von Sinnlichkeit und Vernunft, von Urformen des Geistes und Bildungsmitteln im bloßen Prozeß der intellektuellen und sittlichen Anschauung. Erinnern wir uns, daß auch die Sprache, die aus dem sinnlichen Eindruck der Realität geprägt ist, mit der wirklichen Wahrheit aller Dinge „in einem unbegrenzten Zusammenhang" steht. Das Lesenlernen untersteht denselben Gesetzen. Auf diese Fundamente müssen die Lehrbücher zurückgehen und immer Sach- und Sprachkenntnis vereinigen (92)[1]. Diese organistische Ganzheitslehre wird noch einem weiteren Rahmen eingefügt: der Mechanismus der sinnlichen Menschennatur ist „in seinem Wesen den nemlichen Gesezen unterworfen, durch welche die physische Natur allgemein ihre Kräfte entfaltet" (XIII—108, 117, 334 f.: Mensch, Tier und „todte Natur"!). Abschließend behauptet Pestalozzi (XIII—125) die Übereinstimmung zwischen Gottes Willen, des Menschen eigenem einsichtigen Willen und seinem Wohl. Aus Selbsterkenntnis, aus Liebe und Glauben kommen wir zur Einsicht in die Gesetze der sittlichen Welt, in die Gesetze der göttlichen Allmacht (354 f.). Die universale Harmonie des objektiven Idealismus! Vgl. dazu unten S. 83 f.

n) Wenn sich die „Methode" des Unterrichts ganz natürlich aus der „sittlichen Gemüthsstimmung" des häuslichen „Geistes" (i. e. S.) entwickelt, wenn Bildung gleich Kraftbildung ist, und wenn die „nachahmende" Unterrichtskunst den Gang der Natur nur zu ergänzen hat, so muß sich der Lehrer zunächst darauf beschränken, die innere rege Tätigkeit der Seelenkräfte abzuwarten. Pestalozzi betont daher seit dem Briefe über seinen Aufenthalt in Stans, daß diese „innere" Tätigkeit der sich regenden Kräfte, der „lebendigen Naturkraft" bzw. des „höheren Geistes", aus dem belebten Bedürfnis des Kindes nach Harmonie erfolgt (XIII—6, 7, 13, 16 u. ö.). Aus eigener Neigung will der Mensch das Gute; er will alles, was ihm Liebe und Ehre und Erfolg verspricht (8)[2]. Auch die Not des Lebens würde ihn schon dazu treiben; lernt doch der Mensch aus Not, aus harten Bedürfnissen, die ihn zur Vernunft bringen. Demgemäß muß sich der Erzieher darauf beschränken, die („Reize" der) lebendigen Kräfte „anzuregen", zu „wecken", zu „beleben", in welchem Sinne sich dann auch Fichte in der 2. Rede an die deutsche Nation ausgesprochen hat. Pestalozzi, der Sprachschöpfer, findet

---

[1]) Die von Comenius aufgewiesenen Zusammenhänge zwischen Deus — natura — ars hatten schon zum Grundsatz res et verba geführt.

[2]) Auch in den „Geßnerbriefen" wie besonders in „Ansichten und Erfahrungen" ist der „Bildungstrieb" als „allgemeiner Tätigkeitstrieb unserer Natur" stark unterstrichen.

immer wieder neue Ausdrücke für diese so wichtige Forderung: er spricht vom „Regmachen“ des Bewußtseins bzw. der Aufmerksamkeit (XIII—19, 90)[1]), von „Erleichterungsmitteln“, von „Wekkungs- und „Belebungsmitteln“, wie wir gesehen haben auch in sittlicher Hinsicht (XIII—346, 350), vom „Pulsgreifen“ der Kunst (z. B. XIII—188, 198, 236). Die Unterrichtskunst kann nichts anderes tun, als dem „Haschen“ der (unterrichtenden) „Natur nach ihrer eigenen Entwicklung Handbiethung zu leisten“ (XIII—88, 197 u. ö.). Dies nennt Pestalozzi auch: die Kinder „weitherzig machen“ (6, 14, 19). Entsprechend werden auch, auf der subjektiven Seite, der „Bildungstrieb“, bzw. der „allgemeine Tätigkeitstrieb unserer Natur“, der „Selbsttrieb“, die „Forschbegierde“ oder einfach die („intensive“, „innere“) „Kraft“, die „Naturkraft“ in zahllosen anderen Zusammensetzungen immer wieder herausgestellt, so in den „Nachforschungen“ und den „Geßnerbriefen“ wie in „Ansichten und Erfahrungen“ bis hin zu den letzten Reden der zwanziger Jahre. Denn Erziehung ist nun einmal nicht Dressur, sondern die Weckung eigenen Wollens: Selbsterziehung! Daher werden die Anregungen des Lehrers auch in das Gewand der Frage gekleidet. Wenn auch die Kräfte oftmals in der Tiefe des Daseins mit Unrat bedeckt zu sein scheinen, so würden sie doch, sobald die Kinder in reine häusliche Verhältnisse versetzt wären, „als höherer Sinn und höhere Tatkraft erscheinen“, sich als Tüchtigkeit zu allem erproben, was nur immer den Geist befriedigen kann. Wieder begegnen wir hier der Idee der formalen Bildung, innerlichst begriffen.

o) Die urwüchsige Reifung des Kindes wie auch die Kunst der Methode (der „Entwicklungsmittel“!) können durch Einseitigkeiten oder durch das e i g e n w i l l i g e W o r t leicht zu Irrtum, zur künstlichen Verschrumpfung oder sinnlich-tierischen Verhärtung (Steifigkeit) führen (XIII—7, 14, 49, 105, 221). Wie nach Goethe das Leben lehrt, so hält auch Pestalozzi, wie bereits bemerkt, das „Lernen“ als „Wortsache“ für ziemlich unwichtig: der Wille des Kindes wird durch e i n s i c h t i g e E r f a h r u n g, nicht durch Lehren und Predigten erzeugt (XIII—17, 26)[2]). Daher hat Pestalozzi

---

[1]) In der Vorrede zur zweiten Auflage der 1. Fassung von „Lienhard und Gertrud“ bestimmt Pestalozzi den Mutterunterricht als „Reitzung des Kindes zur mannigfaltigen Aufmerksamkeit auf die Dinge, die es umgeben“ (II—433). In der Vorrede zur zweiten Ausgabe von „Christoph und Else“ nimmt die Idee des Belebens eine Wendung in der Richtung der Platonischen Anamnesis: Pestalozzis Buch belebte und regte das im Volke an, „was es vorher schon selbst wußte . . . was also schon zum voraus in ihm selbst lag“ (VII—469).

[2]) In der „Bitte an Menschenfreunde“ wird die Bedeutung der Erfahrung im gleichen Sinne hervorgehoben (I—137).

seinen Kindern „unendlich wenig erklärt", er hat sie „weder Moral noch Religion gelehrt"; wenn sie aber still waren, an seinem Halse hingen, dann fragte er sie, ob sie ihm „heucheln" dürften, ob denn Gott nicht gut sei, ob sie zu dieser oder jener guten Tat bereit wären, sich und anderen zu dienen in einer glücklichen Zukunft (15 f.). Dann verstanden sie ihn. Es ist also nicht die bloße Anschauung, die eindringlich zum Herzen spricht, noch weniger das bloße Wort, sondern die durch die liebevolle Fürsorge und Einsicht geweckten, reinen Gefühle der sittlichen Gemütsstimmung, die „Einfachheit wortleerer und umfassender großer Ansichten" und geklärten Bestrebungen, die den sicheren Takt für Wahrheit und Rechtsfähigkeit verbürgen (8, 19, 24). Hier offenbart sich das große Geheimnis der zur Tat führenden, besinnlichen und beherrschten „Stille" (17). Dies alles wird erst verständlich, wenn „Mechanismus" als psychische Gesetzlichkeit und wenn Methode als „Belebung" der inneren regen Tätigkeit eingesehen ist!

Wenn seit Bacon die induktive Methode auf naturwissenschaftlich-physikalischem Gebiete Triumphe gefeiert hat, dazu auf geistigem Gebiete seit Platon und den Neuplatonikern (Idee der Gottheit!) die deduktive Herleitung des Einzelnen aus einer umfassenden Idee — ich weise beispielsweise hin auf den Gorgias (62. Kapitel: arete als Ordnung, Wohlgestalt, Besonnenheit, Gerechtigkeit, Frömmigkeit, Tapferkeit und Glückseligkeit) — sich als fruchtbar erwiesen hat, so kann geisteswissenschaftlich vor allem die Selbstbesinnung an der Veranschaulichung e i n e s t y p i s c h e n Falles zur Wesenseinsicht führen. Goethe spricht in diesem Sinne vom „prägnanten Fall". Man hat das ideierende Abstraktion genannt; besser wäre: typisierende Heraushebung oder typisierende Veranschaulichung. Ich verweise auf Platon, der die Idee der Gerechtigkeit an dem anschaulichen Beispiel des Staates, die Idee der Tapferkeit an der (erlebten!) Anschauung einer tapferen Tat aufgewiesen hat. Ausgangspunkt ist also die „Vorstellung lebhafter Bilder" (22), die Einfühlung in eine a n s c h a u l i c h e Sachlage, in Sinn und Wesen einer geschichtlichen Erscheinung und ihre Beherrschung, nicht das oberflächlich über sie Hinreden, sondern das Erlebnis einer „Gemütsstimmung", die uns ergreift, die uns verstehen „lehrt" und zum Sprechen bzw. Handeln „anregt". Und das will Pestalozzi: Besinnlich stille Anschauung einer konkreten Situation, Verstehen mit Hilfe des „belebten" Gefühls, Handeln aus eigenem Bedürfnis in der Gemeinschaft der häuslichen Verhältnisse — und dann erst das klärende Wort! Hiermit eröffnen sich Möglichkeiten und Grenzen jeglichen Intuitionismus, zu dem Pestalozzis Haltung ausgesprochenermaßen hinneigt.

p) Darum knüpft Pestalozzi an die gemütsbetonte Veranschaulichung, an das Verständnis des wirklichen Lebens noch Übungen der „Selbstüberwindung“, die aus dem „von Stufe zu Stufe sich ergebenden Bedürfnisse“ eines geordneten Zusammenlebens hervorgehen[1]). Die „Festhaltung solcher Kleinigkeiten“ wie Schweigen, körperliche Haltung, die „Angewöhnungen an die bloße Attitüde eines tugendhaften Lebens“, Fixierung der Aufmerksamkeit schließen einen bedeutsamen „Vorschritt zur sittlichen Bildung“ in sich (17). Daher auch die dauernde Ablehnung des Katechisierens bzw. Sokratisierens von der frühesten Zeit an (z. B. XIII—94, 217; Cottasche Ausgabe von 1820, XIII—216). Vgl. dazu o. S. 32. Immer müssen „belebte Gefühle jeder Tugend dem Reden von dieser Tugend“ vorhergehen (16f.). Sind doch alle Gefühle der Liebe und des Vertrauens lebendige „Kräfte“, die zum Handeln hinführen (z. B. XIII—341, 343, 344 usw.). Und Bildung ist Kraftbildung, Entwicklung der „intensiven Kraft“ des Kindes (27; 204 f.; 217, 227 ff. u. ö.). Diesem Bildungsziele dient auch die (formale) Übung der Kräfte durch Buchstabieren, Messen, Zeichnen, Lesen, Schreiben und Rechnen, insofern die Gewöhnung und die Übung der Seelenkräfte, des „einfachen, reinen, aber fest entwickelten Kraftgefühls“, immer der Einübung dieser Techniken vorausgehen muß, ebenso wie die Hinführung der Kinder zur körperlichen Schulung und Verdienst f ä h i g k e i t wichtiger ist als der Gewinn durch Arbeit (26 f.). Von der Schulung des Gedächtnisses erwartet Pestalozzi eine umfassende Bildung des Geistes, zumal seine Auffassung des Gedächtnisses, die an Herbarts Vorstellungsdynamik erinnert, wohl einer allgemeinen Geistestätigkeit gleichzusetzen ist, wie schon Niederer bemerkt hat.

Dem angegebenen Ziele dient ferner das von Pestalozzi mehr und mehr entwickelte H e l f e r s y s t e m. Wie sich die älteren Geschwister wohl fühlen, wenn sie in der Familie die Mutterstelle vertreten, so freuten sich seine Kinder, wenn sie ihre Kenntnisse den anderen mitteilen konnten. Sie wären allmählich brauchbarer geworden als angestellte Lehrer (29). Schon in dem Brief über Stans, wie auch in der Denkschrift von der „Methode“ (103), äußert Pestalozzi den Plan, seine Methode so zu vereinfachen, daß jede Mutter ohne fremde Hilfe selbst lehren und dabei lernend fortschreiten kann (30). So wird der Mensch dazu geführt, sich selbst helfen zu können (XIII—235).

q) „Endlich und zuletzt“ kommen die W o r t e, die „gefährlichen Zeichen des Guten und Bösen“. Sie werden an die täglichen häuslichen Auftritte und Umgebungen angeknüpft und geben den Kindern eine

[1]) Daher definiert Pestalozzi „Tugend“ als „Fertigkeit in Überwindungshandlungen“, besonders der Naturbedürfnisse („Der Wert der Landessitten“ I—196).

rechtliche und sittliche Ansicht ihres Lebens, indem sie ihnen klarmachen, was in ihnen und um sie vorgeht (13 ff.). Pestalozzi stellt ihnen demnach „lebhafte Bilder" ihrer Zukunft vor die Augen, zeigt ihnen, wohin diese und jene Fehler führen. Im freien Verkehr der Schüler mit ihm, bei jedem Vorfall des Hauses und des Dorfes fragt er die Kinder dann nach ihrem Urteil und faßt schließlich das Ergebnis in „zwei Worten" zusammen, von denen auch später von der Gertrud gesagt wird, sie halte kurze Sprüchlein für das Leben bereit (II—277 f., V—272). Solche „Hauptsätze", die hohe und einfache Wahrheiten festhalten, sind reines Gold. Steht doch die Sprache, wie bereits erwähnt wurde, „mit der würklichen Wahrheit aller Dinge in einem unbegrenzten Zusammenhang". Sie ist daher auch geeignet, das dunkle Bewußtsein eigener Erfahrungen zu verdeutlichen (110). Fest eingeprägt, bilden diese erwähnten Hauptsätze ein reines Gegengewicht gegen äußere Gefährdung. Hunderte von Wahrheiten fallen den Kindern dann von selbst ein. Dies Verfahren ist ohne Steifigkeit, nicht der Zwang einer äußeren „Ordnung und Ordentlichkeit", kein „Einpredigen von Regeln und Vorschriften" (14, 15, 20, 39).

Nur in einem einzigen Falle glaubt Pestalozzi, mit Zwang vorgehen zu müssen, wenn nämlich die häusliche Ordnung durch das „Gemisch seiner ungleichen Bettelkinder", durch ihre eingewurzelten Gewohnheiten gestört wird (18 ff.). Da das Böse ebenso wie das Gute gleich ansteckend wirkt und die große Anzahl der Kinder gefährdet, war ohne körperliche Strafen nicht auszukommen. Keine dieser Vater- und Mutterstrafen erregte Starrsinn, da Pestalozzi das Herz seiner Kinder besaß.

2. GRUNDSÄTZE UND EINZELNE ANSICHTEN

Für Unterricht und Erziehung gibt Pestalozzi in seinem Bericht „ÜBER DEN AUFENTHALT IN STANZ"

A. allgemeinere „Grundsätze", die als „einzelne Ansichten" seiner Versuche auch den vorstehenden „Fundamentalansichten" untergeordnet sind.

a) Es sei leicht, einen gemischten Haufen von Kindern sehr ungleichen Alters „auf einmal in Masse zu lehren" und zwar auch „mitten in ihrer Arbeit", womit wohl Handarbeit gemeint ist (XIII —29 f.); nicht als Notbehelf, sondern Pestalozzi hatte erkannt, daß sich für die Einübung des Gedächtniswerkes dieses (didaktische) Verfahren eignete. Auch in „Wie Gertrud ihre Kinder lehrt" hören wir (von dem Adjunkt J. R. Fischer), welches Gewicht Pestalozzi auf das Chorsprechen im Takt gelegt hat, besonders aber auf die „Übung" des Gedächtnisses sowie der Aufmerksamkeit durch gleichzeitige Ausführung zweier Tätigkeiten (XIII—204 f.).

b) Es sollten anfangs die „Urfügungen" der Elementarbildung zwecks allgemeiner und intensiver „Übung der Seelenkräfte" getrieben werden (z. B. Linien-, Winkelzeichnen usw. für die Form), Übungen der Aufmerksamkeit, der Bedachtsamkeit und der festen Erinnerungskraft; dann erst die „Kunstübungen" des Lesens und Schreibens. Vom Rechnen ist in dem Briefe über den Aufenthalt in Stans nicht die Rede. Die oberflächliche Aneignung von bloßen Fertigkeiten schließe jedoch große Gefahren in sich (XIII—26 ff.).

Diese allgemeineren Grundsätze lehnen sich an die vorstehenden „Fundamentalansichten" sehr eng an.

c) Es ist erst das Einfache und Unbedeutende zur Vollkommenheit zu vollenden, ehe man zu etwas Verwickeltem fortschreitet. Das einmal Erlernte darf nicht vergessen werden (29 u. 106).

Diese Grundsätze werden in der Denkschrift „DIE METHODE" (XIII—105 ff.) z. T. wiederholt, vor allem aber ergänzt, meist in imperativer Form.

d) „Bringe alle wesentlich zusamengehörige Dinge in deinem Geist in eben den Zusammenhang, in dem sie sich in der Natur wirklich befinden." (105).

e) „Unterordne alle unwesentliche Dinge den wesentlichen", ebenso den „Eindruk der Kunstansicht auf dich selber demjenigen der Natur und ihrer würklichen Wahrheit." Die Unterscheidung von Wesentlichem und weniger Wesentlichem, das nur allmählich an das Wesentliche „anzuketten" ist, wird wiederholt eingeschärft (105 u. 107 f.).

f) „Gib keiner Sache in deiner Vorstellung mehr Gewicht, als sie verhältnismäßig für dein Geschlecht in der Natur selber hat." (105).

g) „Ordne alle Gegenstände der Welt auch nach ihrer Ähnlichkeit." (S. 106).

h) „Verstärke den Eindruk wichtiger Gegenstände auf dich selbst dadurch, daß du sie durch verschiedene Sinne auf dich würken lässest." (106).

i) Jeder neue Begriff sei nur ein unmerklicher Zusatz zu den tief eingeprägten früheren Erkenntnissen (106).

k) Entsprechend der physischen Reifung muß jedes richtige Urteil das Ergebnis einer in allen Teilen vollendeten und gereiften Anschauung des zu beurteilenden Gegenstandes sein (106).

l) Ebenmaß in der notwendigen Vereinigung der angestrebten Ergebnisse in der nachahmenden Kunst wie in der Natur! (106).

m) Die Erziehungs- und Unterrichtskunst und ihre Ergebnisse müssen, wie der „Gang der Natur“, allgemein das Gepräge der Freiheit und Selbständigkeit an sich tragen, auf der Grundlage der Einsicht, nicht der „Routine“ (94 u. 106).

n) Was „die Natur zerstreut in großen Entfernungen“ bietet, stelle die Kunst in einem näheren, engeren Kreis zusammen, dessen Mittelpunkt der Mensch ist, um so die Empfänglichkeit der Sinne und das Erinnerungsvermögen zu üben und zu vervollkommnen (106 f.)[1]). So schon Komenský.

B. Diese Forderungen nehmen in der Schrift „WIE GERTRUD IHRE KINDER LEHRT“ (1801) eine konkretere Gestalt an. Pestalozzi entwickelt hier aber auch noch die folgenden Grundsätze, die wir nach allen bisherigen Einzelbemerkungen und Zusammenfassungen in Anlehnung an die abschließende Übersicht (XIII—249 ff.) ordnen.

Statt des früheren Aufgebens, Abfragens und ungeschickten Sokratisierens (214 f.) geht Pestalozzi grundsätzlich von der Anschauung aus, dem „einzigen“ und „absoluten Fundament unserer Erkandtnis“, die als harmonische Ganzheit der umfassenden (subjektiven und transsubjektiven) Natur aufgefaßt wird (XIII—381). Darin offenbart sich zunächst der Ganzheitscharakter seiner Methode (236 ff.; 241). Wenn Pestalozzi ferner erklärt, die Natur „unterrichtet“ das Kind, so weist er damit einmal auf die in der umgebenden Natur herrschende Ordnung und Wahrheit hin, sodann auf das „Haschen“ der Menschennatur nach ihrer eigenen Entwicklung, dem, wie bereits erwähnt, aller Unterricht „Handbiethung leisten“ soll. Die Kunst sei demgemäß „freyer Naturgang“ und dazu „Naturführung“ (199), „psychologische Führung zur vernünftigen Anschauung aller Dinge“ (197 ff.). So fügt sich die Unterrichtskunst harmonisch dem Wirken der Natur (im weitesten Sinne) ein (199 f.; 221, 246).

Das Verfahren, von „dunkeln Anschauungen zu deutlichen Begriffen“ fortzuschreiten, umfaßt folgende einzelne Gesichtspunkte:

a) Da auch die verwickeltste Anschauung aus einfachen Grundteilen besteht, müssen wir stets auf diese Anfangspunkte (Fundamente) zurückgreifen; die Kunstübungen des Lesens, Schreibens und Rechnens gehen daher im praktischen Unterricht grundsätzlich auf die „Urfügungen“ der Elementarbildung zurück (200; 250; 349; vgl. oben Punkt b).

[1]) Derselbe Gedanke wird in den „Epochen“, um 1802, wieder aufgenommen und zum „Gesetz der physischen Näherung“ („Gesetz der Nähe oder Entfernung“) verdichtet (XIV—104, 107).

b) Nur das „unwandelbare, unveränderliche Wesen" der Erscheinungen, nicht ihr „wandelbarer Wechselzustand" ist uns eine Quelle der Wahrheit auf Grund der Gesetzlichkeiten unserer Natur. Daher sind die „wesentlichsten" Formen aller Dinge den Kindern tief einzuprägen (200 f.; 203; 220; 249; 325; vgl. oben Punkt d, e, f). An jede tief eingeprägte Anschauung reihen sich leicht und unwillkürlich mehr oder weniger verwandte Nebenbegriffe (249).

c) Das ordnende Zusammenfassen wesensverwandter Gegenstände erweitert, schärft und sichert die Einsicht in ihre innere Wahrheit. Daher führt auch die Einprägung von Sätzen (leitenden Ideen, Definitionen) und von gut gereihten Nomenklaturen (Rubriken, Data), auch wenn manches zunächst unklar bleibt, allmählich zu geordneten und deutlichen Begriffen, z. B. in der Geographie und Naturgeschichte (203; 207; 220; 250; 271; vgl. oben Punkt g).

d) Je mehr Sinne auf die Erforschung der Erscheinungen und ihres Wesens angewandt werden, um so richtiger ist die Erkenntnis. Daher ist der Eindruck wichtiger Gegenstände dadurch zu verstärken, daß sie auf mehrere Sinne und in physischer Nähe auf den Menschen wirken (250; vgl. oben Punkt h u. n).

e) Seit der „Abendstunde" hebt Pestalozzi immer wieder die Bedeutung der Lage für den einzelnen Menschen hervor. Die Anschauung wird bestimmt durch das „Verhältniß meiner äußeren Lage mit meinem Erkenntnißvermögen". Auch der Mensch ist an sein Nest gebunden, den Mittelpunkt seines Kreises, auf den sich alle Wahrheit als „Individualerkenntnis" bezieht (204; 209; 251; 254; vgl. oben Punkt n).

Ebenso wichtig ist die Harmonie der Anschauung mit der jeweiligen Entwicklungsphase des Kindes (197; vgl. oben Punkt k). Auch im dritten Fragment zur Neubearbeitung der „Geßnerbriefe" (XVI—151) wird gefordert, daß die Reihenfolge der „Entwicklungsmittel" der Stufenfolge der kindlichen Entwicklung entspreche.

f) Wenn auch die Unterrichtskunst möglichst früh einsetzt, so muß sie doch die Jugend ruhig „reifen" lassen in dem belebenden Wechsel, alles kennen und wissen zu wollen einerseits und dem Trägheitsprinzip des Stillstehens andererseits, d. h. im Entwicklungsprozeß der Differenzierung und Integrierung (196 u. 197; 200; 246; 251). Dieser Gedanke gemahnt an Herbarts Grundsatz eines Wechsels von Vertiefung und Besinnung. Pestalozzi fordert zunächst stille, schweigende, willenlose Anschauung, „wortleere Einwirkung" (206;

214 f.; 221; 227; 251; 463 u. ö., vgl. oben S. 8 u. 48 f.). Erst dann wird den Kindern ein Vorrat von Wörtern mit einfachen Erklärungen eingeprägt (206).

g) So schreitet die Methode, vom Leichtesten anfangend, langsam in lückenlosem Fortschritt unmerklich bis zur Vollkommenheit einer in allen Teilen vollendeten Anschauung von Stufe zu Stufe vorwärts, wodurch sich auch das Schönheits- und (sittliche) Ordnungsgefühl entwickeln kann. Denn „Vollendung ist das größte Gesetz der Natur“ (XIII—189; 200; 209; 222; 224; 246; 250; 258; 348 f.; 377; XVI—169 f. u. ö. Vgl. oben Punkt c, i, k). Der erste Unterricht bleibe lange die Sache des Weibes, ehe er die Verstandessache des Mannes werde (XIII—349).

Pestalozzis Methode der Anschauung hat den Kindern nicht nur Kenntnisse und tiefere Einsichten vermittelt, die Empfänglichkeit der Sinne und des Erinnerungsvermögens gestärkt, sondern ihren Freimut, ihr Selbstgefühl und ihre Arbeitsfreudigkeit gehoben, daß sie froh waren im herzerhebenden Gefühl ihrer wachsenden Kräfte (189; 206 ff.; 222)[1]). Diese Beobachtung unterstreicht Pestalozzi auch im dritten „Fragment“ zur Neubearbeitung der „Geßnerbriefe“ vom Jahre 1804 (XVI—143). Das ist nicht das Werk des Wissens, sondern die Folge intensiver Kraftbildung, besonders in der wechselseitigen Hilfe der Kinder (204; 211; 217; 227; 460). Menschen solcher Bildung werden im späteren Leben nicht mehr der Spielball ihrer Unwissenheit sein, das Opfer schlauer Mitmenschen, sondern werden sich selbst zu helfen wissen. Das ist der Sinn der „Volkserziehung“ und leitet bereits zum zweiten Hauptteil über: In allem will Pestalozzi der Idee des Volkes dienen, des armen vernachlässigten Volkes und seiner Veredlung (195; 229; 293; 328 f.; 336; aus dem Jahre 1820: 480 ff.). Diesen höheren Zwecken sollen auch seine leicht verständlichen Lehr- und Anschauungsbücher sowie Lehrmittel dienen, welche, ohne persönlichen Nutzen geschrieben, von den Anfangspunkten anhebend, ein einheitliches Ganzes bilden und das Werk der Natur vollenden (221; 229; 235; 239; 242).

3. DIE PRAXIS DES ELEMENTARUNTERRICHTS

A. Die Bildung der intellektuellen Kräfte im Anschauungsunterricht wird durch Reden und Lesen (Buchstabieren), Zeichnen und Schreiben sowie durch Rechnen erreicht. Für die ein-

[1]) „Alles Lehrnen ist nicht ein Heller werth, wann Muth und Freude daby verloren gienge!“ „Die größten Freüden entspringen aus langem, stillem Suchen!“ „Tagebuch“ von 1774, I—121. In „Lienhard und Gertrud“, 3. Teil der Cottaschen Ausgabe (S XI—355) heißt es dann: Sie spinnen eifriger als eine Tagelöhnerin, aber „ihre Seelen taglöhnern nicht“.

zelnen Fächer gelten folgende besonderen Ratschläge in Pestalozzis Brief „ÜBER DEN AUFENTHALT IN STANZ" (XIII):

a) Das Buchstabieren und Lesen. Nach Pestalozzis Angabe konnte die ganze Stube die schwersten Wörter und Lautverbindungen auswendig buchstabieren ohne vorherige Kenntnis eines Buchstabens. Für diese reichlich übertriebene Praxis, deren Grundsatz: erst Übung der Artikulation, dann Lesenlernen, zweifellos zu bejahen ist, empfing Pestalozzi mancherlei Anregungen von Fr. Gedikes „Kinderbuch zur ersten Übung im Lesen ohne ABC und Buchstabiren". Nach der Einprägung dieser „Urfügungen", deren Gesetzlichkeiten die neue Phonologie eingehend untersucht hat, ging das Lesenlernen leicht und richtig vonstatten, da die Kinder die mündlich geübten Wörter ähnlich der heutigen Globalmethode „auf einmal in's Auge fassen und aussprechen" konnten. Es wurden zuerst die geschriebenen, dann die gedruckten, schließlich auch die lateinischen Buchstaben behandelt (XIII—27 f.).

Diese Ansichten werden in der Denkschrift „DIE METHODE" wiederholt, doch ohne besondere Betonung des formal bildenden Wertes. Schon in der „Vorarbeit" wird (XIII—89 ff.) dargelegt, daß das Kind durch drei Stufen zum Reden gebracht wird: 1. durch umfassende Übung in den einfachen Tönen, d. h. in der Artikulation der einfachen Laute, Mitlaute und ihrer möglichen Verbindungen nach Maßgabe der Schwierigkeit; 2. durch Bekanntschaft mit den einzelnen Worten und 3. durch Verbindung von Wort und Sache in geordneter Reihenfolge, und zwar schon seit dem zweiten Lebensjahr, um so den Kindern das Wesen der Gegenstände „vor" ihren wandelbaren Eigenschaften einzuprägen. Daran schließt sich dann erst das Lesen, das nicht ausführlich behandelt wird. In der eigentlichen „Denkschrift" fügt Pestalozzi ergänzend hinzu (XIII—110), daß er erst die Kenntnis der Sachen, dann die Namenlehre treibe, also die Sprache an die Anschauung der umgebenden Natur „binde". Die Beilage 4 zeigt, daß seine Praxis wesentlich anders aussieht. Sein ABC-Buch ist nur eine Sammlung von Erzählungen, aus der die Mutter die einzelnen Buchstaben abstrahieren könne (110 f.; 118 f.).

b) Das Schreiben verlief nach ähnlichen Grundsätzen. In der Denkschrift „Die Methode" zeigt Pestalozzi, wie das Zeichnen dem Schreiben vorhergeht und auf die Fundamente (Grundformen) der Winkel, Parallelen und Bogen zurückgeführt wird (XIII—113). Auf dieser Grundlage prägt sich das Schreiben, das „eine auf willkührliche Formen hingelenkte Liniarzeichnung" ist, schnell ein.

Wie Pestalozzi in den „Fragmenten zur Neubearbeitung" der „Geßnerbriefe" später (1802—4) rückblickend darlegt, sollten die verschiedenen Einteilungen des Quadrats nicht nur zu unbedingter Sicherheit in den Formen der Schreibbuchstaben führen, sondern auch allgemeiner als „Ausmessungsform" für alle möglichen Figuren dienen, die auf dieser Grundlage, dem „ABC der Anschauung", in Worten ausgedrückt und also gelesen werden könnten[1]). Ja, es sollte „eine idealisch in ein Vierekk gebrachte Gegend" auf diese Formen bezogen, bestimmt und mit Worten beschrieben werden können. Das konnten Pestalozzis Mitarbeiter nicht begreifen (XIII—235 ff.). Es war das Quadrat ein Mittel, die Gegenstände unserer Erkenntnis „dem Kinde bey ihrer ersten Anschauung so bestimmt, so richtig und so umfassend vor die Sinne zu bringen, als immer möglich" (XIII—324). Dazu wurde das ABC der Anschauung „der große Vereinigungspunkt der wesentlichsten Mittel der Verstandesbildung mit denjenigen der Kunstbildung" (XVI—123 f., XIII—282 ff.; vgl. S XII—402 f.). Denn als gleichzeitige Grundlage für die Zahlenverhältnisse des Rechnens gebraucht, wird das Quadrat schließlich auch zur Grundlage für die technisch-künstlerischen Fertigkeiten. So drängt Pestalozzi immer wieder auf die Einheit und Ganzheit der Methode hin. Vgl. o. S. 17 u. 47.

Da die Schrift also keine organisch gewachsene Ganzheit ist, wird damit ein entscheidendes Wort gegen die Auswüchse der Globalmethode gesprochen. Dem Schreiben gehen wiederum allgemeine Lautier- und Artikulationsübungen voran, die möglichst an den Stimmungsgehalt der Einzellaute (z. B. a = Freude?) anknüpfen, wie schon in der „Vorarbeit" (89) bemerkt ist.

c) Das Rechnen wird in der „Methode" an wirkliche Gegenstände, aber auch an das Buchstabieren angeschlossen, insofern anfangs die Buchstaben der einzelnen Worte gezählt werden, zumal den Kindern wenigstens die Namen der Zahlen und damit ein dunkles Bewußtsein von dem, was sie ausdrücken, aus dem täglichen Leben bekannt sei (94 u. 112). Da die Zahlen Abstraktionen von Größen sind, der menschliche Geist sich also auch hier „von sinnlichen Anschauungen zu deutlichen Begriffen" erhebt, gehen die Elemente der Größenlehre den Anfangsgründen des Rechnens voraus oder halten wenigstens gleichen Schritt mit ihnen. —

Diese praktischen Ratschläge aus dem Briefe „Über den Aufenthalt in Stanz" (1799) und vor allem aus der Denkschrift „Die

---

[1]) Nach Niederer wurde das Quadrat als Grundform später aufgegeben. Em. Dejung, Pestalozzi im Lichte zweier Zeitgenossen: Henning und Niederer, Zürich 1944, S. 48.

Methode" sind vorausgeschickt worden, um die praktischen und vereinfachten Anleitungen für die Mütter in den „GESZNERBRIEFEN" (1801) in einer Gesamtdarstellung zu ermöglichen.

a) Das Wort. Pestalozzi geht hier grundsätzlich synthetisch vor und leitet aus dem ersten Elementarmittel, dem Schall, die „speziellen Unterrichtsmittel" ab, zunächst die Tonlehre (XIII—259 ff.). Sie umfaßt die Lehre von den „Sprachtönen" und diejenige von den „Gesangtönen". Die Fülle der Einzelheiten zwingt uns, nur die wesentlichen Gesichtspunkte der ersteren herauszuheben.

I. Die Lehre von den Sprachtönen. Pestalozzi fordert, daß die Sprachtöne dem Kinde „zum Bewußtsein kommen", bevor seine Fähigkeit der Aussprache gebildet wird. Auch im dritten Fragment zur Neubearbeitung des vorliegenden Werkes (XVI—158 f.) führt Pestalozzi aus, daß die Mutter von den einfachen Naturtönen (da dá = Vater) ausgehen wird, daß auch das (künftige) „Tonbuch" den Müttern angeben wird, wie sie die Sprachtöne dem Kinde „in einer der Natur ihres Organs angemessenen Ryhenfolge vor die Ohren bringen sollen"!

Mit Hilfe des „Buchstabierbuches" sollten daher die Sprachtöne täglich schon dem „Kind in der Wiege" geboten werden. Da es nicht gleichgültig sei, welche Töne das Kind höre, welche Bilder und Gegenstände das Kind sehe, will Pestalozzi ein „Buch der Mütter" schaffen, das neben den Anfangspunkten von Form und Zahl auch die sinnlichen Eigenschaften der Gegenstände durch illuminierte Holzschnitte veranschaulicht und somit zugleich viele Namen vorbereitend an das Kind heranbringt, ehe es nur eine Silbe davon aussprechen kann. Das geplante „Methodenbuch" soll der Mutter die Worte (Namen) der vorzuzeigenden Gegenstände angeben. Zwecks Übung der Sprachorgane geht Pestalozzi wiederum von den „Selbstlautern" aus, denen „Mitlauter" („Mittellauter") vorzusetzen und anzufügen sind in der täglichen Übung des Aussprechens als Vorbereitung auf das spätere Lesen und Schreiben. Vor dem Buchstabieren müssen die Kinder die Buchstaben kennen lernen, zu welchem Zweck die Buchstaben ausgeschnitten und auf Pappe geklebt werden, unter Benutzung verschiedener Farben. Die Silben können nun in deutscher und lateinischer Schrift, bzw. im Druck, an der Tafel mittels ausgehöhlter Leisten zusammengesetzt und gründlich im Vor- und Nachsprechen im Chor geübt werden, vorwärts sowohl wie auch rückwärts (XIII—263). Mit dem Buchstabieren wird zugleich das Zählen der Silben verbunden. Erst dann gibt man dem Kinde das Buch selbst in die Hand. Die Anweisung zum Buchstabieren- und Lesenlernen ist in XIII—137 bis 174 abgedruckt.

II. Das zweite Unterrichtsmittel ist die Wort- oder vielmehr Namenlehre (264 f.). Sie umfaßt Reihenfolgen von Namen der bedeutendsten Gegenstände auf dem Gebiete des Naturreichs, der Geschichte, der Erdbeschreibung, der menschlichen Berufe und Verhältnisse. Diese Wörterreihen werden dem Kinde als bloße Leseübungen in die Hand gegeben bis zum vollkommenen Auswendigkönnen, wodurch der spätere Unterricht „unermeßlich" erleichtert wird.

Im dritten Fragment zur Neubearbeitung der „Geßnerbriefe" schickt Pestalozzi dieser Unterrichtsform noch ausgezeichnete Bemerkungen über die Spracherlernung des unmündigen Kindes voraus (XVI—159 ff.). Das Kind probiert von früh auf und mit großer Freude instinktartig, um nachzusprechen, was die Mutter spricht, die unbewußt alle Dinge benennt, wenn sie sich den ganzen Tag über mit dem Kinde beschäftigt. Die Gefahr liegt darin, daß die Benennung der angeschauten Gegenstände in einem regellosen Chaos erfolgt oder daß die Mutter aus Unkenntnis der Namen ihr Tun nicht mit Worten begleitet, so daß die Sprachkraft des umherhaschenden Kindes erstirbt. Dieser Ansatz wird dann in der „Sprachlehre" fortgeführt (164 ff.). Nicht das Finden an sich ist die Kunst, sondern das angemessene Finden, die Entwicklung der Selbsttätigkeit im naturgemäßen Forschen und geordneten Suchen. Denn die angeregte Sprachkraft will nicht nur benennen, sondern soll nun in der Sprache die Beziehungen der Gegenstände geordnet und lückenlos ausdrücken, wie sie in der umgebenden Natur selbst erscheinen, zunächst gesehen von dem Mittelpunkt des sprechenden Menschen in seiner eigenen Lage. Der Gang der Natur macht das Notwendige und Wesentliche dieser lebendigen Eindrücke zum Fundament seiner Selbsttätigkeit, Erkenntnis und Sprachbildung. „Die Erde würde ein Himel, wenn . . . das Innere der Menschennatur mit aller Ordnung, mit aller Vollendung, die in ihrem Wesen ligt, sich in allem dem aussprechen würde, was außer ihr ligt."

An dieser Stelle fügen sich die praktischen Anweisungen ein, die Pestalozzi in der „ERKLERUNG ÜBER DIE GRUNDSEZE UND MITTEL MEINER METHODE SOWIE ÜBER IHREN ERFOLG" (1803—4) gibt, und zwar mit der besonderen Wendung auf den menschlichen Körper als Urform der Anschauung (XVI—252). Wenn die Mutter zunächst in kunstloser Freiheit die Aufmerksamkeit des Kindes bestimmt auf diejenigen Gegenstände hinlenkt, deren vollendete Sinnenerkenntnis noch die Worterkenntnis fordert, so ordnet die Natur selbst im schicklichen Augenblick die Reihenfolge und den Zusammenhang der Gegenstände. Wenn aber die Mutter an der Hand der Kunst weiterschreiten soll zu einer erweiterten und harmonischen Entwicklung des Erkenntnis- und Sprachvermögens, dann bedarf die Mutter wie der Lehrer einer Wegweisung, um der Anschauung Dauer, Vielseitigkeit, Harmonie und Vollendung zu geben. Der Mittelpunkt für diese Übungen ist der menschliche Körper. Daneben wird die Mutter andere Gegenstände nicht nur zeigen, sondern auch die Glocke tönen, an der Nelke riechen lassen.

Pestalozzi führt dann aus, daß die Worte die Fähigkeit haben, mit Umkehrung der Reihenfolge nunmehr vom Begriffe aus die Anschauung wieder hervorzubringen. Die Zusammenfassung der Worte nach ihren Hauptmerkmalen (leitenden Ideen, notions directrices) führt ihn auf die Notwendigkeit von Übersichten (Rubriken) und Anlage von Wörterbüchern zurück sowie auf Übungen, wie sie in der folgenden Sprachlehre der „Geßnerbriefe" aufgewiesen werden. Vgl. XIII—207; 220.

In dem gleichzeitigen Aufsatz „ÜBER DEN SINN DES GEHÖRS, IN HINSICHT AUF MENSCHENBILDUNG DURCH TON UND SPRACHE" werden die Zusammenhänge von Anschauung und Sprache noch vertieft und in der Liebe der Mutter begründet. Die dritte Partialkraft, die Zahl, wird hier ganz übergangen. Die Arbeit liegt in zwei Fassungen nach 17 Handschriften vor (XVI—265 ff. u. 315 ff.). Von Niederer redigiert, wurden sie erst im Jahre 1808 in der „Wochenschrift für Menschenbildung" veröffentlicht. Beide Fassungen behandeln, nach einer allgemeinen Einführung, die Anschauung ohne Sprache, die Sprache ohne Anschauung und abschließend Anschauung und Sprache (Anschauungskraft und Sprachkraft) vereinigt. Die jüngere Fassung ist kürzer, mehr systematisch-theoretisch durchgeführt und gemäßigter in der Kritik. Da die Liebe nicht nur Recht und Gott, sondern auch die Wahrheit umschließt, so kommen wir im dritten Teil noch einmal darauf zurück.

Wenn die Bildung zur Menschlichkeit voraussetzt, daß sich das Kind über alle Gegenstände, die ihm „vor der Nase liegen", in der gemeinsamen Landessprache „mit Ordnung und Bestimmtheit" ausdrücken kann, so muß die Anschauung der Gegenstände durch alle fünf Sinne erfolgen und an das Sprechen geknüpft werden. Ungeordnet und vereinzelt dringen die Eindrücke auf das Kind ein. Es sieht die nahen Gegenstände seiner Lage, hört die Stimme und den Gesang der Mutter, die Sprache des Vaters und der Hausgenossen, das Tönen der Glocke wie das Bellen des Hundes, schmeckt die Birne, riecht die Blumen und fühlt das Stechen des Dornes. Die Mutter schafft Ordnung und Zusammenhang zwischen den verschiedenartigen Eindrücken und ergänzt sie durch Vorzeigen und Nennen der Gegenstände und Nachsprechen der Namen, indem sie so der kindlichen Not und seinen Bedürfnissen, welche „die allgemeine Grundlage unserer Entwiklung“ sind, als Mittlerin „an Gottes statt“ zu Hilfe kommt (320 f.). So bilden sich „Anschauungsbegriffe“. Durch die im Kinde wohnende Triebfeder und die „Nachhülfe“ sowie die „belebende Leitung“ der Mutter (295) kommt das Kind zur Wahrheit, zum Glauben und zur Ordnung, bis es schließlich zur Selbsttätigkeit erwacht und sich selbst helfen kann. Das alles vermag die Mutter durch ihre Liebe, durch die Anmut und Lieblichkeit ihrer Rede in der Häuslichkeit, wo das Kind im Genuß der tausend Freuden zum Bewußtsein der eigenen Kraft erwacht. Damit kommt Pestalozzi auf den Grundgedanken der abschließenden „Geßnerbriefe“ (XIII—341 f.) zurück (XVI—269, 320 f., 331).

Die Verirrungen des Unterrichts, die Elendigkeit der neuen Lehrart, die Einseitigkeit des Buchstabieren-, Lesen- und Redenlehrens erzeugen dagegen sprachlose Anschauungsmenschen und anschauungslose Maulmenschen, die mit unverstandenen Bücherworten dem Verderben ausgeliefert sind. Ohne die Liebe der Mutter wachsen sie stolz, gewalttätig, unersättlich und niederträchtig auf. In der früheren Fassung wird dazu ausführlich dargelegt, wohin das Kind gerät durch die „Tandely, Schmeichely“, durch den Zwang und die Lieblosigkeit der „Mutter der Welt“, durch das „Weltweib“ (XVI—267, 302 ff., 340, 344).

Der Aufsatz „WELTWEIB UND MUTTER“ sowie das kurze „FRAGMENT ÜBER DIE ERZIEHUNG DES WELTKINDES“ aus dem Jahre 1804 führen diese Gedankengänge fort (XVI—347 ff., 367 f.)[1]). Anstatt im Heiligtum ihrer Wohnstube in der Tätigkeit ihrer Pflichterfüllung füreinander zu leben, Not und Armut miteinander zu teilen, können der Mann wie das Weib der Welt nicht das ruhige Reifen des Kindes mit gottvertrauender Geduld abwarten, vertrauen es fremden Händen an, geben sich selbst äußeren Sinnesgenüssen hin, den Vergnügungen oder dem Mammon. So wird das Kind zu einem unheiligen Umherschweifen und Maulbrauchen erzogen, statt zur Anstrengung der Denkkraft in Harmonie mit einem festen, edlen Willen und physischer Kraft.

III. Die Sprachlehre (XIII—265 ff.) dient dem Zwecke, das Kind dahin zu führen, sich über Form und Zahl, die „eigentlichen Elementareigenheiten aller Dinge“ sowie über alle übrigen Beschaffenheiten der Dinge bestimmt auszudrücken und so von dunkeln Anschauungen zu deutlichen Begriffen zu kommen. Pestalozzi fühlt

[1]) Vgl. dazu Pestalozzis Brief aus der Verlobungszeit (1768, S II—299): Anna soll zeigen, daß sie „Welt“ besitzt.

wohl, daß sich in der Sprachlehre die Möglichkeit eröffnet, mit „dem Gange der Natur in unserer Entwiklung gleichen Schritt zu halten", so daß also die vorhergehenden Übungen seines wesentlich synthetischen Aufbaues nur als — allerdings recht verfrühte und sehr umfangreiche — Vorbereitungen auf eine nunmehr einsetzende ganzheitliche Betrachtungsweise der Sprache anzusehen sind. Pestalozzi hält sich aber nicht für fähig, diese Sprachlehre zu entwerfen[1]), obgleich er als erster aus seiner ontologischen Sicht die Tatsache der vier Wortarten und damit die vier Grundkategorien der elementaren Gegenstandsschicht unserer Welt (Gegenstand, Eigenschaft, Vorgang, Relation) gesehen hat. Er übt herbe Kritik an dem bisherigen Verfahren, das auch für die Folgezeit zutrifft, und besitzt den Mut, sein eigenes Versagen offen einzugestehen. Er beschränkt sich mithin auf Sprachübungen, in denen nicht nur die fundamentalen Eigenschaften des Rundes, des Vierecks, der Einheit und Vielheit von den Dingen der Natur abstrahiert und aufgezählt werden, sondern auch alle übrigen Eigenschaften, indem bald von den Substantiven ausgegangen wird, z. B. Abend: stiller, heiterer usw., bald von den gemeinsamen Eigenschaften verschiedener Gegenstände, z. B. rund: Kugel, Hut, Mond, Sonne; außerdem von anderen kurzen Sätzen zwecks Übung der Aussprache und der Einübung. Das wird den Wörterbüchern entnommen oder von den Kindern selbst gefunden. Das erhaltene Unterrichtsmaterial, das Pestalozzi in Burgdorf benutzt hat, ist in XIII—530 ff. abgedruckt. Es betrifft die Ausgestaltung des „Diktionariums" und Zusammenstellungen für Geographie und Naturgeschichte. Die Namen der Gegenstände sind zu diesem Zweck in zwei „Fächer" eingeteilt, und zwar 1. das (sachliche) Wissen mit 40 Unterabteilungen der Hauptrubriken: Erdbeschreibung, Historie, Naturlehre und Naturgeschichte; 2. das (persönliche) Wissen vom Menschen mit drei Hauptrubriken, die der Einteilung der „Nachforschungen" entsprechen: der Mensch als bloß physisches (= biologisches) Wesen, der Mensch im gesellschaftlichen Zustand, der Mensch, insofern er als Vernunftwesen zur innern Selbständigkeit seiner selbst emporstrebt. Diese drei Hauptrubriken werden, auch in etwa 40 Unterabteilungen, dem Kinde dargeboten, in alphabetischer Reihenfolge angeordnet, eingeübt, auch nach ihrer Zusammengehörigkeit mit den gleichen Zahlen versehen, z. B. in der Unterabteilung „Deutschland" folgende in den 10 Kreisen (Landfriedenskreisen) zusammengefaßten Städte: Aachen 8, Aalen 3, Abenberg 4 usw.

---

[1]) Vgl. S X—127 (Elementarverhältnislehre der Sprache usw.), S. 132 (Übungen aus dem Unterricht in der Muttersprache).

Die Einübung solcher „Nomenklaturen" bedeutet eine gewaltige Inanspruchnahme des Gedächtnisses, wobei der Gebrauch von Karten oder anderen Anschauungsmitteln nicht einmal angedeutet wird.

Um das Volk zum Reden zu bringen und von dunklen Anschauungen zu deutlichen Begriffen emporzuheben, werden nun auch Zeitwörter begrifflich bestimmt, mit Ergänzungen verschiedener Art verbunden und dann konjugiert. Dabei vertritt Pestalozzi den synthetischen Grundsatz, daß die Worte „dem Kinde einzeln klar seyn" müssen, „ehe sie ihm im Zusammenhange deutlich gemacht werden können", wobei jedoch vom Auswendiglernen einzelner abstrakter Wörter abgesehen wird.

b) Die Formenlehre (XIII—281 ff.). Sie umfaßt:

Erstens die zum Bewußtsein erhobene Anschauung geformter Dinge, wie sie uns verwirrt, beschränkt und langsam durch Zufall vor die Augen treten.

Zweitens die künstlich durch Unterricht geleitete Anschauung, die geordneter, umfassender und schneller zur Verdeutlichung der Begriffe führt. Wenn ihnen unser „selbstthätiges Streben" entgegenkommt, eignet ihnen ein höherer, sachlicher und persönlicher Wert. Der Beruf des Menschen in seiner besonderen Lage und seinen besonderen Verhältnissen fördert die durch Anschauung erworbenen Kenntnisse und bringt sie in Übereinstimmung mit unserm Pflichtbewußtsein. Schließlich vermögen wir durch Analogie mit Hilfe unserer Seelenkräfte und unserer Gefühle zur Anschauung solcher Gegenstände zu kommen, die nie zur eigentlichen Anschauung gelangt sind. Mithin vermittelt die „nachahmende" Kunst des Unterrichts (sowie des Berufs) nicht nur schneller eine umfassende (sittlich begründete) und vertiefte Erkenntnis vom unwandelbaren Wesen der Dinge und zwar durch Rückgriff auf ihre Elemente (Fundamente), sondern vollendet auch die lückenlose Ordnung der durch einfache Anschauung der Natur gebotenen Gegenstände. Hiervon scheint nur die am menschlichen Körper und am Einheitsbegriff des Quadrats gewonnene Anschauung eine Ausnahme zu bilden, hinsichtlich des Bemerkungsvermögens (des Abstraktionsvermögens) und der Sprachkraft. Liegt doch, im Falle des Vierecks als „Urform der reinen Anschauung", naturgemäß eine „Kunstanschauung" vor (XVI—232). Vgl. oben S. 41.

Dieser Unterricht umfaßt die Meß-, Zeichnungs- und Schreibkunst.

I. Die richtige Ausmessung des zu beurteilenden Gegenstandes ist das eigentliche Fundament des richtigen Urteils sowie des richtigen Zeichnens. Die Ausmessung der Gegenstände wird überflüssig, sobald die Kraft des Verhältnisgefühls hinreichend gebildet ist, was durch Ausmessungs-Abteilungen verschiedenartiger Vierecke sowie durch Abteilungen in Winkel und Bögen unter Benennung der Meßverhältnisse erreicht wird. Solchen Übungen soll Pestalozzis ABC der Anschauung dienen. Er nennt als Hilfsmittel das Legen ausgeschnittener Karten sowie das Nachzeichnen, wodurch das schweifende Anschauungsvermögen zur Ausmessungskraft entwickelt wird.

II. Die Zeichnungskunst, im besonderen die Linearzeichnungskunst vollendet Pestalozzis „Anschauungskunst" (XIII—289ff.). Sie schreitet vom Bemerken der Horizontallinien in dem „ganzen Chaos aller Anschauungen" zum geradlinigen Winkel usw. fort, unterstützt von dem Streben der Kinder nach Vollkommenheit.

Als Gründe, warum Ausmessen und Zeichnen dem Schreiben vorausgehen müssen, führt Pestalozzi in den „Vorarbeiten und Entwürfen" (378 f.) an: Das Linearzeichnen duldet keine willkürliche Abweichung von den Formen der Schreibkunst; die der Schreibkunst vorhergehenden Übungen wahren die Biegsamkeit der Hand; die vorhergehende Betätigung der Zeichnungs- und Ausmessungskraft beugt der Angewöhnung nicht ganz richtiger Buchstaben vor und erspart Zeitverlust; das Kind soll sich seiner Kraft bewußt werden, wenn es die Anfänge der Wissenschaft vollkommen durchführt, und so Gefühl und Willen erzeugen lernen, nichts Unvollendetes an den ersten vollkommenen Buchstaben anzuschließen.

III. Die Schreibkunst wird von den vier- bis fünfjährigen Kindern mit Schiefertafel und Griffel, nicht mit der Feder, geübt und zwar erst einzelne Buchstaben, dann in Zusammensetzungen, wie sie in Pestalozzis (nicht erhaltenem) „Vorschriftenbuch" gestochen sind. So lernen die Kinder „beinahe von selbst" schreiben, indem sie die Buchstaben zunächst so groß üben wie beim Zeichnen. Alle diese Stufen sind „haarscharf" je nach dem Alter des Kindes zu sondern. Die Mutter braucht „nur eine kleine Stuffe weiter zu seyn" als ihre Kinder. Schließlich schlägt Pestalozzi wieder die Brücke zum verbindenden Ganzen: das Schreibenlernen als Form in Verbindung mit dem Messen und Zeichnen dient auch der Orthographie und ist nichts anderes als eine Art des Redenlernens, wie es oben entwickelt ist, und somit wieder ein Beitrag zur Verdeutlichung der Begriffe.

c) Die Zahl ist das dritte Elementarmittel unserer Erkenntnis (XIII—298 f.). Es schließt sich, wie Pestalozzi noch bis zu Beginn dieser Darlegungen annahm, an kein untergeordnetes Unterrichtsmittel an (vgl. o. S. 57); die Zahl führt aber zu untrüglichen Ergebnissen und erzielt somit am sichersten den Zweck des Unterrichts, von der wirklichen Anschauung der Natur genau und lückenlos zu deutlichen Begriffen zu gelangen.

Die Zahl ist für die Kinder das Mittel, die Gegenstände als Einheit zu erkennen, die Zahlenverhältnisse einfach einzusehen und die Einsichten auf verwickelte Rechnungen anzuwenden („Vorarbeiten und Entwürfe" zu „Wie Gertrud ihre Kinder lehrt", XIII—368).

Die Rechenkunst entspringt aus der „einfachen Zusammensetzung und Trennung mehrerer Einheiten". Ihre Grundform ist wesentlich: Eins und Eins ist Zwei, Eins von Zwei bleibt Eins. Damit kommt Pestalozzi dem wissenschaftlichen Ansatz unserer heutigen Zahlentheorie sehr nahe. Das Bewußtsein der Zahl als „Verkürzungsmittel dieser wesentlichen Urform alles Zählens" darf aber nie von dem „sinnlichen Hintergrunde" der angeschauten Realverhältnisse abgelöst werden — entsprechend auch nicht das Wort, dessen Verkürzungen Silben und Buchstaben sind; das bloße Auswendiglernen würde diesem ersten Mittel, zu deutlichen Begriffen zu gelangen, jeglichen Sinn nehmen. Die ersten Tabellen des „Buches der Mütter", „das nie da war" (475), enthalten daher eine Reihe von Gegenständen, die dem Kinde den Begriff der Eins, Zwei usw. bis Zehn veranschaulichen sollen. Mit Beziehung auf die von Cantor begründete Mengenlehre könnte man sagen, Pestalozzi bildete äquivalente endliche Mengen aufeinander ab. Dieselben Zahlenverhältnisse werden dann erst mittels der Finger, Erbsen, Steinchen usw. wiedergefunden und hundertmal erneuert, aber ohne Anwendung auf das Leben! Wie wir oben gesehen haben (S. 57), bringen auch die Silben der Buchstabiertafeln die Zahlenverhältnisse zum Bewußtsein und zwar zu gleicher Zeit, in der die Kinder die Buchstaben kennen lernen. Aus den einfachen Anfangsformen des Addierens folgt das Multiplizieren und Dividieren, seltsamerweise dann erst die Verdeutlichung des Subtrahierens und der Bruchrechnung. Immer wird der „routinenmäßige Handwerksvortheil" des bloßen Gedächtnisses abgewendet zur Vernunftübung zwecks Verdeutlichung der Anschauung. Das führt Pestalozzi auch zum Gebrauch des gleichseitigen Vierecks (Quadrats), das nun in verschiedenster Weise eingeteilt wird und zugleich die „Anschauungskunst" der Zahl mit der Anschauung der Ausmessungsformen harmonisch vereint. In Verbindung mit den entsprechenden Benennungen ruhen dann Sprache und Rechnen wie Messen, Schreiben und Zeichnen auf dem gleichen Fundamente (303 ff.; 466). So bahnt sich hier bereits die Auffassung des Vierecks als eines „untergeordneten Mittels" und Anfangspunktes der Zahl an (303, 327). In dem ersten Fragment der „Neubearbeitung" der „Geßnerbriefe" (XVI—123) um die Wende der Jahre 1802—03 kommt klar zum Ausdruck, welche Bedeutung Pestalozzi der Idee eines ABC der Anschauung beigelegt hat als dem „großen Vereinigungspunkt der wesentlichsten Mittel der Verstandesbildung mit denjenigen der Kunstbildung". Letztes Fundament bleibt aber die schlichte Anschauung, insofern sie das Bewußtsein des Säuglings bereits rege macht mit Hilfe der ahnungslosen Mutter, die ihr Kind zu beschäftigen vermeint. Durch diese Methode glaubt Pestalozzi den Gang der Natur in der Entwicklung der Völker nachzuahmen (315 f.). Dieses Vorgehen gebe uns die alleinige Gewähr, daß wir nicht nur gute Schneider, Schuhmacher, Kaufleute und Soldaten ausbilden, sondern: Menschen mit innerer Zufriedenheit (321, 334).

Der Brief über „Stanz", die Denkschrift „Die Methode" sowie die „Geßnerbriefe" enthalten auch einige Andeutungen über Geographie, Naturhistorie und Naturlehre, wo Pestalozzi von der Anschauung der einfachsten Körper und Elemente ausgeht, aber auch der Einübung der „Kunstworte" großes Gewicht beimißt (28 f., 88, 95, 110, 114, 221), ja, „analysierte Begriffe" zunächst gedächtnismäßig übermittelt und erst allmählich zur Klärung führt („Vorarbeit", S. 94). Auch bestand die Absicht, das Redenlernen der Kinder an einer „Sammlung aller gemeinen Naturprodukte" zu organisieren. Der Geschichtsunterricht wird nicht erwähnt.

B. Die t e c h n i s c h - k ü n s t l e r i s c h e Erziehung durch Fertigkeiten und Leibesübungen (XIII—333 ff.). So wie die Entwicklung unseres Erkenntnisvermögens auf ein ABC der Anschauung gegründet ist, muß auch ein ABC für die Bildung der Fertigkeiten ausgeforscht werden. Die einfachsten Äußerungen unserer physischen Kräfte und damit die Grundlagen der kompliziertesten Fertigkeiten findet Pestalozzi im Schlagen, Tragen, Werfen, Stoßen, Ziehen, Drehen, Ringen und Schwingen. Nach einem Zusatz vom Jahre 1820 müssen die „Gliederübungen" mit dem ABC der „Sinnenübungen" sowie den mechanischen Vorübungen des Denkens, den Übungen der Zahl- und der Formenlehre in Übereinstimmung gebracht werden! Vgl. dazu o. S. 43. Auf dieser Grundlage will Pestalozzi die Menschen (im Beruf) zur „Selbstständigkeit der vollends gereiften Tugend" emporheben. Auch Pestalozzi sieht schon die Notwendigkeiten und Schwierigkeiten, die wir jetzt durch die Schulung des „wendigen Arbeiters" zu beheben suchen, und stellt die Frage: Wie kann das Kind „in Absicht des Wandelbaren seiner Lage und seiner Verhältnisse also gebildet werden, daß ihm das, was im Laufe seines Lebens Noth und Pflicht von ihm fodern werden, leicht und wo möglich zur andern Natur wird". Er verschiebt die Lösung solcher Fragen auf eine spätere Zeit.

In der bereits erwähnten „Wochenschrift" (S X—174) wirft Pestalozzi einleitend die praktische Frage auf: Was für Bewegungen kann ich „mit jedem einzelnen Glied meines Körpers" vornehmen? ‚Die „Reihenfolge" der einzelnen „Gelenksbewegungen" sind in solche mit dem Kopfe, des Rumpfes, der Arme und der Beine eingeteilt, aber wohl von einem der Mitarbeiter Pestalozzis ausgearbeitet und nicht mit Unrecht von Jahn und Harnisch beanstandet worden. Vgl. die „Lenzburger Rede", Ma III—471 ff.

Auf den fruchtbaren Grundgedanken dieser „Einleitung" können wir erst weiter unten im Zusammenhang des „Ganzen der Menschennatur" zurückkommen.

C. Die sittlich-religiöse Erziehung. Wie wir gesehen haben, dient die „Übung" der Seelenkräfte nicht nur der intellektuellen, sondern auch der sittlichen Bildung. Ja, der Keim, aus dem die Gefühle der Gottesverehrung und der Sittlichkeit entspringen, ist derselbe, aus dem sich das Wesen der Lehrart entfaltet (XIII—350), und zwar muß erst eine sittliche Gemütsstimmung sowie die Beherrschung der Aufmerksamkeit und des Willens, wovon noch weiter unten im Anschluß an die „Nachforschungen" zu handeln ist, und eine Klärung des sittlichen Urteils erreicht sein, dann könnte der Unterricht einsetzen, der zur „inneren Selbständigkeit", zur schweigenden Pflichterfüllung, zur Harmonie von Denken und Handeln führt. Also kein „Moralunterricht"! Nach den obigen Darlegungen über die Art der religiösen Erziehung verzichtet Pestalozzi, der nur vorübergehend den „Kleinen Religionsunterricht" erteilte, selber auf jeden christlichen „Religionsunterricht". Er hat ihn besonders Niederer überlassen und sich auf Andachten und persönliche Seelsorge beschränkt[1]). Entsprechend der im Hause Pestalozzis gepflegten Christlichkeit („Tagebuch" von 1769—70, I—45 f. u. ö.), der schlicht religiösen Innigkeit der „Abendstunde" (1779—80) sowie der beiden ersten Teile des Volksromans (1781 u. 83), schränkt auch der Pfarrer (im 3. Teil dieses Volksbuches!) seine (konfessionellen) Predigten immer mehr ein. Wenn auch Pestalozzis Stellung zum Christentum nun eine weitere Klärung empfängt, so hat er dem aufklärerischen Deismus der Jugendzeit völlig abgesagt und wendet sich dem Jesus der Evangelien zu; verzichtet er doch auf die „Zankapfel-Frage", auf den „Wortkram" der „großen Maulreligion" und erzieht die Kinder, nach dem Vorbild des Leutnants und der Margreth, zur „stillen wortleeren Gottesanbetung und der reinen thätigen und eben so wortleeren Menschenliebe" im arbeitsamen Berufsleben. Auch läßt er keine langen Gebete mehr auswendig lernen, im Sinne der Vorschrift, die der Heiland den Jüngern gegeben habe (III—170 ff.). Ist doch Religion nicht „Unterrichts-Sache"! Vielmehr war das ganze Leben in

[1]) In seinen Nöten und Sorgen um die Armenanstalt hat er schon versprochen, den Religionsunterricht „zur gewissenhaften Angelegenheit zu machen" (I—140).

der häuslichen Erziehungsgemeinschaft durch die natürliche Gläubigkeit des gottergebenen Mannes geheiligt (XIII—116 f., 331 f.). Denn Gott ist nicht ein Gott des Verstandes, der Dogmen: „Der Gott meines Hirns ist ein Götze" (353). Gott ist der Gott unseres Herzens; in seiner Liebe veredelt sich das Menschengeschlecht.

4. Wie bereits oben (S. 10) festgestellt wurde, ist die Umarbeitung der „Geßnerbriefe" in der Schrift „ANSICHTEN UND ERFAHRUNGEN" (1804—1807) nur eine Sammlung von „Aufsätzen und Bruchstücken". Wir werden die hier dargelegten Gedanken den früheren Werken daher am fruchtbarsten anreihen, wenn wir folgende Anordnung treffen:

A. Welche Punkte sind im wesentlichen Wiederholungen aus früheren Schriften, namentlich aus den „Geßnerbriefen"?

B. Welche Gedankengänge sind weitere Ausführungen bzw. Vertiefungen früherer Ansätze, wenn auch nur in glücklicherer Formulierung?

Zu A. Insofern die „Ansichten und Erfahrungen" eine Umarbeitung der „Geßnerbriefe" bedeuten, ist wohl zu erwarten, daß beide Werke in mancherlei Hinsicht übereinstimmen. Ich hebe folgende gemeinsame Gesichtspunkte hervor:

a) Rückbesinnung auf die Vergangenheit. Pestalozzi gedenkt in gedrängter Kürze seiner Tätigkeit in der Armenanstalt (auf dem Neuhof), in Stans und in Burgdorf sowie seiner großen Werke „Lienhard und Gertrud" und „Wie Gertrud ihre Kinder lehrt". Das Wirken und die Ansichten seiner Mitarbeiter treten jedoch ganz zurück. Die eigene Entwicklung wird zurückgeführt auf die lebendige „Anschauung", die ihm die eigene Mutter und die aufopfernde Magd gewährten (S IX—203 ff., 212, 229).

b) Selbstdarstellung, Selbstanklage und Zurückweisung von Mißverständnissen. Pestalozzi bestätigt, daß seine Lebensarbeit der „reinen, selbstsuchtlosen Liebe gegen den Armen" entsprang. Es fehlte ihm jedoch die „kaltblütige Ansicht des Gegenstandes" sowie „eine ruhige Insaugefassung und Behandlung der Menschen und Sachen", ein richtiges Voraussehen und die nötigen Kenntnisse und Fertigkeiten, was auch schon in den „Geßnerbriefen" besonders betont war[1]). Pestalozzi führt seine Unbehilflichkeit und seine Irrtümer auf die Mängel seiner Erziehung und des damaligen Unterrichtswesens zurück (S IX—203, 212 ff., 227, 229, 234 f., 237). Auch seien seine Absichten übel verstanden

[1]) Auch in „Pestalozzis Selbstschilderung" (S VIII—459 f.) sowie in seinen „Lebensschicksalen", S XII (184 f.), in den „Reden an sein Haus" usw.

worden. Demgegenüber spricht er mit berechtigtem Selbstbewußtsein von den bereits erzielten Ergebnissen seiner Bemühungen.

c) Sein Wollen und Wirken. Pestalozzis Auftreten und Wirksamkeit ist nur zu verstehen aus den Mißständen seines Zeitalters, den Nachwirkungen des alten Feudalsystems, welche auch „die gute Mutter, der gute Pfarrer und der gute Fürst“ wohl fühlten! Er will daher die alte Einfachheit, Gradsinnigkeit und offene Unschuld des Volkes neu beleben, den Sinn für Freiheit, für Glauben, Liebe, Wahrheit, Recht und Vaterlandsliebe in der steigenden Not der „Fabrikverwilderung“. Die Gegenkräfte gegen das Verderben der Zeit erwachsen aus dem Hausglück, aus dem Geist einer „wohlgeordneten Wohnstube“, d. h. aus der elterlichen Einwirkung auf die Bildung des Kindes. Daher erwartet Pestalozzi nicht „Gnaden- und Erbarmungsmittel“ für die Armen, sondern Weckung der Selbständigkeit und Entfaltung der eigenen Kräfte durch Selbsthilfe und Selbstunterricht. Als besonderes Mittel wird wieder die Vereinigung von Arbeit und Bildung, von häuslicher Wirtschaft, Industrie und Feldbau empfohlen und damit die Achtung für den „Feld-bauenden Mann“. Alle Berufsbildung hat aber immer in den Dienst der Geistesbildung, der Menschenbildung, der Menschlichkeit zu treten[1]) (S IX—204 ff., 209, 222, 241).

d) Die Methode. Auch in den „Ansichten und Erfahrungen“ werden wieder die Grundlinien der Elementarbildung aufgezeigt:

Pestalozzi will die ewigen Gesetze unseres Geistes ergründen, die von Gott in die Menschen gelegt sind. Das ist „das ewig Gleiche und Unveränderliche in der Menschennatur“, das getrennt von allem „Zufälligen“ ins Auge gefaßt werden muß. Wie auch sonst unterscheidet Pestalozzi als Grundkräfte: das Denken, Fühlen und Handeln oder mit andern Worten: Kopf (Geist, Einsicht), Pflicht (Beruf, Körper) und Herz (Willen). Die Partialkräfte und ihre schulische Ausbildung, die früher (auch in den Elementarbüchern) den größten Raum einnahmen, treten daher bis auf gelegentliche Andeutungen (im Text von 1807) zurück (S IX—217 f.).

Der kraftvoll gebildete Mensch braucht und benützt wohl das Äußere und Zufällige zur Stärkung seiner innern Kraft, dann aber, „wenn die Grenzen seiner Menschennatur, seiner Einwirkung auf das Äußere seiner Lage Schranken setzen“, erhebt er sich befriedigt über dies Äußere empor.

---

[1]) Dieser große Gedanke ist sehr schön formuliert in den „Bemerkungen zu gelesenen Büchern“ (IX—334): „Der Mensch muß nicht zuerst Mensch werden, um dan Konig oder Schneider zu werden. Er muß Schneider oder König werden, damit er kone Mensch bleiben.“

Der Mangel und die Not, als wohltätige Gottesgehilfin, führen das arme Kind in seinen besonderen Verhältnissen notwendig zur Aufmerksamkeit, Anstrengung und Überwindungskraft und wecken das Streben nach einer seiner Lage genugtuenden Geistesbildung. Denn alles, was von der Natur im Kinde notwendig hervorgebracht wird, liegt tiefer und wahrer in ihm als alles, was durch Menschenkunst in ihm rege gemacht wird. Diesen Umstand muß die Erziehung nutzen, das Gefühl der Liebe in seinem Herzen wecken und ihm die Taten der Liebe und die Bahn der Tugend, auch der Entsagung, leicht machen (209 f.).

Die „besondere Handbietung für einen jeden Stand" muß mithin bloß als ein Zusatz der „kraftvollen Handbietung der Menschennatur" angesehen werden. Die Elementarbildung ist dann nichts anderes „als Darlegung und Befolgung der in der Natur des Menschen liegenden ewigen und unveränderlichen Gesetze und Mittel, zu dieser Vollendung zu gelangen" (268).

Daher sind, wie bereits gesagt, die besonderen Bildungsmittel irgendeiner Menschenklasse notwendig auf das Fundament, auf das Ewige und Unveränderliche der menschlichen Anlage zu bauen, das der Ausübung dieser Mittel vorhergeht.

Mithin muß eine Harmonie der Bildungsmittel untereinander und mit der Anlage der Menschennatur bestehen. Es ist unmöglich, daß die Gesamtheit unserer Kräfte „allgemein und harmonisch geweckt werde", wenn die Mittel nicht „neben und miteinander und im Gleichgewicht unter einander auf die Bildung des Menschen einwirken". Subjektiv betrachtet, müssen sich Einsicht, Kraft und Willen im Ebenmaß vereinigen. Es liegt im Wesen der Methode, daß die Elementargrundsätze der intellektuellen und der Kunstbildung (Berufsbildung), mit dem Heiligsten und Höchsten in der Menschennatur vereint, auf die sittlich-religiöse Bildung gegründet werden. „Jede entwickelte Menschenkraft ist an sich eine wahrhaft sittliche Kraft." So bereitet der Geist der Elementarbildung dem Christentum den Weg (218 ff., Anmerkung; 234, 240 f.).

Hierdurch werden nicht nur Mutter und Lehrer (!) mit dem Kinde in ein „reinsittliches und religiöses Verhältnis" gebracht, sondern auch die Stände, Arm und Reich angenähert und die gegenseitige Achtung der Menschen angebahnt (220, Anmerkung).

Schließlich wird wieder das Gefühl der Liebe, welches das Wesen des höhern Sinnes der Menschennatur allein rein ausspricht, als Mittel- und Ausgangspunkt der harmonischen Entfaltung des Kindes angesprochen. Das häusliche Leben sowie die von Gott selbst geordneten Umgebungen und Verhältnisse bilden das Fundament aller Bildung zur Menschlichkeit, der Liebe und der mit Liebe im Kinde entquellenden T ä t i g k e i t , von der unsere Veredlung ausgehen muß (S IX—217 ff., 223 f., 234, 240 f., 243 f., 268 f.).

Zu B. In vielen Stücken gehen die „Ansichten und Erfahrungen" über ältere Ansätze hinaus, gedanklich und sprachlich in glücklicheren Formulierungen.

a) Durch die bisher erwähnten Werke zieht sich die eigenartige Verknüpfung von K r ä f t e n , U m s t ä n d e n und V e r h ä l t n i s s e n. Diese bedeutsame Frage hat uns schon öfters beschäftigt. Da „Natur" nicht nur die menschlichen Kräfte meint, sondern auch die belebte und unbelebte Umwelt des Menschen, so erscheint es, daß der Mensch nicht nur auf ihre „Reize" reagiert, sondern als ob auch von ihr Kräfte ausgehen und wirken im Sinne der rein menschlichen Anlagen. Beide, die Kräfte des Menschen wie Umgebung und Verhältnisse werden daher immer wieder zusammengestellt. Und doch liegen sie nicht auf einer Ebene, was nunmehr in den „Ansichten und Erfahrungen" greifbar wird. S. darüber o. S. 19. Der „Organisation unserer Natur" „in uns selbst" wird dann die „Organisation" der von Gott selbst geordneten Umgebungen und Verhältnisse an die Seite gestellt, d. h. die „äußeren Reize" gegenüber der „in uns liegenden allgemeinen Urkraft". Im einzelnen wird noch genauer geschieden: die Methode baut die Kräfte der Selbsthilfe auf das Fundament des reinen Bewußtseins der von Gott gegebenen „Umgebungen" und der aus ihnen entspringenden „Verhältnisse und Bedürfnisse" (S IX—220, 242, 289 f.).

Der Ausdruck „Organisation" ersetzt bewußt die ältere Bezeichnung „Mechanismus", die hier ausdrücklich als irreführend abgelehnt, gedanklich aber auch auf Außenwelt und auf Anwendung der Erziehungsmittel ausgedehnt wird (S IX—224, 228, 264). Vgl. oben S. 46 f.

Es ist augenscheinlich, daß die Anlagen (Kräfte) der einzelnen Menschen in ihren mannigfaltigen Umständen und Verhältnissen v e r s c h i e d e n sind. Die Lagen sind „millionenfach ungleich" (VIII—285). Das wird auch von Pestalozzi immer wieder anerkannt (z. B. IX—313, X—68). Er weiß, daß die Umstände den Menschen machen, aber auch umgekehrt („Nachforschungen").

Pestalozzi spricht sich daher, wie schon früher (z. B. IV—555), gegen alle G l e i c h m a c h e r e i der Schulen wie der Stände aus. Wie der junge W. v. Humboldt hält er nichts oder wenig von der Organisation der Volkspflege und Volksbildung seitens des Staates. Er wendet sich gegen das „Parteiwort" von „Freiheit und Gleichheit" (S XI—86 f.) und ersetzt es durch „Gleichheit und Ordnung" (VII—232). Statt von Gleichheit spricht er von „Individuallage", „Individualverhältnissen", „Individualbildung", „Individualwohlstand" (VII—508) u. dergl.: entsprechend auch von Volks- und Nationalkultur (z. B. „An die Unschuld").

Auf der andern Seite hören wir seit der „Abendstunde", daß sich alle Menschheit „in ihrem Wesen" gleich ist, wie auch vor Gott alle Kinder gleich sind (III—429)[1]. Daher kann Pestalozzi auch stets vom „Geschlecht", d. h. vom Menschengeschlecht ganz allgemein sprechen. Auch vom „Pflanzengeschlecht" trotz aller Ungleichheiten der Form, Größe, Schönheit und Kraft (XII—182, Entwürfe zu den „Nachforschungen", vor 1797). Es gibt infolgedessen zur Befriedigung der Menschheit „nur eine Bahn", nur eine „Methode", welche „allgemeine Menschenwahrheit" und „Vereinigungswahrheit" der streitenden Menschen ist. In diesem Sinne sucht Pestalozzis Elementarbildung die „wahre", die „allgemeine Basis" der Menschenerziehung, ihre „ewigen, unveränderlichen Grundsätze" (I—269, S IX—301)!

Die Spannung zwischen Ungleichheit, d. h. zwischen individueller Besonderung, und der Gleichheit einer allgemeinen Methode wird nun in den „Ansichten und Erfahrungen" in eindeutiger Weise dahin formuliert, daß die Basis aller wahren Menschenerziehung „bei aller Ungleichheit der äußern Menschenanlagen dennoch eine und eben dieselbe ist und ewig eine und dieselbe bleiben muß" (S IX—315). Es ist das bleibende Verdienst Pestalozzis, als erster auf die Notwendigkeit hingewiesen zu haben, die Erforschung der besonderen pädagogischen Ziele und Mittel grundsätzlich durch eine allgemeine Strukturlehre zu unterbauen. In diesem Sinne ist auch die Anlage meiner „Allgemeinen Erziehungslehre" und meiner „Allgemeinen Unterrichtslehre" zu verstehen.

Daneben gibt Pestalozzi eine allgemeine Entwicklungspsychologie des Kindes als Ergänzung zu der Schrift „An die Unschuld" (vgl. unten S. 191 ff.). Es wird ausführlich dargelegt, wie das Kind zunächst alle Menschen, auch Tiere und Sachen seiner nächsten Verhältnisse nur unter dem persönlichen Gesichtspunkt eigener Bedürfnisse betrachtet. Allmählich weicht der ichbezogene Standpunkt einer objektiv sachlichen Beurteilung seiner Umwelt. Ähnlich wie in den „Geßnerbriefen" er-

[1]) Morf III—167, Zur Biographie Pestalozzis: „Der Sohn des Bettlers und der Sohn des Fürsten sind gleicher Natur; dieselbe Menschlichkeit blüht in allen Herzen, dieselbe Seele ebbet und fluthet in allen, die vom Weibe geboren; in allen herrschen dieselben Entwicklungsgesetze; die Natur kennt keine Stände." Ebenso in den „Epochen": „Der Mensch ist in allen Verhältnissen der nehmliche" (XIV). Vgl. dazu meine Schrift „Wert und Wirklichkeit", Berlin 1941, S. 65 ff.

weist sich dann, daß die Wonne des Kindes die Eltern beglückt und dahin führt, das Heiligtum Gottes in ihren Kindern zu sehen und mit göttlicher Kraft alles Edle in ihnen zu entfalten. Wie wahre Liebe und Kraft die Eltern zum Glauben an Gott führt, so wird auch das Kind zu Gott hingelenkt. Eltern und Kinder beten miteinander und werden durch das Band des Glaubens vereint, werden einander dienen, lieben und vertrauen. Auch die Natur wird dann dem Kinde zur Offenbarung der göttlichen Liebe und Kraft. So reift das Kind zum innern Selbstgefühl und erweitert, im höheren Sinne der Kindschaft Gottes, diese Liebe und Tatkraft auf den umfassenden Kreis des Menschengeschlechts — wenn Liebe und Kraft nicht durch das Verderben der Familie und der Umwelt zerstört und die in ihm schlummernden Triebe der Selbstsucht geweckt werden. Dies alles wird im fünften bis achten Briefe sowie im ersten Stück des Nachtrages schlichter und klarer formuliert als am Schluß der „Geßnerbriefe" (S IX—248, 252).

b) Der Sinn seiner aus der Besonderheit der Lagen und Bedürfnisse der Armen erwachsenen „Experimentalschule" wird dahin bestimmt, daß „das Kind der Methode" gleichsam vom Morgen bis zum Abend „im Forschen und Erkennen von untrüglichen und über alle Zweifel erhabenen Wahrheitsverhältnissen" lebt. Es lernt auch durch allseitige Belebung seiner Anlagen, auf jeder ihm angewiesenen Stelle sich selbst Mittel zu verschaffen, den Weg des Lebens mit Liebe, Kraft und Ehre zu wandeln (S IX—221, 225). Das ist ungemein wichtig und von weittragender Bedeutung! Ist es doch der Sinn jeder Schule, im unendlichen Gang der Zeiten dem aufgegebenen, unbekannten Ziel und den Mitteln menschlicher Bildung im eigenen Suchen, und zwar in der verantwortlichen Arbeit der Erziehung und des Unterrichts selbst immer näher zu kommen. Aufgabe der „Elementarbildung" i. w. S. ist daher Wahrheitserkenntnis menschlichen Seins und Werdens und der Mittel zur Selbsthilfe. Oder mit W. Diltheys Worten: „Wirkliche Reformen werden nur durch eine stetige schwere pädagogische Arbeit in den Schulstuben vollbracht"[1]. Nicht nur das Leben bildet, wie es im „Schwanengesang" wiederholt verkündet wird, sondern auch das Schulleben, und zwar im konkretesten Sinne, wie wir werden sollen, wenn man der Wahrheit in der Natur und ihrer vielseitigen Verbindungen nachgeht (XIII—40)!

Wir haben oben angedeutet, daß der Gedanke der „Form" irgendwie im Sinne der Gestalt gedacht ist. Die Darlegungen der „Geßnerbriefe" beweisen zunächst, daß Pestalozzis „Form" wohl eine

[1]) Gesammelte Schriften VI—85.

„Vereinfachung“ bedeutet (XIII—228), aber doch ein „Ganzes“, keine „Abstraktionsbegriffe“ oder zusammenhangslose Einzelheiten (XIII—196, 254, 288, 307 f.; vgl. o. S. 31). „Alles Unvollendete ist nicht wahr“ (XIII—250). Nun entsteht aber das Problem: Meint Pestalozzi mehr das Typische einer empirischen Erscheinung als anschauliches Wissen von einem beobachteten Gegenstand, der ein ganzheitliches, nicht additives Gebilde ist?[1]) Dafür spricht z. B., daß ein jedes Kind durch diese „Kunstansicht“ dahin kommt, „jeden Gegenstand in der Natur“ nach seinem „innern Verhältnis, und nach demjenigen seiner Beziehungen auf andere“ richtig beurteilen zu können (XIII—288). Auch die Verwendung des Quadrats als Bezugssystem für eine angeschaute Landschaft spricht dafür. Aber auf der anderen Seite will Pestalozzi von dem „wandelbaren Wechselzustand“, von der „zufälligen Beschaffenheit“ sinnlicher Eindrücke absehen und nur die „innere Wahrheit“, das „unwandelbare, unveränderliche Wesen“ der sinnlichen Erscheinungen erfassen (XIII—92, 249, 324 f.). Das erinnert an Pestalozzis Gegenüberstellung von „gemeiner“ und „reiner Anschauung“ (vgl. o. S. 28 f.). Ist „die Einheit“ des „Begriffs“ (105) hier vielleicht als ein anschauliches Wissen um das Allgemein-Gesetzliche eines Typus gemeint? Ist „das ewig Gleiche und Unveränderliche in der Menschennatur“ (S IX—223) vielleicht das Urphänomen im Sinne Goethes Metamorphose der Pflanzen? Jedenfalls sollte man Pestalozzis Intuition nicht in irgendein bestimmtes Schema pressen.

Obgleich nun die Konzeption seiner Fundamente und Urmittel, der Form (der Gestalt), des Wortes wie der Zahl im einzelnen nicht zu halten ist als Grundlage neuerer Methodik, so ist doch der Grundgedanke der Elementarbildung: die Forderung peinlichster Beobachtung und Gewissenhaftigkeit, die Auffassung der Schule als Stätte der Selbstbesinnung, der Erforschung des Zieles und der Mittel der Bildung ein unverlierbares Gut — ganz abgesehen von den fruchtbaren Anregungen der an der Sprache aufgewiesenen Kategorien, auf die weiter unten noch ausführlich einzugehen ist.

c) Wenn Pestalozzi auch in allen seinen Werken die erstrebte Harmonie zwischen der Natur unseres Geistes und den Bildungsmitteln stark unterstrichen hat, so kommt doch in den „Ansichten und Erfahrungen“ neben dem Ebenmaß aller Bildungsorganisation die Idee der umfassenden Ganzheit besonders klar zum Ausdruck. Jetzt ist der Sinn der Elementarbildung nicht mehr die Entfaltung

[1]) So gedeutet von H. Möller, der unter „Form“ eine „Denkgestalt“ versteht und seine Auffassung (S. 25 ff.) mit guten Gründen an der Zeichnung einer Schülerin veranschaulicht.

der Grundkräfte, des Denkens, bestimmter Fertigkeiten des Leibes wie der Kunst und der sittlich-religiösen Gefühle, dazu ihrer Harmonie untereinander und mit den Entwicklungsmitteln, sondern „Liebe, Arbeit und Umgang", Liebe und Tätigkeit sind „die von der Natur selbst gegebenen Weckungsmittel der Gesamtheit der Kräfte" unsers Geistes, Herzens und Körpers. Die Erhebung des Menschen geht von der Liebe aus, ruht auf Tätigkeit und ist mit Freiheit gepaart. Nicht der einseitige Mann ist „ein Mensch, wie alle sein sollten", sondern derjenige, der „in allem seinem Treiben und allem seinem Wirken und in allem seinem Leiden unter seinen Mitmenschen" dasteht als „ein Mann, auf den man Kopfs, Herzens und Pflichts halber unbedingt zählen" kann.[1]) Denn der Mensch ist ein „selbständiges Ganzes", ein „heilig zusammengeflochtenes Ganzes", wie auch die vielseitigen Erziehungsmittel „ein harmonisch in einander greifendes Ganzes", ausmachen sollen. Das „Ganze der Menschennatur" ist so in jeder seiner Anlagen in Übereinstimmung mit allen andern auszubilden und in Tätigkeit zu setzen, was um so leichter ist, als die vollendete Ausbildung einer einzigen Anlage die Emporbildung aller übrigen erleichtert und eine ausgebildete alle anderen mit sich fortzureißen vermag. Auf diesem Gelingen beruht „das Bewußtsein der innern Würde".[2]) Damit nähert sich der Mensch dem Standpunkt, sich selber als göttliches Wesen, seine Kräfte als göttliche Anlagen anzusehen. Denn die durch die Elementarbildung vollendeten ewigen und unveränderlichen Gesetze liegen im Wesen der menschlichen Natur wie diejenigen des Christentums. Damit schließt sich der Kreis einer umfassenden Menschenbildung der Liebe und Tatkraft unserer sittlichen Natur, über das bloße Erkennen und Ordnen unserer geistigen Natur mittels Zahl, Form und Sprache hinaus (S—234, 240 ff., 244, 265 f., 268 f., 298, 313).

d) Das Christentum Pestalozzis in dieser Zeit (1804—7) wird gekennzeichnet durch das Vertrauen auf den „Gottmenschen", der reines, hohen Sinnes in die Welt gekommen ist, die Menschheit vom Teufelsdienst zu erlösen und zu Gott zu erheben, nicht durch „Erklärungen", sondern durch sein Vorbild als „Anschauung seiner

[1]) Im Sinne der Ganzheit wird jetzt nicht nur die Mutter, das Verhältnis von „Mutter und Kind" in den Vordergrund gerückt, sondern bis auf ganz wenige Ausnahmen heißt es: „Vater und Mutter", „jeder guter Vater, jede gute Mutter", „Vater- und Muttersinn" u. dergl. mit betonter Voranstellung des Vaters. Daneben wird auch „der Lehrer" genannt.

[2]) Die Ehrerbietung des Menschen vor sich und im vertrauten Umgang mit sich selber wird in den „Bemerkungen zu gelesenen Büchern" (IX—335) als wichtige Bedingung guter Erziehung betrachtet.

selbst"! Seine Lehre ist die Anerkennung des Heiligtums der Individualität, der göttlichen Natur des Menschen, der ein Ebenbild Gottes ist. Als Bruder des „edlern Armen" und als „treuer Hoherpriester" will er vorzüglich den Armen und Elenden helfen, die auch durch eigene Not zu mitleidsvoller Teilnahme am Verderben der übrigen Armen gelangt sind (209, 267 f., 277, 302 f.). Das alles besagt: Individuelle Sittlichkeit und Religiosität ist das letzte Ziel der Methode, Sinn und Aufgabe aller Bildungseinrichtungen.

e) Unter diesem Aspekt der Ganzheit gesehen, rechtfertigt nun Pestalozzi die auf seine „Methode" gesetzten Hoffnungen. Die „unwidersprechlichen Grundsätze" der allgemeinen Menschenbildung sind gefunden! In seinem Institut zu Iferten werden weitere Versuche gemacht[1]). Pestalozzi fordert daher alle Stände auf, seine Ergebnisse zu prüfen und selbst eigene „Probversuche" auf dieser Grundlage anzustellen, vor allem auch selbstlose Menschen von hohem Gemüte und von edler, sittlicher Kraft zu gewinnen, ihre Kräfte zu erhöhen im Dienst der heiligen Sache. Diese Stimmung des Suchens und Benutzens kann nicht von den Schulmännern allein hervorgebracht werden, sondern muß in dem Edelmut der Nation gegründet sein. Kein Beruf ist wichtiger und schwerer als der des Schulmannes, des guten Schulmeisters, der der Vater des Dorfes ist (S IX—283, 285, 295, 298 f., 308).

Der Versuch ist nur dann als gelungen anzusehen, wenn „die Einfalt in der Strohhütte, die einseitige Kraft in den Werkstätten und diejenige in den Palästen" seine Resultate als gut anerkennen. Er muß vor allem den Armen selber als geeignet erscheinen. Kann doch der Arme nur durch den Armen erzogen werden (270, 278 f.).

Pestalozzi drängt auf Errichtung von Volksschulen, Waisenhäusern und Industrie-Anstalten in seinem Sinne hin. Die Versuche müssen, den Verschiedenheiten der Schulart, der Stände und Berufe (Reiche — Arme, Dorfschulen — Stadtschulen) gemäß, immer verschiedenen Charakter tragen. In Übereinstimmung mit dem früher vertretenen Grundsatz („An die Unschuld") kann das nicht Sache einer geistlichen oder weltlichen Korporation sein, sondern grundsätzlich Aufgabe des elterlichen Hauses. Ja, die „Methode" soll in die Hütten des ärmsten Mannes und in die Hand jeder auch noch so sehr beschäftigten „wahrhaft guten Mutter" gebracht werden. Schulen können immer nur „Ersatz der häuslichen Erziehung", nur „Zugabe und Lückenbüßer" sein; sie müssen auf die Erfahrungen des Hauses aufbauen und mit diesem Fundament in Übereinstimmung stehen.

[1]) Vgl. dazu oben S. 15 u. 18, auch XIII—194, 328, 457 („Empirik").

Den Nutzen dieser Erziehung hat jeder einzelne Mensch in seiner Kraftlosigkeit und Nichtigkeit, der Staat, die gesamte Menschheit (271, 281, 300 f., 313, 315, 317). —

Als Abschluß des ersten Teiles veranschauliche ich an einem Bericht Wilhelm von Humboldts über das Zellersche Normal-Institut, wie sich Pestalozzis Methode auf seine Zeitgenossen ausgewirkt hat[1]).

Unter wiederholten Hinweisen auf Pestalozzi hebt Humboldt folgende Vorzüge des Instituts hervor:

I. Auf dem Gebiet der Erziehung.

1. Erziehung und Unterricht sind schlechterdings immer miteinander verbunden.

2. Die Erziehung wird unmittelbar auf religiöse Gefühle gegründet. Belehrungen und Bestrafungen werden dadurch fast unnütz. Das gemeinsame, durch Wohlwollen und Liebe geleitete Leben bringt die Kinder meistenteils von selbst zur Reue und Besserung.

3. Die Kinder erziehen sich untereinander selbst und führen gegenseitig die Aufsicht übereinander. Sie besorgen die Ämter selbst auf Grund eigener Wahlen.

4. Die älteren und verständigeren Kinder sind „Lehrer und Vormünder" der jüngeren und schwächeren. Auf diese Weise entstehen früh Bande der auf Sorge und Dankbarkeit gegründeten Zuneigung.

II. Auf dem Gebiete des Unterrichts.

1. Alle Hauptfähigkeiten des Körpers und der Seele werden in möglichster Zusammenstimmung entwickelt, wodurch die Fertigkeiten des Lesens, Rechnens usw. „von selbst entstehen". Der Schüler der neuen Lehrart weiß sich überall zu helfen und kann nie vergessen, weil er die Kraft erlangt hat, die wirklichen Zahlenverhältnisse einzusehen[2]).

2. Lesen und Schreiben sind dann eine natürliche Zugabe teils zum Sprach-, teils zum Zeichenunterricht. Mit den Leibesübungen

---

[1]) Humboldt, Bericht vom 1. XII. 1809, Gesammelte Schriften X—209 ff. Vgl. dazu die Kritiken, die Pestalozzis Theorie und sein Anstaltsbetrieb erfahren haben, bei Israel a. a. O. III—1. Teil, und Ma III—110 ff., 362 ff. Reiches Material von Augenzeugen wertet A. Zander aus, Leben und Erziehung in Pestalozzis Institut zu Iferten, Aarau o. J. (1931).

[2]) Vgl. Fichtes Würdigung und Kritik der Methode in der 9., 10. u. 11. Rede. Wenn man häufig den Elementen Wort, Form und Zahl zu viel Bedeutung beimißt, so sollte man eher der Mahnung Süverns eingedenk sein, daß die preußischen Eleven nicht das Mechanische in Iferten erlernen, sich vielmehr an dem heiligen Feuer erwärmen sollten, das in dem Busen des Mannes der Kraft und der Liebe glühte. Em. Dejung, a. a. O., S. 8 f.

sind Arbeiten der notwendigsten Handwerke verbunden, z. B. Schneidern, Weben, Garten- und Ackerbau[1]). So lernt der Bauer und niedrige Städter nichts, was über seinen Kreis hinausginge.

3. Das Kind muß immer das volle und deutliche Bewußtsein haben von dem, was es in jedem Augenblick hört, sagt und tut. Alles Mechanische ist entfernt; es lernt nichts auswendig, sondern entwickelt alle Begriffe aus sich selbst unter der Anleitung des Lehrers, der nie zu einer folgenden Stufe übergeht, bevor er aller vorhergehenden „bei dem Lehrling" gewiß ist.

4. Fast das Einzige, was die Kinder in die Hände bekommen, ist eine Schiefertafel. Bücher werden so gut wie gar nicht, Papier, Feder und Tinte schlechterdings nicht gebraucht[2]).

---

[1]) Auch Jeremias Gotthelf tadelt, daß auf dem Lande so wenige Haushaltungen auf den natürlichen Einfall kommen, daß die Kinder und namentlich die Mädchen miteinander lernen und arbeiten (spinnen, nähen). Wie Pestalozzi spricht er sich scharf gegen das Katechisieren, besonders im Religionsunterricht aus. Leiden und Freuden eines Schulmeisters I, Erlenbach-Zürich 1921, S. 60, 74. Voll köstlicher und treffender Ironie ist das 13. Kapitel, vornehmlich über Lehrerbildung, S. 139 ff.

[2]) Man vergleiche mit dieser Praxis das wenig ansprechende Urteil, das Niederer über den Theoretiker Zeller gefällt hat. H. Schönebaum, Joh. Niederer in Kampf und Verteidigung um Pestalozzis Werk, Leipzig 1943, S. 26.

ZWEITER TEIL

Pestalozzi der Volkserzieher

Im Jahre 1798 hatte Pestalozzi als Waisenvater die Leitung des Waisenhauses in Stans übernommen. Das Schwergewicht seiner Tätigkeit lag demgemäß auf der Erziehung kleinerer und größerer „verwilderter Bettelkinder". Pestalozzi griff diese Aufgabe als ein Stück „Volksbildung" auf, als einen Versuch, eine „merkliche Anzahl Individuen aus den ärmsten Kindern im Lande" durch „das Glück einer stillen, friedlichen Haushaltung" zur „sittlichen Bildung" zu erziehen (XIII—3 ff.). Dazu trat aber noch die Notwendigkeit, die heranwachsende Jugend berufsfähig zu machen durch die Erlernung eines Handwerks, besonders des Baumwollspinnens und der Hauswirtschaft. Dabei durften die Anfänge des Lesens, Schreibens und Rechnens, auch der Naturgeschichte und Erdkunde nicht vernachlässigt werden. So verfiel Pestalozzi darauf, die große Menge seiner recht ungleichen Kinder, siebzig an der Zahl, „auf einmal in Masse zu lehren" und diesen Unterricht mit Übungen der Handfertigkeit zu verbinden. In Burgdorf drängte sich der Unterricht immer mehr vor. Pestalozzi berichtet in den „Geßnerbriefen" (XIII—194; 241 ff.), wie er aus dem „Zaubertempel", den er sich in Stans erbaut hatte, zu Burgdorf „handwerksmäßig in ein Schuljoch hineinkroch". Seine „alten Volks-Erziehungs-Pläne", die ihn seit seiner Sturm- und Drangzeit in der Jugendbewegung der „Patrioten" zu Zürich bewegt hatten, fingen an, in ihm „zusammenzuschrumpfen" gegenüber den „Verbesserungen der bestehenden Schulerbärmlichkeiten", zumal der Mensch doch „nur durch die Kunst (d. h. den Unterricht) Mensch" werde. Aber auch hierbei blieb die Erziehung immer Fundament und Richtpunkt seines Tuns. Lag doch die „Methode in ihrer ganzen Ausdehnung" in ihm, „in der hohen Vereinigung der Liebe mit der Krafft und der Krafft mit der Liebe" (XVI—118). Damit gab er seinen Mitarbeitern — ja der ganzen Welt — „den Glauben an die Möglichkeit einer Veredlung des Menschengeschlechts" zurück. Auch als „Schulmeister" war er immer der Volkserzieher. Unterricht war ihm „Volksunterricht" (XIII—183 f.; 187; 229).

Wir verfolgen Pestalozzis Ideen über Volkserziehung im besonderen an der Hand folgender Schriften:

1. Das Tagebuch (1774), Bd. I.
2. Die Aufsätze und Briefe über die Armenanstalt (1777—78), Bd. I.
3. Die Abendstunde eines Einsiedlers, 3 Fassungen (1779, 1780, 1807), Bd. I.
4. Lienhard und Gertrud. 1. Fassung (1781—1787), Bd. II, III; 2. Fassung (1790—1792), Bd. IV; 3. Fassung (1819), Bd. V (VI). — Die Kinderlehre der Wohnstube (1781, 1829) sowie Christoph und Else (1782), Bd. VII. — Ein Schweizer-Blatt (1782), Bd. VIII. — Über Gesezgebung und Kindermord (1781—1783), Bd. IX.
5. Die Revolutionsschriften (1792—1799), Bd. X ff. Die Sprache als Fundament der Kultur (1799), Bd. XIII.

I. EINFÜHRUNG

1. Das „TAGEBUCH" vom Beginn des Jahres 1774 behandelt noch nicht die existenzielle Frage: Was ist der Mensch? Nahm doch Pestalozzi erst gegen Ende dieses Jahres auf dem Neuhofe verwahrloste Kinder auf und sammelte damit die ersten Erfahrungen in deren Erziehung sowie im Unterricht (Landarbeit, Weben und Elementarfächern). Das „Tagebuch" kann also nur von seinen Erfahrungen mit dem eigenen, dreiundeinhalbjährigen Unterricht seines Sohnes Jacob (Jaquelj) berichten.

Pestalozzi führt sorgsam Buch über alle seine Erziehungsversuche, indem der einzelne Fall einsichtig gedeutet wird; er übt strenge Selbstkritik (I—122) und nutzt die Bemerkungen anderer über sein Verfahren gründlich aus (121, 122). Auch die Gesundheit seines Sohnes wird überwacht, desgleichen deren Zusammenhänge mit den Leistungen. Im Mittelpunkt des „Tagebuchs" steht das Problem Freiheit und Gehorsam, das in den Nachrichten über die Armenanstalt allerdings nur gelegentlich wieder gestreift wird (I—183). Ziel der Erziehung ist auch hier: Wahrheit, Ruhe, Gleichmütigkeit und Glück. Pestalozzis Gattin wird nicht erwähnt.

Die Darstellung des „Tagebuches" von 1774 sowie der anderen Arbeiten dieser Zeit ist, dem sachlichen Gegenstand entsprechend, ruhig und geordnet. Aber auch hier wird gelegentlich ein Gedanke erst positiv, dann negativ gewandt: Gehorsam, Ordnung, Einfalt, Ruhe, Glück — Unordnung, Schimmer, Unruh (121, 125, u. ö.). Ebenso die Variation bestimmter Gedanken in verschiedener Folge: Eile — Ganzheit — Verwirrung — Ordnung (122).

2. Die Aufsätze und Briefe über die „ARMENANSTALT AUF DEM NEUHOFE" aus den Jahren 1777—1778 zeugen von den bitteren Erfahrungen, die Pestalozzi mit seiner Anstalt durchlebt hat: Undank der verwahrlosten, an Ordnung, Reinlichkeit und Arbeit erst noch zu gewöhnenden Kinder; Schwierigkeiten der Verpflegung; Unvernunft der Eltern, die Pestalozzi verleumden, ihre Kinder aufreizen und diese schließlich (mit den neuen Anzügen!)

aus der Anstalt nehmen; Pestalozzis eigener Mangel an wirtschaftlich-kaufmännischen Kenntnissen und praktischen Erfahrungen; steigende Geldnot — auch die Verwandtschaft zieht die geliehenen Gelder zurück —, folglich andauernde Bittgesuche an einflußreiche Gönner. Eine Mißernte macht das Maß der Enttäuschungen voll (I—181; 183 f.). Schließlich sieht Pestalozzi ein, daß er seine Anstalt nur halten kann, wenn er obrigkeitlichen Schutz genießt und langfristige Vereinbarungen („sehr vorsichtige Accorde", 166 u. ö.) mit den Eltern vor der Aufnahme der Zöglinge abschließt. Andererseits ist es ihm aber auch „unbeschreibliche Wonne Jünglinge und Mädchen die elend waren wachsen und blühen sehen, Ruhe, Zufriedenheit auf ihrem Antliz zu sehen, ihre Hände zum Fleiß zu bilden und ihr Herz zu ihrem Schöpfer zu erheben ..." (175). Der „Mißbrauch der Menschheit", das Elend der unglücklichen Kinder in der Häuslichkeit der Armen, in den Fabriken und bei den eigennützigen Bauern greift ihm ans Herz (137; 145, 159), so daß es ihm zu einer „Herzensangelegenheit" wird, durch seinen Versuch („Probversuch," „Lehrversuch") neue Wege der Armenerziehung zu beschreiten (137, 181, 185). In der Folge kann er auch dazu kommen, Preisausschreiben zu fordern für die erfolgreichsten Pächter wie für ökonomische Haushaltungen (173 f.). So weitet sich jedes der drei großen Probleme dieser Zeit zu einem Ausblick auf die Aufgabe des Einzelnen in der Gemeinschaft, in Volk und Staat.

Die Darstellung der Aufsätze und Briefe, die alle in den „Ephemeriden der Menschheit oder Bibliothek der Sittenlehre, der Politik und der Gesetzgebung" erschienen sind, ist recht verschieden. Handelt es sich doch auch um Schriften wie: Eine Bitte an Menschenfreunde und Gönner, zu gütiger Unterstützung einer Anstalt, armen Kindern auf einem Landhause Auferziehung und Arbeit zu geben (1777); Briefe an Herrn N. E. T. (Landvogt Tscharner) über die Erziehung der armen Landjugend (1777); Bruchstück aus der Geschichte der nidrigsten Menschheit (1778); Zuverläßige Nachricht von der Erziehungs-Anstalt armer Kinder im Neuenhof (1778). Neben Erfahrungen und Ausblicken, Erreichtem und Geplantem stehen Berechnungen von Verdienstmöglichkeiten, von Einnahmen und Ausgaben, dazu Charakteristiken der Zöglinge. Das wird übersichtlich und sachlich berichtet.

3. Der Inhalt der „ABENDSTUNDE", die in drei Fassungen 1. des „Entwurfs" (A, vom Jahre 1779—1780), 2. des Aufsatzes in den Ephemeriden (B, vom Jahre 1779—1780) und 3. der Redaktion (C, von Niederers Hand, 1807) vorliegt, wird in dem einleitenden,

später gestrichenen Satz des „Entwurfs“ leidenschaftlich hinausgeschleudert: „Der Mensch muß innere Ruh haben“. Das ist der Grundgedanke des Werkes, das Pestalozzi selbst als richtungweisend für all sein späteres Sinnen und Wollen bezeichnet hat. Und ebenso in der Fassung B (und C?): „Der Mensch muß zu innerer Ruhe gebildet werden ... Ohne innere Ruhe wallet der Mensch auf wilden Wegen“ (I—272). Die Bedürfnisse seiner Natur gehen zunächst auf Wahrheit, welche Ruhe und Lebensgenuß ist (B 266 f.): sie vervollkommnet die Menschheit und ermöglicht erst Bildung (251). Wahrheit gibt Kraft, Bildung ist also Kraftbildung, was immer und immer wieder unterstrichen wird. „Die einige sichere Stüze der Lebensruh“ (247), Grundlage und Anfang ausgebildeter Weltweisheit (259), die Quelle der „Reinigkeit der Sitten“ (247) ist schließlich der Glaube an Gott. Aus dieser Grundhaltung quillt die Liebe und Treue, das Vertrauen des Kindes zum Vater und des Volkes zur Regierung des Staates (248, 250, 251; vgl. o. S. 44). Die Religion erhebt auch die richtig geleitete Menschheit zur Geduld, zur Genügsamkeit, zur Einsicht und Dankbarkeit wie zum Vertrauen (250, 252). Der Glaube an den Allvater schließt Familie, Volk und Völker in Weisheit und Ruhe zusammen (254). Um diese allgemeinen Zusammenhänge kreisen Pestalozzis Gedanken in immer neuen, aber auch sich wiederholenden Wendungen.

Die Darstellung der „Abendstunde“ gewährt einen tiefen Einblick in Pestalozzis Denken, in die Hintergründe seiner Art, Menschen und Dinge zu sehen. Im Vergleich zur zweiten Fassung (B) ist gerade der „Entwurf“ (A) die wertvollste Fundgrube für seine Seelenhaltung. Ein Blick in die Weltsicht der Stoa, die im Indischen (brahman-atman) und im Chinesischen, besonders vertieft in Lao-tses Tao-te-king, sowie bei den Pythagoreern, bei Heraklit, Platon (Phaidon) und Aristoteles vorbereitet ist, würde sich als außerordentlich fruchtbar erweisen für die verwandte Wesensart Pestalozzis, der immer auf Harmonie in der Erziehung, auf Einheit der Methode und der Kunstmittel hindrängt. Nach der Stoa sind Weltvernunft und menschliche Seele, Kosmos und Persönlichkeit wesensgleich, womit Gesellschaft auf Grund der Freundschaft einerseits und Gemeinschaft auf Grund der Liebe und des wechselseitigen Vertrauens andererseits erst möglich werden. Freundschaft begründet das Vernunftreich der Menschheit, Liebe und Vertrauen führen zur Idee der Volksgemeinschaft, die beide von Pestalozzi in Einklang gebracht werden. Die Analogie zwischen Makrokosmos und Mikrokosmos, zwischen Weltseele und Einzelseele beruht auf der Durchdringung der Welt mit dem Weltensinn, mit der Urkraft, dem göttlichen Pneuma (logos spermatikos). So kommt es, daß Wirklichkeit und Norm nicht dualistisch auseinanderfallen, sondern sich in der notwendigen „Ordnung", im Stufenreich der gesamten Natur (und Kultur) offenbaren: die lex naturae ist gleich der lex divina! Solche Gedankengänge werden in den verschiedensten Abwandlungen weitergeführt im Neuplatonismus, vom Kusaner, von Leibniz, von der deutschen Romantik, von Goethe.[1]) Und so auch Pestalozzi!

Dem „objektiven Idealismus der universalen Harmonie" (W. Dilthey) entspricht die Denkform des Kreisdenkers, wie sie uns H. Leisegang in seinen „Denkformen" dargelegt hat. Als Beispiel greife ich das typische Bibelwort des Kreisdenkers Johannes heraus: Gott ist Liebe; und wer in der Liebe bleibet, der bleibet in Gott und Gott in ihm. Ersetzt man die Pronomina (wer, der, ihm) durch ein entsprechendes Nomen (z. B. der Mensch), so ergeben alle Nomina, durch laufende Buchstaben bezeichnet, den Kreis bzw. die Spirale: a—b—c—b—c—a—a—c.[2]) Dieser Denkform liegt die metaphysische Anschauung zugrunde, daß sich der Lebensprozeß, alles Sein und Werden innerhalb des allgemeinen Logos und Kosmos in ursprünglicher und dauernder Übereinstimmung miteinander ent-

---

[1]) In diesem Sinne erschaut Makarie, von dem Mathematiker und Angela geleitet, die tiefsten Geheimnisse unseres Daseins in dieser Welt. Die „Seherin" lebt „ein ganz eigenes Verhältnis" zu den Gestirnen. Sie trägt nicht sowohl das ganze Sonnensystem in sich, sondern bewegt sich als ein „integrierender Teil" darin: „Sie sieht sich in jenen himmlischen Kreisen mit fortgezogen." Die Verhältnisse unseres Sonnensystems sind ihr von Anfang an „gründlich eingeboren"; dennoch vermochte sie zunächst nicht, „die innern Erscheinungen mit dem äußern Gewahrwerden" zur Übereinstimmung zu bringen. Schließlich gelang es ihr, unter Beistand des vergleichenden, erklärenden und aufklärenden Astronomen, Arztes und Philosophen, selbst „zur Einheit und Beruhigung" zu kommen. So konnte sie auch die Gabe in sich entwickeln, die „innere Natur" eines jeden durch die ihn umgebende individuelle Maske zu durchschauen. Ähnlich Wilhelm Meister in diesem Kreise, in dem man „gleichnisweise" redet, um den schwer begreiflichen Dingen auf diese Weise beizukommen! Wilhelm, dem „gemeinen Leben" entrückt, begreift beim Anblick des gestirnten Himmels, daß man sich „in der Mitte dieser ewig lebendigen Ordnung" nicht denken kann, ohne daß sich einem „ein herrlich Bewegtes um einen reinen Mittelpunkt kreisend hervorthut"!. Wenn sich der Mensch zudem eine gewisse Freiheit des Geistes erworben, eine „höhere Kultur" errungen hat, können auch äußerer Sinn und innere Urteilsfähigkeit nicht „außer Gleichgewicht gesetzt" werden, sondern die Welt „harmoniert" mit unserm Innern. „Denn was innen, das ist außen!" Infolge der „inneren Beruhigung", die über Wilhelm kommt, greifen selbst Traum und Wirklichkeit ineinander und lassen ihn Makariens Wesen tiefer erfassen. Auch andere Personen standen damit verklärt vor seiner Seele. Makariens einsichtiges Wohlwollen hatte die „Schale" gelöst und den „gesunden Kern" veredelt und belebt. „Wanderjahre" I, 10; III, 15.

[2]) Genauer sind wohl die Zusammenhänge: Gott — Liebe — Liebesmensch — Gott — Liebesmensch. Wie in der „Abendstunde", so begegnen uns auch später Bezeichnungen für Kreis u. dergl., z. B. in der „Denkschrift an die Pariser Freunde" vom Jahre 1802: Spiralförmigkeit, „Radii eines Circuls" (XIV).

faltet. Alle Erkenntnis der Umwelt und des Göttlichen greift daher methodisch auf die Innenwelt zurück, den Mittelpunkt des kreisförmig strukturierten Alls. Statt einer systematisch geordneten Analyse des Vorstellungsgehalts wird dann im Sprechakt aus einem bestimmten Komplex drängender Gedanken und Ideen bald dieser, bald jener Kerngedanke herausgegriffen, mit anderen Gliedern des Ganzen in Beziehung gesetzt und gelegentlich in die Nähe des Ausgangspunktes zurückgeführt. Sprachlich wird die syntaktische Beziehung durch Formwörter (*sein, bleiben* usw.) oder durch das syntaktische Beziehungsmittel der Stellung ausgedrückt. Dieser Mangel an Klarheit wird durch die Tiefe unausschöpflicher und unausdrückbarer Möglichkeiten letzter Zusammenhänge ausgeglichen. Denn das Unerforschliche kann man nicht denken, noch weniger sagen.

Die Anordnung der Gedanken ist in den erzählenden sowie in den sachlich berichtenden und problemgeladenen Aufsätzen des jungen Pestalozzi sehr lose, aber doch allgemein übersichtlich behandelt, wenn auch mit mancherlei Abschweifungen und Wiederholungen belastet. Dagegen wirbeln in dem aus höchster Leidenschaft niedergeschriebenen „Entwurf" (A) Pestalozzis Ideen bunt durcheinander.[1]) Das kann man nicht mehr von der Fassung B sagen, die nach drei leitenden Gesichtspunkten, wenn auch mit vielen Überschneidungen, durchgeführt ist:

Auf die Frage nach den Bedürfnissen des Menschen behandelt Pestalozzi nacheinander die „Beziehungen" des Menschen zu den sachlichen „Realgegenständen" (I—266 bis 271); dann die Beziehungen der Menschen untereinander, namentlich in Familie und Volk (bis 272); schließlich die Beziehungen zu Gott. Was uns hier aber beschäftigt, das ist nicht die Frage der Gehalte, sondern ihre ganz besondere Darstellung.

Pestalozzi schaut nämlich diese drei streng voneinander abgesetzten Sphären als abgestufte Schichten, als ein Ordnungsgefüge konzentrischer Kreise, die sich von ihrem gemeinsamen Mittelpunkt, dem Menschen in seiner besonderen „Lage", immer mehr entfernen: „Der Kreis des Wissens, durch den der Mensch in seiner Lage gesegnet wird, ist enge, und dieser Kreis fängt nahe um ihn her, um sein Wesen, um seine nähesten Verhältnisse an, dehnt sich von da aus, und muß bei jeder Ausdehnung sich nach diesem Mittelpunkt aller Segenskraft der Wahrheit richten." Gleich darauf taucht zum dritten Mal das Wort „Kreis" auf!

[1]) Vgl. A. Stein, Pestalozzi und die Kantische Philosophie, Tübingen 1927, S. 10 ff. (Förderung durch Sturm und Drang).

Die „nähesten Verhältnisse“ des Menschen umfassen die „in ihren Realverbindungen feststehenden Naturlagen der Gegenstände“. Immer und immer wieder wird uns daher auf den folgenden Seiten eingeprägt, daß sich der Bildungsprozeß grundsätzlich an die gegebene „Ordnung der Natur“, an diese „Bahn der Natur“ halten müsse.

Die Worte: „Aber du lebst nicht für dich allein auf Erden .. So wie diese Verhältnisse dir nahe sind, Mensch! sind sie zur Bildung deines Wesens für deine Bestimmung dir wichtig“ (271) leiten auf die häuslichen Verhältnisse über. Denn „die häuslichen Verhältnisse der Menschheit sind die ersten und vorzüglichsten Verhältnisse der Natur“ (271). Ähnlich schon im „Entwurf“: „Die Verheltnisse der häuslichen Seegnungen sind veste und vorzügliche Verheltnisse der Natur.“ (249). Darum auch hier die so oft wiederholte und variierte Mahnung: „Daher bist du, Vaterhaus, Grundlage aller reinen Naturbildung der Menschheit“ (271, wie im „Entwurf“ S. 249). Das entspricht wiederum der „Ordnung der Natur“.

Schließlich der umfassendste „Kreis“: „Gott ist die naheste Beziehung der Menschheit“ (273, 261 u. ö.), noch eindringlicher 248: Gott als „die erste, naheste Beziehung“. Und das Gegenteil: „In ferne Weite wallet die irrende Menschheit“ (272). Damit schließt sich die in konzentrischen Kreisen gedachte Ordnung der Natur, die auch im Prozeß der Bildung zu wahren bzw. herzustellen ist. Hier offenbaren sich die Grundlagen der im ersten Hauptteil dargelegten „Methode“!

Wie in der Anlage der ganzen Schrift, so bricht auch die Besonderheit des Kreisdenkers im Satzbau, in der Gedanken- und Beweisführung in seltener Eigenart durch: „Glauben an Gott! Quelle der Reinigkeit der Sitten — Reinigkeit der Sitten, Quelle der Ruh des Lebens — Ruh' des Lebens, Quelle der Ordnung und des zeitlichen Seegens — Ruh des Lebens ist unverwirrte Anwendung der Verstandbildung zur Weisheit“ (247), im „Entwurf“ später gestrichen. Aber dann gleich wieder: „Das Große der Sterke, das Samfte der Güte, das Reine der Unschuld, das Helle der Weisheit, die Weisheitsfehigkeit, die Fehigkeit erhabener Güte, die feste Krafft innerer Sterke, die hohe Reinheit der Unschuld, die feine Semfte der Güte sind allgemeines Theil der Mentschheit ...“ (247), wo die Hauptwörter bzw. die nominalen Wortgruppen in der Reihenfolge a—b—c—d—d—b—a—c—b kreisen. Ähnlich in Fassung B (273): „Glauben an Gott — Quelle der Ruhe des Lebens — Ruhe des Lebens, Quelle innerer Ordnung — innere Ordnung, Quelle der unverwirrten Anwendung unserer Kräfte — Ordnung in der Anwendung unserer Kräfte, Quelle ihres Wachsthumes und Bildung zur Weisheit — Weisheit, Quelle alles' Menschensegens. Glauben an Gott, Quelle aller Weisheit und alles Segens ...", also in der Kreisfolge a—b—b—c—c—d—d—e —e—f—a—e—f. Dieser Gang wird dann als „Ordnung" und als „Bahn der Natur zur reinen Bildung der Menschheit" bezeichnet. Und noch zweimal (Zeile 19 u. 26) werden die Gedankengänge mit „Glauben an Gott" angeknüpft, wie schon vorher (273): „Glauben an Gott, Stimmung des Menschengefühls in dem obersten Verhältniß seiner Natur, vertrauender Kindersinn der Menschheit gegen den Vatersinn der Gottheit"! Diese eigenartige Denkform Pestalozzis habe ich bereits in meiner Allgemeinen Unterrichtslehre (1933, S. 162 f.) dargelegt.

Die Prädikate sind einfach fortgelassen, denn es sollen ja „nur" die B e z i e h u n g e n , wie Pestalozzi selbst sagt, aufgewiesen werden. So gehen Grund und Folge, Seiendes und Seinsollendes ineinander über, auch in der gleichzeitigen Schrift „Von der Freyheit meiner Vaterstatt!": „Freiheit" als Grund und Folge! Allerdings brechen damit Ahnungen von tiefen Zusammenhängen auf, wie sie kein Mensch in Worte fassen, nur vielleicht schauen kann. Meist treten farblose Beziehungswörter und verwandte Ausdrücke wie *ist, wird, hat, bleibt* usw. auf. Was hat man aber über den Sinn der „Kopula" wissenschaftlich gefabelt und religiös in der Ausdeutung der Bibel gestritten! Mit dieser Erkenntnis brechen viele Streitigkeiten (Abendmahlslehre!) in sich zusammen. Die Pforte einer neuen Una Sancta tut sich auf.

In unserem Text machen bestimmte Ausdrucksweisen die geschichtete bzw. kreisende Denkform Pestalozzis einsichtig, wie *quellen (die Quelle)*, das unzählige Male wiederkehrt, *begründen (Grundlage, Fundament), emporheben, aufrichten* bzw. *untergeordnet sein, Höhe* bzw. *Tiefe* oder auch logisch *die Folge von* und *voraussetzen* oder schlichter *steigern, hemmen, hindern, unmöglich machen, untergraben, erschweren, erleichtern, sichern, festigen, kräftigen* (aus *Kraft*). Das sind die wesentlichen Beziehungen!

In unendlichen Abwandlungen werden die analogen Beziehungen zwischen Mensch und Menschheit, zwischen Haushalt, Staatsregierung und dem Allvater herausgestellt. „Stand des Fürsten: erhabenes Bild Gottes! Vatter der Nation. Stand des Unterthanen: Kind des Fürsten, der mit ihm Kind Gottes ist" (255). In unerschöpflichen Vergleichen kreist Pestalozzis schöpferische Schau um diese Pole. Das ist der eigentliche Inhalt aller drei Fassungen. Diese Anschauungsweise kommt auch in dem Reichtum immer neuer Sinnerfüllungen und A n a l o g i e b i l d u n g e n zum Ausdruck: *Vatersinn des Fürsten, Vatersitten der Volksherrscher, Vatererziehung (Gottes), -pflichten, -sorge, -ansehen, -opfer, -standpunkt, -haus, -rechte, -herz, -gaben, -dasein* usw. Entsprechend *Kindersinn* und

Kinderzutrauen, Hausglück und *Nationalglück, Bruderstand der Menschen* usw. Dahin gehören auch die Analogien der Beweisführung, die man auch synkritische Methode genannt hat, z. B. S. 265: „Braucht auch ein Bauer seinen Ochsen, und lernt ihn nicht kennen! forschet ein Hirt nicht nach der Natur seiner Schafe! Und ihr, die ihr den Menschen brauchet und saget, daß ihr ihn hütet und weidet; nehmet auch ihr die Mühe des Bauren für seinen Ochsen? Habet auch ihr die Sorge des Hirten für seine Schafe? Ist eure Weisheit Kentniss eures Geschlechtes und eure Güte, Güte erleuchteter Hirten des Volks?" In den früheren Berichten über die Armenanstalt (1777—78) sind solche Analogiebildungen nur selten: gelegentlich *Vaterverhältnis* (180), *Pflegevater* statt *Unternehmer* (161; vgl. 162), besonders reichliche Zusammensetzungen aber mit *„Quelle"*, z. B. *Segens-, Verdienstquelle* usw.; wie in der „Abendstunde". Dagegen finden wir „Vatersinn", „Kindersinn", „Familiensinn" usw. sowie die Häufung der Synonyma, z. B. Wahrheit, Erleuchtung, Weisheit (I—242 f.) auch in dem Aufsatz „Von der Freyheit meiner Vaterstatt!" (1779!).

Das Hindrängen auf anschauliche Ausdrucksweisen bestimmt auch den Aufbau der einzelnen Satzgefüge und ihre Verknüpfung. Gelegentlich wird derselbe Gedanke bald positiv, bald negativ ausgedrückt, z. B. I—255: „Denkende Genießung des Kindergenusses ist Folge des Glaubens. Raubgirige Habsucht ist Folge des Unglaubens. Theilnehmender Brudersinn, mitleidender Menschensinn ist Folge des Glaubens . . . Eigensüchtiger, ausschließender Hang zu jedem Genuß ist Folge des Unglaubens." So geht es Seite über Seite, in allen drei Fassungen, gelegentlich durch Alliteration verstärkt: „Ohne innere Ruhe wallet der Mensch auf wilden Wegen, Durst und Drang zu unmöglichen Fernen . . ." (272). Diese drängende Verstärkung zeigt sich auch in der Häufung (oder Steigerung) der Synonyma: *aufrichten* und *emporhalten* (261), *Folge* und *Resultat* (273), *unmöglich machen* und *erschweren, erleichtern* und *sicherstellen* (254 usw.). So wird auch (256) *Bildung der Menschen* zu *Nationalbildung*, zu *Nationalgröße* und weiter zu *Nationalglück* übersteigert. Gelegentlich kreisen die Ausführungen um ein bedeutsames Wort. Dann gibt es drei Möglichkeiten:

Erstens, das Kernwort leitet jedesmal den neuen Satz ein, z. B. 252, 1 ff.: „Glauben an Gott: trauender Kindersinn der Mentschheit an den Vattersinn der Gottheit. Glauben an Gott: Stimmung der Mentschheit in ihren Verhältnissen zum allgemeinen Seegen der Welt." Oder: Mißkennung des Rangs der Mittelstände; Mißkennung des Rangs und der Rechte; Mißkennung der Würde der Menschheit; Mißkennung der Rechte der Menschheit (257). Besonders die Satzanfänge S. 276: *der Fürst . . ., der Fürst . . ., der Untertan . . ., der Untertan . . ., Stand des Fürsten . . ., Stand des Untertans . . .,* sowie S. 277 f.: *Sünde* wird viermal wiederholt als Satzanfang, dann: *Öffentliche Sünde . . ., Abscheu gegen die Sünde . . ., Abscheu gegen öffentliche Sünde . . .,* wobei alle Sätze ohne Prädikat bleiben! In ähnlicher Weise immer wieder diese nachdrückliche Anreihung analoger Gedanken.

Zweitens, ein kennzeichnendes, auch selteneres Kernwort perseveriert nunmehr im Innern eines Satzgefüges oder einer Satzanreihung. So wird das Wort *bildet* (254) fünfmal in wenigen Zeilen aufgenommen. Man lese daraufhin die Seite 255: viermal *Folge,* dreimal *Verkennung,* zweimal *erleuchtet* (das zweite Mal später gestrichen), zweimal *Herr;* im folgenden Abschnitt Zeile 30 ff. die unklare Stelle mit öfteren Wiederholungen von *Vater* (und Zusammensetzungen), von *Empfindung* und von *Volk* in mannigfaltigen Wortverbindungen: „Den Vattersinn und das Vatterherz des Fürsten und den kann (die allgemeine Volksempfindung) unter einem Herren, der nicht Vatter ist, nicht Kindesempfindung, nicht (Quell) einer reinen, dankenden, gehorsamen Volkempfindung und Volksseegen werde . . .", wobei später Durchstrichenes in Klammern ( ) gesetzt ist.

Drittens knüpft der Beginn eines neuen Satzes sehr häufig an das Schlußwort des vorhergehenden an, so daß beide Satzgedanken um dasselbe Wort wie Halbkreise um einen Mittelpunkt gelagert sind, z. B. wird S. 270 der Satzschluß „Sinn der Einfalt und Unschuld" wieder aufgenommen im folgenden Satz. Ähnlich 275: „Unschuld und Einfalt — Einfalt und Unschuld". Oder die Kreise durchlagern sich in verschlungener Weise S. 275: *Glauben (an Gott),* immer wieder von neuem aufgenommen; ähnlich 277 *(Gerechtigkeit).* Vgl. dazu die I. Textprobe des Anhangs!

Recht kennzeichnend ist nicht so sehr die Wiederholung desselben Wortes als vielmehr noch das Haften derselben Idee, die in ihren verschiedensten Aspekten aufgenommen wird. Das gilt für beide Fassungen, A und B, die sich zum Ende hin immer mehr überstürzen, in abgerissenen Sätzen und in Ausrufen, wie z. B. „O Menschheit in deiner Hoheit! . . . o Menschheit in deiner Tiefe" (276); „O Fürst in deiner Höhe! O Göthe in deiner Krafft!" (So in A und B, S. 252 u. 280). In der von Niederer besorgten Ausgabe C ist manches ergänzt, vieles geordnet und geglättet, aber es ist nicht mehr Pestalozzi! Und gerade auf den eigentlichen Pestalozzi, auf die typische Art seines Denkens und Schreibens kommt es an. Entspricht doch der gesetzmäßige Ablauf des Denkens und Sprechens des Kreisdenkers einer ganz eigenartigen Weltsicht! Le style est l'homme même. Also betrachte man Pestalozzis gesamtes Wollen und Wirken einmal unter den hier herausgestellten Gesichtspunkten! Wie auch R. Odebrecht, Welterlebnis und philosophische Rede, vom geschriebenen und gedruckten Wort des Philosophen auf seine Rede und damit auf sein metaphysisches Wesen und Wollen zurückgehen will, so haben wir in den beiden ersten Fassungen Pestalozzis ursprüngliche Wirklichkeit und Sprache, was in der Fassung C zum guten Teil ausgelöscht ist. Solche Einsichten sind uns erst durch die kritische Pestalozzi-Ausgabe ermöglicht worden.

Im großen Maßstabe erweist sich dieses Beharren derselben Idee als außerordentlich fruchtbar in der restlosen Ausschöpfung aller Gesichtspunkte für und gegen eine Maßnahme ganz besonders in „Lienhard und Gertrud". Die meist ganz allgemein gehaltenen Ergänzungen und Betrachtungen in „Christoph und Else" beheben dazu die letzte Spur noch bestehender Möglichkeiten von Stellungnahmen zu ein und demselben Thema. Typisch für die besondere Art des Kreisdenkers ist auch der immer wieder von neuem aufgenommene „Kreislauf" der Gedanken durch die fünf „Epochen" in der gleichnamigen Schrift von 1802. Schließlich kreisen Pestalozzis Gedanken in immer neuen Umarbeitungen um das perseverierende Thema g a n z e r W e r k e : von den ersten „Geßnerbriefen" bis hin zu den „Ansichten und Erfahrungen", von „Lienhard und Gertrud" bis zur „Kinderlehre der Wohnstube" sowie zu „Christoph und Else" und so fort bis an sein Lebensende.

4. Der Roman „LIENHARD UND GERTRUD" ist in mehreren Fassungen erschienen.

Die e r s t e Fassung wurde in vier Teilen veröffentlicht, und zwar in Abständen von je zwei Jahren: 1781, 1783, 1785 und 1787. Wesentlich von Isaak Iselin angeregt und gefördert, hatte eine solche Erzählung schon seit zwei Jahren Pestalozzi vorgeschwebt; der erste Teil war dann in wenigen Wochen ohne festen Plan niedergeschrieben und bereits stückweise in Iselins Ephemeriden veröffentlicht worden. Das Ganze, das ein Sittengemälde einer kleinen Gemeinde schließlich zu einer umfassenden Gesetzgebung für ein Herzogtum weitet, ist im II. und III. Bande der kritischen Ausgabe wiedergegeben.

Die z w e i t e Fassung kam in den Jahren 1790 bis 1792 heraus. Sie ist auf drei Teile zusammengezogen worden und weist wesentliche Änderungen auf, infolge politischer Rücksichten und Hoffnungen auf Joseph II. und seinen Bruder Leopold. Sie ist abgedruckt im IV. Band der kritischen Ausgabe, der sich die folgende Inhaltsangabe, unter Heranziehung der anderen Fassungen, im wesentlichen anschließt. In diesem IV. Bande finden sich auch Entwürfe zu einem vierten Teil (S. 549 ff.). — Im Jahre 1804 erfolgte ein Neudruck des 1. Teils (von 1781) mit einer neuen Vorrede.

Die d r i t t e Fassung war auf sechs Teile angelegt, doch erschienen in der Cotta-Ausgabe nur die ersten vier (1819 u. 1820). Der erste Teil entspricht im großen ganzen der ersten Fassung vom Jahre 1781. Die andern Teile sind abgeändert und vom dritten Teil an wesentlich erweitert. So umfaßt beispielsweise der hier als Bericht gedruckte, phantasiereiche Lebenslauf Hummels 66 Seiten (V—380 ff.); er nimmt in der ersten Fassung — als Predigt! — 57 Seiten ein (II—361 ff.), in der zweiten Fassung nur 16 Seiten (IV—136 ff.). Der vierte Teil endet mit dem Schluß des dritten Teiles der ersten Fassung. Das bereits ausgearbeitete Material für den 5. und 6. Teil ist auf dem Wege nach Paris verloren gegangen. Abgedruckt ist Teil 1—4 im V. und in dem (zur Zeit noch nicht erschienenen) VI. Band der kritischen Ausgabe.

Als eine v i e r t e Fassung könnte man die Verarbeitungen des Romans in der „KINDERLEHRE DER WOHNSTUBE“ und deren Fortsetzung in „CHRISTOPH UND ELSE“ betrachten. Die „Kinderlehre“ ist bereits neben den beiden ersten Teilen der ersten Fassung des Volksromans konzipiert und 1781 abgeschlossen, aber erst 1829 veröffentlicht worden. Nachdem sich Pestalozzi überzeugt hatte, daß die sokratisierende Form des Frage- und Antwortspieles, die den einzelnen Kapiteln, neben den allgemeinen Betrachtungen der „Wahrheiten und Lehren“, angefügt sind, doch wohl verfehlt war, brach er diese Behandlungsart ab und führte die Erzählung unter dem Titel „Christoph und Else“ zu Ende. Die „Elternlehre“ erörtert auf der Grundlage des Romans allgemeine Lebenswahrheiten, das Für und Wider aller möglichen Gesichtspunkte, und zwar in Gesprächen, abends nach getaner Arbeit. Der Teilnehmerkreis besteht aus dem braven Hausvater Christoph, seiner Frau Else, seinem Hausknecht Joost, seinen Kindern („Friz“) und Mägden, bzw. aus Nachbarn, wenn z. B. Kirchmejer eingehend staatsrechtliche Probleme auseinandersetzt: Patriarchalisches und Staatsreform! Mit ländlichen Arbeiten beschäftigt, sagt jeder unverhohlen alles, wozu ihm der Stoff Veranlassung gibt. Das Werk ist 1782 erschienen und mit der „Kinderlehre“ im VII. Bande wiedergegeben. Die einzelnen Fassungen sind nach ihrem Erscheinen auch anderweitig nachgedruckt.

Die D a r s t e l l u n g des Volksbuches ist flüssig, anschaulich und volkstümlich, mit einer unendlichen Fülle feiner Beobachtungen des Alltags, mit urwüchsig-tiefen Einblicken in das Leben des Volkes, sein Glück und seine Nöte, die Pestalozzi aus eigenem Erleben kannte, wie auch Offenbarungen seines eigenen Geschicks — vieles schwarz-weiß gesehen und ausgemalt, mit einem tüchtigen Schuß von Rührseligkeit und Klügelei.

Was seine Ausdrucksweise betrifft, so könnte man auch von Pestalozzi sagen, daß er „die Bücherwörter nicht brauchte, sondern lauter ihm eigene, lebhafte, treffende Ausdrükke, und den Bauern im täglichen Leben gewöhnliche Bilder fand". „Die Ausdrükke und Bilder, die er brauchte, waren stark wie die Rosse an seinem Zug, und gerade, wie die Furchen die er im Felde machte; aber wenn er in Eifer kam, auch so schneidend, als sein Pflugeisen" (IV—300 f.).

Schauplatz der Handlung ist das verwahrloste Dorf Bonal (Bonnal), wo der „gar zu treuherzige" Maurer Lienhard und seine „arbeitsame stille" Frau Gertrud (= Elisabeth Näf, seine bewährte Haushälterin) mit ihren sieben Kindern leben. Der Untervogt Hummel (= der Wirt Märki aus Birr), dem auch das Wirtshaus gehört, verführt Lienhard sowie viele andere Bauern, immer wieder Schulden bei ihm zu machen, um sie in seine Hand zu bekommen. Gertrud geht in ihrer Verzweiflung zu dem neuen Junker Arner (Berner Patrizier N. E. Tscharner?) und berichtet ihm vom Unglück des Dorfes. Der Junker Arner von Arnburg beauftragt Lienhard, mit zehn der ärmsten Männer eine neue Kirchhofmauer zu errichten. Der Vogt sieht seine Stellung bedroht und bewirtet die Bauern beim Scherer, trinkt aber selbst gekochtes Wasser. Ein trunkener Bauer stößt versehentlich das Wasser um, das der Hund aufleckt. Die Bauern erkennen des Vogts Verschlagenheit und ziehen sich von ihm zurück, außer dem älteren Äbi und einigen anderen Lumpen. Der Vogt schickt Äbi wieder zum Scherer, um zu hören, was die Leute erzählen. Löli holt Lienhards älteren Gesellen Joseph zum Vogt, der ihn veranlaßt, Steine aus einem minderwertigen Bruche zu verwenden und einen Zusatz in den Kalk zu schütten, um dies Mittel zu „probieren". Er selbst geht im Dorfe umher, macht sich wichtig und hetzt den Michel auf, beim Bau Streit und Unordnung zu stiften. Als dieser aber zuschaut, wie lieb des Maurers Kinder zu den Armen sind, gereut es ihn. In stockfinsterer Nacht macht sich der furchtsame Vogt auf, den Markstein seines Herrn zu versetzen, hält aber den Hühnerträger des Schlosses für den leibhaftigen Teufel, heult entsetzlich, läßt sein Gerät liegen und flieht dem aufgestörten Dorfe zu. Er beichtet alles dem Pfarrer

Joachim Ernst (= Pfarrer J. Fröhlich), der bereits weiß, daß der Vogt auch den armen Rudi um seine Wiese betrogen hat. Rudi erhält sein Besitztum zurück, die Armen sollen ihren Anteil an der Gemeinweide bekommen, und der Vogt wird vor den versammelten, abergläubischen Dorfleuten, die sich gegen den Pfarrer aufzulehnen versuchen, zur Rechenschaft gezogen und dem Pfarrer zur Buße anvertraut. Auch die 17 Dorfmeister, die gestohlen, öffentliche Gelder veruntreut und gelogen haben, werden gedemütigt und finden, nach vielen Widerständen, den Weg zum Junker.

Der impulsive Junker, der nüchtern-zielsichere Leutnant Glülphi (= Pestalozzi, ideal gesehen) und der gutgläubige Pfarrer besuchen nun den Lindenberger, den Baumwollenmeier und zuletzt auch Gertruds Wohnstube, wo sie anschaulich die „Verbindung der Arbeits- und Lehrübungen" (Lesen, Rechnen, auch Singen und Beten) beobachten können (IV—219 ff.). Der Junker überzeugt sich von der Möglichkeit, in einer Bauernschule die Kinder Hauswirtschaft, Industrie und Feldbau sowie Lesen, Schreiben, Rechnen und Singen zu lehren, die Kinder zum Sparen zu erziehen und verspricht jedem Kind, das hundert Gulden gespart hat, einen zehntenfreien Acker. Denn der Weg zur Ruhe und Freiheit führt über das Eigentum und gesicherte Selbständigkeit, durch „Unterordnung der Schulbildung unter die Berufsbildung", die immer mit der „Sittenbildung" zu verbinden ist. Denn „Erziehung, und nichts anders, ist das Ziel der Schul" (IV—285; III—168 u. 219)[1]). Dies ganze bäuerliche Schulwesen, in dem also auf der Erziehung zur Ordnung, Sauberkeit, zur Körperpflege und zu guten Sitten, zu Liebe und Glauben an Gott das größte Gewicht liegt, wird von Leutnant Glülphi — „einem Manne, der etwas ist, wo man ihn hinstellt" (III—220) — eingerichtet und ausgebaut. Die Schulstube wird allmählich unter dem Beistand der Gehilfin Margreth zum Mittelpunkt des Dorflebens und zur Stätte des Werkunterrichts, auch nach Feierabend: der Leutnant Glülphi entwickelt sich zum Volksbildner der Heimat (IV—328 f.). Schließlich werden auch die Ränke aufgedeckt, die des Junkers adelsstolze Verwandte gegen ihn gesponnen und ihn beinahe, infolge der vielen Enttäuschungen, auf das Totenbett gebracht haben. Der Herzog greift ein, und sein Staatsminister besichtigt die von Glülphi geleitete Schule. Arner kann nunmehr sein

[1]) Nach der Vorrede zur zweiten Auflage (1804) war der Zweck des Volksromans, „eine von der wahren Lage des Volkes und seinen natürlichen ewigen Verhältnissen ausgehende bessere Volksbildung zu bewirken . . ." (S XI—263).

Werk krönen mit gesetzgeberischen Maßnahmen, die aus dem verwilderten Dorfe Bonal ein vorbildliches Gemeinwesen schaffen, das sich selbst aus eigenen Ersparnissen von allen herrschaftlichen Rechten der Gutsherren loskaufen wird. Der Galgen erweist sich als überflüssig. Zur selben Zeit, wo der Aufruhr im Herzogtum auszubrechen droht, erkennt der wohlmeinende, aber irregeleitete Fürst in der Entwicklung des Dorfes Bonal die Verwirklichung seines Jugendtraumes, überzeugt sich durch Augenschein von der Möglichkeit durchgreifender Reformen und setzt mit Hilfe der Geistlichkeit und des übelberatenen Adels, der Bürger und des Landvolkes seine Pläne durch[1]), die Pestalozzi schon in seiner Jugendschrift „Agis" (1766) angedeutet hatte (I—6; 13 ff.).

5. Die REVOLUTIONSSCHRIFTEN (1792—99) umfassen drei verschiedene Gruppen, die durch die gemeinsame Idee der Volkserziehung und Menschenbildung untereinander verbunden sind (Bd. X ff.). Die erste Gruppe richtet sich an die revolutionäre Bewegung in Frankreich, wohin Pestalozzi zeitweilig gern seine Wirksamkeit verlegt hätte, seinem Freunde J. C. Schweizer folgend; die zweite sucht dem Ausbruch des Volksaufstandes im eigenen Vaterland zuvorzukommen und die Freiheitsbewegung in geordnete Bahnen zu lenken; die dritte wendet sich „An Helvetiens Volk", „An mein Vaterland" usw., nachdem die Mahnungen zur rechtzeitigen Verständigung in der Heimat ungehört verhallt sind. Alle diese Schriften tragen, der Darstellung nach, ein sehr verschiedenes Gepräge. Sie sind bald als Skizzen nur flüchtige Entwürfe und Vorarbeiten, bald gewissenhaft durchgesehene Abhandlungen, Denkschriften und Flugblätter. Die notwendige Einführung in die näheren Umstände und in die Veranlassungen der verschiedenen Schriften wird bei Gelegenheit ihrer eingehenden Würdigung gegeben werden.

Neben den Revolutionsschriften der ersten und zweiten Gruppe laufen die „FIGUREN ZU MEINEM ABC-BUCH ODER ZU DEN ANFANGSGRÜNDEN MEINES DENKENS" her, die wesentlich seit dem Anfang der 90er Jahre entstanden, aber erst 1797 erschienen sind. Diese unendlich aufschlußreiche Sammlung von Fabeln, von

[1]) Am Schlusse des vierten Teiles der ersten Fassung fordert der Herzog noch einen dreitägigen Versuch an Waisenkindern und Sträflingen im „Sklavenheim". Der Versuch, der auch auf diesen beiden Gebieten in eine verheißungsvolle Zukunft weist, gelingt. Er eröffnet die Möglichkeit, Verwahrlosung bzw. Strafe durch Arbeitserziehung zu ersetzen. Der Fürst ist nun völlig überzeugt (III—502 ff.).

G. K. Pfeffel befruchtet, immer wieder verbessert und ausgefeilt, veranlassen allerdings eine Fülle der „Anregungen zu Gedanken und Ahnungen", legen dazu in unmißverständlicher Weise Zeugnis davon ab, daß Pestalozzi, der Volkserzieher, eine Änderung der Zivilisationsverderbnis nicht von äußeren Maßnahmen erwartet, sondern allein durch Erneuerung unserer „sittlichen, geistigen und häuslichen Segenskräfte" sowie durch „Beförderung der Bildungsmittel" in allen Ständen (XI—326 f.). Insofern sich aber in diesen Fabeln und Bildern zugleich die „Anfangsgründe" seines „Denkens" offenbaren, werden sie zur Aufhellung der letzten Überzeugungen Pestalozzis in den systematischen Zusammenfassungen des dritten Teiles wesentlich beitragen.

II. AUSFÜHRUNG

Viele seiner grundlegenden Gedanken über Volksbildung sind bereits in Pestalozzis „Tagebuch" (1774) angedeutet, in der „Abendstunde" (1779, 1780) weiter ausgeführt. Sie sind begründet in seiner Anschauung von der NATUR. Dieser Begriff (bzw. diese Idee) ist daher hier mit einigen Strichen weiter zu klären, zumal die Volkserziehung mehr und mehr in die Idee der „naturgemäßen" Elementarbildung einmündet. Vgl. o. S. 25 f. Dabei sehen wir ab von der Bedeutung der Natur im Sinne des „Wesens", z. B. eines Planes oder eines Dinges (I—183 f., 194).

a) Natur ist zunächst das Ganze unserer Umwelt, die unbelebte und die belebte Welt, N a t u r u n d K u l t u r, mithin alles Getier (I—124) neben den Gegenständen unserer Umwelt (I—124, 127, 260), deren Beziehungen zum Menschen „Naturlagen" sind (I—266); fernerhin die Beziehungen, die „Bande" der Menschen untereinander im „Naturstand" des Hauses und der Regierung (I—249, 256, 276, 278) sowie der Menschen zur Gottheit (I—273): natura naturata, in allen Beziehungen erfaßt (auch später XIII—40). „Natürlich" ist im besonderen gleich menschlich (I—258). Daher umgreift die „menschliche Natur" alle unsere Anlagen (I—251, 258, 265 u. ö.)[1]).

Natur wird aber auch der Kultur gegenübergestellt. Der Mensch im b i o l o g i s c h e n Stande (Zustande) der Natur, als Vorstufe des sittlichen Zustandes, wird zum Problem der kulturkritischen und anthropologischen Untersuchungen, z. B. „Über die Entstehung der sittlichen Begriffe in der Entwicklung der Menschheit" (um 1786), in den „Nachforschungen" (1797) und den „Epochen" (1802). Dann wandelt sich „Naturempfinden", „Naturneigung", „Naturbegierde", „ungezähmte Naturkraft" („Wert der Landessitten" I—193 ff.) in

---

[1]) Vgl. den Artikel „Natur" in Grimms Deutschem Wörterbuch VII (1889), Spalte 429 ff., und die ganz andere Auffassung Goethes im Fragment „Die Natur" von 1781—82, 1783, veröffentlicht im 32. Stück des „Journals von Tiefurt" (1783); dazu den Aufsatz „Über den Granit" (1784), „Die Metamorphose der Pflanzen" (abgeschlossen 1798/99) sowie „Die Metamorphose der Tiere" (Entwurf von 1806).

„Lienhard und Gertrud“ zu Zusammensetzungen wie „Waldmentsch“ und „Ziginer“ = Zigeuner (III—335, 523); die „große Mutter Natur“ wird zur „wilden Natur“, der „Naturmensch“ zum „verwahrloseten Naturgesindel“ (III—374, IV—434). Unsere Natur lenkt uns allgemein in allen Lagen zur „Gesezlosigkeit und Anarchie“ (XII—174, vor 1797).

b) Natur ist ferner Seelenkraft und deren Übung in zahllosen Verbindungen, wie Kraft der tierisch-biologischen und der „höheren“ Natur (z. B. „Figuren“ XI—170, 245, 258, 326 f.): Naturkraft, Kraft der Naturbildung, Kraft Gottes (des Glaubens), Gotteskraft; Kraft des Vaters, Vaterkraft des Fürsten (und Goethes), des Volkes, Volkskraft des Staates, der Menschheit, der Erleuchtung, der Weisheit, der Hoffnung, der Triebhaftigkeit; der realen Gegenstände (der Sonne) usw.

Im besonderen ist Natur der persönlich gedachte Geist bzw. Gott: „Du, erhabene Natur“ (I—275) und „Erhabene Bahn der Natur, die Wahrheit, zu der du führest“ (I—266, 275), „O Natur“ (I—267), wie auch die Erde persönlich angeredet wird: „Fühlst dus nicht, Erde, . . .“ (I—272). So spricht Pestalozzi in den früheren Schriften wiederholt von der „Naturführung“ Gottes (I—253 usw.), vom „Ruf der Natur“ (I—273), auch später „hohe Natur“ (XIII—245). Denn „Gott hat alles wohl gemacht“ („Über den Sinn des Gehörs“). So ist denn die Natur auch im Bettler „erhaben und groß“ („Christoph und Else“, VII—510). Daher kann Pestalozzi auch auf die Frage, was Christentum sei, die schöne Antwort erteilen: „Es ist die hochste Weisheit in der Pflege und Wertung des göttlichen Funkens, der in meiner Natur ligt“ (XII—183, vor 1797).

Ihr besonderes Kennzeichen ist Freiheit, der Hang zur Freiheit (I—124; vgl. Zeile 40 u. 14 ff.). Daher wird die freie Natur mit Scherz und Spiel gepaart (I—118) und im „Tagebuch“ allen Arten von Hemmungen gegenübergestellt.

c) Kategorial gesehen, ist Natur die gesetzliche Ordnung des Universums im Sinne des „konstruktiven Rationalismus“: „Gang der Natur“, auch „Wege der Natur“, „Ordnung“ und „Ordnungsfolge“ der Natur und mit Hinweis auf ihren göttlichen Ursprung „du mein Vatter . . . deiner Natur heilige Ordnung“ (I—119, 248, 252, 253, 256 usw.). Auch „heilige Bande der Natur und des Bluts“ und daneben „heilige Bande Gottes“ (I—242).

Die freie, ungekünstelte Bahn der Natur, die den Glauben an Gott einschließt, gibt Wahrheit (vgl. III—76), ist Quelle aller Bildung, ist „Naturbildung“ (I—252; 266, 267, 273, 274, 275; vgl. IV—326 u. III—74, 76). Die vorzüglichsten Verhältnisse der Natur sind die (geordnete) Häuslichkeit (I—249, 271), wie auch im besonderen das Verhältnis von Mutter und Kind ein „Naturverhältnis" ist („Geßnerbriefe", z. B. XIII—343), das als „rein" im Sinne von normgemäß (naturgemäß) und zugleich als wirklich aufgefaßt wird (XVIII—255). Darauf ist unten zurückzukommen. Das Gegenteil von Natur und natürlich ist unnatürlich = gewalttätig, z. B. Regierungs- und Berufsstände (I—250, 256).

Im Sinne dieses Naturalismus kann Pestalozzi sagen, daß die Natur „lehrt", bzw. „Lehrer" ist (I—124, 127; auch XIII—197, 201). Die freie Natur „lehrt" durch das Auge wie durch das Ohr; sie ist sowohl „Buch" wie „Hörsall" (I—129, 124). Demnach soll man das Kind im Genuß der (freien) Natur als Lehrerin nicht stören. Damit nimmt die Bedeutung der Natur eine normative Wendung.

d) Die unverdorbene Ordnung und Bahn der Natur, als Erlebnis, ist dem Menschen als innerer Sinn eingeboren (I—249, 272, 275 u. ö.), als Bedürfnis (266) und Sehnsucht nach Stärkung seiner Kraft (280). Aus der Auffassung, daß der Mensch in einem „natürlichen Zusammhang mit allem, was ist" lebt (XII—206), ist auch Pestalozzis Verlangen nach Harmonie verständlich. Im dritten Brief über die Armenanstalt (I—174) ist Natur, was nur zweimal vorkommt, auch gleichbedeutend mit Gesundheit. Normativ verstanden, kann Natur mithin das Gewissen sein (252, 253: „nicht ganz Natur") oder das Pflichtgefühl (275; Naturpflicht 250). Die Natur ist demnach das Gute im Menschen im Sinne Herders, Hamanns und ihrer Anhänger. Immer wieder: die „reine" oder „unverdorbene Einfalt" oder „Unschuld der Natur" (z. B. II—199), das einfache „Naturgefühl" im Sinne des gesunden Menschenverstandes (XII—178). Der Kreisdenker Pestalozzi greift daher stets auf das Erlebnis seiner eingeborenen „Natur" zurück; in dieser erlebten Wirklichkeit des Subjekts, des Kindes, sieht er den sichersten Ansatzpunkt zwecks Erkenntnis der seinem eigenen Wesen gleichgeordneten Welt und der darauf gegründeten Erziehung.

Die Kunst (= Kunstlehre) kann die Lehrerin Natur nachahmen und ergänzen. Dies geschieht, wenn man der Jugend den rechten Weg zeigt, sie nicht nur selbst Erfahrungen sammeln läßt, also „fallen und aufstehen und irren" läßt (I—127), sondern auch sie warnt, ihr die Folgen „sagt", auch die „Folgen recht merkbar" macht „in unangenehmen und recht lebhaft unangenehmen Lagen", ja diese Lagen künstlich herbeiführt durch Aufstellen heißer Platten und heißer Eier (127, 128). Ohne „Schwarbeln" (d. h. Faseln) einer „verwirrenden Zerstreuung" führt diese Methode („diese Natur": 123) zur „Ordnung, Genauheit, Vollendung, Vollkomenheit" (122).

Die Methode ist also Entwicklung und Enthüllung (gr. alétheia!) aller naturhaften Kräfte der vollkommenen Schöpfung

(I—247, 259, 266). Daher beruht die Grundlage aller natürlichen Menschenbildung auf der sorgfältigen Anwendung und Übung der Anlagen und Kräfte des Menschen. Solche Bildung gibt Ruhe und Glück im Haus und Nationalleben (256). Sünde ist dagegen die Verwirrung unseres reinen Naturgefühls (278), wie auch die falsche Lehrart, Neugier und Ehrbegierde von der Bahn der Natur abführen (268) und die innere Ruhe zerstören (272). Insofern alle Bildung als Naturführung Gottes in unserer Umwelt betrachtet wird, leitet die Bedeutungsfolge des zentralen Begriffs- und Ideenfeldes „Natur" schließlich wieder, in typischer Weise, auf den Ausgangspunkt zurück. Aber alles ist ganz anders gedacht und gewollt als Rousseaus Naturalismus.

„Naturgemäß" heißt dann nicht der Natur gemäß in diesem oder jenem Sinne, sondern alles zusammen in vollendetem Ausgleich, im besonderen:

I. Die Natur des Menschen, anthropologisch betrachtet.

II. Die Natur der menschlichen Gesellschaft, soziologisch gesehen.

III. Normativ, wie die Natur des Menschen sein soll als Harmonie der geistigen und der Partialkräfte vermittels der Bildungsmittel, die den Entwicklungsgang der menschlichen Natur nachahmen.

IV. Dieser Ausgleich je nach der Lage, den Umständen, den Verhältnissen und Bedürfnissen des einzelnen Menschen.

Die verschiedenen und ohne bestimmte Grenze ineinander übergleitenden Auffassungen der Natur spiegeln sich auch in Pestalozzis Ringen um eine angemessene Terminologie wider, was wir in diesem und im abschließenden dritten Teile weiter verfolgen werden. Denn ob nun Pestalozzi vom „innern" oder vom „ewigen", „unveränderlichen Wesen" bzw. von „Gesetzen" oder vom „Äußern" oder vom „Werk der Natur", der „Gesellschaft" oder „meiner selbst" spricht, immer steht dahinter der Gedanke an die Natur und die hier versuchten Unterscheidungen.

1. Das „TAGEBUCH" vom Jahre 1774. Der Naturführung liegt die große Aufgabe zugrunde, Freiheit und Gehorsam zum angemessenen Ausgleich zu bringen. Wie ist das zu erreichen? Dies beherrschende Problem aller Erziehung in Haus und Schule, in Beruf und Staatsführung läßt Pestalozzi nicht los. Immer wieder kommt er auf dieselbe Fragestellung zurück. Ja, er setzt im „Tagebuch" sogar die Gründe für Freiheit und die Gründe für Gehorsam in zwei Säulen vergleichsweise nebeneinander (I—126). Aber die Gründe entsprechen sich nicht: der Vergleich ist nicht streng durchgeführt.

Denn Pestalozzi vergleicht, trotz der Überschrift, nicht Freiheit und Gehorsam (= Ordnung), die Pole eines echten Spannungspaares, sondern ihre „Entgleisungen“: „Willkühr“ („Willkührliches“) und Zwang („Hemung der Fryheit“). Diese Ausdrücke kehren daher dauernd wieder! Wie verhalten sich nun diese beiden Pole zueinander? Nur ein liberalistisches Zeitalter, das die persönliche Freiheit des Einzelnen im Auge hatte, was später zum abstrakten Schlagwort „Willensfreiheit“ ausartete, konnte übersehen, daß alle Willkür, die individuelle Freiheit von Pflichten nur ein Abgleiten von der echten Idee der Freiheit bedeutet, d. h. der freiwilligen Pflichterfüllung gegenüber der Gemeinschaft. Entsprechend ist auch Hemmung der Freiheit eine Entgleisung. Es kommen daher nur die beiden echten Pole pflichtbestimmten Handelns in Frage: Freiheit und Gehorsam (Bindung)! Ganz folgerichtig zieht Pestalozzi auch den Schluß: „Fryheit ist ein Gut und Gehorsam ist es ebenfahls.“ (127). Man müsse eben „verbinden“, was Rousseau „getrennt“ habe, der keine Grenze der Freiheit gefunden habe! Es ist also von der Norm, von der Idee auszugehen. Dafür scheint Pestalozzi kein Wort zur Verfügung zu stehen, weshalb er den Grad der Qualität durch eine Bezeichnung der Quantität ersetzt und das Wort „mehr“ gebraucht: „Der Caracter wird durch die mehreren und stärkeren Eindrüke bestimt, die wenigeren und schwecheren werden von den größeren und sterkeren unwürksam gemacht“ (125); sowie „Das Mehrere der Empfindungen, das Mehrere des Genusses . . .“ (121), aber „wenige“ (zufällige) Eindrücke können das ganze Gebäude der „guten Auferziehung“ vernichten (125). Und so des öfteren, auch in Verbindung mit „besser“: „Der Vogel lehrt und der Wurm mehr und besser“ (124, Zeile 28 u. 19). Da Pestalozzi auch in dieser Schrift immer wieder von der „Stärkung“ der Kräfte spricht statt der Hin-richtung auf das Echte, so stützt diese Auffassung die angegebene Deutung.

Wie ist es nun zu erreichen, daß das Kind frei sei, „so sehr es immer kan“ (127 u. ö.), aber doch „blind gehorchen“ muß in seltenen Fällen, um durch Gehorsam und Ordnung zu Ruhe und Glück im gesellschaftlichen Leben geführt zu werden (121)? Das Problem ist um so schwieriger, als das Kind viele Notwendigkeiten des „societetischen Lebens“ nicht ganz versteht (128 f.). Die Lösung, die Pestalozzi sucht, wird durch Wiederholungen, Rückgriffe und Vorausnahmen unterbrochen, so daß die Gefahr besteht, Pestalozzis Folgerungen mißzuverstehen, die besonders zu Anfang des „Tagebuches“ wenig klar heraustreten. Sie können erst im Dritten Teil abschließend gezogen werden.

Vorläufig wird hier gefordert: Der Erzieher muß das Zutrauen, das Herz des Kindes besitzen; es habe keinen lieberen, keinen „gefeligeren, keinen munterern Cameraden" (127, 128, 129). Dadurch wird allem Widerwillen und Widerstreben vorgebeugt (126, 128 u. ö.).

Das Verhältnis der Freiheit zu Tatsachen und Ideen wird weiterhin geklärt in der Schrift „Von der Freyheit meiner Vaterstatt!" (1779). Pestalozzi tritt einerseits entschieden für Freiheit (und „Gleichgewicht", I—226)[1]) ein, gegen „blinden Gehorsam" und für die Freiheit des Regenten wie des Bürgers. Sie ist ihm die „heilige Pflanze der Menschheit", Grund und Folge aller Segnungen häuslichen Glücks und des Vaterlandes, Kraft der Gewerbsamkeit, der Industrie, des Wohlstands, der Ruhe und Einfalt, der Sittlichkeit und Gerechtigkeit (I—236, 243). Daher auch der scharfe Protest gegen alle Tyrannei (= „Agis"!) und die „freche, gewaltthettige und dumstolze Soldatesque" (I—236). Andererseits jedoch wird Freiheit nicht äußerlich aufgefaßt, sondern als „innere Krafft" des „Freyheitsgeistes und Freyheitssinnes" (I—210 f.) von der Willkür unterschieden; dazu werden alle Gefahren erkannt, die mit der Macht des Geldes und dem Mißbrauch politischen Einflusses verbunden sind, wenn Freiheit „ein Ball zum Spill in der Hand eines jeden" wird (207 f.)[2]). Freiheit gilt „als vesteste Stüze der Sitten, der Bescheidenheit und des Gehorsams", wird der „Ordnung" an die Seite gestellt und verlangt Einschränkung und Opfer, worüber der Staat zu bestimmen hat. Volksfreiheit paart sich also nicht mit Prahlerei und Stolz, sondern ist in hohem Grade nur da am Platz, wo das Volk gebildet und zu Nationalsitten emporgehoben ist (208).

Auf dieser Grundlage sollen Unterricht und Erziehung möglichst spontan betrieben werden. In Wirklichkeit „zeigt" Pestalozzi jedoch seinem Sohn die Natur, sagt ihm dies und jenes vor und zieht gelegentlich die Schlüsse selbst (117). Grundsätzlich drängt er jedoch auf Freiheit hin (127): da die Natur am besten lehrt, da „villes Hören, villes Sehen sterket und berichtiget", unnatürliche und gewaltsame Härte aber schwächt (123, 122 u. ö.), so soll Jacob selbst „sehen und hören und finden und fallen und aufstehen und irren", er soll tun, „was er selbst thun kan" (127 u. ö.), ohne daß ihm Urteile aufgedrängt werden, ohne Verfrühung, ohne Halbheiten, ohne Pedanterie und Überladung mit vielerlei Wissen, ohne Fälschung der Tatsachen und seiner tastenden Versuche (129; 119, 121, 122, 126 u. ö.).

[1]) Vgl. „Agis" (I—13): „völlige Gleichheit und Gemeinschaft".

[2]) Dazu (VIII—23 ff.) die Satire über Freiheit und Recht, in dem „Schweizer-Blatt" (1782).

Dies alles geschehe schweigend (124), da „aus langem, stillem Suchen“ die größte Freude quillt (121). Diese Zusammenhänge zwischen (spontaner) Freiheit, „Weisheit“ und Freude werden auf jeder Seite wiederholt; denn „alles Lehrnen ist nicht ein Heller werth, wann Muth und Freüde daby verloren gienge“ (121).

Daher empfiehlt Pestalozzi die Nachahmung als leichteste Erkenntnisart (120, 129 u. ö.), Regelung von Arbeit und Spiel (126 u. ö.), die frühe und vorzeitige Gewöhnung für späteren notwendigen Gebrauch (120, 126 u. ö.), die „tägliche Thathandlung“ (122), auch Arbeiten im eigenen Garten und ordnungsgemäße Anlegung von Sammlungen (129).

Wo aber unerläßliche Fertigkeiten ernst geübt und notwendige Befehle, wenn auch so wenig wie möglich, erteilt werden müssen, da geschehe es eindeutig, ohne Laune und „unerbittlich“ (118, 121, 124, 125, 126, 128, 129), wobei selbst Strafen nicht ausgeschlossen sind bei der physischen (und sittlichen) Überlegenheit des Lehrers (118). Andererseits sind Geschenke angebracht, um Befehle und Gehorchen „angenehm“ zu machen (119, 122, 124, 129). Nie dürfe aber eine Strafe als ungerechtfertigt empfunden werden. Die Religion wird nicht als Stütze herangezogen.

2. Ganz anders ist die Fragestellung in den „AUFSÄTZEN ÜBER DIE ARMENANSTALT AUF DEM NEUHOFE“. Es ist Pestalozzis Überzeugung, daß der Arme nur deswegen arm ist, weil er nicht zur Arbeit erzogen ist (142); daß er unglücklich ist, weil er nicht zur Einschränkung angehalten ist. Der Arme muß daher zunächst „zur Armuth auferzogen werden“, weiterhin zur Ordnung und Reinlichkeit, zur Sparsamkeit und zum „aller beschwärlichsten Berufe des Lebens“ angeleitet werden, damit ihm Ruhe und Zufriedenheit nicht geraubt würden, er vielmehr an seine künftige Tätigkeit und Lage gewöhnt werde (143 ff.). So auch in „Lienhard und Gertrud“, aber mit noch stärkerer Betonung der Selbsthilfe. Auch in den „Aufsätzen“ wird der nationale Gedanke betont: „Damit er sich selbst und dem Vaterlande emporwachsen“ könne (137, 139).

Als „großes Ideal“ schwebt Pestalozzi vor „die Verbindung von Fabrik, Landbau und Sitten“ in der Anstaltserziehung wie im späteren Erwerbsleben (174)[1]). Da der Feldbau nicht mehr allenthalben ertragsfähig erscheint, so ist die Auferziehung des Armen „dem Geiste der Industrie“ zu unterwerfen (158), aber doch „den

[1]) Andeutungen dieser Neigung tauchen bereits in den Briefen der Verlobungszeit auf (S III—38, 41, 52, 54). Leider ist der erste Briefband der Kritischen Ausgabe (erschienen 1946) noch nicht zugänglich.

kleinen Feld- und Küchengartenbau mit ihr zu verbinden", was auch den Kindern zustatten kommt (163). Bedeutsame Gedanken, wie sie auch heute vielfach erörtert werden und den eigentlichen Inhalt von „Lienhard und Gertrud" bilden.

Der Ort der „Auferziehungsanstalt" muß sorgfältig gewählt werden sowohl im Hinblick auf die Wohlfeilheit der Ernährung als auch mit Rücksicht auf die „in der Gegend schon etablierte Gewerbsamkeit" (143 f., 164). Die Beschäftigung und Ausbildung der Kinder (Arbeiter) muß zeitgemäß sein, d. h. der geschäftlichen Konjunktur angepaßt werden und darf sich zudem nicht einseitig auf wenige Handgriffe beschränken (163); sie muß vielmehr „verschiedene zur Gewerbsamkeit nothwendige Fähigkeiten und Fertigkeiten" umfassen. Hier begegnen wir bereits dem Ruf nach dem gelernten und wendigen Arbeiter.

Über das Maß der an die Kinder zu stellenden Anforderungen hat sich Pestalozzi mit verschiedenen Ansichten getragen. In gewohnter Selbstkritik gesteht er offen, daß er anfangs „größere Handlungs- und Fabrique-vues" mit seinen Erziehungsabsichten verbunden habe, dann aber notgedrungen auf einfachere Ideen zurückgekommen sei, um die Verdienstfähigkeit der heranwachsenden Jugend im Alter von 6 bis 18 Jahren in vernünftiger Art zu heben (139, 159, 160, 171 u. ö.). Die mit solcher „Fabrikanstalt" verbundene Selbsthilfe der Armen unter Anleitung ausgebildeter Arbeiter hält er, wenigstens vorderhand, für angemessener als die „unweise Wohlthätigkeit" der reichen öffentlichen Anstalten, denen der Landvogt N. E. Tscharner, an den die Briefe gerichtet sind, den Vorzug gibt (144 f., 157 f.)! Pestalozzi tritt immer wieder für die Idee ein, daß solche „Arbeitshäuser" aus den Erträgen der Fabriken unterhalten werden müßten, und hofft, mit der Gründung von „Auferziehungsanstalten mit Gewerbsamkeit" die übliche Heimarbeit in sichere Bahnen zu lenken (zweiter Brief), auch zum sozialen Frieden beizutragen: „Der Unternehmer hat einen Arbeiter der sein Sohn ist" (157)!

Pestalozzi will seine Ziele erreichen durch Handarbeit in der Spinnstube und auf dem Felde, durch Einführung der Kinder in landwirtschaftliche Kenntnisse (der Erdarten, Dungmittel, Pflanzen seines Gutes). Eine entsprechende Ausbildung in der Hauswirtschaft käme für die Mädchen in Betracht. Dazu Lesen, Schreiben und Rechnen ohne jede „Voreilung" und in geringerem Ausmaß (179). Besondere Pflege will er der sittlich-religiösen Gesinnung angedeihen lassen. Unter Hinweis auf das Leben der Wiedertäufer und Herrnhuter wird die Gewöhnung an Ordnung, Sparsamkeit und Arbeitsfreudigkeit gefordert (160 f.), weniger durch Unterricht als durch gelegentliche Erziehungshilfe („theilnehmenden Unterricht") des Hausvaters (179). Denn „Erziehungs- und Sittlichkeitsentzwecke" seien die ersten (moralischen!) Ziele einer Fabrikanstalt, wie jeder anderen Anstalt (160). Besonders warme Worte findet Pestalozzi wiederum, wie in den „Geßnerbriefen", für die religiöse Erziehung des Kindes, das ein Ebenbild Gottes sei; denn der Glaube an Gott und an den Erlöser ist „die große Basis der Sittlichkeit des Volks"; sie ist „beruhigende Weisheit für den Armen" (179 f.). Diese Erziehung will Pestalozzi „durch Wege der Liebe und der Überredung" vollbringen (183). Denn „mit dem Herzen allein wird das Herz geleitet" (160).

Und die Summa: ein philanthropischer Idealismus, der ökonomische Rationalismus des 18. Jahrhunderts, ein aufklärerisches Glückseligkeitsverlangen, eine seelsorgerische Religion für das sittlich-religiöse Heil seiner Kinder, eine soziale Humanität — das alles existenziell durchlebt und durchglüht aus tiefster Verantwortung für die armselige Jugend, ein Evangelium der Arbeit, aber ohne die schlichte Religiosität, um die er im Schwanken zwischen Gefühl und Einsicht jetzt und später gerungen hat.

Über die Pflege der Seele vergißt Pestalozzi keineswegs die „Gesundheit und den schönen Wuchs", worauf er des öftern zu sprechen kommt und auch der Leibesübungen gedenkt — wir würden heute sagen als Ausgleichsübung gegen den einseitigen Beruf. Dabei kann die Ernährung höchst einfach und sparsam sein, wenn sie nur gesund (vegetarisch!) ist. Denn nicht Arbeit, sondern Mutlosigkeit, Unordnung und Unruhe hemmen die Gesundheit. —

3. In der „ABENDSTUNDE" greift der Volkserzieher Pestalozzi immer wieder, im patriarchalischen Sinne, auf die Familie sowie auf das V o l k zurück, sein Empfinden, seine Kraft, seine Ehre, Würde und Rechte (249, 36; 250, 6 ff., 14 f., 17 ff., 21 f., 27 f., 38; 251, 10; 256, 36; 257, 15 u. ö.)[1]), wie er auch von „Volksherrscher", von „Haussegen des Volkes", von Volksgehorsam, Nationaltugend, Nationalgröße und Nationalglück spricht (249, 27 f., 34; 250, 15 f.; 251, 35; 256, 16 f., 21 u. ö.). Man lese nur einmal diese Seiten, wo Pestalozzis Gedanken in ständiger Folge um die Idee des Volkes, der Nation kreisen: „Menschengröße ist Nationalgröße" und negativ: „Eine Nation, die sich nicht als Nation führt, hat keine Angelegenheit." Damit geht Pestalozzi einen Weg, den Fichte erst nach dem Zusammenbruch Preußens gefunden hat. Schärfstens wendet sich der Revolutionär, der Stürmer und Dränger Pestalozzi gegen die Tyrannen, gegen ehrgeizige Fürstendiener, die „Sitten-

---

[1]) Es empfiehlt sich hier die genauere Angabe der Zeilenzahl.

verderber der Nation" sind (249, 14 f.; 250, 17; 252, 10 f. u. ö.). Bildung ist also zunächst „Volksbildung" (252, 9; 256, 15). Und der „Ehstand (ist) das höchste Bedürfnis der Nation" wie der gläubigen Menschheit (252, 12 f.).

Gute Nationalbildung kann sich nur auf der Grundlage echter Menschenbildung entfalten (256, 14). Letzterer ist alle Berufs- und Standesbildung untergeordnet. Das wird Pestalozzi nicht müde, in immer neuen Wendungen zu wiederholen: „Grundlag in der Bildung der niederen Menschen müssen nie kleinere Zwekke als Vervollkomnung der Menschheit [sein]. Alle andere Zwekke müssen untergeordnet werden. Berufsbildung, Dienstbarkeitsbildung für die herrschafftlichen Mentschen, sind unterg[e]ordnete Zwekke" (248, 3 ff., 30 f.; 270 f. u. ö.). „Und jede Schulbildung, die nicht auf diese Grundlag der Menschenbildung gebaut ist, führet uns irr" (248, 36 f.). So ruft uns denn Pestalozzi zu: „Erst bist du, Kind, Mensch, hernach Lehrling deines Berufs" (271, 38), vielleicht gegen F. E. von Rochows Schulpläne gerichtet.

Die Allgemeinbildung ist nach „Stand und Umständen" verschieden, muß sich immer nach Alter, Standpunkt und Laufbahn richten (248, 32 f.; 254, 20; 266, 7 ff., 14 ff.). Zur gesetzlichen „Ordnung der Natur" gehört also, daß der Mensch in seiner besonderen Lage immer seiner Umwelt eingepaßt ist: Idee der universalen Harmonie, nicht etwa biologisch gesehen! Die „Naturführung" besteht dann darin, daß der Mensch zunächst nicht aus der Ordnung seiner Lage herausgerissen, sondern durch seine nächsten Umweltverhältnisse bestimmt und gebildet wird, zur Lebensbrauchbarkeit, zur Erkenntnis Gottes (247, 24 f.; 259, 20 ff.; 270, 23 ff. u. ö.).

„Reiner Wahrheitssinn" und „reine Menschenweisheit", einschließlich Ehre und Pflicht, ruhen auf dem „festen Grund der Kentniß seiner nähesten Verhältnisse und der ausgebildeten Behandlungsfähigkeit seiner nähesten Angelegenheiten" (266, 27 ff.). Dann ist die „ausgebildete Kraft einer nähern Beziehung Quelle der Weisheit und Kraft des Menschen für entferntere Beziehungen" (271, 22 ff.), der Schichtung der geistigen Welt gemäß!

Daher ist das Vaterhaus die „Grundlag aller reinen Naturbildung der Menschheit", die „Schule der Sitten und des Staates" (271, 27 ff., 35 ff.; 249, 8 ff. u. ö.). So wird die gesamte Erziehung in Volk und Staat, als Hauptthema aller drei Fassungen der „Abendstunde", auf die in den „häuslichen Verhältnissen", in „niedern Hütten gebildete Menschlichkeit", auf die „reine, erhabene und befriedigte Menschengröße" (270, 35) gegründet, während die

„obern Stände“ (260, 10) ihre inneren Kräfte verlieren (272, 28 ff. u. ö.)

Die Ausbildung der inneren Vollkommenheit des Menschen muß also „einfach“ sein, nie „unnatürlich“ und „künstlich“, auch nicht unbescheiden im Gebrauch der Kräfte und Rechte (248, 28; 254, 4 ff.; 261, 19). Daher wendet sich Pestalozzi nachdrücklichst gegen den „Drang, Anlagen und Kreffte zu spiegeln, tausend Künstelyen, jede Schwäche zu bemänteln und mit Frazzen jede Krafft noch zu ehren“ (später z. T. ausgestrichen), gegen die Zumodlung der Natur nach den Bizarrerien des Herrn, gegen den Hang zu strahlendem Glanz, zu „künstlichem“ und „niederm Schimmer“ (249, 30 ff.; 252, 15 ff.; 253, 3 ff., 32; 254, 5 ff.; 272, 35 f.; 280, 5 ff.). Daher wird auch Goethe angerufen, daß seine „Bahn nicht ganz Natur“ sei (252, 30 ff.; 253, 11; 280, 17 ff.). Der Glaube an Gott vollendet aber erst jegliche Menschenbildung, was uns immer wieder eingeschärft wird.

Auf dieser Bahn der Natur kann aller Unterricht „Ordnung“ schaffen, was besonders auf Seite 247 ff. und 266 ff. ausgeführt wird, womit zugleich die Theorie der Anschauung begründet ist. In diesem Sinne wird auch der an „äußern Umständen“ wachsende Wahrheitssinn in Übereinstimmung gebracht mit dem Gefühl für innere Schönheit und Reinheit.

Die wesentlichen Gesichtspunkte der Volksbildung auf der Bahn der Natur sind:

a) Die ganze Kraft der Gegenstände auf den Menschen wirken zu lassen, und zwar in ihrer natürlichen „Lage“ und ihren „Realverbindungen“. Jeder soll von seinem Standpunkt des Lebens selbst „fest hinsehend“ in dem Buch der Natur lesen, das in seiner Kraft und Ordnung die beste Führerin ist. Nur eigene Erfahrung lehrt (z. B. S. 259, 35 ff.; 260 u. ö.). Durch „bescheidene Aufmerksamkeit“ und „eignes Forschen über die Natur der Gegenstende, die ihn umgeben“ (260, 10), kommt der Mensch, unterstützt durch die Sprache, zu vollendeter Sachkenntnis. Dagegen führt der bloße „Wortverkehr“, das „tausendfache Gewirre von Wortlehren und Meinungen . . . Schall und Rede und Wort“, zudringliches, herzloses Ausfragen aller Gegenstände in die Irre, anstatt zu Erfahrung und „Wahrheit aus Realgegenständen“, und verliert „den festen, heitern, aufmerksamen Blick“ (268, 19 f.; 270, 35).

b) Es kommt also alles darauf an, aus der besonderen Individuallage jedes Menschen, aus „seiner Berufs- und Standeslage“ zunächst im engen Kreise, in den nächsten Beziehungen und „festen“ Verhältnissen, also nach den Bedürfnissen unserer besonderen Lage, dem „Standpunkt des Lebens“ und unserer „Individualbestimmung“ gemäß, Gegenstände und Menschen, die Häuslichkeit und die „neheren Wohltathen Gottes“ auf uns wirken zu lassen (siehe außer den oben angegebenen Seiten auch S. 259, Zeile 20 ff.); immer ist aber die ausgebildete Kraft der näheren Beziehung die unerläßliche Kraftquelle für entferntere Beziehungen. Das ist wieder die Begründung des Heimatunterrichts, worauf schon im ersten Teile hingewiesen wurde. Denn Voraussetzung solcher Wirkungen ist ja immer die „Übereinstimmung“ zwischen den Anlagen des Menschen mit seinen nächsten Verhältnissen! Wenn aber die Menschheit den naheliegenden Kreis überschlägt, so „wallet sie irrend in ferne Weiten“.

c) Denn der Mensch wird durch Vielwisserei, durch zu viele unbrauchbare und unnütze Wahrheiten in seiner Laufbahn zerstreut (248, 40; 260, 18 ff.; 266, 21 u. ö.). Durch sorgfältige Anwendung und Übung seiner Kräfte, Erkenntnisse und Anlagen werden dagegen alle wahren Erkenntnisse gefestigt (247, 10 ff.; 269, 26 ff. u. ö.). Denn die Ausbildung unserer natürlichen Gaben ist „allgemeines Bedürfniß“ der Menschheit (269, 20 ff. u. ö.)! Pestalozzi spricht sich auch hier gegen jede Verfrühung aus, gegen den „schnellen schimmernden Wuchs“, der „freien wartenden, langsamen Natur“ gegenüber. An die Forderungen des spontanen Unterrichts der Leistungsschule gemahnt die Andeutung, daß er das „Interesse reizen“ soll.

d) Dem entspricht auch, daß alle Unterweisung ungezwungen in „erquickender Freiheit“ zu verlaufen hat, „sanft und frei“, ohne „Härte und Anstrengung“, ohne den Schatten einer „zudringlichen“, einer „steifen Ordnungsfolge“. „Die Lehrart der Natur“ darf also nicht gewaltsam sein: sie würde „Einseitigkeiten“ zur Folge haben, die Ruhe und das Gleichgewicht, die „Fülle des ganzen Wesens“ zerstören (z. B. S. 267, 20).

Diese grundlegenden Ideen allgemeiner Volksbildung sind dann später auf den Schulunterricht (in Stans, vor allem in Burgdorf und Iferten) übertragen worden, wie wir oben gesehen haben.

e) Pestalozzis Sehnen windet sich, wie eine Spirale (!), um die Idee der Bildung, der Menschenbildung durch Glauben an Gott, den Hausvater des Staates, den Allvater der Menschheit. Glauben an Gott ist die „einige sichere Stüze der Lebensruh“. So gleich am Anfang des „Entwurfs“ und des öfteren. In erschütternden Ausbrüchen, die wohl in der Weltliteratur einzig dastehen, verkündet uns Pestalozzi, der kein beengendes Dogma kennt, daß nicht „armseliges Nachgrübeln“, nicht „ausgebildete Weltweisheit“, nicht „leere Sachtermen“, nicht „Philosophenglaube“, noch Lehrsätze und das Gerede der Weisen oder dergl., sondern Einfalt und Unschuld zu Gott führen (259, 8, 27; 260, 27 f.; 261, 31; 269, 31; 270, 7, 19 u. ö.). Dem würdigen Diener Gottes ist „Gott, in seinem Innersten redend, Beweis der Wahrheit und Gewüßheit seiner Hofnung" (260, 34 ff. u. ähnlich 261, 30 ff.). Pestalozzi faßt ergänzend, in einem späteren (!) Zusatz zum „Entwurf", seine Grundüberzeugung dahin zusammen: „Die Erkandtnis Gottes des Vatters ist Erkandtnis des ersten, wesentlichsten Verheltnisses der Menchheit . . .; aus ihm quillt der Segen aller entfehrnteren Verheltnisse" (248, 18 ff. u. öfter so). Dies Wort von der Erkenntnis Gottes ist also keineswegs rationalistisch zu deuten; hat uns doch dieser urdeutsche Pädagog die Religion der Einfalt und der Tat vorgelebt, die Religion der Liebe und des Opferdienstes an unserer Jugend!

Pestalozzis Grundsätze sind höchst schlicht: Gott hat der unverdorbenen Natur des Menschen „einen allgemeinen Sinn für bürgerliche Ordnung und Gehorsam gegen Obere gegeben" (249, 5 ff., nach einer späteren Verbesserung von Pestalozzis Hand). Dieser Kindersinn, der Glaube an Gott und Unsterblichkeit, beruhigende Weisheit und Genügsamkeit, Achtung und Liebe sowie die darauf beruhende Gerechtigkeit und (bürgerliche) Freiheit, Dank und Zutrauen zu den Menschen bilden sich nur „rein" im Genuß häuslicher Glückseligkeit[1]). Denn „Hausglük ist Nationalglük" (256, 17). Demgemäß werden nur die Fürsten, die an Gott glauben, ihre Vatersorge und ihre Vaterpflicht gegen das Volk gerecht erfüllen, zum Segen des Hauses, des Staates und der erleuchteten Menschheit. Vgl. o. S. 104 f. Dagegen ist Sünde die Quelle und Folge des Unglaubens. So in allen drei Fassungen der „Abendstunde".

4. In „LIENHARD UND GERTRUD" begründet Pestalozzi „gesetzgeberische Vorkehrungen", die für alle „gesellschaftliche Verbindungen", der kleinsten Herrschaft sowohl wie für das „größte Reich" Geltung beanspruchen[2]). Diese Grundsätze werden von Glülphi und dem Junker entworfen bzw. durchgesetzt (IV—392 ff.; 401). Immer geht es dabei um den Menschen, um Menschenbildung. Standes- und Berufsbildung ermöglichen den Erwerb des Eigentums und machen die Menschen zum gegenseitigen Dienst geneigt. Um

[1]) Im 12. u. 14. Brief Pestalozzis an Iselin (S I—215 ff. u. 218 f.) gründet Pestalozzi die Menschenvollkommenheit, die Freiheit und das Zusammenhalten des Volkes zunächst auf den Glauben an Jesus, den „Erlöser der Welt", auf Gehorsam und Gottesfurcht, auf Kindersinn und Menschenliebe, und zwar durch „Überwindung". Erst in zweiter Linie kommen Volkserleuchtung und Gerechtigkeit als „Quellen" in Betracht. Vgl. dazu P. Wernle, Pestalozzi und die Religion, Tübingen 1927, S. 32 ff.

[2]) Als korrespondierendes Mitglied der „Allgemeinen Gesellschaft zur Beförderung häuslicher und sittlicher Glückseligkeit" hat Pestalozzi viele Anregungen theoretischer und praktischer Art aus dem Zürcher Kreise empfangen.

das berufliche Wissen der Landwirte zu vertiefen und den Anbau zu heben, errichtet Arner einen „Dorfrath“, in dem die erfolgreichsten Bauern auf dem Gebiete des Korn-, Wiesen-, Waldbaues usw. sitzen. Sie sollen anderen Bauern zur Hand gehen und in einem Grund- und einem Rechenschaftsbuch den augenblicklichen Stand sowie alle künftigen Veränderungen der Dorfwirtschaft verzeichnen und überwachen. Dieser Dorfrat wird ergänzt durch einen „Weiberbund“, dessen Mitglieder sich um die Ordnung in den Häusern und um die Pflege der Kinder zu kümmern hätten (III—369; 374 ff.)! Nicht nur die unteren Volksschichten sind zu erziehen, sondern vor allem die Vorgesetzten und Regierenden. Reine und gesunde Gefühle zwischen allen Ständen, auf guten Sitten und echter Religion beruhend, gewährleisten die Ordnung des bürgerlichen Lebens. Diese Ordnung gedeiht, wenn der natürliche Hang der Menschen zur Freude, zur Ruhe und zur Ehrliebe befriedigt ist (III—413 ff.).

Im „Mittelpunkt“ der Gesetzgebung steht „der Begriff einer höhern Polizey“ (= Politik)[1]), dem Erziehung, Gerechtigkeit und selbst die Religion, insofern sie die Sache des Staates ist, untergeordnet werden müssen.

A. Erziehung. Am Schlusse der zweiten Fassung von „Lienhard und Gertrud“ gibt Pestalozzi folgende Zusammenfassung seiner Ansichten über die Fundamente aller Volkserziehung und Berufsbildung (IV—494 ff.)[2]). Diese Erziehung ist nicht „Privaterziehung“, sondern „öffentliche Bildung“ (IV—372). Sie dient dazu, alle Glieder der Gemeinde je nach ihrer Lage und je nach den Umständen zu Kraft und Weisheit zwecks Erwerb eines größeren oder kleineren Eigentums zu führen, um sich selbst versorgen und ihren Mitmenschen helfen zu können.

a) Pestalozzi fordert in diesem Sinne die Einrichtung von Armen- und Waisenanstalten, die ihre Zöglinge in den Stand setzen, im späteren Berufsleben nicht bloß ihren Unterhalt zu erschwingen, sondern auch noch irgendeinen Zweig der Industrie (bzw. der Landwirtschaft) betreiben zu können, wenn ihre berufliche Neigung sie nicht schon der Wirtschaft zugeführt hat. Vgl. oben S. 102 ff.

---

[1]) Fr. E. v. Rochow, Sämtliche pädag. Schriften I, Berlin 1907, S. 319, 326 u. ö., spricht vom „polizierten“ Volk u. dergl. — Israel, a. a. O. I—218 ff.

[2]) Die nun folgenden Gesichtspunkte finden sich zudem ausnahmslos in der „Skizze eines Memoire über die Verbindung der Berufsbildung mit den Volksschulen“, gerichtet an den Grafen K. J. Chr. von Zinzendorf, vom Jahre 1790 (X—53 ff.). Diese Ideen werden auch im wesentlichen zusammengefaßt in den „Memorialia über die Civilbildung“, d. h. Volksbildung, gerichtet an den Großherzog Leopold von Toskana im Jahre 1788, und zwar unter dem Gesichtspunkt eines zu errichtenden Seminars für Industrie (X—1 ff.)

b) Unerläßlich sei die Abfassung eines klaren Lehrbuches über die Grundsätze der Hauswirtschaft, des Feldbaues und der Industrie. Das Lehrbuch müßte, aus dem Geiste der Armut geschrieben, unter Beachtung der jeweiligen Lokalumstände, in anschaulicher Weise Kräfte zu größerer Einschränkung wecken, statt zum bloßen Geldvorteil hinzuführen. Es müßte auch die Geschichte und den Aufstieg führender Menschen der Hauswirtschaft, des Feldbaues und der Industrie enthalten, aus den Bedürfnissen und Erfahrungen der Anstalten erwachsen und so anschauliche Vorbilder verantwortungsvollen Wirkens vor die Augen der Jugend stellen.

c) In den erwähnten Anstalten müßten praktische Übungen in allen drei Fächern des Erwerbslebens gepflegt werden, was für Menschen im Beruf leicht sei. Dazu gehöre auch ein Schulgarten, dessen Bearbeitung eine ertragreiche Quelle für den Wintervorrat abgäbe. Methodisch sei in diesen Schulen die praktische Arbeit der Hand mit dem Unterricht zu verbinden. Dafür müßten die notwendigen Einrichtungen vorhanden sein. In dem Roman selbst erzählt Pestalozzi, welche Anregungen der Junker vom Lindenberger, Baumwollenmeier und von Gertrud für die Einrichtung einer guten Bauernschule empfängt. Je nach der Größe des eigenen Besitzes sollten die Kinder der schuldenfreien Bauern eine gute Erziehung zu Führern in Industrie und Landbau empfangen, also wenig Unterricht, um so mehr Einsicht, Besinnung und Überblick über das Ganze ihrer Berufspflichten. Ruhten größere Schuldenlasten auf dem väterlichen Besitz, so wären sie zu größter Sparsamkeit in allen Ausgaben zu erziehen, auch in Nahrung und Kleidung, um so die aufgelaufenen Schulden abzudecken. Die Ärmeren dagegen ohne merkliches Eigentum sollten zu tüchtiger Fachbildung und Berufsschulung ohne „elende Einseitigkeit" angeleitet werden sowohl im Hausverdienst wie in der Landwirtschaft (IV—270 ff.). Immer war also Eigentum und Erwerbsfähigkeit unter den jeweiligen Umständen der besonderen Lage der leitende Gesichtspunkt (vgl. S. 201 f.; 208 ff.). Spinnräder, Webstühle und Nähkissen waren ihre ersten „Bücher"; dazu der Schulgarten und auch Kleintierzucht. Solche Überlegungen mögen Pestalozzi dahin geführt haben, zeitweilig die Berufsbildung der Elementarbildung voranzustellen. Zu gleicher Zeit wurde jedoch Lesen und Schreiben, Rechnen und Singen bis zur Vollendung getrieben (IV—276 f.; V—273). Durch diese Verbindung der „Kopfübung mit den Handarbeiten" lernten die Kinder den Weg, „aus eigenen Kräften" zu Lebensgenießungen und zu ihrer Vollendung emporzusteigen. Aber erst das Vorbild ihres Heilandes und seiner opfernden Taten gab den Kindern Gewalt über sich selbst, über die Eigensüchtigkeit ihrer Natur.

d) Der Leiter der Anstalt müßte die nötigen Erfahrungen und Fertigkeiten in Haus- und Landwirtschaft wie in Industrie besitzen und am besten ein Landhaus in Anspruch nehmen. Darum müht sich auch der Leutnant Glülphi (III—51 f.). Der Leiter würde dann so ökonomisch vorgehen wie ein wirklich armer Mann in einer größeren Haushaltung, um sein Auskommen mit Hilfe seiner Kinder zu finden. Wenn sich Fürsten, Adel und Geistlichkeit die Förderung dieser Aufgabe recht annähmen, so würde man einen Überfluß an Menschen haben, die glücklich wären, solche Versuche mit allen ihren Einschränkungen zu übernehmen.

e) Die Zöglinge solcher Anstalten, die aus den Lebensbedingungen und den Bedürfnissen solcher Privaterziehung hervorgingen, würden die Vielseitigkeit einer großen Haushaltung kennen und ausüben lernen, mancherlei Annehmlichkeit und Vorteile schon früh genießen und gesünder leben als der sich selbst überlassene Arme. In dem kurzen Fragment „Wenn ist der Zustand in der Societet besser als der im Wald?“ (1785—87) wird auch ausgesprochen, daß es besser ist, die „Fundamente der Lebensgenießungen sicherzustellen“ und dem einfachen Manne so zur Befriedigung seiner natürlichen Bedürfnisse durch „Vervollkomung der Gelderwerbe“ zu verhelfen, als Spitäler und Zuchthäuser für sieche und verkommene Menschen zu bauen (vgl. I—201 f.). Also Erziehung zur Leistung, nicht Caritas (I—145, 10 ff. Vgl. o. S. 103).

f) Der „Unternehmer“ müßte die Anstalt aus unmerklich kleinen Anfängen fest aufbauen, in weiser Sparsamkeit zu höheren Graden des Erwerbsfleißes allmählich fortschreiten, ohne überstürztes Voreilen, damit er vor Enttäuschungen und Fehlschlägen bewahrt bliebe. Man müßte also ohne Geldvorschüsse mit zehn bis zwölf Zöglingen beginnen, auf deren Verdienst aufbauen, dann wieder zehn Zöglinge annehmen usw. Das nennt Pestalozzi, den Erfolg „auf arithmethische Sicherheit gründen“.

g) Stadt und Land würden sich in der „Selbstsorge“ wetteifernd anregen und in weiser Erwerbung und Erhaltung des Eigentums, aus dem Liebe, Zufriedenheit und Glückseligkeit entspringen, den Bauern, Edelmann und Priester im Dienste des Staates zusammenführen, wie dies Pestalozzi an dem Musterbeispiel der Gemeinde Bonal anschaulich aufgewiesen hat. Der Prototyp des „Unternehmers“ (im ursprünglichen Sinne) ist hier Gertrud und, auf ihrem Werke fußend, der Leutnant Glülphi. Alle Klassen von Staatsbürgern und namentlich die höheren Stände würden dann aus ihrer Gedankenlosigkeit erwachen, ihr Interesse der wirtschaftlich begründeten Volksbildung zuwenden und dadurch die Menschheit allgemein in den reinen Genuß ihrer Familienverhältnisse hinführen. So würde durch einen kleinen Funken ein heiliges Feuer in Europa angezündet, die Selbstsucht wirtschaftlicher Verwirrung erstickt und eine Rettung der menschlichen Gesellschaft in die Wege geleitet werden. Daher auch in dem früheren Aufsatz „Von der Freyheit meiner Vaterstatt!" (1779) der begeisterte Ausruf: „Industrie, du heilige Quelle aller Genießungen unsers Lebens" (I—225).

h) Auf Grund der erworbenen Erfahrung wäre es dann möglich, den öffentlichen Volksschulen neue und durchaus nicht kostspielige Wege zu erschließen, die auch für Zucht- und Findelhäuser, für den Aufbau zerstörter Gegenden und selbst für die Kolonien fruchtbar gemacht werden könnten.

i) Durch Einrichtung solcher Anstalten würde das mangelhafte Wissen um den schaffenden Menschen, diese allgemeine Quelle seiner Verwahrlosung, gehoben werden. Die ersten Arbeiter würden zweckmäßig gebildet und der allgemeine Gewinn durch Kenntnis der notwendigen Verbundenheit der Wirtschaft, des Feldbaues und der Industrie verbreitet werden.

k) Auch die Eltern und edlen Gutsherren würden die gleichen Einrichtungen treffen und so ihre Kinder leichter und gründlicher erziehen bzw. ihre „Unterthanen" besser versorgen und wirtschaftlich bilden können.

Dann können sich die einzelnen Staaten Europas, die sonst „in die allgemeine Wirtschaftsverwirrung" hineingerissen würden, die Hände reichen, um Handel und Wandel „durch innere wirtschaftliche Bildung" von allen Monopolen zu befreien (IV—464, 478).

In einer Schrift „Über Volksbildung und Industrie" vom Jahre 1806 (XVIII—139 ff.) wirbt Pestalozzi um die Hilfe edelmütiger und vermögender Kreise zwecks Errichtung einer Armenanstalt, um seine Ideen in einer „Musterschule" an 10—16-jährigen Jünglingen und Mädchen zu erproben: eine Art wirtschaftlicher Volksschule[1]). Nach einem geschichtlichen Rückblick über den Wandel des Feldbaus und der Industrie, der zu einer Unsicherheit des Verdienstes und, zu einer oberflächlichen und einseitigen „Scheinkultur" der Menschen geführt hat, soll die von ihm geplante „Elementarbildung der Menschheit" die Geistes- und sittlich-religiöse Bildung vereinen mit „industriöser" Kunstfertigkeit, und zwar auf der Grundlage des Rechnens und Zeichnens, Lesens und Schreibens sowie einer alle Teile

[1]) Seit dem Jahre 1787 machten sich die Auswirkungen des französischen Prohibitionsarrets vom 10. VII. 1785 stark bemerkbar. Vgl. Pestalozzi, Ein Schweizer-Blatt, 1782 (VIII—53 ff., 57 ff. u. ö.); Memorial über das französische Prohibitionsarret vom 10. VII. 1785 (IX—279 ff.) und Memorialia über Tuchhandel und Baumwollindustrie im Kanton Bern, 1789 (X—29 ff.) und dazu die Anmerkungen von H. Schönebaum (IX—607 f.; X—480 ff.).

des Leibes umfassenden „Gymnastik“, ergänzt durch Spiele. Also allgemeine Volksbildung und Berufsentfaltung durch Entwicklung aller, in Übereinstimmung zu bringender Kräfte. Dazu bedarf es der Aufstellung einer lückenlosen Reihenfolge von Übungen. Ziel der Bildung ist „naturgemäße Entfaltung“ der „Selbstkraft“, Erziehung zur Selbsthilfe und Selbständigkeit. Ähnlich spricht sich Pestalozzi in einem Aufsatz über „Zweck und Plan einer Armen-Erziehungs-Anstalt“ vom Jahre 1805 aus (XVIII—55 ff.). Auch hier wird die Methode auf die Bildung zur Industrie (und Landwirtschaft) angewandt. Seine Anstalt soll eine „Pflanzschule von armen Kindern“ sein, die durch „Geistesthätigkeit und Herzensthätigkeit“, in Liebe, Vertrauen und Glauben zu „häuslichem Sinn und industriöser Kraft“, nicht bloß zu vielerlei Handgriffen des Brotverdienstes, gebildet werden sollen, aus dem „göttlichen Werth der Not und des Dranges“ heraus zur „Selbsthülfe und Bruderhülfe“! Aus dieser Erziehung soll ein Stamm von Hausvätern und Hausmüttern, Schullehrern und Lehrerinnen, Arbeitern und Arbeiterinnen hervorgehen[1]).

Die wirtschaftliche und sittliche Lage des Volkes im Neuenburger Gebiet gibt Pestalozzi später Veranlassung zur Abfassung eines Aufsatzes, betitelt „Ansichten über Industrie, Erziehung und Politik, mit Rücksicht auf unsern diesfälligen Zustand vor und nach der Revolution“. Er ist von Seyffarth auf das Jahr 1822 angesetzt (S XII—137 ff.). Nach einem industriellen Aufschwung geht jetzt das Volk einer Zeit der Not und Verelendung entgegen. Der einzelne Mensch und die wahre Ehrenhaftigkeit ist gefährdet; die Stände nehmen keine Rücksicht aufeinander. Der eigentumslose Mann hat aber Anspruch auf sein heiliges Recht, auf Ausbildung seiner Kräfte, die er von Gott zu seiner Selbsthilfe empfangen hat. Die einzige Abhilfe sieht Pestalozzi in der Erneuerung des Wohnstubeneinflusses mittels der von ihm vorgeschlagenen Elementarbildung.

B. Recht und Gerechtigkeit dienen dazu, alle Glieder der Gesellschaft, ganz besonders die höher stehenden, in diejenigen Schranken zu lenken, deren ungestrafte Überschreitung die Vorteile der bürgerlichen Verbindung aufheben würden (IV—411 ff.).

[1]) Pestalozzis Gutachten über ein Seminar im Kanton Waadt, 1806 (XVIII—89 ff.) ist mehr eine Rechtfertigung seiner mit Kraft und Selbständigkeit gehandhabten Methode, unter stärkerer Betonung der Zusammenhänge von Elementarlehre (Elementarbildung) und Wissenschaft und Kunst, sowie seiner sittlich-religiösen Erziehungsgrundsätze, wobei hier besonderes Gewicht auf die Freiheit, Freude und den Frohsinn seiner Kinder gelegt wird. Auf Grund dieser Tatsachen bittet Pestalozzi um die Hilfe der Regierung für ein zu errichtendes Seminar.

a) Allgemeine Grundsätze. Pestalozzi führt die Gefährdung des Eigentums und den Anlaß der üblichen Streitfälle auf die Unordnung der amtlichen und persönlichen „Amtsbücher" zurück. Glülphi (= Pestalozzi) ordnet daher an, daß die Erwachsenen und auch die Schuljugend in der Buchführung unterwiesen und das „Haus- Rechnungs- und Eigenthums-Buch" einer regelmäßigen Überwachung unterzogen würden. Die Erbgüter sollten unveräußerlich sein, im Todesfalle angemessen geteilt und alle Zahlungstermine streng innegehalten werden (vgl. III—388 ff.). Auf diese Weise können Erpressungen, wie sie der Untervogt Hummel den verschuldeten Bauern gegenüber ausübt, vermieden werden. In den Entwürfen zum 4. Teil der zweiten Fassung werden zudem Vorschläge erstattet für die angemessene Rückzahlung von Vorschüssen und für die Anlage von Renten der Zünfte und Gemeinden (IV—554).

b) Die Rechtshändel seien durch „Freundlichkeits-Versuche" zu verhüten, im Sinne unserer neueren Rechtsfriedensgesinnung. Im vierten Teil der ersten Fassung (III—394 ff) wird der Verlauf der „Freundlichkeits-Handlung" ganz eingehend beschrieben. Höherstehenden Personen sollte es unmöglich gemacht werden, das Gesetz durch Schleichwege zu umgehen. Wer oft prozessiere, sei von vornherein ein schlechter Mensch. Die 17 „Vorgesetzten", die Arner das Leben schwer machen und nach Recht und Gericht schreien (II—317 f.), um durch die Lücken der Rechtsparagraphen zu schlüpfen, sind ein abschreckendes Beispiel solcher „Aftergerechtigkeit". Leider verwalteten die Richter allemal das Recht am schlechtesten, wo sich höhere Stände und Bauernkinder gegenüberstehen (IV—436). Nach der ersten Fassung des Volksromans (III—340) machen die Bauern einen Unterschied zwischen dem „galgenmäßigen Stehlen" und dem „gesezmäßigen Stehlen", wo man „in gesezlicher Form und Ordnung die Leute um das Ihrige bringen könne".

c) Dem Diebstahl kommt man zuvor, wenn man das Volk mit dem Notwendigsten versorgt und das persönliche wie das öffentliche Eigentum vor Schädigungen und unerwarteten Ausgaben bewahrt. Diebstahl ist im ganzen Dorf Bonal an der Tagesordnung (II—321 ff.; 332 ff.). Bedeutet es doch auch Diebstahl an der Ordnung des Staates, die Kinder ohne berufliche Ausbildung aufwachsen zu lassen, die eigene Wirtschaft zugrunde zu richten, ein hoffärtiges Benehmen zur Schau zu tragen, durch Unachtsamkeit Gelegenheit zum Stehlen zu geben oder einen unnützen Beruf auszuüben. Vgl. IV—395 ff. und III—338 ff.; 401 ff.

d) Vernunft und Scham sind Folgen des Eigentums und müssen durch Selbstüberwindung und gutes Beispiel der Eltern gepflegt werden. Wie im Falle des Diebstahls ist es daher viel besser vorzubeugen, den Versuchungen geschlechtlicher Ausschweifungen zuvorzukommen, sich an die Ehre und das Schamgefühl des Volkes, namentlich der oberen Stände zu wenden, die Dorfjugend zu gewissenhafter Arbeit und peinlicher Ordnung anzuhalten, als die „Unkeuschheits-Leichtsinnigkeiten“ zu bestrafen und dem Geschlechtstrieb mit Gewalt entgegenzuwirken. Der uneheliche Beischlaf sollte als Volksschande gebrandmarkt, der harmlose Verkehr der jungen Leute gepflegt und die Eheschließungen erleichtert, die unglücklichen Ehen aber möglichst verhindert werden (vgl. III—341 ff.; 407 ff.). In dieser Linie liegt es auch, wenn Gertrud dem ehrbaren, aber doch verwahrlosten Rudi und seinen ungepflegten Kindern eine passende Frau zuführt (V—238 ff.).

e) Ebenso wichtig ist die Gesetzgebung wider den Wucher, den Mord und den Aufruhr, die nur kurz gestreift werden. Vgl. IV—398 f.

C. Seit Beginn und Abschluß der beiden ersten Fassungen von „Lienhard und Gertrud“ und den gleichzeitigen Schriften ist mehr als ein Jahrzehnt vergangen. In dieser Zeit hat sich ein nicht zu übersehender Wandel in Pestalozzis Auffassung der Religion vollzogen, der auf dem wirtschaftlich-sozialen Gebiet nicht seinesgleichen hat. Wie in der voraufgehenden „Abendstunde“ mahnt Pestalozzi im ersten Teil des Volksbuches zum einfachen altchristlichen Volksglauben, zur Pflege des Gottvertrauens in der Familie. Danach wandelt sich die kirchliche Frömmigkeit, die auch Pestalozzis junge Ehe kennzeichnet („Tagebuch“ von 1769—70), zu einer feindlichen Stellungnahme gegen die „Wortreligion“ der Theologen, da wir von Gott nichts wissen und nicht von ihm reden können („Schweizer-Blatt“, 1782, VIII—259). Und trotzdem es noch 1783 im „Fragment über den Stand der Natur und der Gesellschaft“ heißt, daß Religion keine Staatsangelegenheit sei, wird die Sorge um die religiöse Erziehung vom dritten Teil an dem Staat und der bürgerlichen Gesellschaft anvertraut. Religion ist also nicht mehr Volksfrömmigkeit, sondern Volkspflege, Herzensbildung im praktischen Leben. Demgemäß wird die Seelsorge dem Pfarrer entzogen und in die Hände des weltlichen Schulmeisters Glülphi gelegt.

In der zweiten Fassung des Volksromans (seit 1790) erfolgt eine stärkere Rückwendung zu Gertruds schlichter Frömmigkeit des Evangeliums, zum dankbaren Gottvertrauen und auch zum positiven, aber undogmatischen Christentum, veranschaulicht an der Person Glülphis, der ja wesentlich mit Pestalozzi gleichzusetzen ist: Opfertod und Auferstehung des Heilands. In der „Gesetzgebung“ werden die Ideen der wirtschaftlichen Nützlichkeit und der Aufmerksamkeit auf Gott folgendermaßen zum Ausgleich gebracht:

Die Religion erweist sich als das vorzüglichste Mittel, die Gefühle aller Stände untereinander rein und gesund zu erhalten, zumal die Selbstsucht unserer menschlichen Natur auch unter den besten bürgerlichen Verhältnissen immer wieder hervorbricht (IV—410 f.; 424 ff.; III—416 ff.).

a) In der Verwilderung des tierischen Zustandes kennt der Mensch seinen Gott nicht; er ist Gottesleugner! Auch im gesellschaftlichen Zustande brechen ohne Glauben und Gottesfurcht alle Leidenschaften und Laster auf gegen die Ordnung der Völker und Staaten.

b) Menschen und Staaten führen den Bürger nur insofern zu Gott, als sie den Bürger menschlich behandeln und der Arme wie ein Mensch leben kann. Solche soziale Haltung ist auch Inhalt und Aufgabe des „höhern Polizeybegriffs", der die Pflege der Religion einschließt. Ganz anders in den späteren „Nachforschungen"!

c) In diesem Sinne fällt die Weisheit der Religion mit der Weisheit der Staatskunst zusammen. Sobald das erkannt wird, werden Hügel von Erziehungsschriften und „Meere von Religionsgewäsche" überflüssig. Wieder wird betont, daß Religionsunterricht mit Gottesgelehrtheit nichts zu tun habe; auch sei der Dienst des Allerhöchsten von wissenschaftlichen Meinungen über Religion unabhängig (III—422 f., 485 f.)[1]. Arner eifert gegen den Mißbrauch des Religionsunterrichts, sondert Gottesgelehrtheit und Kopfbildung („Katechismuskram") vom Religionsunterricht, da der Gottesglaube für das Volk Sache des Herzens, nicht des Kopfes ist. Alle Erklärungsversuche der Bibel, die Übung und nicht Wissenschaft fordert, bringen das Volk von der einfältigen Seelenstimmung ab (III—422, 485). Vgl. oben S. 67 f. In diesem Sinne kann der schlichte Religionsunterricht auch vom Leutnant Glülphi und von Gertrud erteilt werden.

d) Beruf und Gottesdienst eines christlichen Pfarrers liegen dann darin, zu jeder Stunde des Tages den Armen zu dienen, Gott zu danken und die Gemeinde zu Tugend und Pflicht, die immer zum eigenen Vorteil ausschlagen, zu ermahnen. Dem Hang zum Aberglauben ist mit Nachdruck entgegenzutreten (vgl. III—419 ff.; IV—284). Damit gewinnt der geistliche Stand wieder hohe Bedeutung für die Volksbildung. Doch ist nicht zu übersehen, daß die

---

[1]) Aug. Israel, Pestalozzi-Bibliographie I, S. 6 ff. Vgl. P. Wernle, a. a. O. S. 64 ff. — In den „Bemerkungen zu gelesenen Büchern" (IX—309) äußert Pestalozzi in der Zeit der 80er Jahre, vielleicht unter Gramonts Einfluß: „Ich bette nicht mehr die Gottheit an, aber mein Gebeth ist Denken der Welt und der Natur.

Aufklärung der Fürsten und des Adels zunächst einmal vorangehen müsse, was wiederum davon abhängt, daß dieser Stand auch Nutzen, Ehre und Freude an einer solchen Entwicklung fände. —

Der Wandel religiöser Anschauungen in den verschiedenen Teilen und Fassungen des Volksromans weist wohl eine einheitliche Linie auf, bietet aber immerhin mancherlei Schwankungen im einzelnen. Waren in der „Abendstunde" bloße Beziehungen angedeutet (s. o. S. 87), so sind jetzt Glaube und Liebe (des an sich guten Menschen!) bald die Quelle eines gesicherten Daseins in Familie und Volksleben, bald nur die notwendige Grundlage — das Fundament oder gar Mittel, wenn nicht Folge — der Berufsbildung wie des wirtschaftlich geordneten Lebens, zumal wenn der Mensch auch in der Gesellschaft ein Tiermensch bleibt. Bald neigt die Religion, undogmatisch, zur natürlichen Religion des Kindersinns, bald ist sie geklärtes Christentum, aber doch immer Christentum.

Pestalozzi hat sein Schwanken selbst unsäglich schwer empfunden; daher die Sehnsucht nach schlichter Frömmigkeit, die dem Grübler und revolutionären Sozialpolitiker verschlossen bleiben mußte. In nüchterner Wahrheitsliebe und demütiger Selbsterkenntnis gesteht er in dem Briefe an Nicolovius vom 1. Oktober 1793 seinen Unglauben, sein „Nichtchristentum" ein, sein Schwanken „zwischen Gefühlen", die ihn zur Religion hinzogen, und „Urteilen", die ihn von derselben weglenkten[1]), wenn wir auch diese, wie manch andere Selbstanklage („Selbstsucht und gemeine Neigungen") nicht gar zu wörtlich nehmen müssen.

Schwer wiegt sicherlich, daß diesem Mangel an Festigkeit die durchschlagende Stoßkraft versagt bleiben mußte. Gesteht doch Pestalozzi „dem Kot der Welt" „unabhangend von dem Christen-

[1]) Auch nach S. Kierkegaard ist Christentum keine Lehre, sondern „Existenz-Mitteilung". Christus hat nicht Dozenten angestellt, sondern Nachfolger erkoren. Über die Lehre kann wohl gestritten werden, Wahrheit ist jedoch „Subjektivität", die unendliche Leidenschaft der Innerlichkeit, die keine Begriffsbestimmung, keine Reihe von Sätzen, sondern „ein Leben" ist, ein Leben der Liebe, des demütigen Helfens und Dienens. Demnach ist „die Christenheit" eine ungeheure Sinnestäuschung: „Das Christentum des Neuen Testaments ist gar nicht da" (S. Kierkegaard, Religion der Tat, herausg. von Ed. Geismar, Kröner Verlag, Leipzig, S. 13 f., 83, 186 ff., 195 ff., 236 ff., 242). Wie Pestalozzi geht Kierkegaard auf die Selbsterkenntnis und Selbstverleugnung zurück als Weg zur Vollkommenheit; er würdigt, gegenüber der Menge, die Persönlichkeit des Einzelnen in ihrer Ursprünglichkeit und Reinheit, in ihrer Unschuld und schweigenden Ehrfurcht vor Gott (S. 3 ff., 64 ff., 79 ff., 102 ff., 115, 120 ff., 130 f., 183 f., 188). Daher verachtet er auch die Halbheit des Klug-Handelns, womit man allerdings in der Welt am weitesten kommt. Bei vieler Gemeinsamkeit des Geschicks muß man doch sagen, daß Pestalozzi weniger subjektiv-individualistisch, dafür aber natürlicher, ursprünglicher, gesünder und opferreicher in der Religion der Tat — schließlich auch erkenntnistheoretisch produktiver ist.

tum" seine Ordnung und sein Recht zu. Das Christentum sei überdies nichts anderes als die „reinste und edelste Modifikation der Lehre von der Erhebung des Geistes über das Fleisch", also Veredlung des Menschen durch Selbstüberwindung, die immer wiederkehrende Überzeugung Pestalozzis. Das ist, trotz eines (scheinbaren) Dualismus, mehr Sittlichkeit als Religiosität! Um so schlimmer, wenn Pestalozzi jetzt überzeugt ist, daß das Gros der Menschheit nicht fähig ist, „durch innere Entwickelung der reinsten Gefühle der Liebe zur Herrschaft der Vernunft über die Sinne zu gelangen."

Wenn der Wahrheitssucher Pestalozzi „das höchste Ziel der innern, reinsten Veredelung des Menschen" in der „guten Bildung für die wesentlichen Bedürfnisse des Erdenlebens" sieht, so verrät diese „Art der Wahrheit", von der er all sein Interesse „verschlingen" ließ, vor allem den praktischen Sozialpolitiker.

Bedenkt man nun, wie Pestalozzi gelitten hat unter der dauernden Spannung von theoretischem Wollen und praktischem Können, begründetem Selbstbewußtsein und Spott des Volkes, von seinem „Erziehungstraum" und der Wirklichkeit, von dem Verlangen nach Ordnung und seiner persönlichen Unordnung, so scheint das Jahr 1793 den höchsten Grad pessimistischer Weltsicht zu bezeichnen[1]), der noch lange nachwirkt im öden Theoretisieren unausgefüllter Tage — bis der handelnde, liebende, sorgende Erzieher in Stans, der um die Methode ringende Lehrer in Burgdorf das Vertrauen zum Menschen und seinen Kräften, zum Göttlichen in der Menschennatur wiedergewinnt und bis an sein Lebensende bewahrt, trotz aller widrigen Erfahrungen des Lebens.

Wir wenden uns damit der dritten Fassung des Volksromans in der Cottaschen Ausgabe (1819—20) zu. Wir haben gesehen, daß die erste und auch die zweite Fassung wesentlich auf Erziehung zur guten Gewöhnung ausging, zur Ordnung, Regelmäßigkeit (z. B. IV—278, 289 ff., 355) und wahren Autorität (IV—245) in der Häuslichkeit, in der Schulstube sowie im Staate durch Gesetz (IV—184, 401), Gerechtigkeit und Religion (IV—389 ff.). Denn der Mensch ist ohne Erziehung böse, träge, leichtgläubig, gierig und gewaltsam (IV—388 f.). Bezüglich des Unterrichts wird ein Unterschied gemacht je nach Stand und Umständen. Die begüterten Bauern werden durch praktische Erfahrung zur Einsicht und Ordnung geführt (IV—271 ff.); die Armen ohne Land und Eigentum empfangen, wie bereits erwähnt, in der Schule eine vielseitige Berufsschulung, unter pädagogischem Gesichtspunkt gesehen (IV—163 f., 195, 208, 392). In religiöser Hinsicht wird ein praktisches Christentum der Liebe

[1]) Ebenso W. Asmus, Pestalozzis Theorie der Menschenführung, Berlin 1935.

und Tat vertreten in kritischer Ablehnung bloßer Theologie (z. B. IV—334 ff., 426). Besonders wirksam ist das gute Vorbild, namentlich Leben und Taten des Heilands, seine Liebe und Verheißungen sowie die Gewöhnung an Gebet, Dank und erhebende Gesänge (IV—284 f., 424, 427 f.).

In der dritten Fassung werden diese Gedanken erweitert und vertieft im Sinne wahrer Christlichkeit[1]), und zwar jetzt ohne schärfere Angriffe gegen die Kirche. Das Christentum sei vielmehr „in bürgerlicher Hinsicht das höchste Ideal der göttlichen Vorsicht" (S XI—281). Um diesen Wandel einsichtig zu machen, vergleichen wir den zweiten Teil in der Cottaschen Ausgabe (1819/20) mit der ersten Fassung (1783), da hier leicht greifbare Abänderungen vorliegen, nicht wesentliche Neugestaltungen wie im dritten und vierten Teil. Der XI. Band der Seyffarthschen Ausgabe (S. 262 ff.) bietet dazu eine gute Unterlage.

Als Zusatz der Cottaschen Ausgabe ist kennzeichnend die häufige Mahnung zum „wahren Glauben", zum „stillen, frommen Gottesglauben" (S XI—292), zum „christlichen Glauben" und zur „christlichen Liebe", besonders in der ganz umgearbeiteten Predigt, der das Bibelwort „Wenn ihr Glauben hättet, wie ein Senfkorn" nunmehr zugrunde gelegt ist. An die Stelle des sachlichen, sehr ausführlichen Überblicks über die einzelnen Missetaten des Vogts (von S IV—253 bis 293) und einer schließlichen Ermahnung zur Barmherzigkeit tritt in der dritten Fassung eine zu Herzen gehende christliche Bußpredigt mit der wiederholten Anrede „Christen!" (S XI—300 bis 313). Mit der christlichen Liebe verträgt sich nicht „das Maulbrauchen über die Bibel", „Wortwesen" und „Streitlehren" (292 f.), auch nicht die Strafe, den sündigen Menschen während der Predigt unter der Kanzel stehen zu lassen.

Der Mangel an „Kraft des Glaubens und der Liebe", der „Unglaube", das „Unchristentum" (301 ff.) sowie der Aberglaube und alle ihre Folgen, Hochmut und „Eitelkeitsgeist" des Zeitlebens (291) werden weiter ausgesponnen. Eine Besserung kann nur erfolgen durch Belebung der gesunden „Naturkraft" im innersten Wesen des Menschen (280), und zwar durch den christlichen Glauben — Lesen der Bibel und Erörterung der Bibelstellen wird zusätzlich erwähnt, neben Beten und Gesang von Liedern (270) — vor allem durch gute Vorbilder in der Gemeinde. So gelingt es auch dem persönlichen Eingreifen des Pfarrers, den Vogt „durch Liebe, Ernst und Glauben"

---

[1]) In diesem Sinne wird bereits im 1. Teil der dritten Fassung der Glaube an Jesum Christum vor dem Empfang des heiligen Abendmahls besonders ausdrücklich eingeschärft (S XI—266).

zu bekehren (270 ff.). Dagegen „verwirren und verwildern" die Sünden anderer, besonders „die öffentlichen Verbrechen", und schaffen ein „böses Kollektivgewissen" (278, 289). Damit wird der ältere Gedanke des vergiftenden esprit du corps wieder aufgenommen, der in der Schrift „An die Unschuld" (1815) ausführlich begründet ist (s. u.). Das beste Vorbild hat uns Christus gegeben; daher nun die Mahnung, zum „Erlöser" zurückzukehren (312 f.). In diesen Rahmen fügt sich schließlich als weiterer Zusatz der Cottaschen Fassung die wundervolle Schilderung (des 29. Kapitels), wie die besseren Kräfte des Vogts durch den Genuß der freien Natur belebt und ihm Ruhe und Heiterkeit wiedergegeben werden. Eine anschauliche Erläuterung zum ersten Grundsatz (der Religionslehre) in Pestalozzis „Selbstschilderung" (S VIII—464 f.): „Gott in der Natur zu erkennen"; Erziehung zur Selbstüberwindung, zu den Gefühlen der Liebe, des Dankes und der Verehrung und damit Hinführung zum Heiland!

In die Entstehungszeit der ersten beiden Teile von „Lienhard und Gertrud" sowie der noch voraufgehenden Abhandlung „Über Gesezgebung und Kindermord" fällt die Planung und Herausgabe des „SCHWEIZER-BLATTES" (1782):

In dieser kleinen Wochenschrift, deren Aufsätze wesentlich aus Pestalozzis Feder stammen, werden daher Themen angeschnitten, welche die in „Lienhard und Gertrud" behandelten Gedanken wiederaufnehmen bzw. ergänzen. Da ist ein Artikel über Elsbeth, die ihre neun Kinder trefflich erzieht, sie mit Hilfe eines kleinen Grundstücks gesund erhält und, wie Gertrud, in häuslicher Arbeit Spinnen und Lernen vereinigt (VIII—38 ff.). Der folgende Aufsatz bringt ein Gegenstück zum Vogt Hummel. Der Junker Arner schreibt zur Behandlung von Gefangenen ein längeres Gutachten, das ganz neuzeitlich anmutet (VIII—136 ff.). Des öftern wird auf „Christoph und Else" hingewiesen (15; 132 ff., 219 ff.). Auch die (ergänzenden) Abschnitte aus „Gesezgebung und Kindermord" nehmen einen weiteren Raum ein (VIII—10 ff.; 17 ff.; 36 ff.; 349 ff. usw.). Daneben finden sich Charakteristiken des Landvolks, anschauliche Sittenbilder im guten und schlechten Sinne, persönliche Erinnerungen (z. B. an Iselin), begeisterte Hymnen (auf den Frühling, den Sommer, die Freundschaft).

Es ist verständlich, daß dann auch alle die Ideen wiederkehren, mit denen Pestalozzi so ernst gerungen hat. Negativ gesehen, sein Kampf gegen die Überheblichkeit des Adels, der Geistlichkeit und anderer Machthaber; gegen unwissende Ärzte, pflichtvergessene Richter, Advokaten und Beamte. Positiv, sein Eintreten für Erforschung der Wahrheit, für Ordnung, Liebe und Glauben, für Freiheit und Wohlstand durch häusliche Arbeitsamkeit, für Hausglück und vor allem: Einfalt des Herzens! Der allgemeine Rückblick auf seine Erziehungsversuche (235 ff.) gestaltet sich zu einer ganz vorzüglichen Zusammenfassung seiner wesentlichen Grundsätze über Führung der Menschen in ihrer besonderen Lage (284 ff.; 292 ff.).

Den gleichen erzieherischen Geist atmet die Abhandlung „ÜBER GESEZGEBUNG UND KINDERMORD", die im Jahre 1781 niedergeschrieben und 1783 veröffentlicht ist. Sie enthält auf Grund gerichtlicher Akten bittere Anklagen gegen die Hartherzigkeit und Voreingenommenheit des Volkes, gegen die Unnatürlichkeit der Erziehung, gegen den Müßiggang und die Genußsucht der höheren Stände als Quellen der Unzucht bzw. des staatlichen Versagens. So weist diese Abhandlung schon zu den eigentlichen Revolutionsschriften hinüber. Pestalozzi macht für die Not der unehelichen Mütter, die ihre Kinder in der Verzweiflung morden, nicht die unglücklichen Mädchen und Frauen, sondern ihre Verführer verantwortlich. Hier helfen nicht Strafen, sondern weise Voraussicht; nicht äußerliche Maßnahmen, sondern Erziehung zur Keuschheit und Veredlung der Menschheit. Nur Gerechtigkeit, die auf Gottesfurcht gegründet ist, Menschlichkeit, die auf Demut ruht, schonende Liebe, vorbeugende Weisheit und Opfermut ermöglichen eine Gesetzgebung im Geiste häuslicher Tugenden (IX—180 f.). Pflicht des Staates ist es, ein Vater der Elenden und der Waisen zu sein, die Grundtriebe und die Bedürfnisse des Volkes zu erforschen, Rat und väterliche Wegweisung rechtzeitig zu erteilen, die Reinigkeit erleuchteter Sitten zu begünstigen, die unglücklichen Mädchen und ihre Kinder auf dem Lande unterzubringen — und eine frühzeitige Ehe der Jugend zu ermöglichen. Das „Memorial ad Über Verbrechen und Straffen" (1782) unterstreicht einige dieser Forderungen und weist dazu im besonderen die Verbindungslinien zwischen Eigentum und Verbrechen auf (IX—185 ff.); desgleichen das Gutachten zu den „Ehegerichts-Satzungen" vom Jahre 1784 (1785), nur daß hier die Abhilfe in der Rückkehr zur ursprünglichen Verwaltung des Ehegerichts gesehen wird (IX—241 ff.).

5. Auch die eigentlichen REVOLUTIONSSCHRIFTEN Pestalozzis, dem die gesetzgebende Versammlung im August 1792 das französische Bürgerrecht verliehen hat, dienen der Volkserziehung in dem bisher erörterten Sinne[1]), wenn er auch in der Praxis nicht immer eine glückliche Hand gehabt hat.

a) Der französischen Revolution gegenüber sieht er in der Abhandlung „JA ODER NEIN?" (1792—93) mit nüchternem Blick die unverhoffte Wendung der Pariser Ereignisse, des „Revolutions-

1) Vgl. seine „Zuschrift an das französische Volk" vom Jahre 1794 (X—251 f.).

schwindels": „Die exaltierte Begrife vom Königsrecht sind in exaltierte Begrife vom Volksrecht hinübergegangen" (X—159); die Plebejer beanspruchen alles, was die Patrizier ziert (X—94, Entwurf). Dem Despotismus anmaßender Regenten, des Adels und der Geistlichkeit[1]), wie der Gewalttätigkeit des Nationalkonvents und den „Freyheitsverirrungen" des alles gleich machenden Pariser Pöbels gilt sein Abscheu, sein entschiedenes Nein; sein ebenso bestimmtes Ja dem auch jetzt noch berechtigten Freiheitsstreben des französischen Volkes, der dringenden Wiederherstellung von Wahrheit, Recht und Ordnung, von Tugend und Religion (im Sinne wahren Christentums), dem „Übergewicht der Unbestochenen und Rechtschafenen gegen den schlechten, bestechbaren Bürger" (162)[2]). Noch schärfer wird die Herabwürdigung der großen Ideen, der Menschenrechte, des Bürgersinns und der bürgerlichen Freiheit, der Ordnung und des Rechts gegeißelt in beiden Fassungen der „Nachtgedanken" bzw. der „Gefuhle bym Jahrwechsel" 1794 (X—173 ff.). Die durch Menschenrechte eingeschränkte Freiheit, die den Verirrungen der Regierungen ein Ziel setzt, die Menschenrasse veredelt und den Wohlstand des Landes erhöht, hat der Menschheit allenthalben Gutes getan („Ja oder Nein?", X—148 f.). Nach einem geschichtlichen Rückblick auf ein (konstruiertes) Ideal des „Feudalsystems"[3]), das schon Gedanken der späteren „Nachforschungen" vorausnimmt, gibt Pestalozzi der Hoffnung Ausdruck, daß wieder Sicherheit und Glück im väterlichen Hause herrschen und daß sich alle Stände zu innerer Vereinigung aller Kräfte des Staats zusammenfinden[4]). Die rege gemachte Sehnsucht nach innerer Veredlung fordert Brot- und Ehrenrechte sowie Sicherungsmaßregeln vor Leib- und Lebensgefahren. Dem dienen „Bildungsanstalten" und dazu „Vorsehungsanstalten" gegen den Mißbrauch der Gewalt. Pestalozzi schließt seine „Schrift fürs Volk" mit einer Mahnung an den Genius

---

[1]) „Der Heiland hat nie advocatisiert, am wenigsten für die großen Herren" (X—128). Derselbe Gedanke ist gegen Royalisten und Klerikale in beißender Ironie zur „Predigt an die Franzosen" im Jahre 1797 verarbeitet (XI—43 ff.).

[2]) So auch die kurze Schrift „Über Sansculottismus und Christentum" vom Jahre 1794 (X—265 ff.).

[3]) In dem etwas späteren Entwurf „Ideen und Note zu Rangierung der Freiheitsbegriffe" (Ende des Jahres 1793), der mit Joh. v. Müllers „Schweizergeschichte" in Beziehung steht und sehr tiefe Gedanken andeutet, werden drei Stufen unterschieden: der Edelmut der „alten Democratie", der Despotismus der Aristokratie und die Sicherheit der Republikaner, in denen Zutrauen zur beschränkten Macht der Obrigkeit herrscht (X—195 ff.).

[4]) In wirtschaftlicher Hinsicht mahnt Pestalozzi „die Franken" in seinem „Aufruf zum Kartoffelbau" (1794), alle persönlichen Interessen den Erfordernissen des Vaterlandes unterzuordnen (X—255 ff.).

und die Fürsten Deutschlands, die Selbständigkeit und Sitten, die Freiheitsrechte des jetzt erniedrigten Volkes zu achten.

b) Der (kommenden) Revolution in der Schweiz und damit seinem volkserzieherischen Wollen dienen zunächst die kleinen Schriften zur STÄFNER VOLKSBEWEGUNG vom Jahre 1795 (X—271 ff.). Die Landschaft Zürich hatte sich 1795 gegen den „Zunfteinfluß" der Stadt aufgelehnt und forderte Anteil an den Staatsgeschäften, in Sonderheit Handels- und Gewerbefreiheit sowie Freiheit (theologischer) Studien und größeren Anteil an den Wahlen. Die Führer der Gemeinde Stäfa, am oberen Zürcher See, wurden zu hohen Gefängnis- und Geldstrafen verurteilt, und auch Pestalozzi, der zur Versöhnung mahnte, wurde in den Zwist hineingezogen. Soweit der äußere Rahmen. Pestalozzi, der Volkserzieher, kann der gefahrvollen Lage des Vaterlandes nicht untätig zuschauen, da er der Meinung ist, „Treu und Gehorsam", „weises Hinlenken zum Gemeinsinn und zur Bürgertugend sy das einige Mittel", Untertanen vor Standeslosigkeit und bürgerlichen Verbrechen zu bewahren (X—302)[1]. Wie in den vorangehenden (und folgenden) Schriften unterscheidet Pestalozzi mehrere „Epochen", oder er stellt die Unschuld und Einfalt der Vorzeit dem Egoismus seines Zeitalters entgegen (X—285; 291; 297 ff. usw.)[2], der auf das rechtlose Verhalten der Vorgesetzten weltlichen und geistlichen Standes, vor allem auf den ungemein großen Einfluß der Unterbeamten zurückzuführen ist. Die Masse der Bürger ist seines Erachtens zurzeit unfähig, sich durch Erwerb zur Ehrenfestigkeit und Achtbarkeit zu erheben; die herrschenden Verhältnisse lassen keinen Edelmut, keine Sorgfalt und Mäßigung, keine Selbständigkeit und kein Ehrgefühl aufkommen. Da Pestalozzi glaubt, daß das Freiheitsstreben des Volkes nichts anderes sucht als einen gesicherten und beruhigten häuslichen Zustand der Unschuld und Tugend, so mahnt er zur Förderung von Industrie und Landbau, um den Wohlstand — nicht den Reichtum an sich! — und damit Gehorsam und Pflicht, Wahrheit und gute

---

[1]) In der „Mahnung zur Verständigung" vom Jahre 1796 warnt Pestalozzi vor den Folgen ehrenkränkender Strafen, beklagt die Verständnislosigkeit der Obrigkeit und versucht noch in letzter Stunde, den losbrechenden Sturm abzulenken (XI—31 ff.).

[2]) Auch das Studium von Ehegerichtsprotokollen (1796) dient dem Bestreben, genaueren Einblick in den Wandel der Verfassung, der Rechtssprechung, der Sitten und der öffentlichen Meinung zu gewinnen. Pestalozzis „Verfassungsgeschichtliche Bemerkungen zu Auszügen aus zürcherischen Ehegerichtsprotokollen" (XI—17ff.) enthalten kritische Stellungnahmen im sittlich-volkserzieherischen Sinne.

Sitten neu zu begründen und so die sich befehdenden Stände zusammenzuführen. In diesem Zusammenhang weist er auf seine alten Vorschläge hin, Erziehungsanstalten der verschiedensten Art einzurichten: Abwendung der Revolutionsgefahr durch Volkserziehung! Diese Gedanken werden besonders klar in dem Manifest „An die Freunde der Freiheit am Zürichsee und der Enden" (1795) zum Ausdruck gebracht (X—303 ff.).

Um die gleichen Ideen kreisen die stichwortartig hingeworfenen „Notizen zu Briefen über die Schweiz" vom Jahre 1795/96, wo verfassungsrechtliche Fragen (der Vergleich Zürich—Bern) im Vordergrund stehen und auch immer wieder die alte und neue Zeit, wie in den „Figuren" (1797), miteinander verglichen werden (XI—3 ff.).

Die Beunruhigung des Volkes beruhte, im Innern, auf wirtschaftlicher Unterdrückung der Landleute und ihrer Fabrikation seitens der städtischen Zunftaristokratie eines privilegierten Bürgertums, wobei die große Masse des bürgerlichen Mittelstandes und der ärmeren Kreise wirtschaftlich immer tiefer sank, die großen Handelshäuser aber dem Schlendrian verfielen. Nach außen hin waren es aber verfassungsrechtliche Gründe, die Stellung zur Frage der persönlichen und gewerblichen Freiheit, die einen gewaltsamen Umschwung mit Hilfe des revolutionären Frankreichs immer wahrscheinlicher machten. Im „Memorial über die Freyheit des Handels für die Landschaft Zürich" (1797) deckt Pestalozzi die wirtschaftlichen Nöte und ihre Folgen auf; in der „Oratio pro Domo" desselben Jahres sucht er der Ausbreitung der Revolution zuvorzukommen (XI—57 ff.; 79 ff.)[1]). Wenn er auch überall sachlich die rechtliche Seite der Probleme auseinanderlegt, so sucht er doch in beiden Schriften die drohenden Gefahren durch volkserzieherische Maßnahmen abzuwenden; er lehnt äußerliche „Anstreicher-Künste" ab und geht den letzten Gründen des Übels nach, wie er es auch in den „Figuren" zu seinem ABC-Buch gehalten hat (XI—168; 160). Selbsthilfe ist nicht als Recht des Stärkeren oder als gewalttätige Vereinigung der Schwächeren gerechtfertigt, sondern wird nur möglich durch gesicherte Individual-Veredlung der Kräfte unserer Natur (XI—212 f.; 247; 260; 302; 316; 326 f.). Pestalozzi findet die Ursachen der steigenden Unzufriedenheit in der Selbstsucht und Unsittlichkeit der Großen, in ihrer Mißachtung und Erniedrigung der

---

[1]) So auch in anderen Schriften. Vgl. z. B. Aug. Israel, a. a. O., S. 101.

aufstrebenden Schichten. Genau so in den „Figuren“ vom Jahre 1797. Pestalozzi ist überzeugt, daß größere Freiheiten „dahin würken, zu Statt und Land einen der Sittlichkeit und wahren Cultur sich mehr nähernden, weniger beschränkten und schiefen, weniger eng- und hartherzigen, im Gegentheil einen mehr beruhigten, mehr wohlwollenden und theilnemmenden Volkskarakter zu erzeugen“. Wenn die „Fundamente“ des Wohlstandes wesentlich besser gegründet, wenn Landfabrikant und handelnder Bürger einander näher gebracht werden, so „würden dardurch die reicheren und cultivierteren Landleuthe auf ihren Dörferen mehr Achtung genießen und darmit auch mehr Neigung zu allem Guten, mehr Reiz zum Gemeingeist“ gewinnen (XI—63). Immer wieder wird zur Entfaltung aller sittlichen Kräfte aufgerufen, zur Sicherung von Wahrheit und Recht in einer „natürlichen Ordnung“ aller Stände.

c) Und als dann zu Anfang des Jahres 1798 die Revolution im eigenen Lande ausgebrochen ist, wendet sich Pestalozzi, der Revolutionär, in begeisterten Aufsätzen und Flugschriften sowie in mehreren Artikeln des „Helvetischen Volksblattes“, dessen Redaktion ihm zeitweilig übertragen war, immer wieder an sein „Vaterland“, an „Helvetiens Volk“, an die „Gesetzgebenden Räthe“, an die „vormals demokratischen Kantone“. Immer wieder erinnert er an die alte Zeit der Einfalt, Unschuld und Tugend, verurteilt die vorrevolutionäre Zeit der Unterdrückung seitens der Höfe und Klöster, rechtfertigt die neue Obrigkeit und ihre Maßnahmen, fordert zum Vertrauen und zur Mitarbeit auf, warnt vor den Intrigen der Reaktionäre und Aristokraten, reißt die Schwächlinge mit sich fort zum gemeinsamen Werk des vereinigten Volkes, findet aber auch harte Worte gegen die „Patrioten“, die versagt haben: man darf die neue Verfassung nicht mit ihren neuen Verwaltern verwechseln! (XII—263 ff.; 271 ff.; 277 ff.; 285 f.; 347; 354; 357 f.; 369; 379 f. usw.). Während sich Pestalozzi früher scharf gegen Soldateska und Waffenhandwerk ausgesprochen hat, verherrlicht er jetzt den Tod fürs Vaterland und ruft im Namen der Freiheit und Gleichheit zum (freiwilligen) Eintritt ins Heer auf, um an der Seite der Franzosen, die ins Land eingezogen sind, den Staat und die neue Freiheit zu schützen (395 f.; 401 f.; 404)[1]. Als Volkserzieher begründet Pestalozzi seine Parteinahme immer mit Forderungen der Sittlichkeit, der

[1]) „Ich handelte in diesem Falle nach den Gesetzen des Naturrechts, das beim Eintreten des Bedürfnisses der Nothilfe auch ein bürgerliches Recht wird.“ „Meine Lebensschicksale“, S XII—286.

inneren Würde, der häuslichen Lebensweisheit, der Ordnung, der Rechtlichkeit, der Mäßigung und Geradheit, des Vertrauens und der Liebe. Der religiöse Gesichtspunkt tritt dabei zurück! Er mahnt zur Großmut gegenüber den Besiegten und warnt vor den Verleumdern, welche die Ehre der Eidgenossen antasten und die Abschaffung der Religion durch die neue Regierung voraussagen. Wach auf!, ruft er seinem Volke zu; sei menschlich und edel! Leg die Fehler ab und werde besser, als du warest! (265 ff.; 281 f.; 293; 333 ff.; 338; 349; 355; 389 f.). In seinem Zuruf an die demokratischen Kantone faßt er den Sinn der neuen Ordnung dahin zusammen: sie habe den Zweck, „allem guten im Lande aufzuhelfen; sie hat zum Zwek, die Gottesforcht zu schützen, die Schuhlen zu verbessern, den Kunstfleiß zu begönstigen, Gewinn und Gewerb zu erweittern, Recht und Gerechtigkeit zu sichern, das Hausglük zu erhöhen, und die Kräfte der Menschen zum Dienst ihrer selbst, ihrer Kinder und ihres Vatterlands mehr zu entwikeln und anzustrengen" (XII—282).

Auch den Abhandlungen über den Z e h n t e n liegen erzieherische Überzeugungen zugrunde. Wohl war die Amnestie für die Führer der Stäfner Bewegung schnell erzwungen, Gewerbe- und Studienfreiheit gewährt, der Zutritt zu den Regierungs- und Verwaltungsämtern freigegeben und die freie Wahl der Landvögte gesichert. Viel schwieriger war jedoch das Problem zu lösen, wie der Ausfall der Zehntenabgabe durch gleichmäßig verteilte Steuern zu ersetzen sei, damit der Staat die Übergangszeit der verminderten Staatseinkünfte überwinden könnte. Pestalozzi sieht diese Frage vom theoretisch-sittlichen Standpunkt, von der Idee der „Gerechtigkeit und Menschlichkeit" aus und fordert daher die völlige Abschaffung des Zehnten in der Schrift „ÜBER DEN ZEHNDEN", 1798 (XII—319). Auf diese Weise will er die „allgemeine, treue und unverfängliche Gleichheit in der Belastung des Volks" erreichen (XII—325).

Das zweite Zehntenblatt („ABHANDLUNG ÜBER DIE NATUR DER HELVETISCHEN ZEHNDEN UND BODENZINSE UND DER UNPASSENHEIT ALLER IHRETHALBEN IN DER REVOLUTIONSZEIT GENOMMENEN MASSREGELN") ist wohl im Jahre 1798 begonnen, erstmals im Jahre 1799 herausgegeben, reicht aber hinüber in Pestalozzis Wirksamkeit zu Stans und Burgdorf, wie die zahlreichen Handschriften, Überarbeitungen und Ergänzungen beweisen. Pestalozzi wendet sich, besonders eindringlich im „Ersten Entwurf", gegen die Einwände, die der erste Aufsatz hervorgerufen hat. In scharfen Ausdrücken wirft er, der die Revolution nicht gewollt habe, den Besitzenden vor, daß nichts geschehe, das niedere

Volk zur Menschenwürde zu erheben; die edelsten Gefühle der Menschennatur würden gekränkt, das Rechtsgefühl des Volkes unterdrückt, die ersten Bedürfnisse der Armen vernachlässigt; das Gerechtigkeitsgeschrei der Städte sei die Sprache des beschränkten, sinnlosen Egoismus; der Geistlichkeit scheine nichts daran gelegen, die Mittel für Sittlichkeit, Kultur-, Polizei- und Wohltätigkeitsanstalten zu vervollkommnen[1]). Pestalozzi zeigt die krassen Widersprüche auf zwischen Rechtlichkeit und Gesetz, zwischen der Rechtsidee, der Sittlichkeit und dem überkommenen positiven Recht: Pharisäergerechtigkeit, Schein- und „Eyergerechtigkeit, ob der die Hühner zu Grund gehen“ (XII—412 ff.; 428 ff.; 436; 644). Diese wichtige Unterscheidung kommt in der Darlegung überzeugender Rechtsfälle und anschaulicher Beispiele klar heraus. Einige seiner Grundsätze werden in glücklicher Weise auf die kürzeste Formulierung gebracht (444; vgl. 751). Pestalozzi, der Vater der armen und bedrückten Feudalbauern, bangt für öffentlichen Wohlstand, für Sittlichkeit und Freiheit; der Fortschritt des Rechts bedeutet ihm einen Gewinst für Wahrheit und Pflicht: „Wahrheit und Recht, du allein wirst uns retten; Wahrheit und Recht, du allein gibst uns Fryheit“ (XII—630; vgl. 682). Schließlich mahnt er die Bauern selbst zur Mäßigung ihrer Rechtsansprüche! Erst müßte das Vaterland einmal gerettet sein (XII—463; 766 f.). Sie sollten also zur Zeit nicht fragen, was ihr Recht sei, sondern was das Vaterland zu seiner Rettung bedürfe!

Der Bedeutung der S p r a c h e und des Sprechens für Volk und Menschheit wendet Pestalozzi seine besondere Aufmerksamkeit zu. Der Erforschung dieser Probleme gelten die Entwürfe und das Fragment „DIE SPRACHE ALS FUNDAMENT DER KULTUR“ aus der zweiten Hälfte 1799 (Bd. XIII), im ganzen sieben Abschnitte, die in der vorliegenden Ausgabe aus neun Handschriften zusammengezogen sind.

Die Erziehung des Menschen beruht auf Erkenntnis der Wahrheit, welche Ruhe und Lebensgenuß, Ordnung und Sittlichkeit zur Folge hat. So heißt es in der „Abendstunde“ wie in den folgenden Werken. Und die Sprache ist Ausdruck der Wahrheit, ist Ordnung; Sprechen wirkt Kraftbildung, ja Sprache ist das Kennzeichen der

---

[1]) Ebenso das Bild der herrschenden Klassen und der Geistlichkeit, im Gegensatz zum guten alten Feudalsystem, in den Schilderungen der „Figuren“ vom Jahre 1797; jedoch ganz anders das Bild des jungen Pfarrers in „Lienhard und Gertrud“, sowie die Schilderungen in „Siben Tag by Pfarrer Samuel“, Anfang 1800 (XIII—57 ff.): Wirksamkeit des Pfarrers und das Familienleben im Pfarrhause!

Menschwerdung, insofern der Mensch in seinem Wort den Grund seines Rechts und seiner Pflicht erkennt („Wie Gertrud ihre Kinder lehrt", XIII—45)[1]).

Im einzelnen legt Pestalozzi dar:

a) Die menschliche „Geistesentwiklung" (durch Unterricht) „muß" auf die Kenntnis der Sprache gegründet werden, weil sie aus „Urbildern" (s. u.) und Urverhältnissen entsprungen ist und demgemäß mit der „intuitiven Anschauungsweise aller Dinge" und der sich daraus ergebenden Entwicklung des menschlichen Geistes in Harmonie steht. Unsere Sprache zeugt von der Vorstellungsweise, die sich unsere „Natur selber" über alle Dinge dieser Welt macht! Die Reihenordnung aller Begriffe in uns und die darin liegende Wahrheit fordern also, die Sprache lückenlos und in ihrer ganzen Ausdehnung zum Fundament unserer Kultur zu machen, vor allem die Urworte und leitenden Ideen, an die sich untergeordnete Begriffe anschließen (XIII—39).

b) Zu diesem allgemeinen Fundament kommt noch die Besonderung unserer „Realposition". Sie bedingt die Entwicklung der Sprache und die Bildung der Fertigkeiten, deren wir in unserer Lage und der dadurch bedingten Wahrheit bedürfen, um uns in der bürgerlichen Gesellschaft mit Leichtigkeit behaupten zu können (42, 53).

Das wird ermöglicht durch das in der Natur des Menschen begründete „Bedürfnis" (!), d. h. durch das „Begehrungsvermögen des gesellschaftlichen Menschen", mit seinen besseren, auf die Sprache gegründeten Einsichten übereinstimmend und wahrheitsgemäß handeln zu können. Dieser Drang des gesellschaftlichen Menschen, die „besseren Kräfte" unserer Natur in uns selber, sind sittliche Ansprüche, nicht bloße Instinkte (35, 37, 43, 48 f., 52 f.). Das ist das innere Fundament „der Harmonie meiner selbst mit meiner bessern Natur", das Werk meiner Einbildungskraft und das Ergebnis dunkler Gefühle. Als das beste Fundament ist es am Ende doch nur Fundament und bedarf der Ausbildung, des „äußeren (= empirischen)

[1]) Dies Wort wird erst verständlich von der existenziellen Betrachtungsweise der Sprache her. Vgl. H. Lipps, Die Verbindlichkeit der Sprache, Frankfurt (Main) 1944, S. 97 ff., 107 ff. Wenn Franz Bopp, auf Herders Spuren wandelnd, gleich Jacob Grimm, die Sprache als Teil der Volkskultur betrachtete, durch Sprachvergleichung zur Entwicklungsgeschichte der Menschheit durchstoßen wollte und Wilhelm v. Humboldt dann das allgemeine Prinzip, die Idee, d. h. »die innere Gesetzmäßigkeit« der beobachteten Spracherscheinungen »von innen heraus« erfassen wollte, so rückt nun Pestalozzi, ohne je von Philologen gewürdigt zu sein, in die vorderste Front der Sprach- und Geschichtsforschung seiner Zeit.

Gebeudes" dadurch, daß man den Menschen reden lehrt und mit diesem äußeren Mittel der gesellschaftlichen Kultur das Werk der Natur vollendet (36, 46, 52 ff.).

c) Der gesellschaftliche Mensch ist ein „Kunstwesen". Er ist demgemäß zu erziehen sowohl zu den Annehmlichkeiten des Lebens wie zu „des Vaterlandes Heil". Das ist das Ziel der Lehrmethode, die nach Pestalozzi nicht über den Wolken schweben darf. Aber zwei Klippen ragen uns entgegen, das physische (d. h. leibseelische) Nichtgenugtun und das entsprechende Zuvieltun in der tierischen Verhärtung und physischen Verwilderung unserer Zivilisation. (Vgl. o. S. 24). Die Kunstbildung muß also im Gewirre der Welt den „großen und festen Zusammenhang meiner selbst mit der ganzen sinnlichen Natur" zum deutlichen Bewußtsein erheben und mich befähigen, mit der „edlern Anschauungsweise aller Dinge übereinstimmend", wohlwollend und weise zu handeln. Diese Veredlung der bloßen Intuition, die alles nur aus dem Menschen herausbringt, was in ihm liegt, nichts aber hineinlegt, kann erreicht werden, wenn die Sprache, das Vehiculum veritatis, mit dem ganzen Schatz unserer durch die Jahrtausende gereiften Volkskultur zum Fundament unserer umfassenden und lückenlosen Geistesentwicklung gemacht und der Mensch auf diese Weise wieder mit der „Wahrheit der einfachsten und reinen Naturgefühlen" in Übereinstimmung gebracht wird (36, 38 ff., 40, 43, 46 f.; das Gedicht auf S. 411 sowie S. 266, 279: „Wie Gertrud ihre Kinder lehrt"): „Wenn du also für dein Geschlecht Wahrheit suchst, so lehre es reden" (54). Zu dieser „mit den Bedürfnissen des Ganzen in stiller Harmonie stehenden Selbstkraft" kommen wir durch Reden in der gesprochenen Sprache, und zwar im Umgang mit gesellschaftlich gebildeten Menschen, die Sprachkultur besitzen, sowie durch Erziehung im Reden und Lesen in öffentlichen Lehranstalten[1]). So gelangen die Menschen dazu, sich über die gewöhnlichsten Vorfälle des täglichen Lebens leicht und bestimmt auszudrücken (41). Wer aber nicht reden kann, für den sind alle Kulturmittel verloren; Sprechkultur ist mithin das Fundament jeglicher Kultur, der Kunst und Sittlichkeit (38 f., 44). Mit diesen Ansichten ist die früher geäußerte Theorie (o. S. 49 f.) wohl in Übereinstimmung zu bringen, auch Fischers Ansicht über Pestalozzis Methode („Wie Gertrud ihre Kinder lehrt", XIII—205), wie wir im dritten Teil sehen werden („Lenzburger Rede", „Schwanengesang").

---

[1]) Über das Verhältnis Pestalozzis zu Herders Sprachphilosophie vergleiche Fr. Delekat, Joh. H. Pestalozzi, Der Mensch — der Philosoph und der Erzieher. Leipzig 1928², S. 262 ff. u. 271 ff.

DRITTER TEIL

Pestalozzi der Wahrheitssucher

Pestalozzi, der rastlose, von der Sorge um Menschheit und Volk aufgewühlte Sozialist, war kein Praktiker, kein Organisator. Dem hat er selbst freimütig Ausdruck verliehen, z. B. in den „Geßnerbriefen“: „Ich war mit grauen Haaren noch ein Kind“; ein „armer Narr“, mit seinen Büchern beschäftigt, war er als Knabe „zu allem andern ungeschickt“; so auch im „Schwanengesang“ 1825 (S XII—413 ff.).

Doch er war ein Mensch der Liebe, dazu ein Mensch der Forschung nach Wahrheit. Mit der Suche nach „Wahrheit fürs Volk“ beginnen seine „Nachforschungen“. Dies Wort könnte auch über allen seinen Schriften, über seinem ganzen Leben des ruhelosen Sinnens und Fragens stehen, wie auch die vorstehenden Darlegungen gezeigt haben. Im bohrenden Grübeln und Schreiben hat er immer wieder versucht, seine Gedanken über Ziel und Weg der Schul- und Volksbildung zu klären, über den „Gang“ seiner volksbeglückenden Ideen mit sich selbst „einig zu werden“, und zwar in Anlehnung an den einfachen „Gang der Natur“. Daher die große Zahl seiner kulturkritisch-anthropologischen Schriften, die man schließlich als Vorarbeiten zu seinem Hauptwerk, den „Nachforschungen“ und zur Nachlese der „Epochen“ auffassen kann. Sie kreisen um die Zusammenhänge zwischen Eigentum und Erwerb, Sitte und Sittlichkeit, Freiheit und Gehorsam, Rechte und Pflichten, Ruhe und Glück, Liebe, Vertrauen und Ehre, Ordnung, Wahrheit und Glauben, um die Idee der Erziehung in dem „Naturstand“ bzw. der „Gesellschaft“, im Rahmen des Volkes und der Menschheit. In dieser Richtung liegt die inhaltliche Erfüllung seines allgemeinen Zieles, seines Strebens nach Vervollkommnung, nach Veredlung der Menschheit. Dazu bedarf der Mensch vor allem der Genügsamkeit, der heiligen Einfalt; so in früher Zeit und späterhin

(z. B. I—21, 247; XVI—3). Das biblisch-augustinische Ideal: Tu nos fecisti ad te, car nostrum inquietum est, donec requiescat in te!

Es fragt sich, auf welchem Wege der Ausgleich dieser Ideen sowie die Verwirklichung einer umfassenden Erziehungsidee gesucht wird. Weder Ziel noch Weg sind von vornherein festgelegt. Beides muß für Pestalozzi durch dauernde Erfahrungen und Versuche gewonnen, von uns aus der Eigenart seines Wesens und seiner Lebensbedingungen im ganzen und im einzelnen gewürdigt werden.

Dieser Aufgabe legen wir folgende Schriften zugrunde:

1. Fragment über den Stand der Natur und der Gesellschaft (1783), Bd. IX.

2. Über die Entstehung der sittlichen Begriffe in der Entwicklung der Menschheit (um 1786), Bd. IX.

3. Meine Nachforschungen über den Gang der Natur in der Entwiklung des Menschengeschlechts (1797), Bd. XII. — Die Entwürfe zu den Nachforschungen, Bd. XII. — Fragmente zu einem II. Teil des Buches, genannt: Über Barbarei und Kultur (seit 1797), Bd. XII. — Pestalozzi an sein Zeitalter (Die Epochen, 1802/03), Bd. XIV.

4. An die Unschuld, den Ernst und den Edelmuth meines Zeitalters und meines Vaterlandes (1815), S XI.

5. Eine abschließende und zugleich zusammenfassende Rückschau auf Pestalozzis Werk und Wollen erfolgt im Anschluß an sein letztes großes Werk, den Schwanengesang (1811/1825) unter Heranziehung der Langenthaler Rede nebst der Skizze (1826) und einer kritischen Würdigung der Lenzburger Rede (1809), womit die Einheit aller drei Teile der vorliegenden Schrift wiederhergestellt wird. Die genannten Werke finden sich in S XII—289 ff., bzw. Ma III—371 ff.

I. EINFÜHRUNG

1. Das „FRAGMENT ÜBER DEN STAND DER NATUR UND DER GESELLSCHAFT", IX. Band, S. 205—237, steht unter dem Einfluß eines Aufsatzes von Fr. v. Schukmann, „Von dem Entstehungsgrund der Gesellschaft", Berlinische Monatsschrift 1,5 vom Mai 1783, und ist bald darauf niedergeschrieben. In dem verwandten „Memoire über Eigentum und Verbrechen", das aus dem Jahre 1782 stammt, hat Pestalozzi bereits darauf hingewiesen. Der Gegen stand ist der Stand der Natur und der Gesellschaft mit besonderer Berücksichtigung der Gesetzgebung in der „Societät". Im Mittelpunkt steht die Frage des Natureigentums bzw. des positiven Eigentums auf den erwähnten beiden Stufen, weiterhin die Entstehung des positiven Rechts aus dem Bedürfnis der Sicherheit und Ordnung sowie die sich daraus ergebende Sittlichkeit, durch Erziehung gefördert. Ziel ist das „Volksglück", Ruhe und Lebensgenuß, Grundlagen und Folge moralischer Entwicklung (207, 221 u. ö.).

Die Darstellung des „Fragments über den Stand der Natur und der Gesellschaft" fällt allerdings in die Abfassungszeit des Volksromans „Lienhard und Gertrud", kann aber als eine Vorstudie zu den „Nachforschungen" betrachtet werden. Als solche enthält es viele aphoristische Bemerkungen, Zusätze und Tilgungen neben ausgeführten Gedanken. So kommt es, daß viele Betrachtungen und Einfälle nur in prädikatlosen Sätzen, Stichworten und zuweilen in Wortverstümmelungen hingeworfen sind. Gelegentlich finden wir wiederum das betonte Festhalten eines Gedankens zunächst in positiver, dann in negativer Fassung, z. B. XIII—208.

Am Schlusse bzw. gegen Ende (230) des „Fragments" sind Quellen angegeben der noch zu lesenden Schriften[1]); dazu (233) mitten

[1]) Der von Friedr. v. Schukmann zitierte Aufsatz in der Berlinischen Monatsschr. (Mai 1783) hat mit Pestalozzis Gedankengang nichts gemein. Nur die zweite Anmerkung auf S. 447 läßt darauf schließen, daß Pestalozzi darin schon zu gleicher Zeit gelesen haben mag. Wohl später hat er sehr freie Auszüge mit ausführlichen Bemerkungen zu diesem Aufsatz angefertigt (IX—409 ff.).

im Text ein Hinweis, wo (wohl bei dem Juristen D. Fellenberg in Wildenstein) sich Pestalozzi näher unterrichten will; ähnlich (211) der Vorsatz, mit dem Landschreiber zu Baden (S. Escher) reden zu wollen; auch (207 f.) kurze Angaben der Themen, über die Pestalozzi mit dem Basler Kaufherrn Battier gesprochen hat, bzw. ein Hinweis auf einen Briefwechsel (225)[1].

2. Der Aufsatz „ÜBER DIE ENTSTEHUNG DER SITTLICHEN BEGRIFFE IN DER ENTWICKLUNG DER MENSCHHEIT" ist wohl hauptsächlich im Laufe des Jahres 1786 geschrieben und anfangs 1787 abgeschlossen. Er steht im IX. Band, S. 437—470, und umfaßt wesentlich zwei Teile. Der erstere ist mehr systematisch gedacht und beleuchtet die Zusammenhänge zwischen den natürlichen Bedürfnissen des Natur- und Gesellschaftsmenschen, dem Verlangen nach gesichertem Eigentum und der daraus folgenden Zufriedenheit, die dann zur Quelle aller Sittlichkeit, der Wahrheitsforschung und des Rechtes wird: „Der Mensch ist nur tugendhaft, wen er zufrieden". Da alles Recht aber Pflichten voraussetzt, — „der Begriff von Rechten" als „Urbegriff von Pflichten" —, so wird die Einschränkung unserer Begierden zur Quelle der Tugend (451, 468). Das einzusehen, ist der wahre Vorteil des Menschen. Wahrheit aber, die Forschung wie auch das Recht, welche die menschliche Glückseligkeit nicht fördern, also „bloß um ihrer selbst willen", ist nichts für den Menschen (447 f., 468)!

Eine lange Reihe von Fragen und aufgezählten Problemen leiten zum zweiten, kürzeren Teil über, der stärker historisch angelegt ist und eine Stufentheorie kulturgeschichtlicher Entwicklung entwirft[2]. Er enthält dazu kritische Bemerkungen über Rousseau, und zwar Anlehnungen und z. T. wörtliche Entlehnungen aus dem „Berlinschen Magazin der Wissenschaften und Künste" (1. Jahrg., 2. Stück, 1782), dessen Aufsätze auch sonst benutzt und ausgezogen sind (s. IX—382 ff.)[3]. Pestalozzi verfolgt die Entwicklung sittlicher

[1]) Von diesem Grübeln in „schlafloser Nacht" zeugt auch das Fragment „An mein Vaterland" vom Jahre 1802 (XIV. Band).

[2]) Aus der großen Zahl solcher Theorien bzw. Kreislauflehren verweise ich auf das frühere System der drei Stadien (Theologie, Metaphysik, Positivismus) bei Turgot (1781) und seine späteren Abwandlungen bei Saint-Simon und Comte. Bei letzterem bedeutet Gesetz: unveränderliche (!) Beziehung: relation invariable de succession et de similitude, Cours de philos. positive, herausg. von E. Littré, 1869³, I—9 ff. — Inhaltlich näher stehen z. B. Fichtes „Grundzüge des gegenwärtigen Zeitalters" (1806) bzw. Ad. Ferguson u. L. H. Morgan (Wildheit, Barbarei, Zivilisation) sowie Ch. Fourrier (Wildheit, Barbarei, Patriarchat, Zivilisation d. damaligen Bourgeoisie).

[3]) Hier geht uns besonders der Aufsatz an, der überschrieben ist: „J. J. Rousseau über seinen Charakter und die wahren Bewegungsgründe zu seiner ganzen Aufführung. In vier Briefen an den Herrn von Malherbes".

Begriffe der „Kinder Gottes“ im glücklichen Zustande des Hirtenlebens, das mit dem wachsenden Kampf ums Dasein immer unmoralischer wird, dem die rohen Naturmenschen, die „Kinder der Welt“, nicht gewachsen sind! Der Hirt wurde vertrieben, und der Jäger wurde Meister. Es folgt der Zustand der Gewalt, der Kriege, bis sich dem Eroberer niemand mehr widersetzt. Hier werden überdies fünf Entwicklungsstufen der Menschheit erwähnt: Sammeln, Pflanzen, Verarbeiten, Tauschhandel mit Erzeugnissen, Handel mit Geld (469). Diese Stufentheorie wird mit einer Betrachtung über die erste Stufe der Religion abgeschlossen, die ihrem Ursprung nach aus „Dumheit und Forcht“ entstanden sein soll. Auch hier lehnt sich Pestalozzi an zwei Aufsätze in demselben Magazin an (4. Stück, 1783), die z. T. wörtlich ausgezogen, öfters mit eigenen Bemerkungen versehen sind (IX—386 ff.). Es ist bemerkenswert, daß Pestalozzi einen Aufsatz Fr. Gedikes: „Gedanken über die Gedächtnisübungen“ (1. Jahrg., 2. Stück, S. 54 ff.) kaum Beachtung gewidmet hat, trotzdem auch Gedike von der „Kraft“ der Vorstellungen, von der „Übung“ der Seelenfähigkeiten, auch gegen die Verfrühung usw. spricht.

Die Darstellung des überarbeiteten Fragments „Über die Entstehung der sittlichen Begriffe“, dessen Anfang fehlt und das mehrere Lücken aufweist, ist sehr verschieden. Der mehr systematische erste Teil ist wie so oft ohne festen Plan mit vielen Fehlern, Unterbrechungen und Wiederholungen hingeworfen. Der mittlere Teil ist nicht ausgeführt und beschränkt sich auf die Angabe abgerissener Gedanken und Stichwörter. Der letzte, vorwiegend kulturhistorische Teil ist wesentlich sorgfältiger entwickelt und niedergeschrieben. Die Fragmente „Wert der Landessitten“ sowie „Wenn ist der Zustand in der Societet besser als der im Wald?“ mögen Vorarbeiten zur vorliegenden Studie und weiterhin zu den „Nachforschungen“ sein (I—191 ff.; 199 ff.).

Wieder packt die anschauliche Wucht der Sprache. So unterscheidet Pestalozzi z. B. verschiedene Wahrheiten in bezug auf den Besitz eines Gartens, auf das Verhalten eines Webers, und schon prägt er die Worte „Gartenwahrheit“, und „Weberwahrheit“ (449). Wieder verstärkt er des öfteren die positive Fassung eines Gedankens durch die negative (z. B. S. 443) und sieht den Menschen immer wieder im „Mittelpunkt“ der ihn umgebenden Verhältnisse.

3. Pestalozzis „NACHFORSCHUNGEN ÜBER DEN GANG DER NATUR IN DER ENTWIKLUNG DES MENSCHENGESCHLECHTS“ ist sowohl eine Soziologie wie Anthropologie, teils onto- und phylogenetisch, teils systematisch betrachtet. Die von

ihm, in Fortbildung der Naturrechtslehre, aufgezeigten drei Zustände, der tierische, gesellschaftliche und sittliche Zustand, bezeichnen demnach sowohl Entwicklungs- wie Seinsschichten empirischer Art, wozu noch eine normative Schicht tritt, also das Ganze, Sein und Sollen, umfassend.

Die hier aufgewiesenen Fragen haben Pestalozzi, den Theoretiker, mehr oder weniger bewußt, während seines ganzen Lebens beunruhigt. Ebenso wie in den „Nachforschungen" wirft Pestalozzi bereits um 1780 in der „Abendstunde" die grundlegende Frage auf: „Der Mensch in seinem Wesen, was ist er?" In späteren Schriften wird das Problem gelegentlich bald von dieser, bald von jener Seite gesehen. Ich erinnere an den „Wert der Landessitten" sowie an die Fragestellung „Wenn ist der Zustand in der Societet besser als der im Wald?", beide wohl um die Mitte der achtziger Jahre geschrieben; dann Anfang der 90er Jahre die Revolutionsschrift „Ja oder Nein?" und, ungefähr zwei Jahre später, 1794, der kürzere Hinweis auf die „Nachforschungen" und auf die drei Stufen in der „Darzwischenkomft des Menschengefuhls im Streit einiger Meinungen über das thierische, das gesellschaftliche und das sittliche Recht unserer Natur" (X—249 u. 252). Zur selben Zeit (wohl Ende 1793 bis 1795) schrieb Pestalozzi, von der Aussprache mit Fichte angeregt, „drey Jahre lang mit unglaublicher Mühseligkeit" an den „Nachforschungen", wie er in den „Geßnerbriefen" selbst berichtet (XIII—185), und noch viel länger, wie sein Briefwechsel gelegentlich andeutet. Sie wurden 1795 vorläufig abgeschlossen, aber erst 1797 zu Ende geführt und veröffentlicht, mit vielen Anklängen an die gleichzeitig vollendeten „Figuren" seines ABC-Buches.

Im zweiten Teile war bereits darauf hingewiesen, wie Pestalozzi des öftern die Gegenwart mit Rückblicken auf eine (konstruierte) Vergangenheit zu klären und zu erläutern liebte. Nachdem er in dem „Tagebuch" vom Jahre 1774 das Problem Freiheit und Gehorsam grundsätzlich angegangen hatte und ihm, in der Besinnung über den Wert der Arbeit und der „Gewerbsamkeit", in Stans die Bedeutung der Industrie und des Feldbaus für Zufriedenheit, Sittlichkeit und Bildung aufgegangen war, verdichteten sich die Zusammenhänge zwischen Eigentum, positivem Recht und Vervollkommnung der Menschheit durch Nutznießung und Sicherung des Eigentums seit dem „Memoire über Eigentum und Verbrechen" und dem „Fragment über den Stand der Natur und der Gesellschaft", d. h. seit Anfang der 80er Jahre, zu den grundlegenden Gedanken, wie sie in „Lienhard und Gertrud" dichterisch veranschaulicht, in den wirtschaftlich-politischen Abhandlungen geklärt und in den „Nachforschungen" kritisch zergliedert sind.

Der Aufbau des philosophischen Werkes ist von Pestalozzi selbst klar herausgestellt worden. Danach ergeben sich die folgenden drei Abschnitte[1]):

A. Die „Grundlage" der Nachforschungen (XII—6 bis 43). Als Ergebnis: „Das Bild des Menschen" und „Das Bild der nahenden Auflösung der Staaten" (S. 44—57).

Übergang zu dem „Wesentlichen meines Buchs": Unterscheidung von „Umständen" und „Kräften": die Freiheit des Willens! (S. 57 bis 66).

B. Der „wesentlichste Gesichtspunkt" (S. 66—121).

„Resultate": „Das Wesen meines Buchs" (S. 121—128).

C. Anwendung der „wesentlichsten Grundsäzze" auf die „einfachen Gesichtspunkte" des ersten Abschnitts (S. 129—161).

„Das endliche Resultat meines Buchs" (S. 161—166).

Dazu ist im einzelnen zu sagen:

Der erste Abschnitt untersucht die Fragen: „Was bin ich?" und „Was ist das Menschengeschlecht?" „Was hab ich gethan?" und: Was hat „das Menschengeschlecht" getan? (Text: „Was thut das Menschengeschlecht?"). Pestalozzi will wissen, was der Gang des Lebens aus ihm, aus dem Menschengeschlecht macht bzw. gemacht hat. Er stellt also wieder, wie im ersten Teil besonders gezeigt wurde, die Frage nach den „Fundamenten" unseres Lebens, und zwar auf Grund eigener „Erfahrungen", nicht irgendeines philosophischen Grundsatzes (6 f.). Auf dieser rein empirischen Grundlage erforscht er die wesentlichen Tatsachen und Ideen des gesellschaftlichen Lebens in dem folgenden Zusammenhang: Aus der Unbehülflichkeit seines ursprünglichen Daseins, aus der „Selbstsorge" (10) kommt der Mensch zu Einsichten (Kenntnissen), dann weiter zum Erwerb, zum Besitz (Eigentum) im gesellschaftlichen Leben, vom Eigentum zur Macht und Ehre, auch schließlich unter die Herrschaft des Adels und der Krone. Diese Verhältnisse im Gang der Natur verlangen nach einem gesetzlichen Rechtszustand (des gesellschaftlichen Rechts) bzw. nach Freiheit; sonst herrscht Tyrannei oder Aufruhr, der, zwecks Erhaltung der Staatsruhe, durch die Gewalttätigkeit des „Staatsrechts" (als ratio ultima regum) unterdrückt wird. Doch lebt im Menschen selbst auch ein Wohlwollen, die Kraft der Liebe und des „Ahndungsvermögens",

[1]) Vgl. die klare und übersichtliche Analyse E. Sprangers, Pestalozzis „Nachforschungen", Akademieabhandlung, Phil.-histor. Klasse, Berlin 1935, sowie Th. Litts Broschüre „Pestalozzi", Berlin—Leipzig 1946, aus der Fragestellung erwachsen: „Was ist uns Pestalozzi heute?" im Hinblick auf die Katastrophe unserer Zeit.

der Pflichten, der Sittlichkeit (Recht und Wahrheit), die den Menschen in seinem Innersten zu veredeln vermögen: Hinweis auf „Göthes Lied", „Das Göttliche"! (8, 9, 15, 17 f., 30 ff., 36, 38 ff., 51.)

Die Reihe der „Vorstellungen" des gesellschaftlichen Lebens wird unterbaut durch die nicht selbst erfahrene Annahme eines voraufgehenden „thierischen Zustandes". Der „Gang der Natur" wird kritisch betrachtet, die Ideen des Wohlwollens und der Liebe mit allen ihnen anhaftenden Mängeln (37). Auch die Kraft des Ahndungsvermögens, die den Menschen „über die Grenzen alles hier möglichen Forschens und Wissens" erhebt, hat eine empirische Seite: das Äußere, Gottesdienstliche; nur ihr Wesen ist göttlich (38 ff.). Trotz der Kräfte im Menschen selber, trotz vorübergehenden Aufschwungs durch Vergesellschaftung und Sprache gehen also der einzelne Mensch wie auch die Staaten zugrunde (44 ff.)!

Der Übergang zum zweiten Abschnitt ergänzt den Natur- und den gesellschaftlichen Zustand durch den sittlichen Zustand. Es werden daher zunächst die sittlichen „Kräfte" von den bloßen „Umständen" geschieden; damit wird „das Gemisch von Zufall und Freiheit" geklärt: „Soviel sahe ich bald, die Umstände machen den Menschen, aber ich sahe eben sobald, der Mensch macht die Umstände, er hat eine Kraft in sich selbst, selbige vielfältig nach seinem Willen zu lenken" (XII—57; vgl. S. 6)[1]. Damit wird die Möglichkeit der Willensfreiheit bejaht. Das besagt nichts weniger, als daß der Mensch im sittlichen Zustand frei zu handeln vermag. Der Übergang schließt mit einem Zwiegespräch über „die Untreue unsers Geschlechts an Wahrheit und Recht" und die heuchlerischen Bezeichnungen dieser Untreue seitens der einzelnen Stände. Im Anhang ist dieses Gespräch als Probe seiner beißenden Kritik wiedergegeben.

Dem zweiten Abschnitt liegt eine andere Einteilung zugrunde, nämlich die Unterscheidung vom Naturstand, von dem gesellschaftlichen und sittlichen Zustand. Pestalozzi bemüht sich, darüber klar zu werden, was der Mensch als Tier, unter dem gesellschaftlichen (gesetzlichen) Recht und als sittliches Wesen bedeutet. Dabei werden, ohne klare Gliederung, alle Gesichtspunkte des ersten Abschnitts nach Bedarf behandelt, nur der erste Punkt, d. h. „Kenntnisse", wird weniger beachtet. Schließlich wird „das wesentliche Resultat" dieses Abschnitts kürzer zusammengefaßt.

Der dritte Abschnitt führt den ersten Abschnitt fort: „Die Kennzeichen der nahenden Auflösung der Staaten", „Göthes Lied",

[1]) Vgl. dazu die lehrreiche Fabel von der Aufzucht zweier Füllen in den „Figuren" (XI—113 ff.).

in dem mehr die naturhaft-gesellschaftliche Seite gesehen wird, und den Abschnitt über Religion, der z. T. wörtlich wiederholt wird. Pestalozzi erforscht nunmehr von dem im zweiten Abschnitt neu gewonnenen Standpunkt aus — der Mensch als Werk der Natur, der Welt und meiner selbst — die im Menschen liegenden Widersprüche, die nichts anderes sind als sein Schwanken zwischen den drei Zuständen. Er erörtert die zwei ersteren bzw. alle drei Zustände unter denselben Rubriken, die im ersten Abschnitt eingehalten sind, nur der Absatz über „Handlung" (d. h. der Kaufmann und seine Arbeiter) ist neu. Die Ausführungen über Freiheit und Tyrannei sind zu einem Absatz vereinigt. Die Erörterungen über Aufruhr sind auf zwei Abschnitte verteilt: „Aufruhr" und „Aufruhr nie recht"; desgleichen die Behandlung des Kronrechts: „Kronrecht" und „gesetzliches Recht". Statt „Recht", im Anschluß an die Ausführungen über „Eigentum", steht im ersten Abschnitt ein Kapitel über „Gesellschaftliches Recht", und zwar hinter „Beherrschung".

In einer ersten Zusammenfassung werden Wahrheit und Recht, d. h. die Idee des Rechts und der Sittlichkeit durch alle drei Zustände verfolgt (S. 157—161), woran sich dann das „endliche" Resultat des Buches schließt mit einem Rückblick auf den Menschen als Werk der Natur, als Werk seines Geschlechts und als Werk seiner selbst.

Die D a r s t e l l u n g erfolgt nicht als Ganzheit auf Grund einer vorausgehenden systematischen Gliederung, sondern entspricht der diskursiven Gedankenarbeit des Kreisdenkers, der sich Klarheit über das geheimnisvolle Rätsel der menschlichen Natur verschaffen will. Immer wieder erfolgt ein neuer Ansatz: „Nun size ich einmahl nieder . . . und forsche der Natur diser Wiederspruche . . . nach" (S. 6, „Entwürfe" S. 175)!

Pestalozzi versichert wiederholt, daß der Gang seiner Untersuchung von der Philosophie der Vergangenheit und Gegenwart keine Notiz nehme. Also derselbe Gedanke, der schon in der „Abendstunde" (1780), d. h. lange Zeit vor seinem Gespräch mit Fichte ausgesprochen ist (s. o. S. 107)! Er prüft und erörtert daher einzig und allein die W a h r h e i t , die in seinem Innern liegt und die nicht nur seine persönliche Überzeugung und Erfahrung, sondern „Volkswahrheit" sei (XII—6 f., 57, 62, 163, 170, 176 ff.: „Entwürfe"). So wurde auch schon in der „Abendstunde" eindeutig erklärt: der Mensch findet die Bahn zu der Wahrheit, die Ruhe und Lebensgenuß ist, „im Innersten seiner Natur" (I—266, 269 u. ö.). Die Darstellung nähert sich daher, in immer neuen Ansätzen, in konzentrischen Kreisen dem gesuchten Ziele, wobei je nach dem

Zeitpunkt, nach neuerlichen Anregungen und eigener Klärung immer bestimmter auf die Lösung vorgestoßen wird.

Leider sind uns die ersten Entwürfe nicht erhalten. In einem Brief an Zinzendorf (10. XII. 1785) schreibt Pestalozzi von seinem Plan einer „allgemeinen Theorie der echten Mentschenführung durch Nachforschungen über die eigentlichen Grundtriebe unserer Natur sowohl als über die Geschichte und Erfahrung alles dessen, was bis jezo die Menschheit in ihren verschiedenen Lagen mehr oder minder glücklich und unglücklich gemacht hat“. Dagegen erklärt Pestalozzi in der „Darzwischenkomft“, daß der Traum dieses Werkes (über das tierische, gesellschaftliche und sittliche Recht unserer Natur) seit seiner Wahl zum französischen Bürger in seiner Seele lag, also seit dem 26. VIII. 1792[1]).

Ein erster Abschluß lag wohl 1795 oder schon früher, Anfang 1794 vor. Doch scheint der erste Abschnitt, abgesehen von späteren Interpolationen, ein erster Entwurf zu sein, da die Erörterung der anfangs (S. 7 f.) aufgezählten Probleme auf S. 43 abgeschlossen ist. Vor dem Gespräch mit Fichte (1793) ist wohl die besondere Wendung zum sittlichen Zustand durch Wahrheit und Recht nicht in Betracht gezogen. Vgl. die gelegentlichen Hindeutungen auf die Pflichten des Menschen (9, 51, 73), die infolge späterer Verbesserungen bzw. Einschübe entstanden sein können. In dem erwähnten Brief an Zinzendorf wird nur von Nachforschungen über die „eigentlichen Grundtriebe unserer Natur“ gesprochen sowie vorher in dem „Memoire über Eigentum und Verbrechen“ (1782) von „Nachforschungen über des Wilden Glük, über der Kinder Glük“ und schließlich in der kurzen „Darzwischenkomft“ (1794) zweimal auch von „sittlichem Recht“ (X—249 ff.). Doch dürfen die systematischen Ansätze der Schrift „Über die Entstehung der sittlichen Begriffe“, auch die Aphorismen über den „Wert der Landessitten“, beide aus der Mitte der 80er Jahre, nicht übersehen werden, wo Pestalozzi, optimistisch gestimmt, mehr die normative Idee von Eigentum, Recht und Sittlichkeit ins Auge faßt gegenüber der realistisch-pessimistischen Betrachtungsweise der „Nachforschungen“.

Immer wieder schieben sich zwei oder gar drei Übersichten und Zusammenfassungen ein, die früher einmal als endgültiger Abschluß eines vorhergehenden Ganzen gedacht sein könnten (S. 44 ff.: „Bild des Menschen“, und S. 52 ff.: „Bild der nahenden Auflösung der Staaten“; S. 121 ff.: „Das wesentliche Resultat meiner Nachfor-

---

[1]) S. J. B. Bandlin, Der Genius von Vater Pestalozzi, Zürich 1846, S. 260 ff. Vgl. X—300 u. XII—774, sowie O. Hunzikers Ausgabe der „Nachforschungen“, Zürich 1886, S. 215 ff.

schungen“, sowie 126 f.: „Einige Resultate“ und 127 f.: „Fortsezzung dieser Resultate“; S. 157 ff.: „Wahrheit und Recht“ und 161 ff: „Das endliche Resultat meines Buchs“ mit der oben S. 136 ff. angegebenen Gliederung!. So ist das Ganze konzentrischer Kreise schließlich nur ein einziger, kompilierter Entwurf diskursiven Denkfortschrittes — und die systematische Darstellung fehlt! Das entspricht Pestalozzis Arbeitsweise.

Nach 1795 setzt eine Bearbeitung ein, von der uns die „Entwürfe zu den Nachforschungen“ Kunde geben. Pestalozzi gesteht selbst, daß die ersten (?) Entwürfe ein namenloses Chaos von Einseitigkeiten und Unordnung waren, ohne daß er selbst diese Mängel zu entdecken vermochte (169 f.).

Die Abänderungen seit 1795 bewegen sich in folgender Richtung:

a) Vom staatlich-politischen Gesichtspunkt zu dem der individuellen Sittlichkeit der Wahrheit und des Rechts, die durch Sicherung des Eigentums, durch Gesetzgebung und Erziehung gefördert werden kann (171 ff.).

b) Da Pestalozzi nicht mehr daran dachte, seine Wirksamkeit nach Frankreich zu verlegen, so zieht er mehr die Zukunft der Schweiz in Betracht (S. 184 ff.: Gegensatz gegen Frankreich) und

c) mildert die revolutionären Tendenzen, die in den „Entwürfen“ (185 ff.) besonders kraß auftreten. Vgl. dazu XII—777 f.

Im einzelnen durchdringen sich vom 2. Abschnitt ab die naturhafte und die gesellschaftliche, die empirische und die normative Schicht. Wenn z. B. ein Kapitel überschrieben wird: „Was bin ich im Naturstand?“ (68), so wird darin auch vom gesellschaftlichen und sittlichen Zustand gehandelt, wie umgekehrt in dem Kapitel: „Was bin ich im sittlichen Zustande?“ (105) auf die vorhergehenden Stufen zurückgegriffen wird.

Pestalozzis existenzielle Haltung kommt auch in diesem philosophischen Hauptwerk, wie in der „Abendstunde“, in der Tiefe der Gedanken und der Wucht der Arbeitsweise zum Ausdruck.

Als Beispiel für das Bohrende seines sich übersteigernden Stiles, der ja Ausdruck seines immer tiefer schürfenden Denkens ist, verweise ich auf die Darstellung S. 118 f.: 1. Möglichkeit der Sittlichkeit als Harmonie bzw. als Übergewicht des gereinigten Wohlwollens über die Selbstsucht. — 2. Das Gleichgewicht beider ist im gesellschaftlichen Zustand nicht einmal möglich. — 3. Häusliche und bürgerliche Pflichten sind nicht sittlich. — 4. Sie können sogar schädlich sein. — 5. Sie sind es immer, sobald sie meine Selbstsucht stärken. — 6. Das Wesen des gesellschaftlichen Zustandes zerstört die Harmonie meiner tierischen Natur; daher ist das Rechtsgefühl, das diesem Zustand zugrunde liegt, allgemein selbstsüchtig[1]).

Wie wir an der Darstellung der „Abendstunde" zeigten, kann die Eindringlichkeit der Ausdrucksweise und ihre Wirkung dadurch verstärkt werden, daß ein und derselbe Gedanke positiv und dazu negativ gewandt wird; so auch hier, z. B. S. 28, 76, 113, 120. —

Dazu die zwischen 1795 und 1797 abgefaßten „Entwürfe" zu den „Nachforschungen" („Revision des Buchs 1795" usw.). Es sind 42 Handschriften von verschiedener Hand mit vielen aufgeklebten Korrekturzetteln, Durchstreichungen, Verbesserungen und Zusätzen von Pestalozzi. Überdies die 7 „Fragmente zu einem II. Teil des Buches": „Über Barbarei und Kultur", Ende 1797[2]). Gerade diese Abweichungen, allerdings oft Ausdruck bloßer Stimmungen, in ihrer zeitlichen Abfolge verglichen, unter sich und mit der endgültigen Fassung von 1797, könnten einen genauen Einblick in den Wandel seiner Gesinnung geben — eine unendlich mühsame Aufgabe! Ebd. S. 169—259.

Die Darstellung der „Entwürfe" erfolgt, anfangs, häufiger in Dialogform. Die Idee der Erziehung wird öfters gestreift. Die Fragmente „Über Barbarei und Kultur" enthalten viele Stichworte, Definitionen (Bestimmungen mit „ist"), Aufweis von bloßen Beziehungen zwischen den einzelnen Ideen (Grund, Folge, Ursprung, Quelle, Mittel), an den „Entwurf" zur „Abendstunde" gemahnend; dazu Zusammenfassungen größerer Zusammenhänge und die kennzeichnende Darlegung seines besonderen Wollens: „Im sanften Anstaunen der hohen Natur", „im ernsten Erforschen meiner selbst", entsetzt über das, was ich an der Spitze von Hundert und Tausenden als „mein Recht anspreche" (256).

4. Die Schrift „AN DIE UNSCHULD, DEN ERNST UND DEN EDELMUTH MEINES ZEITALTERS UND MEINES VATERLANDES" ist im Selbstverlag Pestalozzis 1815 erschienen. Ich zitiere sie nach der Seyffarthschen Ausgabe XI—7 ff. und 632 ff., wo die „Vorrede" abgedruckt ist, die nach Seyffarths Vermutung auf Veranlassung Niederers weggelassen wurde. Die Beifügung „Ritter des St. Wladimirordens" sowie ein Widmungsschreiben beweisen, daß die Arbeit dem Kaiser Alexander zugeeignet ist.

---

[1]) Vgl. die bekräftigenden Zusätze, z. B. S XI—80, 91, 103, 174, 183, 189 usw.

[2]) Die Quelle für die Ausdrücke Korruptibilität = Barbarei und Perfektibilität = Kultur sind Lavaters Physiognomische Fragmente. Vgl. K. Giering, Lavater und der junge Pestalozzi, Pestalozzi-Studien III—150, Berlin—Leipzig 1932.

Die Schrift geht nach sicheren Anhaltspunkten bis auf das Jahr 1813 zurück. Die Ausarbeitung fällt also in die Zeit, in der Napoleons Stern verblaßte bis zu seinem endgültigen Sturz. Diese Ereignisse haben auch in der Schrift ihren Niederschlag gefunden. Trotz der geänderten Sachlage ist das Werk in der Öffentlichkeit viel beachtet worden[1]).

Die Gedankengänge der Arbeit knüpfen an die Rede „Von der Freyheit meiner Vaterstatt!" (1779) sowie an die Revolutionsschriften (der 90-er Jahre) an und vergleichen die sinnliche Zivilisation der „kollektiven Existenz", ihre Selbstsucht und das Gewaltrecht des Staates mit der geistigen Kultur der „individuellen Existenz", ihrer Menschlichkeit im besonderen Rahmen der Häuslichkeit, der Quelle und Stätte aller Tugenden wie auch der Menschenbildung. So ergänzen sie die bitteren Wahrheiten der „Nachforschungen", wie der „Epochen", aber auch ihre hoffnungsvollen Ausblicke in eine bessere Zukunft mit Hilfe der Menschenbildung. Die Schilderung der „menschlichen Mutter", ihre Liebe und aufopfernde Hingabe führen die in den drei letzten „Geßnerbriefen" sowie in dem Aufsatz „Über den Sinn des Gehörs" (1801 bzw. 1803—4) angesponnenen Gedanken weiter, wohin dann auch der Aufsatz über „Weltweib und Mutter" (1804) zu ziehen wäre. Vgl. o. S. 61.

Die Darstellung des Buches fügt sich wiederum keinem festen Plan ein. Die an das Vaterland, die Vaterstadt, an Deutschland, Europa und die gesamte Menschheit gerichteten Vorstellungen und Mahnungen folgen nicht einer im voraus festgelegten Gliederung und werden unterbrochen von Schilderungen der mütterlichen Sorge für ihr Kind im Heiligtum der Wohnstube (14 ff., 29 ff., 152 ff., 175 ff.), dazu noch durchsetzt mit Vorschlägen für das „innere heilige Wesen der Menschenbildung" und für Verfassungsreformen, gegenüber der Gewalttätigkeit und „Verschrobenheit des Zeitgeistes". Dies alles wird häufig wiederholt — z. T. wörtlich, auch aus dem „Schweizer-Blatt" (1782) — und variiert in seltenem Reichtum der anschaulichen Bilder, der Vergleiche und Wortprägungen. Daran ist auch in der späteren Cottaschen Ausgabe (VI. Band, 1820), die oft noch Verschärfungen der Ausdrucksweise aufweist, nichts geändert worden.

Der Stil ist fließend, oft überstürzt, voll der eingestreuten Imperativa, und zeugt von Pestalozzis Ergriffenheit und Verantwortlichkeitssinn für das Schicksal der Völker in der Wende des Zeitalters (1815). Hier und da sind Lücken gelassen, wo die Erregung des Augenblicks Schweigen gebietet. Viele, viele Seiten hindurch begin-

---

[1]) H. Morf, a. a. O., IV—389 ff.; S XI—2 ff.

nen Sätze und Abschnitte mit dem Anruf: Freund(e) der Wahrheit, der Menschheit!, Vaterland! (Vaterland, Vaterland!), Vaterlandsfreund!, Vaterstadt!, Schweizer!, Deutschland!, Mitbürger!, Väter des Landes!, Weltteil!, Zeitalter! und verwandten Anreden, auch an einzelne Freunde der Vergangenheit, wie z. B. Bodmer und Lavater.

5. Der „SCHWANENGESANG" ist im Jahre 1825 vollendet worden und wurde 1826 im XIII. Bande der Cottaschen Ausgabe veröffentlicht; doch weisen die Gedanken über die naturgemäße Erziehung auf eine viel frühere Zeit (1811—13) zurück. Wir legen den XII. Band der Seyffarthschen Ausgabe zugrunde.

Die zusammenfassende Altersschrift ist wiederum nicht streng gegliedert. Man kann im wesentlichen folgende Abschnitte unterscheiden, in denen die einzelnen Stufen der Elementarbildung sowie die wiederholte Rechtfertigung seiner Erkenntnisse immer wieder ineinander übergehen.

a) Nach einer kurzen Einführung in die Grundgedanken der naturgemäßen Elementarbildung folgt (S. 314 ff.) eine systematisch-genetische Darstellung der Elementarbildung, welche diese Idee von den verschiedensten Gesichtspunkten her in immer neuen Ansätzen anspricht. Auf einer knappen Seite werden dann einige wichtige Gedanken dieser Ausführungen zusammengefaßt (S XII—293 bis 411).

b) Der biographische Teil gibt wiederum, wie auch in Pestalozzis „Reden an sein Haus", mit offener Selbstkritik sowie im stolzen Bewußtsein des Erreichten einen allerdings mehr äußerlichen Rückblick auf das eigene Leben, auf Werk und Wollen. Im besonderen wird des Einflusses gedacht, den Rousseaus Emil und dazu Marmontels Contes moraux auf seine schriftstellerische Tätigkeit, zunächst auf die Entstehung von „Lienhard und Gertrud" ausgeübt haben (S XII—411 bis 452).

c) Der abschließende Teil kommt auf die wichtigen Zusammenhänge zwischen natürlicher („kunstloser") Entwicklung im häuslichen Leben und ihrer Unterstützung durch Kunstmittel zurück und weist dann deren Zusammenwirkung in einer genetischen Betrachtungsweise auf. Der Wunsch nach weiterem Ausbau der (bis jetzt noch unvollendeten) Methode, auch für Kinder über das 7.—8. Lebensjahr hinaus, nimmt dann wieder eine biographische Wendung mit besonderer Anerkennung seines Mitarbeiters Joseph Schmid (S XII—452 bis 472).

Die Ausdrucksweise ist gemäßigt, überlegen und gibt Pestalozzis Grundgedanken in reifer und vollendeter Formulierung, indem der Wahrheitssucher seine Ansichten über die Methode in sein gesamtes Lebenswerk einbezieht. —

Als Präsident der „Helvetischen Gesellschaft" hat Pestalozzi in Langenthal am 26. April 1826 die Ansprache gehalten, die als die „LANGENTHALER REDE" im XV. Band der Cottaschen Gesamtausgabe abgedruckt ist. Ich gebe ihre Grundgedanken an und zitiere nach der Seyffarthschen Ausgabe (S XII—479 bis 517), wo auch der „Versuch einer Skizze über das Wesen der Idee der Elementarbildung und über meine Lebensbestrebungen, diese hohe Idee in ein heiteres Licht zu setzen und die Möglichkeit ihrer Anwendung in die Augen fallen zu machen", aufgenommen ist (518 bis 532).

Die „Langenthaler Rede" ist, im Gegensatz zu den meisten Schriften Pestalozzis, streng gegliedert und, bis auf eine Ausnahme (S XII—500), ohne die üblichen Wiederholungen und erneuten Ansätze durchgeführt, was aus der folgenden Ordnung des Gedankenganges hervorgeht.

A. Rückblick auf die ältere Zeit, in der die Schweiz ihre Selbständigkeit, ihre Freiheiten und Rechte mit Weisheit und Mäßigung genossen hat, trotz steigenden Reichtums infolge des „Reislaufens in fremde Dienste" (479 bis 491).

a) Das öffentliche und Privatleben jener Zeiten (479 bis 485).

b) Das religiöse Leben:

α) Segensreicher Einfluß der mit der Reformation einsetzenden Glaubensfreiheit auf die Gewerbsamkeit, den häuslichen und bürgerlichen Wohlstand der Städte und ihrer Kultur (485 bis 489).

β) Wetteifer der katholischen Bevölkerung, ihr gesunder Menschenverstand und ihre Bildungsfähigkeit (489 bis 491).

B. Abstieg und vorübergehendes „Scheinglück" infolge des „unnatürlichen Geldzuflusses des neuen Fabrikverdienstes" (491 bis 498).

a) Aufwand der Bürger in den Städten; der Mittelstand hat den öffentlichen Einfluß verloren (491 bis 492).

b) In den Landbezirken macht die Verteuerung des Grundeigentums die größere Anzahl der Dorfeinwohner eigentumslos (492 bis 493).

c) Zerstörung der altschweizerischen Einfachheit und Reinheit und deren Folgen (493 bis 496).

d) Absichten, welche die Gründer der Helvetischen Gesellschaft geleitet haben (496 bis 498).

C. Aufruf zur Erneuerung des alteidgenössischen Vaterlands- und Gemeingeistes (498 bis 517).

a) Überwindung der derzeitigen Schwächen und Fehler, Irrtümer und Eitelkeiten (498 bis 502).

b) Häusliche Sparsamkeit als Basis der öffentlichen Einschränkung. Bedürfnis einer „soliden" Regierungs-, Militär- und Polizeikraft (502 bis 503).

c) Steigerung der Verdienst- und Erwerbsfähigkeit durch die ökonomische Erziehung aller Stände (503 bis 508).

d) Besondere Sorge für die „große Anzahl der jetzt ganz eigentumslosen Menschen": geistige und physisch-berufliche Erziehung der Armen (508 bis 517).

Die Darstellung dieses historischen Rückblicks und planenden Ausblicks ist wohl klar, erfolgt aber, besonders zum Schluß, in z. T. recht langatmigen Sätzen, die infolge der gedrängten Gedankenfülle (Häufung von Substantiven) und der Ausdrucksform (Anreihung von Genetiven) nicht leicht übersehbar sind, z. B.: „Alle Staaten unsers Weltteils leiden in den einzelnen Lokalitäten, in welchen die Fehler dieser Unpassenheit ihrer Industrie mit den Fundamenten des Gleichgewichts der Quellen des positiven Wohlstandes aller Stände in Disharmonie stehen . . .". Flaubert war unglücklich darüber, daß er einen Satz geschrieben hatte, in dem zwei Genetive aufeinander „reiten"!

Der „Versuch einer Skizze über das Wesen der Idee der Elementarbildung" ergänzt den „Schwanengesang", der sich wesentlich mit dem „Vaterlande" beschäftigt, durch Ausführungen über die „naturgemäß elementarische Erziehung" im Unterricht. Pestalozzi hatte gehofft, diese Skizze noch am Tage seiner Wahl zum Präsidenten der Helvetischen Gesellschaft verlesen zu können. Er verzichtete darauf, da es an Zeit gebrach, und fügte sie den Akten der Gesellschaft bei.

Die Arbeit gliedert sich, nach einleitenden Bemerkungen über die drei „Grundkräfte" unserer Natur (Bildung unseres Herzens, unseres Geistes und unserer Sinne, Organe und Glieder), folgendermaßen:

a) Anschauungslehre (S XII—521 bis 522).

b) Sprachlehre (522 bis 526).

c) Denklehre (526 bis 527).

d) Kunstkraft (527 bis 528).

In einem längeren Schlußteil (S XII—528 bis 532) werden die Vorteile zusammengefaßt, die mit der Erforschung und Ausarbeitung der Idee der Elementarbildung verknüpft sind. So fügt sich die Skizze dem Rahmen des „Schwanengesangs" ein, namentlich ihrem ersten Teil, und zwar soll sie gerade die „elementarische Vereinfachung der Unterrichtsmittel der benannten vier Fächer bei Kindern aller Stände von der Wiege an bis ins sechste oder siebente Jahr zur naturgemäßen Begründung des Unterrichts" leisten — eine Lieblingsidee des greisen Pestalozzi (521). Er sieht wohl die Schwierigkeiten, die einer Durchführung dieser Idee im Wege stehen, zumal es an brauchbaren Mitarbeitern fehlt und auch „Zeitwohnstuben" und „Zeitmütter" versagen. So sucht er denn für den ersten Schritt der häuslichen Bildung eine Anzahl sanfter, guter, anmutsvoller Mädchen von 10—12 Jahren, für den zweiten Schritt der Schulbildung eine Anzahl gut vorgebildeter Jünglinge (530 f.).

Die Darstellung der „Skizze" gibt, namentlich in den „Lehren" der oben aufgezählten vier Partialkräfte, seine Grundansichten in gedrängter Kürze und treffender Ausdrucksweise wieder. Der Abschnitt über die „Kunstkraft" ist geradezu ein Muster überlegener Rückschau und Zusammenfassung jahrzehntelangen Suchens und Ringens.

Die LENZBURGER REDE „ÜBER DIE IDEE DER ELEMENTARBILDUNG" (1809) wurde zuerst 1810 und 1811 in der „Wochenschrift für Menschenbildung" III und IV veröffentlicht, sodann, wesentlich gekürzt, in der Cottaschen Gesamtausgabe VIII. Das Manuskript der Rede, wie sie tatsächlich gehalten wurde, ist verloren gegangen. Ich bediene mich der Ausgabe Fr. Manns in der „Bibliothek pädagogischer Classiker", Langensalza 1906, S. 371 ff., aus der das Verhältnis der beiden Ausgaben klar zu ersehen ist. Überdies sind zweifelhafte Stellen mit der Seyffarthschen Ausgabe (S X—181 ff.) verglichen.

Wie aus der Rede hervorgeht, war es Pestalozzi darum getan, verständnisvolle Besucher seines Unternehmens zu gewinnen, die nach gründlicher Einsicht über die Elementarbildung berichten könnten[1]). So hatte bereits im Jahre 1800 sowie am 2. IV. 1806 eine Kommission (Chavannes-Monod) einen amtlichen Bericht an die waadtländische Regierung erstattet, der voll Anerkennung für Schmid (Zahl und Form!), Hopf und Tobler war[2]). Auf Pestalozzis eigenes Begehren ernannte 1809 der Landammann d'Affry eine Kommission (Merian-Trechsel-Girard), die nach 6 (5) - tägigem Besuch in der

---

[1]) Nach den „Lebensschicksalen", 1826, S XII—209 f., drangen die „bedeutendsten Glieder" seines Hauses darauf. Vgl. dazu S XII—286. — Über die Revision des Jahres 1800 berichtet Morf, a. a. O. I—227, 240 ff., über diejenige von 1802 und 1803 ebd. II—9 ff. u. 270.

[2]) Aug. Israel, a. a. O. I—148 f., 390 ff.

Anstalt zu Iferten am 12. Mai 1810 ein Gutachten erstattete, das Pestalozzi und Niederer für ihre letzte Redaktion noch benutzt haben[1]). Der Bericht zeigt wenig Verständnis für Pestalozzis Idee der allgemeinen Volkserziehung. Es wird wohl rühmend anerkannt, daß die Erziehung der Jugend, die Weckung des Gewissens und der Scham mit Weisheit, Güte und väterlicher Sorgfalt geschehe; Pestalozzis Methode jedoch, die übrigens durchaus nicht neu sei, sowie die Einrichtung seiner Primar-Schule könnten nicht als allgemeines Vorbild betrachtet werden. Dem Urteil über die sittlich-religiöse Erziehung liegen Fragen zugrunde, die sich auf das Verhältnis von Christentum und Moral, auf den Religionsunterricht[2]) und seine Methode, auf das tägliche Gebet, auf die Stufenfolge der Unterweisung (in der Bibel) im Ganzen des Lehrplanes beziehen. Schwer zu sagen, wie weit gerade alle diese Beurteilungen, die Fragestellungen und ihre Beantwortungen, in dem größeren Rahmen der damaligen persönlichen Aussprachen und öffentlichen Kritiken, die endgültige Abfassung der Rede im einzelnen noch beeinflußt haben!

Die „Lenzburger Rede" ist noch weniger übersichtlich gegliedert als der „Schwanengesang" und unterscheidet sich schon dadurch von der klaren Darstellung der geschichtlich angelegten „Langenthaler Rede" wie auch der „Skizze". Dieser Mangel ist zum großen Teil darauf zurückzuführen, daß Pestalozzi des öftern auf unberechtigte Kritiken eingeht, die er mit guten Gründen zurückweist. Die leitenden Gedanken der Rede sind folgende:

Die Elementarmethode soll organisch-genetisch sein („Schwanengesang": systematisch-genetisch), jedenfalls nicht historisch-genetisch. Denn sie gründet sich auf „unveränderliche Anfangs- und Fortleitungspunkte" „alles" Unterrichts und „aller" Erziehung, die „im Wesen der Menschennatur", also auch des Kindes liegen und somit das Gepräge der „Wahrheit" tragen: diese „Elemente", die ihrem Wesen nach „notwendig, konstitutiv, absolut sind" und die „als die unserm Geschlechte von der Natur selbst gegebene unabänderliche Grundlage jeder naturgemäßen Entfaltung unsrer Kräfte

[1]) H. Morf, a. a. O. IV—222 f., 246. Vgl. dazu die Anmerkung Pestalozzis, Ma III—496 sowie die „Vorbemerkungen" Seyffarths und die „Zwei polemischen Schriften", S X—2 ff.

[2]) Eine bündige Antwort darauf findet sich in der Schrift „Ein Wort über den gegenwärtigen Zustand meiner pädagogischen Bestrebungen usw." 1820, S XII—115: „Die biblische Geschichte und besonders das Leben, Leiden und Sterben Jesu Christi genau zu kennen und dann die erhabensten Stellen der Bibel bis zum vollends auswendig können in kindlichem, gläubigem Sinn sich einzuüben, halte ich dafür, sei der Anfang und das Wesen, was in Rücksicht auf den Religionsunterricht not thut, und dann vorzüglich eine väterliche Sorgfalt, den Kindern den Wert des Gebets im Glauben tief fühlen zu machen."

angesehen werden müssen", werden somit nicht „erfunden", sondern „aufgefunden" (Abschnitt 9, 16, 296). Damit wird der onto-logische Charakter der Methode, die Bedeutung unveränderlicher Realkategorien eindeutig und klar festgestellt.

Der Erzieher hat daher einsichtig, geordnet und umfassend zu vollenden, was die Natur mit Notwendigkeit nach den Gesetzen Gottes hervorgebracht hat. Da sich das „Eine, Unwandelbare und Ewige" der einen Menschheit im einzelnen Kinde in unendlichen Gestalten offenbart, so können, mittels der allgemeinen Methode, die ursprünglichen Keime der Humanität, das Wahre, das Schöne, das Gute in der Individualität jedes Kindes harmonisch entfaltet werden, an den Realgegenständen des persönlichen Lebens, auf das Ursprüngliche jedes einzelnen Unterrichtsgegenstandes zurückgehend.

Indem die rein mütterliche Erziehung von dem Selbst des Kindes ausgeht, bildet sie mittels Zahl, Form und Sprache das Wollen, Kennen und Können des Kindes, seine sittlichen, intellektuellen und physischen Anlagen in höchster Übereinstimmung mit dem Christentum. Auf diese Weise kann sich das Kind an der Hand der Natur als ein ganzes, unzertrennliches Wesen entfalten.

Die unvollkommene Ausübung der Methode, die falsche Anwendung der Elementarmittel, die Überbetonung der Berufs- und Standesbildung, das Versagen der Mütter und Lehrer sprechen nicht gegen die Idee der Elementarbildung selbst, die unabhängig ist von den Schwächen der Menschen.

Mag nun der erste Teil der „Lenzburger Rede" von einem Mitarbeiter Pestalozzis, von Niederer überarbeitet sein, die dargelegten Grundgedanken der Rede atmen den Geist Pestalozzis, seine tiefsten Intuitionen. Wohl ihm, daß er kein „Enkel" ist. Er ist vielmehr Urahn einer neuen Richtung: der soziale Erzieher; erkenntnistheoretisch der Begründer der neuen Ontologie.

Von Pestalozzi selbst wissen wir, daß die Rede, so wie sie uns vorliegt, wesentliche Überarbeitungen von Niederers Hand aufweist[1]). Zu Ende Januar 1811 schrieb Pestalozzi an G. H. L. Nicolovius: „Du wirst den mitarbeitenden Niederer darin in jeder Zeile erkennen." Da vor allem die philosophische Terminologie beide Männer, Pestalozzi und Niederer, voneinander unterschied, so konnte Pestalozzi

[1]) Israel, a. a. O. II Nr. 655. Vgl. H. Schönebaum, a. a. O. III, S. 82 f., und ders., Joh. Niederer in Kampf und Verteidigung um Pestalozzis Werk, Leipzig 1943, S. 21 f.

am 1. März 1816 seinem Mitarbeiter schreiben: „Du drücktest in der Lenzburger Rede, der Erziehungsunternehmung meine nur dunkel in mir getragene Ahndung von dem inneren Wesen der Elementarbildung mit philosophischer Bestimmtheit aus.“ Doch rückt der ältere Pestalozzi in der Vorrede der Cottaschen Ausgabe (1821) recht weit von Niederers Textgestaltung ab, wenn er dort erklärt: „Diese Rede, die von derjenigen, welche ich in Lenzburg wirklich gehalten, merklich verschieden ist und das Gepräg eines fremden, auf mich wirkenden Einflusses sichtbar an sich trägt, . . .“[1]). Trotzdem warnt H. Schönebaum, der ernst bestrebt ist, Niederers Lebenswerk gerecht zu werden, den Anteil Niederers nicht zu überschätzen.

Da ja Pestalozzis Rede im Original nicht mehr vorhanden ist und es mir in der vorliegenden Schrift darauf ankommt, Pestalozzi zunächst einmal aus sich selbst zu verstehen, und zwar unter Rückgriff auf die später noch zu erschließende Ausdrucksweise Pestalozzis, habe ich den Weg gewählt, aus dem „Schwanengesang“ unter Berücksichtigung der „Langenthaler Rede“ (nebst der „Skizze“) die letzten Intentionen des greisen Pestalozzi herauszuarbeiten und von hier aus einen kritischen Rückblick auf die „Lenzburger Rede“ zu werfen, um einer späteren Klärung der Frage nicht vorzugreifen.

[1]) Man vergleiche auch die früheren Lobeserhebungen Pestalozzis mit seiner späteren Kritik an Niederer in den „Reden an sein Haus“ (Neujahrsrede 1811 u. 1812 — Geburtstagsrede 1818, Ma IV—142 f.), in der Vorrede der „Geßnerbriefe“ von 1820 (XIII—455 f.) sowie in seinen „Lebensschicksalen“, 1826, S XII —205 f., 215, 218, 222, 226 usw.).

II. AUSFÜHRUNG

1. Das „FRAGMENT ÜBER DEN STAND DER NATUR UND DER GESELLSCHAFT“ geht aus von der Idee des Rechts: „Recht ist dem Menschen alles, was er ohne Verlezung des positiven Eigenthum seiner Mitmenschen thun kan“ (IX—212). Das „Recht im Stand der Natur“ — sofern man im Naturstand von Recht sprechen kann! — gewährt Sicherstellung und Genuß des „Natureigenthums“ (213). Dauerhaftes Eigentum und Wohlstand — nicht Luxus! — ist nicht an sich begehrenswert, sondern Sinn des Eigentums ist Vervollkommnung der Menschheit durch Nutznießung ihres Eigentums (217 u. ö.)!

Wenn daher Recht und Gesetzgebung infolge „freier Überwindungsfehigkeit“, der Aufopferung, oder erzwungener Ordnung das Eigentum sichern, was immer wieder aus dem Bedürfnis und dem Streben der Menschen erklärt wird, so ist das positive Recht zugleich „ein Mittel zur Weisheit und Glükseligkeit“ (213, 217, 218, 224 f., 232). Auch die Kriminalgesetze beruhen nicht auf Menschenliebe, Güte und Sittlichkeit, sondern haben zunächst das Eigentum zu sichern. Oberstes Ziel der politischen Gesetzgebung ist demgemäß die „Vervollkomung des positiven Eigenthum oder der Fundamenten des Broderwerbs aller Stenden“ (214, 218; vgl. o. S. 112 f.).

Infolge der Hemmung der Naturtriebe, ihrer Einschränkung durch Macht oder Gewalt wirkt das Recht der Gesellschaft als „Sittenbildnerin“ (214 f., 231, 236). Denn die Ruhe und Zufriedenheit einer gerechten „Hausordnung“ bringen „Hausglük“, Zutrauen und hilfreiche Denkungsart, d. h. Sittlichkeit im gesellschaftlichen Leben hervor. Je größer unser Bedürfnis und unsere Sicherheit, desto moralischer können wir werden. Gewalt, Mangel, Unsicherheit, Furcht, Unordnung, Mißtrauen, auch Schwärmerei führen dagegen zur Unsittlichkeit (221, 223, 225 u. ö.).

Pestalozzi begründet also psychologisch, wie die auf Treu und Glauben beruhende Gesetzgebung und Gerechtigkeit (207, 215 f.) Ordnung und Sittlichkeit weckt und wahrt; nicht aber wird von der Art der Rechtsprechung die Förderung verantwortlichen Handelns erwartet: Die Gesetzgebung wirkt wohl versittlichend, ist aber nicht „Sittenlehrerin“ (214, 220). Daher ist schließlich der freie Naturzustand der Menschen, der Krieg aller gegen alle nach Pestalozzis Ansicht besser als der Zustand der barbarischen Feudalgesetze, die Naturrecht und Natureigentum nicht respektieren und alle Kräfte entnerven, also auch nicht Einsicht, Gefühl und Hilfsbereitschaft für andere aufkommen lassen (207, 215, 216, 219, 233 u. ö.).

Historisch gesehen, legt Pestalozzi dar, daß die Sozietät nicht aus „Herrn und Knecht“, sondern aus „großen und kleinen Eigenthümern“ entsprungen ist, die beide an das Wort und das Recht gebunden sind; daß sich ferner Erziehung und Bestrafung mittels der „Administration“ nach den „Localumstenden“ richten muß. Die Größe des Eigentums bedingt weiterhin die gesellschaftliche Schichtung in Edelmann, Bürger und Bauer, ebenso die Verschiedenheit der Geisteshaltung und die Art der Erziehung, was die Nationalgesetzgebung, einschließlich der Strafen, wohl berücksichtigen muß (209 ff.). Der größte Eigentümer wird Fürst durch die Bedürfnisse der öffentlichen Sicherheit. Eigentum verschafft somit Achtung, Gehorsam, Selbstachtung und verpflichtet: auch der „Stand des bürgerlichen Regenten ist Dienerstand“ (224).

In einem wiederholten Ansatz wird der Naturzustand (der Tiere, der Wilden, der Kinder) mit dem sozietätischen Stande verglichen. Es gibt keine feste Grenze zwischen Naturstand und Sozietät. Beide haben die gleichen Grundlagen und Grundtriebe, die in der Gesellschaft nur verfeinert erscheinen, zunächst jenseits aller Moral, solange Schranken, nicht bloß eigener Gehorsam, den Menschen halten (213 f., 221 ff., 229 f.).

Als „Vorbeugungsmittel“ gegen Unsittlichkeit empfiehlt Pestalozzi Erziehung zur Ehrbarkeit und Bescheidenheit — Religion ist keine Staatsangelegenheit, wenn auch Religion und Sittlichkeit im Innern übereinstimmen —, zu Fertigkeiten und Sitten, Kenntnissen und Erleuchtungen (208, 227, 234). Denn nach Verlust des „Natureigenthums“ und der damit verbundenen „Kinderglükseligkeit“ will das „positive Eigenthum“ im „societetischen Vertrage“ mit „Weisheit im Gebrauch“ genossen werden (207, 209, 212, 213 u. ö.).

Gerade dieser Gedanke ist in einem voraufgehenden „Memoire“ aus dem Jahre 1782 eingehender untersucht worden. Pestalozzi erklärt hier, daß positives Eigentum, das nach Rousseaus Auffassung naturwidrig ist, nicht an sich gut sei, aber wohl „die Ursach aller bürgerlichen Verbrechen“ sein kann (IX—195). Entscheidend ist, daß das Gesetz, aus dem Bedürfnis des zu schützenden Eigentums erwachsen, auf Weisheit gegründet sei und gerecht gehandhabt werde.

In dem Fragment, das von dem „WERT DER LANDESSITTEN“ handelt (I—191 ff.) und das um die Mitte der 80er Jahre entworfen ist, wird die Bedeutung der Sitten für Volk und Gesellschaft gewürdigt. Jeder Stand muß die seiner besonderen Lage angemessenen Sitten haben. Ohne Sitten keine Tugend (195, 197)! Der Grund der größten Gesellschaftslaster liegt mithin in der Nichtbeachtung der Nationalsitten (195 f.). Und es ist gerade das Freiheitsbedürfnis unbeherrschter Menschen, das die Ordnung und das Glück der Gesellschaft gefährdet (197 f.).

Landessitten sind stärker als moralische Gefühle (und Eigentum). Je mehr Sitten in einer Nation herrschen, je größer ist jedoch auch die Gefahr der Heuchelei (196). Das wahre Staatsgeheimnis ist es daher, die „innere Güte“ jeglicher Landes- und Berufssitten zu erforschen (194).

2. In seinen Betrachtungen „ÜBER DIE ENTSTEHUNG DER SITTLICHEN BEGRIFFE IN DER ENTWICKLUNG DER MENSCHHEIT“, die wahrscheinlich um das Jahr 1786, also rund 10 Jahre vor der Arbeit an den „Nachforschungen“ niedergeschrieben sind, stellt Pestalozzi zunächst fest, daß sich „sittliche Begriffe“ nur in der Gesellschaft der Menschen entfalten können, auch wo nur drei Menschen vorhanden sind, ja, schon im Stande der Natur, ohne daß auch hier eine scharfe Grenze zwischen Naturmensch und Gesellschaftsmensch gezogen wird bzw. gezogen werden kann (IX—441 ff.; 453). Denn die Natur „enthüllt“ die sittlichen Begriffe in einer „ineinander schmelzenden“ Stufenfolge von Erfahrungen (442). Aber es muß doch immer der Einfluß frei handelnder Wesen auf die Entstehung sittlicher Begriffe angenommen werden und damit die Erwartung, daß der andere nur das Gleiche tue, was ich ihm getan habe (440 f.).

Man kann nach Pestalozzi zwei Arten der Gesellschaft unterscheiden, die stark an F. Tönnies' Kennzeichnung von „Gemeinschaft und Gesellschaft“ erinnern: das freie Zusammenkommen in der Vertraulichkeit der Freundschaft, wo kein Zwang, keine Abhängigkeit herrscht, wozu wir daher einen natürlichen Hang besitzen. Ganz anders die gesellschaftliche Verfassung, die auf einen Trieb nach Sicherung des Besitzes zurückgeht (456; 461). Ohne diese Notwendigkeit bliebe der Einzelne länger Naturmensch (457).

Für die Erklärung der sittlichen Begriffe und ihrer Entstehung führt Pestalozzi sowohl Bedingungen (Umstände)[1]) wie bewegende Mächte oder Motive ins Feld (444). In ersterer Hinsicht erwähnt er z. B. den „mitwürkenden" Einfluß der toten Natur, das Klima, die Fruchtbarkeit der Gegend (443, 444, 445; 464 f.)[2]). Unter günstigen Bedingungen, bei Ruhe und Spiel werden sich die Begriffe des Wohlwollens und der Güte, der Schönheit und des Anstandes leichter und früher entwickeln; in minder vorteilhaften Gegenden dagegen das Gefühl für Recht und Unrecht sowie Kenntnisse aller Art (445). Dazu kommt das Eigentum als Quelle der Zufriedenheit. Daneben wendet sich Pestalozzi der Entwicklung der Motive zu, die gern an typischen Beispielen primitiver Zustände, z. B. Nüssesuchen und Eichelnsammeln, veranschaulicht werden und mit den Verhältnissen harmonisch übereinstimmen müssen (445, 449, 454)[3]). In dieser Hinsicht geht Pestalozzi grundsätzlich auf den „von dem Trieb der Selbsterhaltung enspringenden Hang zum Genuß" zurück (445). Statt Hang zum Genuß heißt es auch „Freude", gewöhnlich aber „Intresse". Das Interesse an der Befriedigung unserer Bedürfnisse wird als „Grund" anerkannt, „ohne welchen die Entwiklung sittlicher Begriffen unmüglich" ist (444). Auf solche Weise können sich aus der behaglichen Beruhigung gesicherten Besitzes, des Verdienstes oder Erwerbs erst die sittlichen Begriffe entwickeln: Und wiederum knüpft Pestalozzi das auf Wohlstand, Verdienst und Eigentum gegründete Glück, Freude und Behaglichkeit, allen Lebensgenuß und Zufriedenheit an Tugend und Sittlichkeit als Grundlagen der gesellschaftlichen Verfassung (453; 461 f.)[4]). Denn bürgerliches Recht wie überhaupt die Vervollkommnung des menschlichen Geschlechtes sind erst die „Folgen" des Verdienstes und der damit verbundenen Zufriedenheit. So kann denn Pestalozzi auch hier sagen, die Sittlichkeit der Menschen entwickelt sich „durch ihr Eigenthum" innerhalb der Gesellschaft. Das Eigentum (als Bedingung!) ist in diesem Sinne die eigentliche Quelle

---

[1]) Pestalozzi unterscheidet die Bedingungen (Umstände, Lage, Verhältnisse) von den „Bedürfnissen" (Trieben), die oft zusammengefaßt werden, wie wir gesehen haben. Statt Bedingungen sagt er auch „Bedingnisse", z. B. S XII—106, 117, 119 f., 191, 197; vgl. o. S. 20, 24 f., 29, 71.

[2]) Diese Hinweise stehen wohl unter dem Einfluß des Aufsatzes „Über Dialekte, besonders die griechischen" von Fr. Gedike im „Berlinschen Magazin der Wissenschaften und Künste", 1. Jahrg., 2. Stück, S. 7 ff., den Pestalozzi ausgezogen hat (vgl. IX—385).

[3]) Vgl. dazu meine Schrift „Wert und Wirklichkeit", Berlin 1941, S. 144 ff.

[4]) Die Bemerkungen zu dem 1791 in Paris anonym erschienenen Buche des Schweizers J. H. Meister, Des premiers principes du système social, appliqués à la révolution présente (X—69 f.) weisen ähnliche Gedanken auf.

der Sittlichkeit (452 u. 453). Die Bestimmung des Menschen liegt mithin nicht in der größtmöglichen Entwicklung und Anwendung seiner Kräfte, sondern in der Nutznießung seiner Lage und seiner Umstände. Diese Gedankengänge knüpfen an das „Fragment über den Stand der Natur und der Gesellschaft" vom Jahre 1783 an. Der Nutzen schafft nicht die Ordnung, sondern der Mensch „nützt" sie.

In diesem Sinne kann Pestalozzi dann sagen:

a) Es ist die Ordnung der Natur, daß die Wahrheitsliebe wie die Tugendliebe jedes Menschen von dem „Mittelpunkt" seiner Lebensinteressen ausgehen sollen. Wahrheitsforschung wie Sittlichkeitsansprüche, die nicht in dieser Ordnung gebildet sind, lassen die Menschheit unbefriedigt. Der Mensch ist also nicht empfänglich für Sittlichkeit und für Wahrheit, insofern sie unabhängig von seinen Interessen sind; beide, aus den Bedürfnissen der Verhältnisse erwachsen, fördern aber seine Glückseligkeit (446 f., 449, 455). Dieser Wert konkreter Wahrheiten für das Leben („Wahrheiten fürs Volk" oder „Volkswahrheit", wie Pestalozzi später sagt), also Wahrheit aus unseren Bedürfnissen heraus, erweist sich erst als fruchtbar.

b) Dasselbe gilt von dem Recht: Recht wie Wahrheit sind dem Menschen natürlicherweise „nur in dem Grad wichtig, als sie ihm etwas helfen" (447). Da der Genuß eigener Rechte unmöglich ist ohne die Anerkennung der Rechte eines andern und da sich mit steigenden Rechten und mit wachsendem Eigentum auch unsere Pflichten mehren, muß man also den Menschen durch Übung zur Macht über sich selbst und zum Dank erziehen (447 ff., 452, 454, 456 f.). Liegt doch tief in unserer Natur ein Gefühl für Recht und Unrecht, wie auch ein Hang, dem zu folgen, der uns zu führen vermag (458), und dem zu danken und zu dienen, der sich durch Rat und Tat vor allem ausgezeichnet hat (439, 444). Pestalozzi hebt daher wieder den sittlichen Wert der Selbstbeherrschung, der Einschränkung unserer natürlichen Freiheit, der „gebildeten" und „geübten Überwindungskraft" frei handelnder Wesen hervor (vgl. o. S. 50). So wird die Einschränkung zur Quelle der Tugend. Erst wenn der Mensch diese Wahrheit erkannt hat, kommt er zu seinem „wahren Vorteil". Solche Wahrheit befriedigt die Menschheit im Innersten ihrer Natur, aber nicht Wahrheit um ihrer selbst willen.

Wohl handelt der zufriedene und beschäftigte Mensch tugendhaft, aber auf der anderen Seite ist doch unsere natürliche Trägheit (Behaglichkeit) die Quelle unserer Laster. Das schreibt Pestalozzi unter J.-J. Rousseaus Einfluß. Daneben führen die gesteigerten Ansprüche auch zum Recht des Stärkeren, d. h. zur Gewalt (457 ff., 462, 467).

Zusammenfassend können wir sagen, daß Pestalozzi in dem vorliegenden Fragment im wesentlichen nur bis zu den Rechtsordnungen der empirischen Gesellschaft und den ihr damit auferlegten Pflichten vordringt. Er räumt den wirtschaftlichen Bedingungen, Verdienst. und Eigentum, einen größeren Einfluß auf die Entwicklung „sittlicher Begriffe" ein. Andererseits entsteht „Sittlichkeit" aus dem Trieb der Selbsterhaltung, wird also pragmatisch den (selbstsüchtigen) Interessen untergeordnet, wie auch Wahrheit, Recht und selbst die Überwindungskraft frei handelnder Wesen unter dem Gesichtswinkel der Bedingungen bzw. des eigenen Vorteils gesehen werden. Nur Ausdrucksweisen wie „Überwindungskreffte", „Begriffe der Wahrheit und des Soll", „Dank", „sittliche Gefühle", „Pflichten" und „Urpflichten", „Begriffe von Gut und Bos", „Freundschaft", „Bonhomie", „Religiositet" deuten auf die später grundsätzlich vollzogene Wendung zur Idee echter Sittlichkeit hin.

3. Pestalozzis philosophische Abhandlung „MEINE NACHFORSCHUNGEN ÜBER DEN GANG DER NATUR IN DER ENTWIKLUNG DES MENSCHENGESCHLECHTS" behandelt den Wandel des Menschengeschlechts unter den drei systematischen Gesichtspunkten des tierischen, gesellschaftlichen und sittlichen Zustands, die sich im letzteren Bereich durchlagern. Die Darlegung der folgenden Grundlinien erfolgt unter Berücksichtigung der 42 „Entwürfe" (der „Revision des Buchs 1795" usw.) und des Fragments „Über Barbarei und Kultur", Ende 1797 (XII—167 ff., 243 ff.).

A. Die genetisch-psychologische Analyse des Menschen im tierischen Zustand (Rousseau: l'état de nature) nennt als allgemeine Triebfeder des tierischen und des gesellschaftlichen Daseins die Neigung zur harmlosen Behaglichkeit. Sie entspringt aus dem Eigentum und ist die Quelle des sinnlichen und tierischen Wohlwollens gegen Mensch und Tier und damit der Liebe, zugleich aber auch der Religion (XII—8 f., 34, 38). Aus Neigung zur Behaglichkeit sind die Menschen betriebsam und faul zugleich, barmherzig und hart, ehrliebend und ehrlos, freiheitsliebend und knechtisch. Später (60, 68 f., 72) wird der Instinkt (der Takt) der tierischen Unverdorbenheit, die „ursprüngliche Grundkraft meiner Natur" als das „Wesen meines gesunden thierischen Empfindens, Denkens und Handelns" bezeichnet (vgl. S. 68, 70, 72, 123, 126, 130 u. ö. und o. S. 24 f.). Darauf ist im „Schwanengesang" noch zurückzukommen. Sobald der Instinkt, der Takt unserer tierischen Natur und die „Saite unserer thierischen Harmonie, unser thierisches Wohlwollen" kraftlos und unsicher werden, beginnt das tierische Verderben. Doch wird der Instinkt auch als die Gewalt bezeichnet, deren Wesen der Empfänglichkeit meiner Natur für Wahrheit und Recht „geradezu entgegen steht" (z. B. S. 158).

Wonnevolle Behaglichkeit des Naturlebens, die mit wohlwollender Gemütsstimmung gekoppelt wird (10), ist das wesentliche Kennzeichen der inneren Befriedigung und Kraft. Der Staat tut gut daran, das Streben nach Behaglichkeit zu begünstigen (35). Dennoch geht der Mensch freiwillig in den gesellschaftlichen Zustand, und zwar aus tierischer Unbehülflichkeit gezwungen oder durch Gewalttätigkeit gereizt (90).

Das tierische Wohlwollen, das Gefühl harmonischen Einklangs des Naturmenschen findet sich beim unmündigen Kind, beim behaglichen Wilden wie beim unverdorbenen Hirten, d. h. allenthalben, wo der reine Sinnengenuß tierischer Befriedigung des Menschen erquickend und leicht ist. Es mindert sich da, wo die tierische Natur des Menschen keine harmlose Befriedigung mehr findet, wo Behaglichkeit mangelt, weil das Leben Anstrengungen erfordert sowie mit Gefahr und Kränkung verbunden ist. Pestalozzi geht den möglichen Arten von Anstrengungen und ihren Folgen besonders ausführlich nach in dem Fragment „Über Barbarei und Kultur" (247 ff.). Immer wieder heißt es: „Anstrengung ist Vervollkomungsmittel", da Not die Quelle aller Kraft ist und da sich das Menschengeschlecht durch die Hemmungen seines tierischen Wohlwollens bildet[1]). Denn das Wohlwollen ist trügerisch, gedankenlos und fahrlässig, wie die Harmlosigkeit somit auch eine Schande ist und dadurch auch alle Fundamente des gesellschaftlichen Lebens untergraben werden. Nach Verlust des Wohlwollens wird der Mensch falsch und hart. Der „unverdorbene" wird zum „verdorbenen" Naturmenschen. Dieser Naturmensch ist gewalttätig, grausam, verschlagen, leichtsinnig, furchtsam (44, 46 u. ö.; auch „Lienhard und Gertrud", 4. Teil, III—330 ff.). Der Mensch ist „kein trauliches, kraftloses Hausthier", sondern gehört zu den gewaltsamen Raub- und Waldtieren und will seiner Selbstsucht nicht entsagen. Denn die Zeit der unverdorbenen tierischen Unschuld ging wie ein Augenblick vorüber (XII—46), wie der Augenblick, in dem das Kind auf die Welt kommt und noch „ganz Unschuld" ist (71)[2]). Also die Umkehrung der christlichen Lehre von der Erbsünde! Es folgt die

[1]) Ähnlich XIV—243, 84; S XI—35, S XII—338; vgl. o. S. 47 (Punkt n).

[2]) Wörtlich nach Rousseau, Emile I, aber Pestalozzi sagt „aus der Hand der Natur", während es bei Rousseau lautet: Tout est bien, sortant des mains de l'auteur des choses. Er fährt fort: tout dégénère entre les mains de l'homme; das ist die Losung seiner Nachfolger.

Zeit der Vereinigung gemeinsamer Arbeit unter einem Recht, das im Inneren der Menschen liegt und das sie sich selbst gegeben haben (45, 47 u. ö.).

B. Auch im gesellschaftlichen Zustande bleibt der Mensch das „gewaltthätige, blutdürstige Raubthier". „Der Mensch als Geschlecht ist nur thierisch, und als thierisch sich immer gleich" (63, 92). Ebenso ist das Verhältnis der Menschen im Staat „ein blos thierisches Verhältnis" (16). Pestalozzi nennt ihn daher „Naturmensch" auch im verdorbenen gesellschaftlichen Zustande „vollendeter Schiefheit und Verhärtung", sofern in ihm der „Instinkt" eines harmonischen, sorgenlosen, unschuldigen, behaglichen Daseins sowie die Fähigkeit kraftvoller Selbsthilfe ausgelöscht ist. Doch kann der Mensch im gesellschaftlichen Zustand der tierischen Kraft zur Erreichung seines Zwecks nicht entraten, wenn auch diese Kraft ebenso wie die harmlose Behaglichkeit und das tierische Wohlwollen des Naturstandes geschwächt ist und somit die Wonne des Naturlebens, auch mit Hilfe des Berufs, nicht wieder zu erreichen ist, trotz aller Anstrengungen und Anmaßungen. Es ist der gesellschaftliche Zustand „in seinem Wesen eine Fortsezzung des Kriegs aller gegen alle" (70 ff.; 76 ff. u. ö.). Das ist ganz im Sinne Hobbes' verstanden! Es wird die Gewalt über die Treue, die List über die Rechtschaffenheit erhoben. Menschen und Staaten verderben, da Ordnung, Wahrheit und Recht durch Arglist und Raffinement erstickt werden (52 ff., 79 u. ö.). Der Egoismus beherrscht die übrigen Triebräder unserer Natur und bricht immer wieder hervor; so schon 1785 bis 1786 („Bemerkungen zu gelesenen Büchern" IX—331) und 1792 (vgl. o. S. 120 ff.) sowie immer in den „Nachforschungen" als Spannungspol zum Wohlwollen in seinen verschiedenen Abtönungen. Damit spricht Pestalozzi im Sinne der christlichen Ethik klar aus, daß sich der Mensch nicht aus eigener Macht selbst vervollkommnen kann — eine Absage an jeglichen seichten Idealismus[1]).

Pestalozzi betrachtet folgende Gegebenheiten des gesellschaftlichen Lebens, die für den Menschen als bloßes Werk der Natur noch nicht bestehen. Sie könnten zur Veredlung des Menschen führen, entarten aber immer wieder und verfehlen ihren Zweck infolge der menschlichen Selbstsucht. Sie werden im ersten und dritten Abschnitt der „Nachforschungen" in ähnlicher Reihenfolge behandelt und umfassen die folgenden Gesichtspunkte, die wesentlich

---

[1]) In einer aufschlußreichen Broschüre, Protestantisches Geschichtsbewußtsein, Leipzig 1939, weist Th. Litt Pestalozzis Stellung im Rahmen des dialektischen Denkens wie der idealistischen Geschichtsdeutung auf.

auch im zweiten Abschnitt wiederkehren und vergleichsweise heranzuziehen sind.

1. Dem gesellschaftlichen Zustand ist in jedem Abschnitt ein besonderes Kapitel gewidmet. Dies fehlt für den Naturzustand wie für den sittlichen Zustand, was für die Entstehung des Werkes kennzeichnend ist.

2. Als Mittel der Befriedigung und Selbstveredlung („Grundsäulen") werden Erwerb und Eigentum genannt. Auch Kenntnisse sind z. T. dahin zu ziehen.

3. Als politische Verhaltensweisen erörtert Pestalozzi die Beherrschung, Tyrannei, Unterwerfung und Aufruhr. Dazu das Kapitel „Der Aufruhr ist nie recht".

4. Als Stände werden Adel und seine Vertreter sowie Handlung, d. h. der Kaufmannsstand, besprochen. Ein besonderes Kapitel für die Geistlichkeit fehlt.

5. Als Regelung gesellschaftlichen Lebens behandelt Pestalozzi das Recht (gesellschaftliches bzw. gesetzliches Recht), Kronrecht und Staatsrecht. Ein Kapitel über Sitte fehlt. Die gute alte Sitte hat er wiederholt anerkannt, z. B. „Von der Freyheit meiner Vaterstatt!" (1779, I—240) und besonders warm im „Schweizer-Blatt" II (1782, VIII—269 ff., sowie in „Lienhard und Gertrud").

6. Schließlich als treibende Kräfte des gesellschaftlichen Zustandes die Macht („Ansprüche", „Neigung" und „Gewalt" der Macht; auch „die Macht wünscht", „fordert" sowie „der gewaltsame Trieb" der Macht); dazu die Ehre („Trieb zur Auszeichnung", „Neigung" zur Ehre, „Anspruch" an Ehre). Auch Erwerb und Eigentum als „Anstrengung" und „Anspruch" tragen zum Teil diesen Charakter, ebenso Kenntnisse („mitten im Forschen", „nach Kenntnissen haschend", „schwärmende Neigung"). Der Behandlung der tierischen Selbstsucht (im gesellschaftlichen Zustand) ist kein besonderes Kapitel zugeteilt. Das Wohlwollen weist bereits zum sittlichen Zustand hinüber, der von der Freiheit, den sittlichen Kräften der Liebe und Religion bestimmt wird.

Der erste Zweck der K e n n t n i s s e wie der Vereinigung der Menschen liegt darin, uns die Genüsse des Lebens leichter und sicherer verschaffen zu können. Unsere schweifenden Erkenntnisse entfernen sich aber immer weiter von diesem Zweck, werden schwärmerischer und ketten sich nicht an die Bedürfnisse der „nächsten Verhältnisse", so daß wir Träumer, Bettler und Schurken werden (1. Abschnitt!). Damit geht unsere Unschuld verloren, die im dritten Abschnitt als Quelle der Erkenntnis bezeichnet wird, während im ersten Abschnitt die Unbehülflichkeit unserer Natur (zweimal) als Ursprung der Einsichten hingestellt wird (7 ff., 132 ff.).

Auch der Erwerb sowie das Eigentum (der Besitz) gehen von unserer Selbstsorge aus, wie Pestalozzi bereits im „Fragment über den Stand der Natur und der Gesellschaft" (1783) gezeigt hat, wo die Beziehungen zwischen Natureigentum und positivem Eigentum, zwischen dem Verlangen nach Eigentum, Ruhe und Zufriedenheit bzw. Sicherheit und Vervollkommnung der Menschheit dargelegt sind (s. o. S. 150 f.). Besitzstand, wie der gesellschaftliche Zustand schlechthin, ruhen auf dem einfachen tierischen Gefühl (Bedürfnis), alle Mittel der Selbsterhaltung benutzen zu dürfen. Beide, Erwerb und Besitz, kehren sich im gesellschaftlichen Zustand gegen den Menschen, wie alle Maßregeln und Ordnungen des gesellschaftlichen Lebens. Damit verliert der Mensch die wonnevolle Behaglichkeit und die wohlwollende Gemütsstimmung des Naturlebens. Dennoch ist der Besitzstand „geheiliget", weil er die Menschen gesellschaftlich vereinigt hat. Während im ersten Abschnitt das Eigentum als das Joch und „das grosse Hinderniss des gesellschaftlichen Zwecks" bezeichnet und dazu die Möglichkeit abgelehnt wird, den ursprünglich rechtmäßigen von dem ursprünglich unrechtmäßigen Besitzstand zu sondern, werden besonders im dritten Abschnitt feinere Unterschiede gemacht, nämlich eines Erwerbs aus rechtmäßig eingeschränkter Selbstsorge bzw. aus Selbstsucht der tierischen Natur. Im ersteren Sinne wird das nützliche „beschränkte Vermögen" als „Grundsäule des gesellschaftlichen Zustandes" angesprochen; sobald es aber größeren Umfang, aus selbstsüchtigen Ansprüchen, annimmt („Reichtum"), wird es, auch im dritten Abschnitt, als Ursprung „aller Übel der Erde" gekennzeichnet. So schon seit den 70er Jahren („Einzelreichtum", „Von der Freyheit meiner Vaterstatt!", I—225). Reichtum macht „schlapp", was auch in den „Entwürfen" öfters gesagt wird (210, 212). Daneben ist das an Grund und Boden angekettete Eigentum (des Adels), das „alte Heiligthum des Pflugs", das für den einzelnen und das Volk ewige Werte und Vorzüge beinhaltet, wohl zu sondern vom beweglichen Besitz des Goldes. Es muß daher das „positive Eigentum", auch dasjenige des „untergeordneten Nuzniessers", gesetzlich geregelt werden. Damit kommt Pestalozzi auf die in „Lienhard und Gertrud" sowie im „Schweizer-Blatt" (1782) geäußerten Ansichten über die Segnungen bäuerlichen Besitzes zurück, dem Erziehung und Industrieschulen unter der gemeinsamen Leitung von Regierung, Priester- und Bauernschaft sowie der Städte dienen sollen (s. o. S. 114 ff.). Auch in den „Figuren" (1797) wird die „mässige Wohlhabenheit" des Landeigentümers wohl geschieden vom schwülstigen Reichtum (XI—108; vgl. 110, 227 u. 294 f.)[1]). Also liegt Pestalozzis Stellung zu Besitz und Eigentum, die nicht klar geschieden werden, eindeutig fest (XII—10 ff., 24 f., 41, 91, 134 ff., 517: Handschrift A.). Er tastet weder den persönlichen Besitz an, noch die individuelle Freiheit, noch das Recht im Rahmen des geordneten Rechtsstaates, noch die freie Erforschung der Wahrheit.

Unter der Rubrik „Gesellschaftlicher Zustand" wird bald von Macht und Gewalt, bald von Eigentum und Besitzstand, bald von Recht (Gerechtigkeit) und, ausführlicher, vom Sinn des Vertrages gehandelt. Im dritten Abschnitt fordert Pestalozzi, wenn schon Recht herrscht, strenges Recht und Gesetz (13 f., 137).

Die M a c h t wird wohl auch gelegentlich als „heilige und gute" Leistung des „treuen" Menschen gepriesen, insofern ihr alles daran liegt, daß „ich ein sittlicher Mensch sey"; dann auch als „das göttliche Recht" der Macht gekennzeichnet. Grundsätzlich jedoch versteht Pestalozzi unter Macht den „Thiersinn", die „Willkühr der Macht" im Sinne der Gewalt und verurteilt sie aufs schärfste. „Die Macht, als Macht, ist auf der ganzen Erde gesezlos." Sie heißt das „Faustrecht, der Machiavellism, die willkührliche Gewalt, der Sansculottism und der Terrorism". Diese Gewalt, eine Folge der Ungleichheit selbstsüchtiger Menschen, die sich nicht „zum Göttersinn der Treue zu erheben" vermögen, ist durch Gesetz und Recht einzuschränken, um der Rechtlosigkeit und Willkür der Herrschenden, der Geistlichkeit und der Beamten entgegenzuarbeiten. Sonst bleiben nur zwei Möglichkeiten: entweder unterwirft sich das Volk aus Dummheit oder aus Sorglosigkeit und gutmütiger Schwäche in tierischer Behaglichkeit und erstickt „in der windigen Leerheit der Macht"; dann mag die Gewalt selbst als sittliches Verhältnis erscheinen. Oder der Mensch probiert seine Tierkraft und greift zur Keule (vgl. unten: „Aufruhr"). Im Gefühle der Selbsterhaltung lehnt sich das Volk gegen die sinnlose Untreue der Macht auf und greift der schuldigen Macht an die Kehle (14 ff., 17, 48 ff., 54 f., 137 f., 158).

Wie der Anspruch an erbliches Eigentum, so liegt auch der Anspruch auf erbliche E h r e in dem Grundgefühl unserer tierischen Natur, so daß der Mensch für Schmuck und Auszeichnungen sein eigen Geschlecht totschlägt. Und wiederum ist es der dritte Abschnitt (wie auch die „Entwürfe"), der, weniger pessimistisch,

---

[1]) In der Schrift „An die Unschuld" (1815) wird der „Großreichtum als ein fast unübersteigliches Hindernis der Veredlung der Menschennatur erklärt" und zwar im Sinne Jesu Christi (S XI—80). Auf der anderen Seite darf Armut nicht in Elend ausarten: „Im Sumpf des Elends wird der Mensch kein Mensch" („Lienhard u. Gertrud", III. Teil, S. 223)!

den Ausblick eröffnet, daß unser Ehrgefühl uns zur Selbstachtung und Anerkennung des sittlichen Rechts hinführen kann (XII—18, 23, 138, 230).

Die Verhaltensweisen: Beherrschung, Tyrannei, Unterwerfung, Aufruhr („nie recht") greifen ineinander über.

Als Folge des Privateigentums und als Mittel zur Befriedigung unserer tierischen Selbstsucht, unseres privaten Machtbedürfnisses findet die Beherrschung, Regierung wie private Herrschaft, am gesellschaftlichen Recht ihre Grenze. Denn der Zweck der gesellschaftlichen Vereinigung liegt weder in den „Gewaltsgelüsten übergrosser Herrn", noch in den „Erschlaffungsdemüthigkeiten überschwacher Knechte". Die Weisheit und Kraft der Gesetzgebung hat vielmehr unsere Ansprüche und Niederträchtigkeiten, den ganzen Wirrwarr unserer Rechtlosigkeit zu mildern und in Ordnung zu bringen. Braucht der Mensch als sittliches Wesen doch Recht und Ordnung zur Veredelung seiner selbst und zur Beglückung des Menschengeschlechts (XII—20 ff., 140).

Pestalozzi hat sich seit jeher, schon in den Jugendschriften „Agis", „Von der Freyheit meiner Vaterstatt!", in der „Abendstunde" usw. gegen die Tyrannei ausgesprochen (vgl. o. S. 101, 104). „Tirannei ist Naturleben im Besiz der Macht. Sklaverei thierisches Dulden dieses Lebens." Es liegt also im Tiersinn unserer Natur, entweder die Schwäche des Menschengeschlechts zu mißbrauchen und den Mitmenschen zu unterdrücken, oder aus dem Bedürfnis geschwächter tierischer Kräfte zu dienen. Die Tyrannei, die eine Kränkung unserer Selbständigkeit ohne und wider den gesellschaftlichen Zweck bedeutet, ist entweder barbarisch oder zivilisiert; im ersteren Falle blutet der versklavte Mensch, im zweiten schmachtet er in der Gleichgültigkeit seiner tierischen Entkräftung (27 f., 143).

Der Grund der Unterwerfung ist Selbstsorge aus dem Triebe der Selbsterhaltung. Die rechtlose, unsichere Lage bedeutet einen Zwangs- und Notstand, in dem der Mensch untreu, neidisch, tückisch, diebisch und verräterisch wird gegen alle in einer gesellschaftlich besseren Lage. Es gibt aber auch eine gesellschaftlich rechtmäßige Unterwerfung, in welcher die Menschen ein Recht besitzen auf bürgerlichen Erwerb und gesichertes Besitztum, auf gesetzlichen Schutz und auf Volksbildung, um sich zu veredeln. Unter den herrschenden Verhältnissen ist aber dies alles nur ein frommer Betrug (18 ff., 138 ff.). In den „Entwürfen" zu den „Nachforschungen" wird die Unterwerfung des Menschen als „Werk seiner selbst" stärker herausgearbeitet, im Sinne der Selbstbeherrschung des sittlichen Menschen (230 ff.).

Aufruhr. „Dem Werk der Natur unterliegend, bin ich immer entweder Tirann oder Sklav oder Aufrührer". Das Streben der entwürdigten Natur, die Mängel der öffentlichen Ordnung zu bessern, ist nicht Aufruhr. Wenn aber eine Regierung Recht und Selbständigkeit nicht aufkommen läßt, dann bleibt nur noch die physische Kraft, die Pestalozzi allerdings auch nicht billigen kann. Andererseits wird das Volk noch schlechter, wenn es in Erschlaffung, Kraftlosigkeit und selbst Behaglichkeit sich vor dem Manne bückt, kniet und tanzt, der sie diese Künste gelehrt hat und die Kräfte der Selbsterhaltung durch Branntwein und Komödienhäuser ermüdet. Es ist kennzeichnend, wenn Pestalozzi im dritten Abschnitt ein besonderes Stück überschreibt: „Der Aufruhr ist nie recht" und darin den Gründen des Aufruhrs nachgeht. Auch der sittliche Mensch würde dann, zwischen beiden Parteien, zwischen dem Unrecht der Mächtigen und dem Toben des Volkes stehend, ein Opfer seiner Gutmütigkeit werden (28 ff., 143 f., 145 ff.).

Von den Ständen werden besonders der Adel und der Kaufmann, als Vertreter des dritten Standes, gelegentlich auch der Gelehrte und der Bauer gekennzeichnet.

Im ersten Abschnitt läßt Pestalozzi das Feudalsystem der Vorzeit wohl gelten, jetzt hemmt jedoch der selbstsüchtige und gewalttätige Adel jeden Fortschritt, wie auch der Priester; der Adel haßt das Recht, wie es auch die Könige tun. So wird denn der alternde Weltteil entweder von den Anmaßungen der Krone oder denjenigen des „Sansculotism" verschlungen. Ähnlich Pestalozzis Angriffe gegen die Anmaßungen der höheren Stände wie des Volkes (und der Geistlichkeit) in den Revolutionsschriften, ja schon in der Abhandlung „Über Gesezgebung und Kindermord" aus dem Anfang der 80er Jahre (siehe o. S. 120 ff.). Es ist jedoch wohl zu unterscheiden zwischen dem Recht des Adels als Eigentümer und den Anmaßungen dieses Standes. Pestalozzis Sprache ist wesentlich gemildert im dritten Abschnitt, wo solches Recht und Unrecht des Adels, wie auch des Kaufmanns, schlicht und nüchtern gegeneinander abgewogen werden. Beachtenswert ist, daß Pestalozzi im ersten Abschnitt den Kaufmannsgeist der Engländer anerkennt. Jetzt aber „ist die Welt in der Hand der Hofjuden", wie sich Pestalozzi auch sonst über die Juden abfällig ausspricht (24 f., 92 u. ö.). Die Geistlichkeit wird arg mitgenommen, z. B. S. 56, 65 f., 92 u. ö. Er spricht (138) selbst von geistlichen Menschenfressern (23 ff., 87, 140 ff.), jedoch auch vom edelmütigen Papst.

Unter den Ordnungen des gesellschaftlichen Lebens fassen wir Recht (Textkritik S. 532 f.: gesellschaftliches bzw. gesetzliches Recht), Kronrecht und Staatsrecht zusammen. Feinere

Unterscheidungen zwischen positivem, gesetztem und geltendem Recht werden nicht gemacht.

Pestalozzi sondert Naturrecht, gesellschaftliches und sittliches Recht. Als Werk der Natur haßt der Mensch Gesetz und Recht. Der Begriff des Naturrechts ist daher, rein genommen, nichts anderes als eine Täuschung. Es weist auf die Grenze zwischen Naturstand und gesellschaftlichem Zustand zurück und entspringt dem Wunsche, daß unsere Vorstellungen von Recht und Pflicht auf Gründen ruhen, die dem Edelsten, Besten, das wir kennen, nicht widersprechen. Wohl rufen die ersten Bedürfnisse der gesellschaftlichen Menschheit nach einem bürgerlichen Recht. Das gesellschaftliche Recht ist jedoch kein sittliches Recht, wenn es auch unter dem Deckmantel des Wohlwollens und Vertrauens erscheint. Es ist nichts anderes als Verdummung und Demütigung, Erschlaffung und Entmannung des Menschengeschlechts, was unendlich oft variiert wird (16, 27, 67, 73, 81 ff., 137). Daneben macht Pestalozzi, in einem anderen Sinne, die Unterscheidung von „gesellschaftlichem Unrecht" und „gesellschaftlichem Recht" bzw. „gesellschaftlicher Rechtlichkeit". Er spricht von echtem Magistraturgeist, echtem ständischen, echtem Parlaments- und deutschem Regierungsgeist. Das gesellschaftliche Recht forscht „mit treuem, o f f e n e n Ernst" dem Wesen alter Urkunden nach und trachtet, deren Ehrenhaftigkeit und „reinen gesellschaftlichen Willen" dem Volke zu erhalten (88, 92, 146, 149). So wird die Untreue am gesellschaftlichen Recht erst verständlich (63 u. ö.). Denn das bürgerliche Recht schwankt zwischen Selbstsucht und der „Reinheit des öffentlichen Willens" (103).

Aus dem instinktiven Gefühl unserer gesellschaftlichen Bedürfnisse und selbstsüchtigen Kraft entsteht das Gesetz, wie das Eigentum, ohne Rücksicht auf Recht oder Pflicht. Demnach hat der Mensch aus tierischer Gewalttätigkeit, auf Grund der Kraft des Stärkeren, der List des Schlaueren und der Hilfsmittel des Glücklicheren rechtlosen Besitz genommen und so die ungleiche Verteilung der Güter herbeigeführt. Die „Notheinrichtungen unsres thierischen Verderbens", auf die wir das Naturrecht gründen, nennen wir ein Recht, ehe wir überhaupt von einem Recht in der Welt wissen konnten. Der Ursprung aller gesetzlichen Einrichtungen liegt in dem Bedürfnis des gesellschaftlichen Menschen, den Vergehungen seiner Selbstsucht Einhalt zu tun. Soweit diese Einrichtung mit dem gesellschaftlichen Zweck übereinstimmt, spricht Pestalozzi vom „gesellschaftlichen Recht"; das „gesellschaftliche Unrecht" beruht demgemäß auf dem physischen Übergewicht der Gewalt. Der selbstsüchtige Mensch ist als Tyrann oder auch als Sklave allenthalben zur Gesetzlosigkeit geneigt. Nur durch den Zwang des Gesetzes wird der Mensch zur Anerkennung des Rechts gebracht; ohne Zwang wird er dem Endzweck gesellschaftlicher Vereinigung ungetreu, sofern er nur einen Vorteil für sich erhaschen kann (22 f., 135 ff., 142)!

Gegenüber Rousseau wird die Wahrheit anerkannt, daß der Staat nicht durch einen Vertrag gebildet ist; trotzdem wird doch immer wieder von Vertrag gesprochen. Treffender ist die analytische Auffassung, der Ausgang vom Ganzen, in dem Volksroman (III—173 f.) angedeutet, wo Pestalozzi nicht durch fremdes Vorbild gefälscht ist: der Mensch, als „einzeln Glied an der grossen Kette" der Menschheit durch Erziehung in einem Ganzen geformt („ausgefeilt", „stark und gelenkig genug gearbeitet"), ist Grundlage des Staates, nicht das einzelne Glied für sich.

Die Aburteilung des Staatsrechts im ersten Abschnitt (!) gehört wohl zu den schärfsten Angriffen Pestalozzis gegen die menschliche Gesellschaft. Staatsrecht bedeutet ihm Gewalt und Betrug. Es erniedrigt die Menschen zu Schurken, Bettlern und Gesindel. Um Besitz und Auszeichnungen schlagen die Menschen einander tot oder fressen sich auf im Dienste der Staatskunst. So scheitert alle Wonne des Lebens an den öffentlichen Einrichtungen. Wohl „soll" das Staatsrecht, wie jedes Recht, dahin wirken, den Menschen seiner Entwicklung näher zu bringen, aber in der Hand der Gewalt wird das Menschengeschlecht endgültig „verhunzt". Im dritten Abschnitt wird wohl auch gesagt, daß das Staatsrecht in seinem Zweck tierisch ist, wenn auch vernünftig in seinen Mitteln; in seinen Folgen ist es doch „Quelle der bürgerlichen Ordnung", wie auch der „Cabinetsunsinn" dem „Volksunsin" weit vorzuziehen ist („Entwürfe" S. 174). Je mehr eine Gesetzgebung die Bande des Blutes stärkt und die Menschen zusammenführt, desto mehr wird die Gemütsstimmung, die für die Veredelung der Bürger wesentlich ist, begünstigt. Damit kehrt Pestalozzi zu den in „Lienhard und Gertrud" (1792) sowie in dem Memorial „Über Verbrechen und Straffen" (1782) und dem Gutachten zu den „Ehegerichtssatzungen" (1784) konkret formulierten Vorschlägen für die Rechtspflege im Grundsatz zurück (s. o. S. 113 ff.).

Auch das Kronrecht wird im ersten Abschnitt als das „non plus ultra aller möglichen Attentate gegen alle Fundamente der gesellschaftlichen Wahrheit und des gesellschaftlichen Rechts" hingestellt, wie schon in dem „Fragment über den Stand der Natur" (1783) der Krieg aller gegen alle im freien Naturzustand der Menschen besser erscheint als das Leben unter den barbarischen Feudalgesetzen. Im dritten Abschnitt jedoch, wie auch gelegentlich im ersten, wird die Rechtmäßigkeit des Kronrechts anerkannt, falls es die Bande der Gesellschaft sichert und mit dem gesellschaftlichen Zweck und Recht übereinstimmt. Wohl läßt Pestalozzi die Könige gelten — außer dem „großen König" — zumal wenn sie das gesellschaftliche Recht gegen sich selber anerkennen. Die Oligarchie wie die Aristokratie, „der Royalism" wie der „Demokratism" jedoch, die „Krondiener" und Amtsleute bis herab zum niedrigsten Büttel werden abgelehnt, die Ausschweifungen, die Anmaßung und Eitelkeit der Günstlinge aufs schärfste verurteilt (25 f., 34, 63 ff., 88, 90, 96 f., 128, 141 f.). Alle diese künstlichen Mittel, um derentwillen der Mensch in die bürgerliche Gesellschaft tritt, sind „im Grund eigentlich nicht da"; sie sind nur „Representation", nur Täuschung, da sie ihre Zwecke verfehlen (77). Ganz anders die Kräfte, mit deren Hilfe sich der Mensch aus dem „Kot" des gesellschaftlichen Chaos zum sittlichen Zustand erhebt.

C. Der sittliche Zustand. Wie die Bezeichnung sagt, war Pestalozzi schon früher, um 1786, der „Entstehung der sittlichen Begriffe in der Entwicklung der Menschheit" nachgegangen und hatte hier, wie in dem „Fragment über den Stand der Natur und der Gesellschaft" (1783), die Zusammenhänge zwischen Eigentum und Gesetz als Sittenbildner, zwischen der Hemmung der Naturtriebe, Sicherheit und Zufriedenheit, Tugend und Sittlichkeit dargelegt (s. o. S. 150 ff.). In den „Nachforschungen" wird dann die Brücke geschlagen zwischen dem empirischen Sein und normativen Sollen. Hier steht nun auf der einen Seite ein nüchterner, zum Teil krasser Pessimismus, auf der anderen ein hoffnungsfreudiger Optimismus, ohne systematische Ableitung der Postulate. Die Idee des guten Menschen und seine Erziehungsfähigkeit wird einfach gesetzt nach Art des XVIII. Jahrhunderts, wie auch die vorhergehende Darstellung des gesetzlichen Zustandes und ihrer Kräfte teilweise idealisierenden Charakter trägt.

Sobald das Wörtchen soll (bzw. muß) auftritt, erfolgt der Überstieg in die ganz andere Ebene der geforderten Sittlichkeit (19, 20, 22, 40, 66 f., 73 u. ö.). „Ich vervollkommne mich selbst, wenn ich mir das, was ich soll, zum Gesez dessen mache, was ich will" (105). Das ist Sinn und Aufgabe der „Pflicht", des „Gewissens". Es wäre jedoch verfehlt, die Forderung einer „ganz reinen Sittlichkeit" ins Auge zu fassen und die Sorge für Weib und Kind wie für das eigene Leben zu vernachlässigen. Das würde uns in all den Hemmungen unseres tierischen und gesellschaftlichen Daseins in Sorglosigkeit einwiegen. Unschuldig in vollendeter Reinheit auf Erden zu leben, ist nicht das Teil des sterblichen Mannes. Daraus geht hervor, daß „Recht und Wahrheit", d. h. Sittlichkeit, bloße Ideen sind, also nur als Richtpunkte meines persönlichen Handelns zu bestimmen sind.

Demgemäß trägt die Sittlichkeit auch einen individuellen Charakter, wie auch unsere großen Philosophen gelehrt haben (vgl. o. S. 124 f.). „Rein sittlich sind für mich nur diejenigen Beweggründe zur Pflicht, die meiner Individualität ganz eigen sind." In einem Brief an Nicolovius vom Mai 1809 (Morf, a. a. O., IV—189) spricht es Pestalozzi auch später klar aus: „Freund, der Mensch als Masse hat keine Tugend, nur das Individuum hat sie, — der Staat als solcher hat keine; er hat nur die Kraft, die Tugend der Individuen zu benutzen." Je größer die Zahl derer ist, mit denen ich meine Pflicht teile, je stärker sind die Reize zur Unsittlichkeit. Also kann Pestalozzi auch unterscheiden zwischen dem Staatsmann als solchem und dem sittlichen Menschen, sofern der Staatsmann sittlich ist (109 ff., 112 ff., 149, 165). Da das Christentum „ganz Sittlichkeit" bedeutet und Nationalsittlichkeit das Ergebnis gesetzgeberischer Gewalt darstellt, ist mithin auf dieser Grundlage auch keine Staatsreligion möglich. Wir werden und sollen als Nation kein Christentum haben (XII—120, 157). Da aber die Sittlichkeit um so reiner ist, je reiner Gesetze und Sitten sind, so sollte ein jeder an der Verbesserung der Sitten und der Kenntnisse, an der Hebung der Freiheit und des Wohlstandes mitarbeiten (115 ff.).

Diese Zielsetzung liegt demnach nicht hinter uns, in einem Zustande der Natur, in den wir zurückzukehren hätten, sondern die Idee weist uns vorwärts. Wie meine Natur nicht auf dem Standpunkt des bloßen Sinnengenusses stehenzubleiben vermag, sondern zu gesellschaftlichen Verhältnissen hinstrebt, nachdem der Instinkt, „der Takt unserer thierischen Natur", kraftlos nnd unsere tierische Harmonie zerbrochen ist, so ist auch der gesellschaftliche Zustand selbst nur eine notwendige „Zwischenstufe", um mich selbst „wieder zu dem friedlichen, gutmüthigen und wohlwollenden Geschöpf zu machen, das ich als Werk der Natur nicht bleiben, und als Werk des Geschlechts nicht werden kan". Der „bürgerliche Halbmensch" muß „Mensch" werden. „Die Natur hat ihr Werk ganz gethan, also thue auch du das deine" (72, 121 f., 125 ff., 164).

Wie ist dies „Werk meiner selbst" möglich? Der Weg führt über die Selbsterkenntnis und Selbstverleugnung.

a) Pestalozzi ruft, wie in dem späteren Bekenntnis „An die Unschuld", dem Menschen zu: „Erkenne dich selbst!" (S XI—51). Nosce te ipsum ist der spätere Aufsatz „Ansichten über Industrie, Erziehung und Politik . . ." überschrieben (1822). Nur der Mensch, der die Widersprüche des gesellschaftlichen Lebens einsieht, vermag die Ansprüche seines „Egoism" zu mildern. Ist doch seine Sittlichkeit, d. h. die Art sich zu veredeln und Recht zu tun, an das Maß seiner Erkenntnis und an den bestimmten Zustand seiner Verhältnisse gebunden. Durch Erfahrung von dem Unwert unserer tierischen Natur kommen wir demnach zu der Überzeugung, daß es gut wäre, wenn keiner von dem andern eine feindselige Handlungsweise zu befürchten hätte; also dringen Gefühl und Begriff des Rechts auch nicht ohne Leiden und nicht ohne Bewußtsein des Unrechts in unsere Seele. Im vollen Bewußtsein seines tierischen Wesens, aber auch seiner inneren Kraft soll der Mensch demnach seine Veredlung anstreben, „mitten in den Banden des Fleisches göttlich zu leben". In Übereinstimmung mit dem „von uns so geheißenen Naturrecht" sowie auf Grund des Selbsterhaltungstriebes empört sich das Innerste unserer Natur gegen die uns seitens meiner Nebenmenschen umgebenden Gefahren (74, 98, 110, 112, 125, 161, 173).

In diesem Zustand, ein Opfer seiner Selbstsucht und zugleich seiner Schwäche, empfindet der Mensch in seinem Innersten ein neues Bedürfnis, das ihn weiter zur Anerkennung der Pflicht und damit zu einem besseren Leben hinführt. Wenn sich die Eindrücke des Unrechtleidens mit Wohlwollen, mit dem Gefühl der Selbstsucht und zugleich mit dem Bestreben nach Vollkommenheit verbinden, so erzeugen sie in uns „reine Begriffe von Wahrheit und Recht", d. h. Sittlichkeit. Als sittliche Menschen bieten wir unserem Geschlecht freundlich die Hände. So kommt Pestalozzi zur Überzeugung seines ethischen Pragmatismus! Dieser Wandel wird dadurch ermöglicht, daß sich der Mensch immer noch ein Bewußtsein (eine Vorstellung) von der Unverdorbenheit seiner tierischen Natur bewahrt hat. Er kann sich daher das Bild der verlorenen Unschuld, seines reinen Wohlwollens und kraftvollen Instinktes vorstellen und damit die Kraft verbinden, nach dem Edelsten zu streben, das er suchen soll. Denn der Mensch als Werk seiner selbst ist „sittliche Kraft, Tugend". Der Mensch fühlt, was er kann, und „macht sich das was er kan, zum Gesez dessen was er will". So erhebt er sich durch seine sittliche Kraft „zu der höchsten Würde", deren seine Natur fähig ist (72 f., 75, 98, 110, 112, 124, 130, 163). Damit wird die Harmonie in uns selbst ermöglicht, von der schon des öfteren die Rede war.

Denn als Werk des Geschlechts leben wir ohne Harmonie unserer Selbstsucht und unserem tierischen Wohlwollen, das im gesellschaftlichen Zustand leicht verhärtet. Auch verstandesmäßige Erwägungen über Pflichten bewahren das menschliche Herz nicht vor Verhärtung, wo allein die Teilnahme an den uns nahestehenden sittlichen Gegenständen, am Geschick des Vaterlandes und der eigenen Häuslichkeit, als „Natureinlenkung zur wahren Sittlichkeit", mein Wohlwollen wecken kann. Denn der Trieb der Selbsterhaltung ist auch wesentlich individuell; er wird erst teilnehmend auf Grund gesellschaftlicher Erfahrung. Da das gesellschaftliche Leben eine Kette von Vorstellungen ist, die sich bald vereinigen, bald trennen, so wird der Mensch erst teilnehmend und gerecht, wenn die Gefühle seiner Selbstsucht wie seines Wohlwollens in ihm vereinigt werden, und zwar durch Unterordnung aller Privatgelüste des selbstsüchtigen Menschen (s. u.). Denn Sittlichkeit setzt eine bestimmte Gemütsstimmung voraus; „Wahrheit und Recht" sind das „ausschließende Eigenthum dieser Gemüthsstimmung" und der Ausgeglichenheit, die Pestalozzi als „sinnlich-thierische Einlenkung" bezeichnet, entsprechend den methodischen Einlenkungsmitteln (s. o. S. 22). Die notwendige „Dezwüschenkomft der Gesezgebung" erhält diese Gemütsstimmung („Entwürfe", S. 225). Andererseits ist die „Untreue am gesellschaftlichen Recht" nichts anderes als das Unterliegen des einzelnen und der Völker in ihrem dauernden Schwanken, in dem „Mittelzustand" zwischen dem tierischen und sittlichen Zustand. Wenn also unser Wohlgefallen das Übergewicht über die tierisch-sinnlichen Begierden errungen hat und die „wohlwollende Gemüthsstimmung", das wesentliche Kennzeichen innerer Befriedigung, wieder erreicht ist, wird der Mensch empfänglich für ein sittliches Leben. Die Bedeutung der Gemütsstimmung, die auch schon im Volksroman wie in den „Vorarbeiten und Entwürfen" (XIII—384 f.) und späterhin in den „Geßnerbriefen" betont ist, wird in der Rede am Neujahrstage 1817 (S X—525 f., vgl. S X—403, 452) besonders stark unterstrichen. Diese Gemütsstimmung „ist es allein, die den Menschen von leerem Erkennen (!) der Wahrheit und des Rechten, zum Ergreifen von beiden emporhebt". Er kann dann die verlorene Unschuld und Einfalt in sich wieder herstellen durch Selbstverleugnung (XII—10, 75, 102 ff., 108, 115, 118, 120, 124, 126 f., 131 f., 158, 165, auch schon in den „Entwürfen", z. B. S. 216 ff., 222 f. u. ö.).

In seinen „Bemerkungen zu gelesenen Büchern" (1788—1794) war Pestalozzi dem Problem „Freiheit und Notwendigkeit" viel systematischer nachgegangen, und zwar wesentlich im Anschluß an einige Aufsätze von Chr. G. Selle, M. Mendelssohn und J. Aug. Eberhard in der Berlinischen Monatsschrift 1783 (IX—403 f., 412 ff.). Während die Handlungen des Naturmenschen der Notwendigkeit unterworfen sind, findet der vernünftige Mensch eine eigentümliche Kraft in seiner Seele, frei nach seiner Überzeugung zu handeln. Denn Freiheit ist die Fähigkeit, sich in den Stand zu setzen, nicht blind zu wollen, sondern das anerkannt Bessere wählen zu „müssen", sobald man die nötige Einsicht gewonnen hat und den Unterschied zwischen Gut und Böse kennt und seine Aufmerksamkeit auf das Wahre und Gute richtet. Das „Gefühl" für Recht und Unrecht hat seinen zureichenden Grund nicht in Zufälligkeiten, sondern ist der Natur unserer Seele ganz wesentlich.

b) Dies Werk seiner selbst setzt Edelmut, Mäßigung aller Stände, Unterjochung der Selbstsucht, d. h. Selbstverleugnung und Selbstüberwindung voraus (104, 125)[1]). Seit Buddha haben Propheten und Philosophen den selbstsüchtigen Menschen vor diese große Entscheidung gestellt, da nur der Entsagende das Leben zu opfern — oder die höchste Leistung zu vollbringen vermag. Altes griechisches Gedankengut hat Platon zur Idee der Sophrosyne verdichtet, wie deutsche Lebensanschauung die Forderung der mâze erhoben hat. Diese Forderung kehrt in den „Nachforschungen" immer wieder wie vordem, seit dem „Tagebuch" von 1774 und besonders in dem Fragment „Über die Entstehung der sittlichen Begriffe" (1786) und später, z. B. S X—398 f, 512 (s. o. S. 154). Selbstbeherrschung bewährt und lehrt Gertrud (II—270); denn nur dann ist der Mensch „ohne alle Zweydeutigkeit groß und stark" (VII—325).

Das Wüten der Selbstsucht wird in den „Figuren" vom Jahre 1797 (XI—159) an treffenden Bildern veranschaulicht; ihre Beherrschung greift über das bloß sittliche Leben weit hinaus, berührt auch das religiöse Leben, wie wir vorausnehmend gleich hier bemerken müssen: Gott will uns durch Überwindung unserer Leidenschaften zur „ächten Weisheit des Lebens" und „zum wahren Dienst des Unsichtbaren empor heben" (1782 im Schweizer-Blatt, VIII—261). Die ungestörte Harmonie unserer Kraft mit unseren Begierden ist jedoch nicht durch die Gewaltsamkeit des Berufslebens, durch die Härte der Verwaltung, durch das Getümmel öffentlichen Eifers, durch Dienst oder Aufruhr zu erreichen, sondern durch gesicherten Verdienst und Recht in Verbindung mit allem, was uns in der Häuslichkeit und im Staate lieb und wert ist, auch durch den „Augenblik der Vatterlandsnoth" („Entwürfe", S. 224 f.).

Durch Entsagung und Selbstbeherrschung dringt der Mensch persönlich zur Freiheit durch. Die Gesamtheit wird ihre Freiheit nur durch Wiederbelebung der Volkskraft, durch Volkserleuchtung und Tugend erhalten („Figuren" vom Jahre 1797, XI—316). Die Stufenfolge der gesellschaftlichen Freiheit bleibt immer „mit der Stuffenfolge der menschlichen Erleuchtung" und mit dem Be-

[1]) Nach E. Grisebach, Probleme der wirklichen Bildung, München 1923, S. 55, ist „Bescheidung" der Grundzug Pestalozzis selbst. Es ist W. H. Riehls aufrechte „Selbstbescheidung" im eigenen Stande, die zugleich den Schlüssel gibt zu Pestalozzis Idee der Erziehung zur Armut.

stande bürgerlichen Eigentums innigst verwoben („Ja oder Nein?" 1792, X—164). In allen drei Zuständen hat der Mensch allerdings eine starke Neigung zur Selbständigkeit. In der Unabhängigkeit des Naturstandes genießt der Mensch eine „Naturfreiheit" im Besitze seiner tierischen Kraft. In den „Figuren" spricht Pestalozzi (1797) von „viehmäßiger" Freiheit. Dann ist er ein Raubtier, kann aber infolge der Trägheit auch zum Haustier werden. Der gesellschaftliche Zustand bürgerlicher Freiheit bietet nur einen „Ersatz" der Naturfreiheit, trotz alles Haschens nach Selbständigkeit. „Selbständigkeit in der Wahrheit und in dem Recht", die beiden Grundkräfte unserer gesellschaftlichen und sittlichen Ausbildung, führen erst zur sittlichen Freiheit und so zum sittlichen Zustand. Beruht doch Sittlichkeit ihrem Wesen nach „ganz auf der Freiheit meines Willens", wenn sie auch in Wirklichkeit, („beim Individuum") innigst mit der tierischen Natur und gesellschaftlichen Verhältnissen verbunden, „nirgends rein auf Erden" und nirgends ein Werk der „reinen Vernunft" ist, daher eher das „Fundament der Harmonie meiner selbst mit mir selbst" schwächt. Denn die „wirkliche Vereinigung der Gefühle der Selbstsucht und des Wohlwollens" gelingt nur selten, da die physische Kraft unserer Begierden das Übergewicht besitzt. Freiheit artet daher immer in Willkür aus, wie Pestalozzi schon in „Christoph und Else" (1782, VII—419) festgestellt hatte und dann besonders in den Revolutionsschriften (s. o. S. 122 f.) wieder eingestehen mußte. Infolge menschlicher Trägheit und des Triebes der Selbsterhaltung fügt sich der gesellschaftliche Mensch der Ordnung der Welt, wenn sie ihm Vorteile bringt oder ihm doch seine Ruhe läßt. So schon in „Ja oder Nein?" (1792—93, X—165). Also schließt Pestalozzi: „Der Mensch ist rechtlos, und zerrüttet, weil er sich aus Wahrheit und Recht Nichts macht" (XII—26 f., 58 f., 62, 95 ff., 100, 102 f., 108, 165 u. 215 ff. in den „Entwürfen").

Hatte Pestalozzi, als er (1774) die Erziehung seines Sohnes überdachte, ruhig Freiheit und G e h o r s a m gegeneinander abgewogen, so hatte er später (1782) klar gesondert zwischen dem Guten und Weisen, dem wohl Freiheit gebühre, und dem Unweisen und Bösartigen, dem ein „Herr und Vormund" zu setzen sei („Christoph und Else", VII—425).

Die Summe aller Weisheit faßt Pestalozzi in der zweiten Auflage von „Lienhard und Gertrud" (1790—92) dahin zusammen: „Der Mensch ist nicht frei. Der König ist ein Sklav und der Bürger dienet." Der Mensch wird nicht frei geboren, sondern muß vielmehr durch Gehorsam zu dem Grad von Freiheit und Lebensgenuß „gebildet" werden, den er nach seiner Lage und seinen Kräften beanspruchen kann (IV—245). Schon früher (1779) hatte Pestalozzi klar unterschieden zwischen Freiheit von Hindernissen und für das Wohl des Vaterlandes („Von der Freyheit meiner Vaterstatt!“, I—205). In dieser Rede, die er Iselin eingesandt hatte, stellt er der Freiheit die Aufgabe, die Würde, Pflichten und Rechte der Menschen sicherzustellen (208 f.). Der Wahrheitssucher Pestalozzi geht dann den Zusammenhängen von Wahrheit, Gerechtigkeit, Freiheit, Liebe und Religion weiter nach. Da es keine Gerechtigkeit ohne Gottesfurcht und Liebe gibt, so muß sich Freiheit und Gerechtigkeit auf Liebe, auf Vater- und Kindersinn sowie auf Religion gründen. Das ist die „hohe Einfalt dieser Gottesführung der Menschheit“. Also: „Religion, du bist es alleine, die Freyheit bescheeret“ (I—241 ff.).

Seine Ansichten über Freiheit und ihre Verwirklichung werden gegen den Anfang der 90er Jahre immer pessimistischer. Der Aufstieg zu neuem Vertrauen erfolgt dann zur Zeit der „Nachforschungen“, und zwar gerade mit dem zweiten und dritten Abschnitt! In dem „Uebergang zu dem Wesentlichen meines Buchs“ heißt es nunmehr: „Wenn schon Wahrheit und Recht dem Menschen nicht von selbst in die Hand fallen, so ist es um deswillen doch nicht wahr, daß er Wahrheit und Recht gar nicht in seine Hand bringen kan.“ Wenn der Mensch mithin mehr sein „will“ oder „muß“, als die Natur allgemein aus ihm gemacht hat, muß er sich zum Herrn über sein „ungebildetes Daseyn auf Erden“ erheben. Denn er findet Wahrheit, wenn er Wahrheit „sucht“. Das kann die Natur nicht für ihn tun; es ist vielmehr Sache der freien Willenstat. Allerdings machen die Umstände den Menschen, aber der Mensch macht auch die Umstände. Sittlichkeit ruht in ihrem Wesen „ganz auf der Freiheit meines Willens“. Dieser menschliche Wille, sich durch eigenes Streben vom Unrecht seiner tierischen Natur loszumachen, ist die einzige Quelle seiner wirklichen Wahrheit und seines wirklichen Rechts. So ruft er wiederholt aus: „Freiheit! Freiheit!“. Der Mensch ist demnach durch seinen Willen Sklav, aber auch „durch seinen Willen frei“. Er spricht für sich selbst ein Recht an, das wie „das Bild der Ewigkeit“ von ihm selbst ausgeht. Er kann sich schließlich durch seinen Willen auch dahin erheben, lieber Unrecht zu leiden, als Unrecht zu tun (57, 60 ff., 76, 90, 158, 165).

Die einzige Quelle der Freiheit des Menschen ist demnach die Überwindung seiner selbst. Der Mensch hat um so mehr Freiheit, je mehr er der Einwirkung äußerer Umstände auf seine Handlungsart Meister wird. Unser sittliches Verdienst hängt demnach von dem Grad der Kraft ab, die wir den Reizen der äußeren Umstände sowie den Gelüsten der sinnlichen Naturtriebe entgegensetzen, also von den „Entschließungskrefften unserer Natur“, den anerkannten nächsten Wahrheiten getreu zu sein. Der „Grundtrieb“, der die Freiheit des Willens bestimmt, ist ein Streben nach Vervollkommnung „oder, wenn man lieber will, unsrer Erhaltung". Dabei wird der „Wille" bestimmt als „eine Folge von Motiven". Durch Not, Bedürfnis und Freude wird der Mensch bewogen, in sich die Kräfte zu bilden, gegen das „Fatum" weise und tugendhaft zu sein. Die sittliche Erziehung kann die natürliche Entwicklung durch „Nachahmung" im Rahmen seiner Umgebung erleichtern. Auf diese Erörterungen ist weiter unten noch einmal zurückzukommen.

Pestalozzi vergleicht in den „Nachforschungen" den Naturzustand, die bürgerliche Bildung bzw. Sittlichkeit mit dem Kinderzustand, den Lehrlingsjahren bzw. dem Männeralter. Während der Lehrling mit seiner ganzen Kraft dem Meister widerstrebt, betrachtet er, selbst Meister geworden, nun im Besitze der Freiheit, der Selbständigkeit und des Rechts alle Dinge von einem anderen Gesichtspunkt aus — falls das Verhältnis von Meister und Lehrling auf gegenseitige Wahrheit und Treue gegründet war. Der Lehrling mußte zunächst einmal entsagen, um durch Anstrengung die Täuschung und Rechtlosigkeit seiner Kinder- und Jünglingsjahre zu überwinden und sich zur Selbständigkeit in Wahrheit und Recht zu erheben. Im gleichen Sinne fordert der Staat standhafte Entsagung unserer Naturfreiheit sowie Unterwerfung unter alle Beschränkungen der bürgerlichen Verhältnisse, falls auch dies Verhältnis auf gegenseitiger Wahrheit und Treue beruht (107 ff., 109, 165). —

Stellen wir nun die Frage nach den „Kräften", die den Menschen aus dem „Koth der Erde" zu den Höhen der Sittlichkeit erheben, wo Wahrheit und Recht herrschen, so sind es immer wieder L i e b e und R e l i g i o n, denen im ersten wie dritten Abschnitt eigene Kapitel gewidmet werden. Ein besonderes Kapitel für die verantwortungsbewußte Leistung fehlt, zumal die Liebe einen sozialen Charakter trägt und mit der Treue gekoppelt wird.

Das zunächst sinnlich-tierische Wohlwollen kann durch eine Kraft im Menschen zur L i e b e veredelt werden, sofern der Mensch im gesellschaftlichen Zustand weder entkräftet noch verhärtet ist. Diese Liebe ist es, welche die oben erwähnte Selbstverleugnung wirkt. Ohne diese bürgerliche Kraft des Menschengeschlechts erstickt die Liebe im Verderben des tierischen Wohlwollens, aus dem sie entkeimt. Aber in der Hülle des tierischen Wohlwollens erhält das „Sinnengefühl seiner thierischen Theilnehmung" des Menschen Herz noch weich, mäßigt ihn in seinem irrenden Wissen, in seiner unerbittlichen Selbstsucht, in seinem unermeßlichen Machtgefühl und Ehrgeiz, weshalb der Mensch das „Versinken der Liebe in seinem Inersten nicht zu ertragen vermag." Noch ist dieses Sinnengefühl nicht Liebe, sondern erst dann, wenn es sich zum Göttersinn einer zuverlässigen Treue zu erheben vermag, verbunden mit heiliger, weiser Furcht und frommem Gehorsam. Aber gerade im ersten Abschnitt wird stärker betont, daß es in der Welt nur kraftlose Untreue, Lug und Trug gibt, so allgemein das tierische Wohlwollen auch sei, das durch das Machtstreben des ehrgeizigen Menschen selbst geschändet wird (36 ff., 150, 510 f.: Fassung H). Im Gegensatz zu solchen philosophischen Betrachtungen steht in früherer Zeit, in den „Aufsätzen über die Armenanstalt" wie auch in der „Abendstunde" (1779—1780) die schlichte, helfende und überzeugende Liebe zum Menschen, besonders zu den verwaisten Kindern (vgl. o. S. 82 f.).

Wenn die Liebe durch unser Lechzen nach eigener Behaglichkeit gefährdet wird, vermag uns die Kraft unseres Ahndungsvermögens[1]) Hilfe gegen die Schwächen unserer Natur zu gewähren. Damit wird etwas ganz Neues geboren: der Mensch als Aufgabe und so als „Werk seiner selbst", die Idee einer möglichen Veredlung des Menschen, worauf Pestalozzis Sehnsucht in allen Schriften zu allen Zeiten gerichtet ist. In den „Geßnerbriefen" (XIII—270) heißt es statt „Werk meiner selbst" sehr charakteristisch: „Vernunftwesen". So verstanden, ist Religion und Religiosität ganz und gar kein „grotesker" Gedanke, wie Wernle meint, also auch kein totaler Mißerfolg seiner religiösen Haltung! Auf diese Weise wird Recht und Wahrheit, d. h. wahrhaftes Recht und damit Sittlichkeit möglich (XII—8, 41, 150).

Obgleich die Religion in ihrem Ursprung ein Kind unserer tierischen Neigung bedeutet, aus „Dumheit und Forcht" geboren (s. o. S. 24), so bleibt das Ziel menschlicher Vollendung doch nicht in den Grenzen dieser tierischen Hülle. Wie die Liebe einer ausgeglichenen Gemütsstimmung entspringt, was schon in der „Abendstunde" festgestellt wird (I—267: „Gleichgewicht"; vgl. auch o. S. 16 f., 35), so rettet sich der Mensch, als Werk seiner selbst, nur mit Überwindung aller in ihm liegenden Widersprüche durch die nämliche Gemütsstimmung, wodurch seine tierische Selbstsucht verdammt und Harmonie in ihm hergestellt wird. Wenn Pestalozzi die Harmonie von Selbstsucht und Wohlwollen als „sinnliche tierische Einlenkung" zu der Gemütsstimmung bezeichnet hat, in welcher Sittlichkeit allein möglich wird, dann gilt die Religion, die den „gesellschaftlichen Menschen als solchen an sich selbst" nicht sittlich macht, als die höchste seiner Natur mögliche Kraft dieser „Einlenkung und Näherung" zu der Gemütsstimmung, wiederum be-

[1]) Das Wort „Ahndung" wurde von Jacobi im „Allwill" gebraucht, den Pestalozzi gelesen hatte. Vgl. A. Stein, Pestalozzi u. die Kantische Philosophie, Tübingen 1927, S. 124 f.

ruhend auf dem Übergewicht des Wohlwollens. Das setzt die Freiheit unseres Willens voraus, die stoische Kraft der inneren Selbständigkeit durch den Glauben an „ihn“ (den „Galliläer“)[1]). Den Geist herrschen zu machen über das Fleisch, ist die höchste Anstrengung unseres ganzen Wesens, ein „unbegreiflicher Kampf“ gegen den Instinkt. Diese Abtötung und Wiedergeburt des Menschen nennt Pestalozzi das „kühne (und auch kühnste) Wagstück“ unserer Natur, einen „salto mortale“, einen „schrecklichen Schritt“, gegen den sich die ganze Macht unserer Natur sträubt. Aber wir können nicht auf dem Standpunkt schuldlosen Instinktes stehen bleiben; der Mensch muß sich darüber erheben oder darunter versinken (38 ff., 118, 130, 152).

Aber der Mensch „will“, trotz des Tiersinnes seiner Natur, einen Gott fürchten, damit er recht tun könne (39, 130). So wird die Religion der Sittlichkeit eingeordnet! Als Werk meines Geschlechts ist die Religion wohl ratgebend und helfend, wird aber leicht zur Dienerin der Verhältnisse, der Staatsmacht.

Um zur Gemütsstimmung zu gelangen, welche das Wesen der wahren Religion voraussetzt, benötigt der Mensch eines besonderen Reizes. Wie das Herz nur durch Not in Ordnung kommt, sittliche Überzeugungen aus der Bedrängnis des Lebens entstehn, ja die Ausbildung der menschlichen Natur nur durch „die Hinternisse ihrer Freiheit“ gelingt (1793, X—195), wie auch der Mensch nur durch die Täuschung des Sinnengenusses und durch den Zwang der Lehrlingsjahre zur Liebe durchdringt, so muß er durch die Täuschung des Aberglaubens im Naturstand sowie durch den Zwang des „Eiferglaubens“ im gesellschaftlichen Zustand gehen. Beide verleihen dem Keim der Sittlichkeit und der wahren Religion seine erste Nahrung (152). Dieser Keim ist göttlicher Herkunft in seinem „innersten“ Wesen, als Werk meiner selbst, ein himmlischer Funke, der sich dem Instinkt der tierischen Natur widersetzt, die nur Aberglauben kennt. Als „Ahndungsvermögen“ ist das Religiöse eine „Traumkraft“, also eine Idee, die Pestalozzi bestimmt gegen alles Biologische absetzt. Sie erzeugt Scham und Reue, die Kraft des Kampfes, den Opfersinn des Dulders, weise Demut und Selbstverleugnung. Die göttliche Religion ist ganz ein Werk meiner selbst. Sie ist Wahrheit und Recht, wenn sie auf Gottesfurcht ruht, die holde Mutter des Menschengeschlechts; ihr Wesen bedeutet Einfalt

---

[1]) Der harte Zusatz der Handschrift von 1797: „Aber nun nicht mehr, wir haben keine andere Hofnung als auf Wahrheit und Recht“ (157) ist in der Cottaschen Gesamtausgabe von 1821 gemildert: „Glauben vermag es noch heute . . . nur an der Seite von Wahrheit und Recht — nur durch Wahrheit und Recht. — Aber was ist W a h r h e i t u n d R e c h t ?“ (550).

(„Dummheit"), nicht Menschenverstand der Edikte, Akademien und Hörsäle, nicht Hostie, Gelübde, Prozessionen und militärische Gewalt. Dies alles macht nur das „Äußere" der Religion aus und tritt nur als Wartung und Pflege des göttlichen Funkens, nur als „gottesdienstlich" in die Erscheinung. Wenn auch der Staat die Religionsfreiheit zu sichern und zu beschützen hat, so wird die Religion als Werk des Staates doch leicht feindselig, gewalttätig und betrügerisch; selten, wenn Sache der Sittlichkeit, Dienerin des gesellschaftlichen Rechts; allgemeiner aber „Hebamme" der Gewalt, den heiligen Glorienschein um das Gesicht der Selbstsucht (38 ff., 41 ff., 151 f., 153, 156 f.).

Wie reine Sittlichkeit und reine Freiheit — als Ideen! — dem Menschen nicht zugänglich sind, wie Sittlichkeit überdies immer individuellen Charakter trägt, so ist auch der Mensch des gesellschaftlichen Lebens keiner „wahren Religion" fähig, die auch nur dem einzelnen Menschen eignen könnte. Insofern das Christentum, das es bisher noch nicht gibt, ganz Sittlichkeit ist, ist es auch „Sache der Individualität", hat demnach mit Politik nichts zu tun. Die Nationalreligionen verdienen nur soweit Schonung, als es um der „wahren Religion" willen, durch Zwang oder Täuschung, geschieht, d. h. im Sinne der Religionsidee, zumal wenn sie die Menschen zu der Gemütsstimmung hinlenken, die das Wesen der Religion ausmacht.

Über Pestalozzis „Religion" — besser Religiosität — ist recht verschieden geurteilt worden[1]). Das kann nicht wundernehmen, wenn man den großen Wahrheitssucher in ein orthodoxes Schema pressen will. Wir haben bereits oben auf den Wandel seiner Haltung hingewiesen (S. 115 ff.). Die Kirchlichkeit und Frömmigkeit der jungen Ehe wie die schlichte Innigkeit der „Abendstunde" und der beiden ersten Teile des Volksbuches treten zurück hinter der beginnenden Vertiefung und Klärung einer kritischen Einstellung gegenüber dem dogmatischen Christentum sowie hinter der Hinwendung zur Gläubigkeit eines pflichterfüllten Lebens der Arbeit. Wie in den „Aufsätzen über die Armenanstalt" drängt sich wieder die Idee der Seelsorge und (staatlichen) Pflege hervor, den Armen und Elenden, „das Ebenbild Gottes", dem Mißbrauch der Welt zu entreißen. Neben der eigenen gefühlsmäßig betonten Sehnsucht nach unmittelbarer Gotteskindschaft — und er hat sich immer als „ein Kind Gottes" gefühlt —, steht ein geklärtes praktisches

[1]) Vgl. W. Nigg, Das religiöse Moment bei Pestalozzi, Pestalozzi-Studien, Berlin u. Leipzig 1927, S. 39 ff., wo ein wertvoller Rückblick auf die Beurteilung gegeben wird, die Pestalozzis Religiosität seitens seiner Zeitgenossen und in späterer Zeit gefunden hat.

Christentum. Selbst der Pfarrer wendet sich im dritten Teil des Volksromans gegen den Wortkram einer „Maulreligion“ und bemüht sich, mit dem Leutnant und der Margreth, durch feste Gewohnheiten an eine weise Lebensordnung „seine Kinder ohne viele Worte zu einem stillen arbeitsamen Berufsleben zu führen“, womit er „den Grund der stillen wortleeren Gottesanbetung und der reinen thätigen und eben so wortleeren Menschenliebe“ legt (III—171 f., 49). Die „Nachforschungen“ setzen dann Religion und Sittlichkeit in die engste Beziehung und betrachten beide, wie wir gesehen haben, unter den gleichen Gesichtspunkten, wenn schon Religion für Pestalozzi eine eigene Geistessphäre bedeutet (auch die „Entwürfe“ S. 183). Vgl. dagegen Kants Religion innerhalb der Grenzen der bloßen „Vernunft“ (1793). Religion, das Vorbild Jesu Christi, wird zur „hohen Lehre der Sittlichkeit“ (XII—55).

Pestalozzi erkennt die Gehalte der Offenbarung, die er einfach als „Wartung“ des göttlichen Funkens definiert, im einzelnen nicht mehr an[1]) (42). Kann doch der Mensch nichts von Gott wissen, also auch nicht von ihm reden („Schweizerblat“, 1782, VIII—259). Über die Vorsehung, von deren Wirken Pestalozzi in seiner Jugendzeit überzeugt war (z. B. „Tagebuch“ von 1769—70) wird nicht mehr gesprochen. Wohl wegen ihrer Ursprünglichkeit wird die „Hoffnung über das Grab“ als „sinnliche thierische Ahndung“ angesprochen. Dagegen wird der Standpunkt einer immanenten Religion, als Gotteserlebnis in unserem Herzen, hier wie auch später beibehalten, z. B. in den „Geßnerbriefen“ (XIII—353 f.). Wie in „Lienhard und Gertrud“ Religion als Maulreligion und „Zankapfel-Frage“ abgelehnt wurde, am Schluß der „Geßnerbriefe“ immer Glaube und Liebe, Dank und Gehorsam gefordert wird, so auch Gottesfurcht, Andacht und Glaube der wortleeren Menschenliebe in den „Nachforschungen“. Widerstrebt doch echte Gläubigkeit jeglicher Theorie! Aber die innige Religiosität des „Tagebuchs“ von 1769—70 und das drängende Bekenntnis zu Gott, dem Vater der Menschheit, dem Quell des Segens, der Ruhe und Ordnung des Lebens ist tieferer Besinnung gewichen, begegnet uns jedoch wieder im „Schwanengesang“ (Betonung der göttlichen Gnade, S XII—401) und bereits vorher im 2. Teil der „Lenzburger Rede“; in aller Ursprünglichkeit und Ergriffenheit zudem in Pestalozzis „Reden an sein Haus“, die alle — am wenigsten in der umstrittenen „Anstaltsrede“ (S X—482 ff.) — überströmen von innigstem Gottvertrauen, gläubiger Zuversicht, herzlichem Dank

---

[1]) Briefe der Verlobungszeit, S II—237, 288, 298, 305 f., 349 f., 361, 398, 410; III—24, 30, 33, 51, 53, 72, 85 usw. „Tagebuch“ 1769—70, I—81. Aber in der „Abendstunde“ bereits: „Offenbarung der Gottheit im Innern seiner Natur“ (I—278). „Denn es ist ein Sinn für Wahrheit in dir, Mensch!“ (274).

und demütiger Gottergebenheit. Dabei wandelt sich die Ausdrucksweise „Wahrheit und Liebe“ der früheren Briefe (1808—1816), bereits angedeutet in der Neujahrsrede 1817 und dann endgültig in der Geburtstagsrede von 1818, zum „Vereinigungsmittel aller seiner Kräfte“ „im Glauben und in der Liebe“! Die Geschehnisse des alten Testamentes werden zudem im Sinne des reformierten Glaubens stärker herangezogen[1]).

So kann denn Pestalozzi in den Vorarbeiten und Entwürfen zu den „Geßnerbriefen“ (seit 1799) einerseits sagen: „Gott als Erkandtnis“ ist ein Resultat meiner Einsicht. Andererseits, wenn diese Erkenntnis zu meiner Veredlung hinführen soll, muß sie zur Sache meines Herzens werden. Als solche veredelt sie meine Einsicht und erhebt meine Gemütsstimmung zur Unbestechlichkeit für Wahrheit und Recht (XIII—386, 378).

Damit vereint sich wohl der Glaube an Jesum Christum, der gehorsam bis zum Tode des Kreuzes war und Rechtschaffenheit mit Unschuld und Glauben an die Menschen verband (Ende des ersten Abschnittes der „Nachforschungen“, wie am Ende der „Anmerkung“ zur „Abendstunde“!). Seine Lehre, sein Glauben an die Menschen, seine Freundschaft, Liebe und Treue ist uns wohl Vorbild, doch das Menschengeschlecht ließ ihm keine Gerechtigkeit widerfahren (so am Schluß des dritten Teiles!). Damit kehren typische Züge aus früherer Zeit wieder, z. B. aus der „Anmerkung“ der „Abendstunde“ (I—281), wo aber doch die Lehre des Erlösers als „Offenbarung Gottes des Vaters“ erscheint. — Zusammenfassend sagt Pestalozzi später (1820), daß sich der Mensch „durch Belebung der Liebe und des Glaubens“, welche die „ewig und göttlich in uns gelegten Fundamente der Sittlichkeit und Religiosität“ sind, „allein zur Erkenntnis der Wahrheit, zur Unterwerfung unter das Recht, zur Überwindungskraft im Gehorsam, zum Erbarmen gegen die Leidenden, zur Verehrung des Göttlichen, zum Streben nach der Heiligung und zur Verabscheuung alles ungöttlichen Wesens“ zu erheben vermag („Ein Wort über den gegenwärtigen Zustand meiner pädagogischen Bestrebungen und über die neue Organisation meiner Anstalt“: S XII—93).

Die Idee der Wahrheit ist das Kernproblem der „Nachforschungen“. Es beschäftigt Pestalozzi seit dem „Tagebuch“ von 1774

---

[1]) In seinem anregenden Buche „Der Angefochtene“, Zürich, o. J., versucht K. Würzburger, uns Pestalozzi als Bekenntnischristen nahezubringen, wogegen sich W. Nigg in der Beilage der Neuen Zürcher Zeitung vom 23. I. 1944 gewandt hat. Vgl. Pestalozzianum, 1. IX. 1944, S. 14, u. H. Schönebaum, a. a. O. IV, S. 554.

und findet seinen besonderen Ausdruck in der Frage nach dem Wesen des Menschen, in der „Abendstunde“ wie in den „Nachforschungen“.

I. Zunächst ist nicht zu bezweifeln, daß die Idee der „Wahrheit“, neben der Anwendung des Wortes auf empirische Tatsachen, eine eigene Sphäre des Geistes darstellt. Das wird sich im Laufe der folgenden Ausführungen immer mehr erweisen. Wir greifen dabei besonders wieder auf die „Nachforschungen“ zurück, die in jeder Hinsicht reiche Aufschlüsse bieten.

Sinn und Folge der Wahrheitserkenntnis, des „Lichtes und der Wahrheit“, der persönlichen „Erleuchtung“ wie der „Nationalerleuchtung“ ist „innere Beruhigung, ermunternder und erfreuender Landessegen“ („Von der Freyheit“, I—229). Auch in den „Nachforschungen“ wird einleitend festgestellt, daß das Land durch Erkenntnis der Weisheit gesegnet wird, daß die pflichtgetreue, ruhige Schau ein glückliches Leben auf Erden verbürgt. Andererseits wird „Unerleuchtung“ mit Unsittlichkeit und Roheit verknüpft (I—233); tierische Begehrlichkeit widerstreitet der Wahrheit unserer Natur und führt ins Verderben („Nachforschungen“, XII—9). Daher erforscht Pestalozzi zeit seines Lebens die „heilige Ordnung“, den wahren „Gang“ der Natur, die Anschauung als Kriterium der Wahrheit (s. o. S. 29). Daher sucht er, z. B. in den „Geßnerbriefen“, von dunklen Anschauungen zu deutlichen Begriffen über die Realgegenstände zu kommen, zu immer tieferen „Anfangspunkten“ hinabsteigend. Daher erforscht er ebenda das Aufkeimen der Liebe und der Religiosität im Kinde. Daher verschafft er sich tiefe Einblicke in die drei „Zustände“, in die tierische Selbstsucht, Trägheit, Verhärtung und Erschlaffung der menschlichen Kräfte. Daher die Frage nach dem Menschen seit der „Abendstunde“ bis zu den „Nachforschungen“ und darüber hinaus. Seine krasse und so lebensnahe Darstellung soll uns die Augen öffnen für all das Erdenleid, für all die Mittel, die uns geboten sind (Kenntnisse, Eigentum, Macht usw.), die aber der verblendete Mensch verschmäht, da er wohl nach Wahrheit, aber „ohne Ordnung und Endzwecke“ forscht (I—265).

II. Diese Wahrheit ist zweierlei Art: empirische Kenntnis des Seienden und normgemäße Erkenntnis des Seinsollenden. In den „Nachforschungen“, entstanden in den 90er Jahren des wachsenden Pessimismus, will Pestalozzi wissen, „was der Gang meines Lebens, wie es war, aus mir gemacht hat“. Erst später gesellt sich dazu die optimistische Wendung, was der Mensch „als Werk seiner selbst“, nicht mehr als „Werk der Gesellschaft“ oder „der Natur“ sei. In der

Hoffnungsfreudigkeit jugendlicher Weltbeglückungsträume war gleich zu Anfang die Frage nach der Norm, nach der Idee des Menschen gestellt: „Der Mensch in seinem Wesen, was ist er?“ Daher kann Pestalozzi, der von der notwendigen Ungleichheit der Menschen und Stände überzeugt ist, hinzufügen: Der Mensch auf dem Throne, oder in der Hütte, im Schatten des Laubdaches. Denn der Idee nach sind sie alle gleich! Ist aber „Wesen“ mit der „Normgemäßheit“, der Idee gleichbedeutend?

Pestalozzi verwendet wohl gelegentlich den Zusatz „ächt“ (z. B. I—208; X—42) als Gegensatz zu „tierisch“, „gesellschaftlich“, „bürgerlich“. In der „Unbehülflichkeit“ seiner Terminologie braucht er aber die verschiedensten Ausdrucksweisen, um die Norm der Idee vom tatsächlichen Sein, wie es „ist“ und „war“, abzuheben. Daraus erhellt die Wichtigkeit des Grundsatzes, Pestalozzis Ausdrucksweise in der vorliegenden Darstellung erst einmal beizubehalten.

Es fällt auf, daß er seit frühester Zeit die Eigenschaftswörter „rein“, „wahr“, „wirklich“ oder „sittlich“ zu den Ideen hinzufügt, wenn er wirkliche (oder auch ersehnte) Normgemäßheit meint: „reiner Wille“, „reine Freiheit“, „reine Sittlichkeit“ und Religion (die nicht das Teil des Menschen sind), also auch „reine Wahrheit“ („Reinheit aller Wahrheit“), „reiner Wahrheitssinn“, „reine Erleuchtung“, („hohe“ und) „reine Regierungsweisheit“, ebenso „reiner Kindersinn“ und „Vatersinn“, „reine Anschauung“ usw.[1]). Ebenso „wirkliche (gesellschaftliche) Wahrheit“, „wirkliches Recht“, „wirkliches Gesellschaftsrecht“, „sittliches Recht“, „sittliche Wahrheit“ usw., „wahre (göttliche) Religion“ in unzähligen Fällen! Wenn statt „wahr“ auch „sittlich“ steht, also auch „rechtlich und sittlich“, ist dann die Stelle (XII—157): „das Christenthum ist ganz Sittlichkeit“ zu deuten: das Christentum ist seiner Idee nach echt?[2]).

Desgleichen fällt auf, daß Wahrheit immer und immer wieder mit anderen Ideen gekoppelt wird: „Wahrheit und Reinheit“ (!), „Wahrheit und Wirklichkeit“ (!), „Wahrheit und Tugend“; „Wahrheit und Treue“, „Wahrheit und Pflicht“, „Wahrheit und Recht“

[1]) Es ist wohl unmöglich, auch die Ausdrucksweise „reine Anschauung“, die der „gemeinen Anschauung“ entgegengesetzt wird (z B. XVI—232: „Erklerung über die Grundseze“) hier im Sinne Kants (= »im transzendentalen Verstande«) zu verstehen, sondern im Sinne von „vollkommen“, „ideal“. Zudem hat das a priori nichts mit dem „Abstraktionsvermögen“ zu tun.

[2]) Ähnlich wird in dem „Fragment über den Stand der Natur u. der Gesellschaft“ vom Jahre 1783 (IX—229) gegenübergestellt: „bürgerliches“ Recht als Recht des Eigentums und „moralisches“ Recht, das aus der Verfeinerung (!) des Sicherheitsbedürfnisses quillt.

(früher öfters: „Recht und Wahrheit")[1]), „Wahrheit und Gerechtigkeit", „Wahrheit und Heiligkeit", „Wahrheit und Unschuld", („Unschuld und Wahrheit"), „Wahrheit und Weisheit", „Weisheit und Ordnung" usw.[2]). Die Entwicklung der Ausdrucksweise geht über „die wahre Religion" zu: „die Wahrheit der Religion", bzw. „Wahrheit und Recht" zu: „die Wahrheit des Rechts" (XIV—188). Der Sinn solcher Ausdrucksweisen weist in die Richtung idealer Vollendung mittels der Verstärkung durch den Zusatz „Wahrheit": „die Wahrheit der Religion" meint also die Echtheit der Religiosität, „wahres" Recht bedeutet echtes Recht usw. Vgl. dazu Wendungen wie „Recht und Freyheit" (z. B. in den fünf Vorträgen Kirchmejers, „Lienhard und Gertrud", VII—207 ff.).

Ebenso verhält es sich nun mit der Ausdrucksweise: das „Wesen" der Wahrheit, der Sittlichkeit, der (wahren) Religion usw., wofür auch der „Geist" steht. Entsprechend wird in den „Nachforschungen" (XII—42) das „Aeusere der Religion", d. h. ihre empirische Ausprägung (!), dem „Wesen", d. h. ihrer echten Idee gegenübergestellt und hinzugefügt: „Die Wahrheit der Religion ist die Übereinstimmung dieser Wartung mit ihrem Wesen", demgemäß auch die „Wahrheit und das Wesen meiner selbst" (XII—42) und: „die Wahrheit und das Wesen der Religion" (XVIII—263). Dem Äußeren des Christentums (der Religion) wird das innere und das wirkliche Christentum entgegengesetzt (XII—42, 157)[3]), wie die Bezeichnungen „nur als Werk meiner selbst" und „nur als innere Wahrheit meiner selbst" synonym gebraucht werden (XII—548) und wie schon im „Schweizer-Blatt" (1782) die „innere häusliche Weisheit und Tugend" mit der „ächten menschlichen Weisheit" und „ächten Einfalt" auf eine Linie gestellt wird. Soll aber der empirische Zustand betont werden, so heißt es beispielsweise: „bloß das arme nichtige wörtliche Bild der Wahrheit", entsprechend der „bloßen wörtlichen Lehre" (VIII—313, 289). Und sehr klar: „Ich trenne die innere Hoheit meiner Sittlichkeit" von allen gesellschaftlichen „Verhältnissen" (XII—139).

---

[1]) Vgl. XII—41, 112; 53, 61 f. usw.; S XI—199 f., 639. In den „Epochen" (1802) steht immer „Wahrheit und Recht" in beiden Fassungen (XIV—111, 118, 123, 125 ff. usw.). Aber auch „das Recht und die Wahrheit" wie „(die) Wahrheit und (das) Recht" zweimal in der Vorrede zur 2. Aufl. der „Lenzburger Rede", 1821. — Nach Ad. Erman, Die Religion der Ägypter, Berlin u. Leipzig 1934, S. 157 f., war schon seit alters her Wahrheit u. Recht das Ideal des ägyptischen Volkes.

[2]) Vgl. W. Feilchenfeld, Der Begriff der Wahrheit bei Pestalozzi, Archiv f. Geschichte d. Philosophie, XL (1931), S. 504 ff.

[3]) Vgl. damit: erst „das Inwendige" reinmachen, das „Innere" veredeln, „ihr Inneres selbst" wecken, damit auch das „Aeußere" rein werde (XIII—14).

III. Die Sehnsucht der Wahrheit ist nicht intellektualistisch als bloße Funktion des Verstandes gedacht, sondern meint die Vernunft als Kraft des gefühlsbetonten Wollens! Daher wird immer von der „Traumkraft“ gesprochen, wo es um Ideen, z. B. um die Liebe geht, also auch von der Traumsucht, vom Träumen und Schwärmen, vom träumenden Suchen, vom schweifenden Herumträumen, von der schwärmenden Neigung, sei es im echten, sei es im unechten Sinne des Wahrheitssuchens und Strebens (z. B. XIII —255). Denn Wahrheit kann nicht ohne Bildung dieser Kraft bestehen (XVIII—269).

Wir wissen, daß die Kraft geistiger Sehnsucht sowohl auf dem Gefühl wie auf dem „Willen“, d. h. auf dem Streben, dem Selbstgerichtetsein des Menschen beruht. So betont denn auch Pestalozzi unermüdlich die Bedeutung der (ausgeglichenen) Gemütsstimmung, das Gefühl, die Gefühle, das Fühlen, gegebenenfalls das „reine“ Gefühl und Fühlen (z. B. X—126; vgl. o. S. 16 f., 35). Das sehnsüchtige Streben nach Wahrheit, das seltsamerweise didaktisch in dem mehr reaktiven Unterricht der „Geßnerbriefe“ zurücktritt, aber in dem Aufsatz „Über den Sinn des Gehörs“ (1803, XVI—296 f.) anschaulich empfohlen wird, kommt im Fragment „An mein Vaterland“ (Bd. XIV) wie am Anfang der „Nachforschungen“ besonders eindringlich zum Ausdruck: Zwei Männer suchen Wahrheit, der eine von ihnen in durchwachten Nächten; Pestalozzi, der Wahrheitssucher, setzt sich nach langem, langem Schwanken vieler Jahre, ermüdet und im Innersten verwundet hin, um Fragen und Ergebnisse seiner Untersuchungen zur Niederschrift zu bringen. Das ist kein funktionales Anliegen für ihn, sondern, im Gegensatz zu Rousseau, aus dem Gefühl der Mitschuld am Elend der Menschheit und aus dem Willen erwachsen, dem armen Volke Hilfe zur Selbsthilfe zu bieten, und zwar durch Erziehung, durch Bildung der im Volke schlummernden Kraft. Denn alle Bildung ist Kraftbildung!

IV. Daher wird Wahrheit nicht als abstrakte Wissenschaft betrachtet, sondern als Mittel und Weg zur Sittlichkeit, also in engster Verbindung mit Recht und Liebe und Religion.

Es war schon bemerkt worden, daß sich der Mensch allein durch Belebung der Liebe und des Glaubens, welches die in uns liegenden göttlichen Fundamente der Sittlichkeit und Religiosität sind, zur Erkenntnis der Wahrheit und Weisheit und zugleich zur Selbstüberwindung erhebt. Wahrheit, vereinigt mit dem reinen Fühlen des Rechtes und dem Gewissen, d. h. mit echtem Recht, erzeugt hohe Kraft. Wir können Wahrheit nur durch Menschlichkeit genießen und tragen. Schließlich ist die „Erkandtnis Gottes“ Wahrheit, denn

„Gottes Wort ist Wahrheit" (S X—126, S XII—164, IX—407, XIII —386, III—170).

V. Da alle Sittlichkeit, wenigstens ihrem Ursprung nach, individuellen Charakter trägt, so richtet sie sich nach unserer „Individuallage". In der „Abendstunde" wird dargelegt, daß der Mensch in seiner besonderen Lage Mittelpunkt seiner Welt ist; der Kreis des Wissens muß sich bei jeder Ausdehnung nach diesem „Mittelpunkt aller Segenskraft der Wahrheit richten" (vgl. o. S. 85 f.). So auch in den „Geßnerbriefen", wo der Mensch, mit einer Spinne inmitten des Netzes verglichen, zunächst „als bloßes physisches Wesen" alle Wahrheiten der Welt von diesem Mittelpunkt her und nach Maßgabe ihrer Nähe erkennt (XIII—251). Das ist bedeutsam! Denn es wird mit aller Deutlichkeit der realontologische Standpunkt vertreten, daß jegliche Erkenntnis theoretisch ihren Ausgang von den Gegebenheiten unserer Umwelt nimmt.

Wie es verschiedene Klarheiten (der Sonne, des Mondes usw.) gibt, so sind auch verschiedene Wahrheiten für jeden einzelnen, für jeden Stand anzuerkennen (VIII—270 ff., S XI—120, 126). So unterscheidet Pestalozzi im besonderen Gartenwahrheit, Weberwahrheit, Regierungswahrheit, Schauspielerwahrheiten, Volkswahrheit („Wahrheit fürs Volk"), Nationalwahrheit (Nationalerleuchtung), Wahrheit für die Armen und „Fischer-Ordnung", wie er Volksdummheit und Volkssittlichkeit, Haussegen, Hausglück und Landesglück, Kuttenrechte, Zunftrechte, Schneiderrechte neben Feudalrecht, Monopolrecht usw. kennt.

Jeglicher Standpunkt hat praktisch seine Berechtigung, jegliche Erkenntnis ihre Geltung. Wahrheitserkenntnisse aber ohne Förderung der Glückseligkeit sind Tand und nicht Wahrheit, nicht Sittlichkeit. Wahrheit hat nur Sinn, insofern der Mensch sie braucht, als sie einem würdigen Zweck angemessen ist[1]). Wir müssen von ihr nur so viel wünschen, als wir ertragen können. So will denn Pestalozzi ein „kleines Buch" schreiben („Lienhard und Gertrud"?), das beruhigende Wahrheit für die Armen enthält (IX—446, 407 f., I—326)[2]).

VI. Danach möchte es erscheinen, als ob jede Wahrheitserkenntnis relativ sei. Aber gerade das Gegenteil ist der Fall. Das wird

---

[1]) Ebenso S. A. Kierkegaard, Enten—Eller II—318, Kopenhagen 1843.

[2]) Ähnlich in den „Bemerkungen zu gelesenen Büchern" (nach 1782): Wir müssen uns nur so viel Wahrheit wünschen, wie wir ertragen können und brauchen. Die Richtigkeit der Begriffe ist nur insofern gut für uns, als ihr eine sittliche Ordnung zugrunde liegt. Menschlichkeit ist das Medium, wodurch alle Wahrheit dem Menschen eigen wird (IX—407 f.). Die bloße Forschung beruhigt den Menschen jedoch nicht.

einsichtig, wenn wir uns Pestalozzis Kriterien der Wahrheit vergegenwärtigen.

Wie bereits erwähnt, geht Pestalozzi zu Beginn der „Nachforschungen“ nicht von einem philosophischen Grundsatz aus, sondern zunächst einmal von den eigenen Erfahrungen seiner individuellen Entwicklung, wie er sich in den „Geßnerbriefen“ die Frage vorlegt: Was würdest du tun, wenn du einem einzelnen Kinde umfassende Kenntnisse und Fertigkeiten beibringen wolltest? (XIII—334). Die Antwort klingt ganz neuzeitlich: Erfahrung, Beobachtung, Experiment, d. h. „Probstück und Probversuch“ ohne dogmatische Festlegung (VII—123, XIII—8 f., 190; XVI—164 ff.; vgl. o. S. 6 u. 48). Daher wird auch der „Pfarrer Flieg in Himmel“ abgelehnt (IV—235). Da Pestalozzi mit Goethe und Hölderlin der Meinung ist, daß die göttliche Ordnung der Natur nie trügt, so geht Pestalozzi immer von der Beobachtung und Erfahrung, von dem Ergebnis eigenen Handelns aus. Es kommt z. B. in den „Aufsätzen über die Armenanstalt“ (I—137 f.) achtmal hintereinander das Wort „Erfahrung“ vor. Schon früh leitet der spätere Schulmeister aus der Beobachtung seines Sohnes seine ersten Grundsätze ab („Tagebuch“ von 1774). Damit beginnt der Weg seiner „Empirik“, sein „empirischer Gang“ (XIII—457, 194). Er nennt die Darstellung seines Volksbuches: „Das Bild meiner Erfahrung“, die er „gesehen“ und „gethan“ habe (III—241 ff.). Die Erfahrung ist das „Siegel der Wahrheit“ und alle menschliche Philosophie das Ergebnis recht geleiteten „Beobachtungsgeistes“ (VIII—271, 289). Ja, nach der Ansicht des jungen Pfarrers in „Lienhard und Gertrud“ (IV—236) ist für die Landfrau Nadel und Waschbecken, Karst und Besen besser als gelehrte Bücher.

So rechtfertigt sich die im ersten Teil dargelegte Methode ruhiger, schweigender und „willenloser“ Anschauung, aus möglichster Nähe, mit allen Sinnen[1]: „Alles ganz, alles in Ordnung, nirgend Verwirrung“, langsames Urteilen statt der Vielwisserei und der Einprägung unverstandenen Wissens, statt der allgemeinen „Zungendrescherey“ und der isolierten „Brockenwahrheiten“, die den Geist der Wahrheit töten (I—118 ff., XIII—305 ff.). Derselbe Grundsatz gilt für die Erziehung seit Pestalozzis ersten Versuchen bis in die spätere Zeit: das Kind muß „in reinen menschlichen Verhältnissen mit seinen Eltern und Lehrern leben“. Aus diesen Verhältnissen schöpft es „die Anschauungen des menschlichen Rechtseyns und

[1]) In weitgehender Übereinstimmung mit der Altersweisheit eines Laotse: sich an das Nahe halten, das Ferne abtun, ohne Betriebsamkeit (= Nicht-Handeln), Ordnung im Leben.

des menschlichen Rechtthuns“ (Gutachten über ein Seminar im Kanton Waadt, 1806, XVIII—255). Das ist der Sinn der vollendeten und gereiften Anschauung als Quelle und Kriterium der Wahrheit vom Standpunkt ontologischen Denkens.

Wenn man gemeint hat, daß die von Pestalozzi in seinen früheren Schriften geäußerten Ansichten über die wortleere Anschauung (s. o. S. 54) nicht mit den Überzeugungen vereinbar seien, die in dem Fragment „Die Sprache als Fundament der Kultur“ (s. o. S. 21 f.), sowie in den „Erklerungen“ und in dem Aufsatz „Über den Sinn des Gehörs“ niedergelegt sind (s. o. S. 60 f.), so übersehe man einmal nicht den Unterschied zwischen Methodik und Methode, zwischen Unterricht und der wissenschaftlichen Erforschung der Sprache als vehiculum veritatis. Die große Linie ist also nicht verlassen. Auch in dem Aufsatz „Über den Sinn des Gehörs“ vom Jahre 1803—4 wendet sich Pestalozzi gegen die Methodik des Sokratisierens, gegen die „Schwäzer“ und „Maulwelt“ unseres Zeitalters. Wie in den „Geßnerbriefen“ (s. o. S. 59 f.), soll die Mutter (methodisch) unter Vorzeigen der Gegenstände viele Worte an das Kind heranbringen. Ein Unterschied liegt aber darin, daß die Einwirkung auf die verschiedenen Sinne in späterer Zeit, also auch in dem Aufsatz „Erklerung über die Grundseze“ (1803—4), stärker betont und dazu durch die Einheit von Anschauungs- und Sprachkraft und L i e b e die Einbeziehung der Anschauung und Sprache in die Ganzheit echten Familienlebens vervollständigt wird, unter Ablehnung der „Modeworte“ der „Samftmuths- und Hoflichkeitsheucheley“, des „gedanken- und gefuhlslosen“ Redens von Liebe, Dank, Vertrauen und Mitleiden. In diesem Sinne kann Pestalozzis „sprechende“ („redende“) Methode fordern (XVI—233, 299): „Rede und mache dein Kind reden!“

Das „Bewußtseyn intuitiver, an Realverhältnisse angeketteter Erfahrung“, die „sich selber als wahr“ darstellt (XIII—24), enthält noch eine andere Komponente. Immer geht Pestalozzi, wie auch namentlich in den „Nachforschungen“, mit allen großen Denkern seit Heraklit, von der Wahrheit aus, die i n i h m liegt, z. B. XII—57[1]). Wie er auch in sich selbst ein Wohlwollen, die Kraft der Liebe und des Ahndungsvermögens, aller sittlichen Regungen aufgefunden hat, so wird schon in der „Abendstunde“ festgestellt:

---

[1]) „Tausend Köpfe brüten jezt über Staatsverfassungen und kaum einer über das Wesen der Menschennatur, kaum einer erhebt sich dahin, den Anfangspunkten der Staatskunst in Gottes tiefster Werkstätte, im menschlichen Geist und menschlichen Herzen, aufzuspüren und so die äußere Verfassung unserer öffentlichen Einrichtungen mit dem Wesen der Menschennatur in Übereinstimmung zu bringen.“ „Epochen“ XIV—156.

Es „ist ein Sinn für Wahrheit in dir, Mensch", „dein innerer Sinn (!) ist dir sicherer Leitstern der Wahrheit und deiner Pflicht" (I—274). Diese wird „aus langem, stillen Suchen" nach mancherlei Täuschung unter Anstrengung durch Urteil über die angeschaute Sache gewonnen (I—274, 121 f., XII—108, XIII—201, 352 f.). „Das innere (= echte!) Urteil meiner Natur von dem Recht und der Wahrheit und dem Wesen meiner selbst in mir selbst" führt zur „inneren Wahrheit" hin, wobei der Zusatz „in mir selbst" später hinzugefügt ist („Entwürfe", XII—183). Nur wer sich selbst kennt, kennt die Menschen und die ganze Welt und, weiterhin, kennt und ehrt der Mensch seinen Gott nur, insofern er den Menschen kennt und ehrt. Und dazu versichert Pestalozzi im Sinne seiner immanenten Religiosität: „Ich habe den Ewigen in mir selbst erkannt; .... ich habe die Gesetze seiner Liebe in meinem Herzen erforscht" (III—514, „Entwürfe"; IV—427, XIII—248, 255, 354 f.). Also Erfahrung und „Intuition" (XVI—116)! Ebenso Niederer in der Einleitung zum Aufsatz „Über den Sinn des Gehörs" (XVI—502 ff.): Zusammenwirken und „Übereinstimmung" von „Natur" und „Geist".

VII. Damit eröffnet sich die Möglichkeit einer objektiven Wahrheitserkenntnis. Wenn Pestalozzi in der Denkschrift „Die Methode" fordert, das Unwesentliche dem Wesentlichen unterzuordnen; wenn er in den „Geßnerbriefen" das unwandelbare, unveränderliche Wesen (!) der Realgegenstände im Wirrwarr der Erscheinungen sucht, von dunkeln Anschauungen zu deutlichen Begriffen emporsteigend; wenn er dann in „Ansichten und Erfahrungen" (1804—06, S IX—223) das Göttliche, „ewig Gleiche und Unveränderliche in der Menschennatur, unabhängend und getrennt von allem Zufälligen und Äußern ins Auge" faßt, das „von innen heraus" zum ewig Unabänderlichen erhoben werden müsse, so bestätigt er die schon in der „Abendstunde" (I—269) geäußerte Anschauung: da alle Menschheit „in ihrem Wesen", also der echten Idee nach, gleich ist, so wird „die Wahrheit, die rein (!) aus dem Innersten unsers Wesens (!) geschöpft ist, allgemeine Menschenwahrheit" und somit „Vereinigungswahrheit" zwischen den streitenden Menschen sein. Denn Wahrheit bleibt Wahrheit, „ob wir ihr folgen oder nicht" (1784, IX—275). Und ebenso im „Natürlichen Schulmeister", ungefähr 20 Jahre später: „Alles wechselt, außer Wahrheit, Unschuld und Recht; diese bleiben immer die nämlichen, der Mensch mag sie verehren oder nicht" (S IX—485). „Wahrheit und Liebe .... bleiben ewig". So auch in den Sentenzen der „Geßnerbriefe" im Gegensatz zu dem „bloßen Schall bürgerlicher Wahrheit und Rechtsbegriffe" (XIII—185 f.). Damit ist der Charakter und die Objektivität der Idee gekennzeichnet sowie auch der Ansatzpunkt einer Erziehung aus der unwiderstehlichen Macht der Wahrheit und aus der göttlichen Kraft der Liebe sichergestellt — trotz des Tiersinns der menschlichen Gesellschaft!

Es ist interessant zu verfolgen, wie sich Pestalozzi anfangs der „Nachforschungen" immer mehr diesem Standpunkt nähert. Seine individuelle Wahrheit gilt zunächst nur „einem großen Theil" des Menschengeschlechts, gleich darauf dem „grösten Theil der lebenden Menschen", dann der „Welt im Großen", seine Wahrheit ist „Volkswahrheit". Schließlich spricht er von seinem „sichern Gefühl" und der „Sicherheit" seiner Nachforschung. Die Evidenz solcher Selbstsicherheit ist, ähnlich F. Brentanos Überzeugung, das Kriterium objektiver Wahrheitserkenntnis. So wird bereits in den „Bemerkungen zu gelesenen Büchern" (nach 1783) festgestellt, daß die Vorstellungen verschiedene Grade ihrer Richtigkeit besitzen. Je mehr wahre Vorstellungen unsere Erkenntnis enthält, je richtiger ist sie (IX—423 f.).

Und dennoch ist sich Pestalozzi seiner G r e n z e n bewußt. Sein Irrtum bedeutet auch „Volksirrthum". Ja, die „alles erklerende Wahrheit sy nicht das Theil der Menschen" („Bemerkungen zu gelesenen Büchern", nach 1782, IX—407). „Der Werth meiner Wahrheit innert ihren Grenzen hat ein Maaß, wie der Werth der Wahrheit eines jeden inert ihren Grenzen [späterer Zusatz!] ein Maaß hat" (Entwürfe zu den „Nachforschungen", XII—170). Er, der Kämpfer um Wahrheit, wie auch der Müdling, sie „irrten beide". Und es verheißt Großes im Leben, wenn zwei Männer völlig entgegengesetzter Meinung einander Gerechtigkeit widerfahren lassen, stillen Ernstes auf der Stirn (XII—5). Wie es aber drei Arten von Religion, Recht und Freiheit, ja eine dreifach verschiedene Art gibt, „mir alle Dinge dieser Welt vorzustellen", so gibt es auch eine tierische, gesellschaftliche und sittliche Wahrheit (XII—158 u. 67). Und diese sittliche Wahrheit ist, wie jedes „Werk meiner selbst", eine Idee. Menschliche Erkennntnis als empirische Tatsache hat jedoch, wie alle Wirklichkeit, ihre Grenzen. Sie wird immer gebunden sein an die Erde und den Himmel der engeren und weiteren Heimat, im beengenden, aber auch im guten Sinne. Auf die wiederholte Frage, was denn „Wahrheit im Menschenleben (!)" sei, also nicht als Idee, sondern als Wirklichkeit, antwortet der jüngere Pestalozzi (I—241 f.): „Wahrheit ist ewig guter Samen voll Seegen, aber nur auf reinem, heiligen Boden", auf Sitten und Gottesfurcht gegründet. Es ist also nicht die Anschauung schlechthin das „einzige Fundament der menschlichen Erkänndtnüs", sondern die von innen her bestimmte R i c h t i g k e i t d e r A n s c h a u u n g ist das eigentliche Fundament des „richtigsten Urtheils". Da Pestalozzi zudem überzeugt ist von der Übereinstimmung zwischen Mensch und Naturordnung, zwischen den Urformen des Geistes und den nächsten Verhältnissen der Lage, welche Harmonie auch von den angemessenen Entwicklungs- und Bildungsmitteln zu fordern ist, so kann er kurz behaupten, „daß die Anschauung das absolute Fundament aller Erkenntniss sey" (XIII—104, 283, 309). „Das Nahe, und das Nahe allein" als Anfangspunkt der Erkenntnis, des Unterrichts bestimmen aber „Gott und die Natur"! (XVI—331).

Noch einmal hat Pestalozzi in den „EPOCHEN" („PESTALOZZI AN SEIN ZEITALTER") eine philosophisch-soziologische Interpretation der Menschheitsgeschichte versucht (um 1802, XIV—95 ff.)[1]. Sie ist im Geiste der Aufklärungszeit (Rousseau, Condorcet) geschrieben und bedeutet als Ganzes einen Abfall gegenüber den tiefen Einsichten der „Nachforschungen", zeichnet sich aber durch die Wucht der Sprache und Überzeugung aus. Wir lassen die künstliche Konstruktion der fünf Epochen beider Fassungen beiseite, die allein Jesus und Luther, Moses und Herodes als historische Persönlichkeiten erwähnen, und heben die Gesichtspunkte heraus, die uns einen tieferen Einblick in Pestalozzis intuitive Beurteilung seiner tatsächlichen Erfahrungen und in die Geistesrichtung seines Wollens ermöglichen.

Pestalozzi sieht das Verderben des Menschengeschlechts im Sklavengeist und in der steigenden Erschlaffung, d. h. in der Abschwächung der „kraftvollen Derbheit" der „Selbstkraft", die einer bürgerlichen Organisation (dem „Beamtungspersonale", XIV—184, 189) seitens der Kirche, des Staates und der Wissenschaft weicht; sodann in der Verhärtung aus Versteifung der Gewohnheit, wo statt Sittlichkeit, Wahrheit und Recht nur „Unkunde und Unbehelflichkeit", Gefühlslosigkeit und Selbstsucht, Oberflächlichkeit, Verwilderung und gewalttätige „Gemüthstimmung" herrschen. Wir leben in einer Epoche des „Nichtsmehrdaseyns", der „Nullität aller Meinungen" (XIV—96, 107, 153 u. ö.). Und wieder ist der Mensch, wie in den „Nachforschungen", vor die Alternative gestellt, zur Barbarei zurückzusinken oder von vorn anzufangen, wo ein „sinnliches Wohlwollen" instinktartig vorhanden war.

Aus diesem Zustand der Lieblosigkeit und Gewalt, der Dummheit und Ungeschicklichkeit ohne „Schamröthe", „Unschuld und Liebe" (154) befreit uns nur der Gebrauch unserer Kräfte: der Mensch muß sich „durch sich selbst" (!) vollenden, durch Anstren-

[1]) H. Schönebaum, Pestalozzi III—442 ff., gibt eine ausführliche Inhaltsangabe der vordem als „Fragment" (S III—361 bis 380) veröffentlichten Schrift. Sie erscheint nunmehr, von ihm bearbeitet, in zwei Fassungen im XIV. Bd. der kritischen Ausgabe (XIV—95 bis 197).

gungen, die auf das „Wesen“ der menschlichen Natur gebaut sind. Also auf Grund einer Idee! Diese Wendung verrät den typischen Kreisdenker: nach dem Abstieg der Vergangenheit kann in Zukunft der mögliche Aufstieg erfolgen! So seit Hesiod bis hin zu Herders „Ideen“ und Fichtes „Grundzügen“: wir befinden uns jetzt im Stand der »vollendeten Sündhaftigkeit« und gehen der Epoche der »anhebenden« und der »vollendeten Rechtfertigung und Heiligung« entgegen.

Die wirkenden Ideen sind wahre Vaterlandsliebe (XIV—145), die in den „Nachforschungen“ zurücktrat; außerdem die Achtung vor der Menschennatur und dem Recht, das aus den Notwendigkeiten des Schutzes unseres Eigentums erwachsen ist; weiterhin die „intellectuelle Bildung“ (185 ff.) mittels der Anschauung, des Redens, Rechnens und Messens, nicht anschauungsloser „Vielwüsserey“ mit ihrem „Maulbrauchen“ und „Schwätzen“ (113)[1]; schließlich der Glaube an Gott und den Heiland, wodurch der „Götzendienst des Wahns“ (188), der „Zauberer und Priester“ endgültig überwunden wird. Hier ist besonders eindringlich auf das Vorbild Jesu Christi hingewiesen, unter Ablehnung des Dogmas der „Kopfmenschen“. Der Mensch ist dann veredelt, wenn er weise ist, das Gute zu k e n n e n; Kraft besitzt, das Gute zu k ö n n e n; sittlich ist, das Gute zu w o l l e n. Verglichen mit den „Nachforschungen“, tritt die Idee der Freiheit zurück. Auch die Kunst[2]) wird hier, wie in den „Nachforschungen“, als Mittel der „inneren“ und „allgemeinen“ Veredlung nur gestreift; desgleichen die physisch-technische Berufsbildung, die „Elendigkeiten“ der „Handwerks-, Berufs- und Standesabgötterey“ (96), auf die Pestalozzi zeitweise so großes Gewicht legte, wie im ersten und zweiten Teil dargetan ist. Somit kommen auch die Zusammenhänge von Eigentum und Sittlichkeit nicht zur Geltung.

4. Die Schrift „AN DIE UNSCHULD, DEN ERNST UND DEN EDELMUTH MEINES ZEITALTERS UND MEINES VATERLANDES“ (S XI—7 ff.) bedeutet eine neue Wendung.

Der Pessimismus der „N a c h f o r s c h u n g e n“ findet sich grundsätzlich mit der Tatsache des gesellschaftlichen Zustandes als Gewalt ab: „Wir müssen gesellschaftlich, ganz ohne Glauben an gegenseitige Sittlichkeit untereinander leben.“ Religion als Werk

[1]) Denn die „intellectuelle Urtheilskrafft“ ist von der „sinnlichen“ wohl zu unterscheiden (XII—258, 562).

[2]) H. Schönebaum, III—446. In den Pestalozzi-Blättern XXII—29 f. spricht sich Pestalozzi dahin aus, daß die zeitgenössische Kunst und Wissenschaft nur Genuß verschaffen, aber nicht Gesinnungen wecken, zumal sie nicht national sein können!

des Staates ist „Betrug“, wie es überhaupt bisher kein Christentum gab (XII—106, 151). Wir haben keine Freiheit, kein Recht. Wohl gibt es den „Nachforschungen“ gemäß auch eine (bürgerliche) Rechtsordnung der Gesellschaft, durch die Strenge der Macht gewahrt; wohl wird auch das „gesellschaftliche Recht“ gelegentlich (z. B. XII—86) dem „gesellschaftlichen Unrecht“ gegenübergestellt und von einer „Untreue am gesellschaftlichen Recht“ gesprochen; subjektiv von einer „gesellschaftlichen Rechtlichkeit im Volk“ (XII—131, 146). Aber „Hoffen und Harren ist das Theil des gesellschaftlichen Lebens“; Sittlichkeit, Zutrauen, Dankbarkeit als Werk der Masse, auch das Naturrecht ist nur Repräsentation von Sachen, die „im Grund eigentlich nicht da sind“, nur „Täuschung“ und „frommen Betrug“ bedeuten (XII—67, 73, 77, 140). Zwischen dem gesellschaftlichen Zustand als Tatsache und dem sittlichen Zustand als Forderung, als „Werk meiner selbst“, d. h. als I d e e klafft der „Widerspruch“.

Ganz anders die Schrift „A n d i e U n s c h u l d“ (1815). Ihr Optimismus gründet sich auf die Wirklichkeit des gesellschaftlichen Lebens, wie auf die Wahrhaftigkeit des sittlichen Bewußtseins, nicht nur auf ein „Bedürfnis in meinem Innern“. Der in den „Nachforschungen“ bereits betonte Gedanke der individuellen Sittlichkeit steigert sich nunmehr zur grundsätzlichen Anerkennung der W i r k - l i c h k e i t sittlicher Individualität. Damit geht Pestalozzis gefestigte Geisteshaltung, nach dem Abstieg um 1790, über den bloßen Optimismus der „Abendstunde“ (1780) hinaus, gefördert durch den Auftrieb, der mit der Übersiedlung nach Iferten (1804) verquickt war.

So fällt denn der Zusatz „als Werk meiner selbst“, der nach unserer Feststellung nicht den Echtheitsgrad, sondern den besonderen Charakter der bloßen I d e e in den „Nachforschungen“ kennzeichnet, jetzt folgerichtig fort! Die Ausdrücke „gesellschaftlich“, „Gesellschaft“ und „Mensch“ nehmen demgemäß eine ganz andere Bedeutung an, z. B. S XI—82: Recht, Gesetz und Freiheit als Kennzeichen des wirklichen gesellschaftlichen Zustandes! Es wird wohl gelegentlich das Beiwort „menschlich“ noch im früheren Sinne gebraucht (z. B. S XI—18: „das menschliche und bürgerliche Verderben“). Grundsätzlich ist dieses Wort nunmehr gleichbedeutend mit „sittlich“: „menschlich und sittlich betrachtet“ (139). In diesem ethischen Sinne gebraucht nun Pestalozzi das Beiwort „menschlich“, z. B. „das menschliche Kind“, die menschliche Mutter (Gegensatz: der „tierische Säugling“ bzw. die tierische Mutter). Um die bloße Idee oder einen stärkeren Echtheitsgrad der Wirklichkeit zu kennzeichnen, bedarf es dann eines Zusatzes: „göttlich und menschlich gebildet und gestärkt“, der „innere (!) menschliche Sinn“, der „reine (!) menschliche Sinn“, sein „menschliches Sein“, „alles wesentlich (!) Menschliche“ usw. (z. B. S. 29 ff.); ebenso die „Kraft seiner Menschennatur“, das „Erhabene der Menschennatur“, die „wahre (!) Menschennatur“, der „wahre heilige Wert des Menschenrechts“, die eigentliche wahre (!) Basis der Menschenbildung“, die „Menschenkunst, die Menschenbildung“ ist „die höchste Kunst unsers Geschlechts“, die „heilige Sache der Menschheit“ usw. In diesem Sinne wird denn jetzt auch immer wieder „Menschlichkeit“ gebraucht, zumal sie in früheren Schriften wie den „Nachforschungen“ in biologischem Sinne zu verstehen war: „reine Entfaltung der Menschlichkeit“, „Menschlichkeit ist ihm über alles“, „das reine hohe Wesen der wahren Menschlichkeit“ (10, 13). Jetzt (1815) wird „menschlich“ auch nicht mehr in einem Atem mit tierisch und sinnlich genannt, sondern beide bilden nunmehr Gegensätze; vgl. z. B. S. 18 f.: „rein menschlich und auf keine Weise tierisch gewaltsam“. Schließlich kann selbst das Wort „bürgerlich“ nicht mehr im absprechenden Sinne gebraucht werden, z. B. „Grundsätze der Menschlichkeit, des bürgerlichen Rechts und der Großmut“ (24), „reines Bürgerblut“ (28).

Wenn der verderbte Zustand der Gesellschaft aber gekennzeichnet werden soll, so muß eben ein anderer Ausdruck für „menschlich“, „Mensch“ und „Menschlichkeit“ aufgenommen werden. Und das ist jetzt „Zivilisation“ und „Zivilisationsverderben“, das wohl auch früher hier und da vorkommt, jetzt aber typisch und eindeutig immer und immer wieder der geistigen „Kultur“ gegenübergestellt wird, der realen, verwirklichten Sittlichkeit! Dafür dann auch „Bildung“: „Volksbildung und Nationalkultur“ (23).

Entsprechend den „Nachforschungen“ (vgl. o. S. 179 f.) und den „Epochen“ (XIV—108, 110, 117, 151, 174, 190) wird auch in dem Buche „An die Unschuld“ durch Beiworte wie „rein“, „wahr“, „wirklich“, „inner“ oder „Wesen“ nicht nur die Echtheit einer bloßen Idee gekennzeichnet, sondern nun gerade der Echtheitsgrad der vorgefundenen Wirklichkeit als Tatsache: die „Reinheit der Menschenbildung“ (14), d. h. die echte Menschenbildung, „kraftvolles Eingreifen des wirklichen Lebens“ (22), das „innere Wesen der Menschlichkeit“ (18), die „innere Wahrheit“ (z. B. S. 25), besonders klar in Gegenüberstellungen mit „äußerlich“ oder dem „Äußern“ (im Sinne von empirisch Unechtem) oder in Häufungen der Beiworte: „das Höhere, Edlere seiner Natur in sich selbst innerlich — äußerlich“ (13), „das Äußere deiner Verfassungen“ — „das Innere ihres Wesens“ (58), „äußere Staatskraft" — „innere Staatskraft" (72 Cotta), „äußere Einheit" — „das innere Wesen (!) der Eintracht im Staat" = „wahre" und innere „Einheit" (74 ff. Cotta) usw.[1]); das „innere Wesen" ihrer „Wahrheit" „in mir selbst" (15), das „reine hohe Wesen der wahren Menschlichkeit" (13 zweimal), das „Reinmenschliche in sich selber" (21). Der Zusatz: (Werk) „meiner selbst" fehlt jedoch grundsätzlich! Auch andere Epitheta dienen denselben Zwecken, z. B. „göttlich", „heilig", „ewig" und „unzerstörbar"; besonders häufig tritt jetzt „höher" und „höchst" auf, z. B. die „höhere Kraft der Menschennatur", die „höchste Kunst", die „höchste Vollendung" usw., also auch: „diese Bahn in ihrer Reinheit und Unschuld, in ihrer Kraft und in ihrer Höhe" (23), d. h. wirkliche echte Unschuld, dazu doppelt verstärkt!

Die überzeugende Wirklichkeitsnähe des Buches „An die Unschuld" bricht auf, wenn wir uns nunmehr den wertvollen Gedankengängen des Werkes im einzelnen zuwenden: dem Entwicklungsgang des Kindes unter der aufopfernden Pflege und Liebe der Mutter (vgl. unten den Brief an Greaves!), den notwendigen Staatsreformen der damaligen Zeit im Vergleich mit früheren Perioden der Geschichte sowie den „Winken" für die Erneuerung der Häuslichkeit, der Schule und der Kirche.

a) Während die Rückblicke der „Epochen" (um 1802) wie der noch frühere Aufsatz „Über die Entstehung der sittlichen Begriffe" (um 1786) bloße Konstruktionen einer intuitiv geschauten Vergangenheit und wirklichkeitsferner Ideen sind, treten an die Stelle der phylogenetischen Entwicklungsstufen der Menschheit nunmehr die dem Leben abgelauschten Phasen ontogenetischen Wandels der frühen Kindheit. Wie nur der „edle und erhabene Mensch" wahre Kräfte zu „aller Unschuld und Reinheit" der Menschenbildung hat, so entdeckt Pestalozzi im Tun der „menschlichen Mutter" die Reinheit und Wahrheit im Akte der Menschenbildung, der die Bedürfnisse des Kindes entgegenkommen. Wie schon in den früheren Schriften auf die Notwendigkeit einer angemessenen Gemütsstimmung hingewiesen wurde (vgl. oben S. 181), so entkeimen aus der Ruhe und „Gemütlichkeit" des Kindes die sittlichen, geistigen und physischen Kräfte seiner Natur. Die Mutter, lieblich und anmutsvoll, sehnt sich nicht nach der schnellen Entfaltung des Kindes, sondern wartet in heiliger Ruhe, bis die Neigung zur Selbsthilfe im Kinde hervorbricht. In dieser Übereinstimmung von Mutter und Säugling liegt die Quelle der Unschuld, der Liebe und des Glaubens,

[1]) Als Gegensätze aber auch im eigentlichen Sinne gebraucht, z. B. S XI—127, 185.

der Wahrheit und der Treue des Kindes. Auf dieser Bahn entfaltet sich aus der Liebe zur Mutter nun die Liebe auch zu Gott, aus dem Vertrauen auf die Mutter das Vertrauen auf Gott, aus dem Glauben an die Mutter der Glaube an Gott, aus der Scheu und Scham vor der Mutter die Scheu und Scham vor dem Angesicht Gottes — was bereits über den Gedankengang der „Geßnerbriefe" hinausgeht — bis schließlich das in Harmonie mit seinen Verhältnissen und mit seinem Stande kraftvoll, durch Anstrengung entwickelte Kind, an Ordnung und Überwindung seiner selbst gewöhnt, göttlich und menschlich gebildet aus der heiligen Wohnstube in die Welt hinaustritt. Es hat gelernt, mit Einsicht zu lieben und durch diese Liebe sich zum „gereinigten Edelmut", zur Sittlichkeit zu erheben. Diese Gewöhnung des Kindes in der Häuslichkeit, auf der Spur der Natur, nennt Pestalozzi somit „naturgemäß", insofern sie in Übereinstimmung mit allem geschieht, „was seine veredelte Natur anspricht". So wird auch hier wieder der alte Gedanke der Harmonie zwischen Mutter und Kind, seine kindliche Entwicklung in seiner bestimmten Lage herausgestellt (S XI—14 ff. u. 153 ff.). Das ist, seit Plato, der philosophische Gedanke der Teilhabe.

Nun wird die in den „Geßnerbriefen" für die „Methode" erarbeitete Klassifikation der psychischen Phänomene auf die Gliederung der Kräfte häuslichen Lebens übertragen. Wir haben oben (S. 42) gesehen, daß Pestalozzi drei Grundkräfte unterscheidet: die intellektuelle Denkkraft, die physische Kunstkraft und die sittlich-religiöse Tatkraft.

Die intellektuell-geistige Denkkraft umfaßt die Partialkräfte: Sprache (Wort), Form und Zahl, die hier ein einziges Mal erwähnt und als „Auffassungs- und Festhaltungs- und zugleich als selbständige Bildungsmittel" gekennzeichnet werden. Sie führen das von den Gegenständen kraftvoll angesprochene Kind lückenlos von gereiften Anschauungen (Auffassen und Beobachten) zu reifenden Vergleichen und Urteilen in höchster Übereinstimmung mit seiner äußeren Lage (S XI—158 f.).

Ebenso wirkt im Kinde ein Trieb, sich physisch zu entfalten, und zwar langsam, in Ruhe und Unschuld, in Übereinstimmung mit dem ganzen Umfang aller unserer Anlagen. Vom Gefühl seiner physischen Kraft getrieben, steht und geht das Kind, wirft und stößt, zeichnet Figuren und schafft die äußeren und inneren Grundlagen seines Berufs (159 ff.).

Wie jede andere Kraft liegt auch die Glaubensneigung ursprünglich und selbständig im Kind. Von seiner „innern Natur" getrieben, strebt es danach, den Kreis der Gegenstände seines Glaubens immer mehr auszudehnen und wird darin von der Muttersorge und Treue gefördert. Sein Glaube an die Mutter geht in den Glauben an den Vater über, an die Geschwister, die Hausgenossen, auch an die Gegenstände der Häuslichkeit. Das Gefühl des Bedürfnisses seiner Gotteserkenntnis führt es zum Nachdenken über seine Religion und so zur heiligen Freiheit des Glaubens, der Wahrheit und der Sittlichkeit (156 ff.). Im Gegensatz zu den „Nachforschungen" ist damit bereits die Möglichkeit der Selbstveredlung durch göttlichen Beistand angedeutet.

b) Auf diesen Segnungen der Wohnstube beruhen die notwendigen Reformen des staatlichen Lebens.

Pestalozzis Blick ist zunächst rückwärts gewandt in die „hohen Tage" der „alten Verfassungen". In dieser „bessern Vorwelt" individueller Freiheit, auf die sich eine wahre Kultur gründet, herrschte eine „bürgerlich bescheidene Denkungs- und Handlungsart", eine Volkskultur, „die auf der reinen frommen Anerkennung der göttlichen Würde der Menschennatur in jedem Individuum" ruhte. An die Stelle kraftvoller Sitten ist Tand und Schein getreten; die helvetische Regierungs-Einfachheit ist den anmaßungsvollsten Formen fürstlicher Behörden gewichen. Daher wird der verirrten Zivilisation, dem Zivilisationsverderben „unsrer Tage" immer wieder die wahre Kultur der in Selbständigkeit und Freiheit vereinigten Menschen der damaligen Zeit gegenübergestellt. Wie schon in den „Nachforschungen" Freiheit, Sittlichkeit und Religion als Sache des Individuums angesprochen wurden (s. o. S. 161 ff., 182), desgleichen in den Reden Pestalozzis (Ma IV—43, 47; S X—460) die Gefahren menschlicher Vereinigungen berührt wurden, so wird jetzt die „individuelle Existenz unsers Geschlechts" durch die erhabene sittliche Zartheit, die Ruhe, den Edelmut und die Reinheit des Herzens charakterisiert. In ihr herrscht Einheit und Eintracht, Unschuld und Reinheit des edlen Menschen, die reine, himmlische Wahrheit, die in uns ruht, von Gott gegeben, und von der die Veredlung des Menschen ausgehen muß; ferner die „gesetzliche Freiheit" konstitutioneller Verfassungen, welche die kollektiven Ansprüche des Staates und seiner Behörden gesetzlich mäßigen und nichts zu tun haben mit dem „trügenden Zeitgeschwätz" von Freiheit und Gleichheit, die allerdings göttlich von Ewigkeit her gegeben sind. Das ist der Inbegriff von Menschlichkeit, der Kultur. In einem Zusatz der Cottaschen Ausgabe (90) faßt Pestalozzi seine Gedanken dahin zusammen: „Individuelle Kultur ist in ihrem Wesen das eigentliche Fundament der Segenskräfte der kollektiven Menschenkultur".

Die heiligen Kräfte unserer Nationalwürde und Nationalkraft liegen in dem sittlich, geistig und bürgerlich kultivierten häuslichen Leben unsers Volkes (S XI—14, 19, 43 ff., 68, 73, 88 f., 93, 129, 151, 164, 167, 170 f., 173, 184).

Die Zivilisation ist dagegen Sache des „Menschenhaufens", der „kollektiven Existenz", in der die Kinder nicht den Eltern, sondern dem Staate gehören, welcher die Individualität und ihr Recht nicht anerkennt[1]). Der „Esprit du corps"[2]) nimmt als solcher vorzüglich diejenigen Kräfte in Anspruch, die wir mit den Tieren des Feldes gemein haben. Der Massemensch ist infolgedessen im sittlichen Sinne kraftlos und heuchlerisch im Gottesdienst, ohne innere Reinheit, ohne Wahrheits- und Rechtssinn, ohne Edelmut im öffentlichen Leben, ohne Liebe, ohne eine höhere Ansicht des Lebens. Der bloß zivilisierte Mensch ist oberflächlich, schweifend verhärtet, unergriffen vom Wesen der Dinge und sieht nur den Schein ihrer wandelbaren Beschaffenheit. Er vergißt die Vergangenheit; die Gegenwart ist ihm alles. In bürgerliche Einseitigkeit versunken, hat er, wie der Staat, den Grundsatz des Naturstandes bzw. den Schwachheits-Wunsch: „Es ist alles mein" — „Wär' alles mein". Während Kultur die Mäßigung tierischer Ansprüche und eine von Recht und Gesetz geschützte Gewaltlosigkeit bedeutet und damit die Unterordnung der Sinnlichkeit unter die Ansprüche des menschlichen Geistes und Herzens, ist Zivilisation der Masse nichts als gesetzlose Gewalttätigkeit, wilder vegetabilischer und animalischer Lebensgenuß unserer sinnlichen Natur. In allen Arten von Volkshaufen, seien es Bauernhaufen, Bürgerhaufen, Zunfthaufen, Militärhaufen, Literatur- und Klerushaufen, sei es der Adelsstand oder die verschiedenen Behörden — sie alle werden beherrscht von Gewalttätigkeit und Neigung zur Willkür. Wer aber sein Brot mit Arbeit in Holz und Stein, Stahl und Eisen verdient, ist in einer weit besseren Lage. Die kollektive Existenz ist gepaart mit Selbstsucht und Gierigkeit; sie ist scham- und gewissenlos, Allgewalt des Besitzstandes, Herrschaft der Parteiwörter (S XI—8, 11, 33 f., 78 f., 80 ff., 87 ff., 91, 102 ff., 122 f., 125).

---

[1]) Nach Niederer war Pestalozzi der Überzeugung, daß der Grund des Unsittlichen und Bösen nicht im Menschen als Individuum liege, sondern aus Selbstsucht und Neid der Menschen in der Gesellschaft entspringe. Em. Dejung, a. a. O. S. 50.

[2]) Wort und Sinn, von Rousseau übernommen, sind auch in die Cottasche Fassung (1819 u. 20) von „Lienhard und Gertrud" aufgenommen (S XI—278) und begegnen bereits in den „Epochen", um 1802 (XIV—190). Ausführlich wird hier von dem gemeinsamen „Instinktsintresse" des „Naturklubs" gehandelt (125 ff.). Die Andeutungen der „Geßnerbriefe" (XIII—335) vom Jahre 1801 werden in der Cottaschen Ausgabe (1820) stark erweitert (XIII—480 ff.).

Wenn Pestalozzi die „bessere Vorwelt" „unsrer bösen Zeit" entgegenstellt, so kann man mehrere Schichten unterscheiden, da Pestalozzi hier wiederum konkrete Wirklichkeitsangaben macht, welche an die Revolutionsschriften erinnern sowie an den Standpunkt, den Pestalozzi nach 1795 bei Bearbeitung der „Nachforschungen" gegenüber Frankreich eingenommen hat.

Nach seinem Urteil hat sich im Mittelalter der Adel mit vollem Recht gegen die „Roheitsbarbarei des Feudalsystems" aufgelehnt. Der Revolution ging der Luxus und die Zivilisation des französischen Hofes voran, seine Theater, seine Literatur, die Verhöhnung des Rechts der Stände und damit die sittliche Erschlaffung der Völker Europas. Es folgte die sansculottische Erhebung der Völker und „Buonapartes" Unterdrückung dieser Volksempörung, seine Kriege mit all den Übeln und Leiden für ganz Europa: Ströme von Menschenblut, die Not der Witwen und Waisen, Verwüstungen der Länder! Pestalozzi wägt wohl vorsichtig die Punkte gegeneinander ab, in denen Buonaparte recht hatte (Beseitigung früheren Unrechts) und inwiefern er sich schuldig machte: durch seine Selbstsucht, seine Gewalttätigkeit, die „ganze Scheußlichkeit seiner höchsten gräßlichsten Gestalt". Setzte er doch Untreue für Treue, Schandrecht für wahres Recht. Er verhöhnte den innern heiligen Wert der Menschennatur; er unterwarf Menschen und Einrichtungen der Kollektivität des Staates und wurde zur Geißel der Welt, weil er sich nicht selbst beherrschen konnte. Die Volkstäuschung, das Zwischenspiel der Gewalttätigkeit ist vorüber, aber wir haben die Weltschwäche, die der Revolution voraufging, noch nicht hinter uns (S XI—93, 95 f., 98 f., 100, 142, 188).

Das Zivilisationsverderben hat nach Pestalozzis Ansicht dreierlei Quellen: Die Abschwächung aller Staats- und Nationalselbständigkeit, die dadurch ermöglichte sansculottische Barbarei und Völkerempörung sowie schließlich die daraus folgende raffinierte Regierungstyrannei (S XI—24).

Im einzelnen werden dazu bald hier, bald da folgende Erläuterungen gegeben. Das Verderben der Zeit liegt in der Verarmung des einst begüterten Mittelstandes[1]). An seiner Statt haben einige herrschende Familien die Macht an sich gerissen. Sobald sie in der obersten Stadtbehörde festen Fuß gefaßt hatten, gewann die Selbst-

[1]) Ähnliche Gedankengänge über den Niedergang und die Möglichkeiten des Aufstiegs durch Erziehung finden sich in der wertvollen Schrift „Ein Wort über den gegenwärtigen Zustand meiner pädagogischen Bestrebungen und über die neue Organisation meiner Anstalt", 1820 (S XII—83 ff.).

sucht des Personalinteresses[1]) das Übergewicht über die Unschuld und den Edelmut des alten bürgerlichen Gemeingeistes. Sie fühlten sich nicht mehr als Repräsentanten ihrer Gemeinde, sondern als Regenten, aber nicht im Geiste der ursprünglichen Stadt- und Landregenten, während wirklich einsichtige Männer ausgeschlossen, benachteiligt und verleumdet wurden. Die aus gemeinen Familien hervorgegangenen „Zeitschwächlinge" jagen einem erbärmlichen Vornehmtun nach (62 f., besonders in der Cottaschen Ausgabe, 103, 127, 130, Cotta und in der Vorrede S. 637).

Es besteht nun die Gefahr, daß die Lücken, Unbestimmtheiten und Widersprüche der alten Verfassungen durch den unedlen und selbstsüchtigen Gebrauch der Regierungsbehörden und ihrer Günstlinge zu einem Chaos führen. Dieser Wirrwarr verdorbener Regierungsmanieren von intriganten Politikern muß gesetzlich beseitigt werden durch Erneuerung der Verfassungen im Geiste der Wahrheit. Pestalozzi fordert daher die freie Konkurrenz der Einsichten und der Berufstätigkeit aller Bürger, eine von der Gesetzgebung ausgehende Belebung des Patriotismus zwecks Förderung des öffentlichen Wohls durch Freiheit der Beratung, allgemeine Unparteilichkeit des Rechts und Gleichheit des Rechtsganges, auch für die niedern Volksklassen. Es müssen Männer, die das Vertrauen ihrer Mitbürger besitzen, zur Regierung gelangen (48 ff., 61, 77).

In kräftigen Farben wird das Bild des Zeitverderbens gemalt, des Halblebens und Halbsterbens, der Herzensverödung und Geistesverwirrung, wo die kollektive Ansicht das Übergewicht über die individuelle gewinnt. Auch hier, in dem Werk „An die Unschuld", wird das „Zeitweib" angeklagt, für ihr Kind tot zu sein, ohne es zu wissen, da es kulturlos in den trügenden Scheingenießungen eines eitlen Tandes untergeht. Entsprechend behandelt der „Weltmann" die Erziehung seines Sohnes wie jedes andere Geschäft. In wunderbarer Realistik wird gezeigt, wie der Geschäftsmann, ohne Verständnis für die Segnungen der Häuslichkeit, sowohl Lehrer wie Methoden ausprobiert, um seinen Sohn vorwärts zu bringen (107 ff., 120, 132, 177, 197).

Damit stimmt überein, daß Pestalozzi rundweg erklärt (110): „Jawohl ist das Volk schlecht — sehr schlecht." Wir leben in der Zeitfinsternis der Gemeinschlechtheit. Zugleich wird aber (in der

[1]) Pestalozzi gebraucht die Ausdrücke „Personalintresse", „Personalität", „Personaleinfluß", „Personal"- und „Privatselbstsucht", da er ja „Individualität", individualistisch usw. im absprechenden Sinne meiden möchte, gelegentlich (82) spricht er doch auch von dem „Menschlichen der individuellen Schwäche und der individuellen Leidenschaften". So wird auch für „gesellschaftlich" im abwertenden Sinne „societätisch" gesagt, z. B. „societätische Verhärtung".

Cottaschen Ausgabe, 1820) die Frage angefügt: „Aber ist das Volk daran schuld?" Denn in Wirklichkeit ist es so, daß „tausend und tausend Individua" vorhanden seien, die das Zeitverderben in seiner Wurzel erkannt haben und im Hochgefühl ihrer Pflicht danach streben, ihm entgegenzuarbeiten. Wenn auch die Masse unseres Geschlechts entkräftet und schwach ist, so bedarf es doch nur einer Erweckung in der Heimat wie in ganz Europa, einer Erneuerung der Staatskraft und ihrer heiligen Fundamente, des früheren Freiheits- und Rechtsgefühls im Sinne des alten Nationalwillens, nicht etwa des „Gesindelwillens". Vorbilder für diese erwachte Bürgertugend seien allenthalben in den Ländern und Städten Deutschlands gegeben, in Berlin, Hamburg, Frankfurt und Bremen, ebenso in Neuenburg (das 1815 als 21. Kanton in die Eidgenossenschaft aufgenommen wurde). Auch regierende Fürsten, Franzens heiliger Vatersinn, Alexanders menschliche Hilfsbegierde, Friedrich Wilhelm als Mensch und Vater, haben ein Beispiel gegeben. So mahnt denn Pestalozzi: Völker und Fürsten haben sich erhoben, „die Erweckungsstunde der Welt ist da!" „Vaterland! Erhebe dich wieder zu dem, was du warest!" „Deine jetzigen Tage sind ernste Tage deiner Genesung." Pestalozzi ruft zu den Waffen auf. Er verleiht seiner Siegeszuversicht Ausdruck: „Du wirst alles thun." „Du wirst heute den Ruf . . . nicht von dir weisen[1])." „Es wird, es muß besser werden!" Und schließlich, wie in den „Geßnerbriefen" (XIII—244): „Dein Volk ist edel", „unser Volk — ist gut . . . . noch eidgenössisch gut", „unser gutes, leitbares, aber des »geführt« und des »angeführt werdens« ungewohntes Volk" (35, 45 f., 50, 54 f., 58, 65, 68, 73 ff., 76 f., 102, 110, 120, 186 ff., 191). Damit schlägt die ursprüngliche Anklage des Kreisdenkers Pestalozzi in ihr Gegenteil um, in einen überzeugten Optimismus. Wohl wird Buonaparte noch mit einem Raubtier verglichen und von seiner Hyänengewalt gesprochen, aber die Gesellschaft und die Idee der Sittlichkeit werden nicht mehr durch eine Scheidewand getrennt (Gedanke des Chorismos!), sondern das Sinnlich-Tierische wohnt neben dem Guten im Innern des Menschen, der an der Idee teilhat! Wir bewegen uns nicht mehr in der biologischen Sphäre, sondern das Menschliche, d. h. das Gute hat wirklich über alle Schwächen gesiegt: Völker und Fürsten haben sich „zu einer höhern Erkenntnis von dem höhern Wert der Menschennatur" erhoben. „Diese Erhebung ist der

[1]) Pestalozzi vereint den Gedanken der Freiheit und des Hausglücks mit der Einrichtung des Militärsystems: Der Schweizer gehört als ein geborener Soldat seines Vaterlandes „mit seinem Blut, wie mit seinem Gut demselben". „Ansichten über die Gegenstände etc." (1802), XIV—235 ff., 240.

Triumph der Menschennatur über das Zivilisationsverderben der Welt, — sie ist nicht ein Triumph der Guten, sie ist ein Triumph des Guten" (190 f.). Pestalozzis schwankende Haltung kommt in typischer Weise des öftern da zum Ausdruck, wo ein durchaus pessimistischer Ansatz, die Aburteilung der Zeit, dann doch wieder mit einer versöhnenden Einlenkung abgemindert wird (z. B. S. 73, 103). So ist auch das Bekenntnis zur „innern Heiligkeit der souveränen Macht" deutscher Fürsten zu verstehen mit der allmählichen Abschwächung und Wendung ins Gegenteil: als Republikaner — nicht für große Nationen, sondern für kleine, aber edelmütig republikanisch organisierte Stadt- und Landgemeinden — glaubt Pestalozzi, die Veredlung der Individuen sei in der ausgedehnten Größe einer Monarchie nicht erreichbar. Das entspräche seiner Grundauffassung vom Sinn der „kollektiven Existenz" (636 f., Vorrede; vgl. auch S. 101 f.).

Als liberaler Republikaner huldigt Pestalozzi auch im Buche „An die Unschuld" dem Fortschrittsglauben nach Art des achtzehnten Jahrhunderts. Wo Gesetzgebung und Administration in Übereinstimmung mit der Nationalkultur fortschreiten, entwickeln sich auch höhere und edlere Rechtsansichten. Im Umkreis seiner Haushaltung, in der Annäherung der einzelnen Individuen findet das Menschengeschlecht die gleichsam von Gott gegebenen Mittel der naturgemäßen, harmonisch und progressiv steigenden Entfaltung seiner Anlagen und damit die unwandelbaren Mittel seiner Veredlung (77, 85, 90).

c) Die Erneuerung der Menschheit kann nicht durch Aufruhr oder Krieg geschehen, wie schon in den Revolutionsschriften und auch in den „Nachforschungen" betont war (XII—145), nicht durch „wilde Volkserhebung", durch „böse Gewalt" oder durch das Schwert, sondern nur durch Mittel der Weisheit und Liebe. Es ist auch unter der Würde der Menschennatur, die Menschen über einen Leisten zu schlagen oder als geputzte Marionetten stehen und tanzen zu machen, wenn sie an einem Draht gezogen werden. Die Wendung kann nur von der Menschenbildung, von der Entfaltung der Menschlichkeit ausgehen, von dem Glauben an Menschengüte, an Menschentreue, an Recht und Wahrheit. Also Kultur und nicht Zivilisationsbildung, nicht äußerlicher Schimmer und täuschend blendender Schein, nicht Bildungsbrocken, sondern Hinführung der Menschen zur Selbstsorge, zur Demut, Treue und Religiosität der Väter, zur Klarheit und Beleuchtung, zu Kenntnissen und Charakterstärke, zu Nationaleinsichten, zur bürgerlichen Tugend des Patriotismus! Wir müssen unsre Kinder besser und kraftvoller erziehen, als sie bisher erzogen worden. Das ist die Aufgabe der „Menschenschule"! In diesem Sinne erklärt Pestalozzi: „Der Anfang und das Ende meiner Politik ist Erziehung." Es sind daher die Edelsten der Nation zum Enthusiasmus der Erziehung zu beleben, der König wie der Edelmann, der Bürger oder Landmann, die Vertreter aller Stände vom Throne bis zur niedersten Hütte. Auch die Könige und Höflinge und regierungsfähigen Geschlechter, die wohl über viel Anstand und Lebensgewandtheit verfügen, würden dann durch Menschenbildung dahin gebracht werden, sich in ihrer Stellung göttlich berufen zu fühlen (10, 27, 36, 50 f., 53, 59, 69, 76 f., 147 f., 150, 168 f., 174, 183, 190, 639: Vorrede).

Pestalozzi fordert eine Belebung der sittlichen, geistigen und „Kunstbildungsmittel" der Nation, d. h. der Erziehungskunst. Die Kunst ist erfunden, „sie ist da"; ihre Grundsätze liegen ewig und unauslöschlich in der Menschennatur selber, wobei Pestalozzi auf sein eigenes Werk und Wirken anspielt. Er faßt seine Grundsätze dahin zusammen: es muß der „Wohnstubenraub" des Zivilisationsverderbens wiedererstattet und damit die Wohnstubenkraft und Wohnstubenweisheit sowie ihr bildender Einfluß in ihrer Reinheit und Kraft und in ihrem Recht anerkannt werden; vor allem muß das „Weib der Zeit", die sinnliche „Weltmutter", die ihren reinen Natursinn verloren hat, dem Gefühl ihrer Bestimmung näher gebracht werden. Um den Müttern die Mittel in die Hand zu geben, die Haushaltung zum Standpunkt reiner Kultur der Individualität zu erheben und ihren Kindern mit Wort und Gedanken von Stufe zu Stufe behilflich zu sein, bedarf es eines Lehrbuchs für Mütter, eines psychologisch geordneten „Mutterbuchs", das nur durch Vereinigung einsichtsvoller Menschenkenner ausführbar wird (27, 29, 37, 77, 90, 175 ff.).

Die Volksschulen (und Dorfschulen), zu Gymnasien des Verträumens und der menschlichen Abrichtungskünste herabgesunken, müssen zu gereiften Mitteln des Lebens und seiner nötigen Fertigkeiten erhoben und mit den Bildungsmitteln des häuslichen Lebens in Übereinstimmung gebracht werden[1]). Die Erziehungskunst müßte aus den Verirrungen der Routine, des Schlendrians

[1]) Auch in der späteren Geburtstagsrede von 1818 wird auf die Annäherung des Schulunterrichts an die Wohnstubenbildung hingedrängt und die „Wohnstube des Volks" — nicht etwa die „Wohnstube des Gesindels" — als Stätte der sittlich-religiösen Volksbildung und Nationalkultur gedeutet (Ma IV—110, 112; 104 ff., 109, 119 ff., 125 f.).

und der Oberflächlichkeit befreit und der Natur näher gebracht, elementarisiert und so zu einer wissenschaftlichen Kunst erhoben werden, die alle Kräfte der Menschennatur „rein und an sich" zu entfalten vermag, um alles Wissen und Können der Kinder daraus hervorgehen zu lassen (92, 175 ff., 181 f.). Das „Gespräch über Volksaufklärung und Volksbildung" (XVIII—177 ff., um 1806) geißelt in scharfen Worten die Angriffe reaktionärer Mächte gegen gute Schulen und fortschrittliche Volksaufklärung.

Auch das Armenwesen ist nicht Sache der kollektiven Existenz, seelenloser Rapporte von eiskalten Behörde-Menschen; vielmehr ist der Arme einer individuellen menschlichen Besorgung würdig, was als heiligster Segen der Begüterten empfunden würde (91 f., 175).

Schließlich ist auch die Kirche eine Angelegenheit der individuellen Existenz, soweit sie die Menschen ohne Unterschied der Person als gleiche Kinder Gottes behandelt und sie zum Göttlichen und Ewigen hinlenkt, trotz alles Leidens des kollektiven Zivilisationsverderbens. Die im Christentum mit den „geweihten heiligen Ansprüchen der Kirche innigst vereinigte" Souveränität hat, auf der Grundlage landständischer Verfassungen, zur Sicherstellung der Menschlichkeit im höheren Sinne mitgewirkt. Gelegentlich wird überdies bemerkt, daß sich die Grundsätze der Menschenbildung auch in der Religion und namentlich in der höchsten Veredlung des Glaubens durch Jesum Christum als Gottes Gesetz offenbaren (vgl. o. S. 176 f.), fernerhin daß Jesus, wenn er die Kinder in seine Arme nahm, im „Augenblick ihrer Anmut und Unschuld den seligsten Genuß der veredelten Menschennatur erkannte" (27, 79, 82, 91 f.).

Wenn aber nun Pestalozzi in der vorliegenden Schrift nicht weiter ausführlich auf religiöse Probleme eingeht, so steht doch fest, daß sich Menschlichkeit durch Menschenbildung nicht ohne Glauben entfalten kann (vgl. o. S. 192 f.); daß man nicht das blutdürstige Raubtier („Nachforschungen"!) bleiben muß, sondern zu seiner möglichen Selbstveredlung beitragen kann! Diese Einsicht Pestalozzis setzt eine klarere Unterscheidung von individueller und kollektiver Existenz voraus!

5. In diesem abschließenden und zusammenfassenden Abschnitt knüpfe ich an den bis ins Jahr 1811 zurückreichenden „Schwanengesang" an, ergänze Pestalozzis Gedankengänge im besonderen durch „Die Langenthaler Rede" (1826) und werfe von dem gewonnenen Standpunkt einen Rückblick auf die „Lenzburger Rede" (1809), um so in einer vorwiegend systematischen

Übersicht die wesentlichen Grundgedanken Pestalozzis herauszuarbeiten[1]). Dann schließen sich die zunächst gesonderten drei Teile des vorliegenden Buches: die leitenden Ideen der Methode, der Volkserziehung und der Wahrheitsforschung, zu ihrer ursprünglichen Einheit wieder zusammen![2]).

Im Mittelpunkt des „SCHWANENGESANGS“ (1811—13, 1824—25) steht „die Idee“ der Elementarbildung. Sie ist nichts anderes als die Idee der Naturgemäßheit in der Entfaltung und Ausbildung der Anlagen und Kräfte des Menschengeschlechts! Die Naturgemäßheit offenbart sich zunächst darin, daß die „Kunst“, d. h. die Erziehungs- und Unterrichtskunst dem „Gange der Natur“ nachhilft, ihm „Handbietung“ angedeihen läßt. Die Frage: „Was ist in der Erziehung und im Unterricht naturgemäß?“ führt demnach auf die Frage: „Was ist die Menschennatur selber?“ (S XII—293, 296, 370). Damit greift Pestalozzi bereits das Problem eines Schichtenbaus der Welt und der Persönlichkeit auf.

A. Pestalozzi unterscheidet zunächst „Unbelebtes“ vom „Belebten“, genauer: die mechanisch-physische oder „tote“ Natur von der tierischen und der Menschennatur (schon IX—444 f., XIII—108, 117, 316, 334 f., 338, S IX—253, 255; auch S XI—13). Das sind mithin drei große Kategorien: das mechanische, biologische und geistige Geschehen. Er weiß, daß der Mensch als „Naturmensch“ der biologischen Kategorie angehört, daß „die thierischen Ansichten und Ansprüche der Menschennatur“ dem Heil des Menschengeschlechts entgegenwirken, ja, daß die Naturtriebe der Menschheit „ewig stärker als ihre gesellschaftliche Weisheit“ bleiben und daß der Naturmensch wohlwollend sein kann, in der zivilisierten Welt aber „der nahste am Verbrecherleben“ ist (XI—94, X—145, IX—185, 331, 359). Das ist auch im ersten Teil der „Nachforschungen“ eindeutig herausgearbeitet. So zieht Pestalozzi einen klaren Trennungsstrich zwischen dem Tier und der Entfaltung der göttlichen Kräfte im Menschen (z. B. S XI—97), besonders

---

[1]) Diese Grundgedanken der Elementarbildung sind bereits in Pestalozzis „Denkschrift“ an seine Pariser Freunde (1802) aufgewiesen (S VIII—469 ff.): Bedeutung der Anschauung, Zusammenwirken von „Naturkraft“ und „Kunstkraft“, Innehaltung der psychologischen Reihenfolge, die intellektuelle, physische und sittliche Elementarbildung (sowie ihre Verirrungen und Einseitigkeiten), Hindrängen auf Harmonie, Kampf gegen leere Worte, Unentbehrlichkeit der Mutter, Unterordnung aller Bildung unter das Sittliche.

[2]) Ähnlich fordert Niederer von einer „zweckmäßigen Ausgabe der Werke Pestalozzis“ ihre „Abteilung in politische, philosophische und pädagogische“. Em. Dejung, a. a. O., S. 54.

scharf im „Schwanengesang" (S XII—293, 297, 370, 412)[1]. Wann wird man in diesem Sinne einsehen, daß jeder Vergleich des Menschen mit dem Tier abwegig ist, daß die Menschen wohl ewig miteinander ringen und kämpfen werden, aber nicht als Bestien mit den ausgeklügelten Waffen hochgesteigerter Technik, sondern mit den Waffen des Geistes! Werden doch letzte Fragen der Weltanschauung im Laufe der Jahrhunderte nur in geistigen Auseinandersetzungen geklärt. Demgemäß wendet sich Pestalozzi gegen jegliche Gewalttätigkeit, gegen Aufruhr und Eroberungskriege (vgl. o. S. 162 u. 198), ruft aber auch in den Revolutionsschriften zu den Waffen auf, wo das Vaterland bedroht ist, ebenso in der Schrift „An die Unschuld" (S XI—190).

Innerhalb der sittlich-religiösen Schicht sondert Pestalozzi bereits im Rahmen der „Abendstunde" die Welt der Realgegenstände, der Menschen und Gottes. Das sind drei sich umlagernde „Kreise" in der „Ordnung" der Natur (vgl. o. S. 85 f., auch in dem Aufsatz „Von der Freyheit meiner Vaterstatt!" I—244). Sie werden im einzelnen gekennzeichnet durch die Ideen: Weisheit, Wahrheitssinn, Güte (Liebe), Ehre, Pflicht, Achtung, Zutrauen, Dank, Gerechtigkeit, „Reinigkeit der Sitten" und Glauben an Gott. „Lienhard und Gertrud" betonen dazu die Werte „wirtschaftlicher Bildung": Erwerbssinn, Sparsamkeit, wirtschaftliches Wissen und Können (industriöse Kunstfertigkeit) sowie das Recht. In den „Nachforschungen" treten Wahrheit und Recht, Freiheit und Macht (Ehre), Kenntnisse und Erwerb, Selbsterkenntnis und Selbstverleugnung (Pflicht), Liebe und Religion in den Vordergrund. In den „Geßnerbriefen", und zwar

[1]) „Das Mark, das Holz, der Bast, die Rinde sind in den äußersten Zweigen des Baumes das nämliche Mark, das nämliche Holz, der nämliche Bast und die nämliche Rinde, die in den Wurzeln schon da waren, und die in unabgeänderter Gleichheit ihres Wesens, sogar in unabgeänderter Gleichheit ihrer Form und ihrer Fasern in vollkommenem und ununterbrochenem, selbständigen Zusammenhang sich durch den Stamm hinauf bis an seine äußersten Zweige als das gleiche Mark, als das gleiche Holz, als der gleiche Bast und als die gleiche Rinde fortsetzen. . . . So wie den Baum, sehe ich auch den Menschen aufwachsen. Unsichtbar liegen im Kinde, schon ehe es geboren, die Keime der Anlagen, die sich in ihm durch sein Leben entfalten". Das ist der Sinn der „Entfaltung", wie Pestalozzi hier (Ma IV—81 f.) und auch sonst fast durchgehends für „Entwicklung" sagt, zumal er auch in dieser Geburtstagsrede von 1818 klar zwischen der biologischen uud der geistigen Sphäre des Menschen zu unterscheiden weiß (Ma IV—81 ff.), wie auch zwischen bloßem (funktionalem) Wachstum und (intentionaler) Bildung und Erziehung (85), wobei die „Kunst" der „Natur" unterzuordnen ist (90 f.). Denn seine Methode legt nicht etwas in die Menschen hinein, sondern „entfaltet" die an sich göttliche „Natur" (Neujahrsrede 1809, Ma IV—20 ff.).

in den letzten Kapiteln, sind es wesentlich die Gefühle der Liebe und des Dankes, des Vertrauens und des Gehorsams sowie des Glaubens. Liebe und Glauben sind im „Schwanengesang“ die Fundamente des sittlichen Lebens; dazu die Wahrheit. Dies alles ist nicht klar geschieden und abgegrenzt, vielmehr seherisch geschaut, wie Makariens bildhafte Sicht der Welt in „Wilhelm Meister“. Systematisch geordnet, gliedern sich diese Ideen den geistigen Grundkategorien des Strebens nach Wahrheit und Wirtschaftlichkeit, nach Sittlichkeit (der Liebe und aller Bezirke der Leistung) sowie der Gläubigkeit ein. Entsprechend unterscheidet Pestalozzi die geistigen, die physischen Kunstkräfte, die sittlich-religiösen Kräfte, auch Kopf (Verstand), Hand und Herz oder, weniger bestimmt, Denken (Wissen), Können bzw. Handeln (Tun), Wollen bzw. Fühlen (vgl. S XI—12, 16, 18, 28, 130, 156, 192, 208, 215, 224, 234, 243, XVIII—259; S XII—306, 311, 372, 382). Vgl. o. S. 38 ff. Ebenso in der „Skizze“ zur „Langenthaler Rede“ (S XII—518).

Wenn Pestalozzi von „g e i s t i g e n“ Kräften bzw. von „G e i s t“ spricht, so hat diese Ausdrucksweise ganz verschiedene Bedeutungen.

1. Geist steht einmal im Sinne von „Wesen“, z. B. Geist der Erziehung, des Unterrichts, der Methode, der Wahrheit, der Elementarbildung, der Industrie, auch Gottes usw., und zwar bald mehr im rationalen Sinne (vgl. Montesquieu: Esprit des lois), bald mehr im irrationalen Sinne (vgl. Chateaubriand: le Génie du christianisme), bald mehr empirisch, bald mehr normativ (z. B. I—158 u. XVIII—116, S IX—268; vgl. die einzelnen Abschnitte Ma—69 bis 72 der „Lenzburger Rede“). Wir behalten die Bezeichnung „Geist“ bei, da sie, hier auf objektive Gebilde bezogen, mit den folgenden Bewußtseinserscheinungen schwerlich verwechselt werden kann.

2. „Geist“ und „geistig“ ist gleichbedeutend mit „intellektuell“ und meint somit eine bloße F u n k t i o n d e s V e r s t a n d e s, also der Denkkraft, des Überlegens, Forschens und Urteilens, z. B. S XII—300. „Geist“ und „geistig“ stehen hier im ergänzenden Gegensatz zu „physisch“ und „sittlich“, welche Sonderung besonders prägnant im „Schwanengesang“ durchgeführt wird. In den früheren Schriften und in der Praxis des (vorgeführten) Unterrichts hatte Pestalozzi die Partialfunktionen des Intellekts (Wort, Form und Zahl) zu stark in den Vordergrund gerückt, was ihm den Vorwurf des einseitigen Intellektualismus eintrug. Darum wird später („Geist und Herz in der Methode“, 1805, XVIII—40) die intellektuelle (geistige) Elementarbildung der sittlichen Herzensbildung eindeutig

untergeordnet und diese Ordnung bis zum „Schwanengesang" stark betont, nachdem bereits in der älteren Fassung der Schrift „Über den Sinn des Gehörs" (1804) die Liebe der Mutter als Kern aller Erziehung und als Fundament menschlicher Veredlung aufgewiesen ist. — Wir behalten die von Pestalozzi gewählte Ausdrucksweise „Geist" und „geistig" auch hier bei.

3. Gelegentlich wird „Geist" und „geistig" auch im besonderen für das „eigentlich" Geistige der menschlichen Vernunft gebraucht, d. h. für das gefühlsbetonte Wollen, z. B. für das Streben nach Wahrheit (also für das, was L. Klages gerade mit „Seele" bezeichnet im Unterschied zu „Geist"!). Vgl. o. S. 168, wo das „leere Erkennen der Wahrheit und des Rechten" klar von der „Gemütsstimmung" des Ergreifens abgehoben wird. Diese intentionalen, mit Fühlen verbundenen Geistesakte charakterisiert Pestalozzi sehr treffend als Richtung (z. B. III—426, IV—300, 349, 419, X—300, XVIII—59), nennt sie Strebekräfte (z. B. S XI—574 f.), spricht von Gefühl und ganz besonders immer und immer wieder von Gemütsstimmung, zu allen Zeiten seiner literarischen Tätigkeit![1]) In diesem Sinne wird demnach das eigentlich Geistige (i. e. S.) abgehoben von den mechanischen und biologischen Kategorien einerseits, andererseits aber auch noch von den Funktionen des menschlichen Verstandes (s. Rubrik 2). Da sich das Geistig-Emotionale im besonderen im sittlich-religiösen Fühlen, Wollen und Handeln ausspricht, so sagt Pestalozzi hierzu „sittlich", „religiös" oder „sittlich-religiös", welche Ausdrucksweise wir daher auch bevorzugen.

4. Schließlich verwendet Pestalozzi die Bezeichnungen „Geist" und „geistig" für die Gesamtheit aller psychischen Phänomene und spricht im ganzen und im einzelnen Falle von „Kräften". Die „Gemeinkraft" des Geistes (vgl. S XII—369 ff., 371 ff.) umfaßt in diesem Sinne die Triebe (Instinkte), die physische Kunstkraft (Kräfte der Sinne, Organe und Glieder, S XII—345 f.), die intellektuellen Geisteskräfte (Denkkraft, dazu die Anschauungs- und Sprachkraft) sowie alle (sittlich-religiösen) Herzenskräfte (vgl. S XII—306),

[1]) Fühlen und Wollen gehören nach Aristoteles, Augustinus, Descartes, Brentano, Dilthey der gleichen Klasse der Bewußtseinsphänomene an. In diesem Sinne spricht Pestalozzi von „belebten" Gefühlen, „belebtem" Vatersinn usw. Desgleichen gibt Niederer folgende Erklärung von „Geist": „Jede Anlage und Kraftäußerung der Menschennatur als einer sinnigen, verständigen, gemütlichen, sittlichen und überirdischen" (Em. Dejung, a. a. O., S. 91). Damit leuchtet auch die große Bedeutung der rechten Gemütsstimmung für die Idee der Elementarbildung ein.

einschließlich des Strebens nach Wahrheit (Recht) und Sparsamkeit. Das sind die Kräfte des „Lebens" im Gegensatz zum Bereich des Mechanischen. Insofern alle Bildung eine Kraftbildung des gesamten Geistes ist, erklärt es sich, daß Pestalozzi ständig von der Weckung und Anregung der nach Entfaltung strebenden Kräfte durch Belebungsmittel spricht und alle Bildung des Geistes von der belebten Gemütsstimmung abhängig macht[1]. Wir sagen mit Pestalozzi auch in diesem umfassenden Sinne „Geist" und „geistig", da eine Überspitzung der Terminologie gegen Pestalozzis Intentionen wäre. Es bewahrt vor Irrtümern, wenn man sich die verschiedenen Möglichkeiten seiner Denkform erst einmal deutlich vergegenwärtigt hat.

Diesen geistigen Kräften werden nun die Kunstmittel eingeordnet (s. o. S. 42 f.). Von diesen treten Ton und Schönheitsgefühl sowie der menschliche Körper und das Viereck in dem abschließenden „Schwanengesang" ganz zurück. Nur noch Wort, Form und Zahl werden herangezogen (S XII—358 f.). Aber die Gliederung ist hier, wie in der „Skizze" zur „Langenthaler Rede" (1826), ganz anders. Nachdem die Bildung der Denkkraft und der Sprachkraft auf die Anschauung zurückgeführt ist (S XII—300 ff. u. 315 ff.), stellt Pestalozzi (320) neben die Dreiteilung der sittlichen, geistigen und physischen „Grundkräfte", bzw. Fühlen, Denken und Handeln (z. B. S. 306 u. 372) die erweiterte Gliederung der Anschauungs-, Sprach-, Denk- sowie der physischen Kunst- und Berufskraft. Dabei ist die Kunst der Sprachlehre die „Mittelstufe" (die „Dienstkraft") zwischen der auszubildenden Anschauungs- und der Denkkraft, d. h. die Sprachlehre ist an die Anschauung gebunden; ihr Fortschritt ist von dem Ausdehnungsgrad der Anschauungserkenntnisse abhängig. Die Entfaltung der Denkkraft (Forschungs- und Urteilskraft oder das „Abstraktionsvermögen") ist einerseits an den Klarheitsgrad der Anschauung, andererseits an den Umfang der Sprachkraft gebunden, da die Anschauungskraft die „Eindrücke der Gegenstände" erzeugt, die Sprachkraft dazu die „Ausdrücke" zur Bezeichnung dieser Eindrücke gibt; ebenso in der „Skizze" zur „Langenthaler Rede" (S XII—519 f.). Damit ist der Grund zur Ausbildung der physischen Kunstkräfte gelegt, die ein physisch-mechanisches (Sinne und Glieder) und ein geistiges Fundament

[1] In den Änderungen der Cottaschen Ausgabe (1819—1826) zu „Lienhard und Gertrud" ersetzt Pestalozzi „Verfassung" durch „Gemütsstimmung", S XI—266 (zweiter Teil).

haben[1]). Lesen, Schreib- und Zeichnungskunst geben die nämlichen Resultate, zu welchen das naturgemäße Redenlehren auch führt (S XII—301, 304 f., 317 f., 322, 330 f., 353 f., 359, 375, 403, 407 ff.).

Die „Gemeinkraft" ist dann „das notwendige Resultat" der naturgemäßen (elementarischen) Führung (S XII—275). Sie geht im Grunde nur aus Glauben und Liebe hervor (S XII—379, 408). Vgl. dazu die Unterscheidung von (tierischer) Gemeinkraft und von Gemeingeist in den „Figuren" (XI—179).

Da aus der ursprünglichen Dreizahl der Elemente Wort, Form und Zahl, wie sie z. B. in den „Geßnerbriefen" behandelt ist[2]), die Sprachkraft des Wortes herausgenommen und für sich besonders behandelt ist, bleiben nur Form und Zahl über, die nun im „Schwanengesang" der Bildung der Denkkraft eingeordnet werden. Die elementarische Zahl- und Formenlehre, welche die Anschauungsgegenstände zusammenstellt, sie trennt und untereinander vergleicht, befähigt das Kind durch Zählen und Messen zur logischen Beurteilung und macht ihm Überlegen und Nachdenken „habituell", also zur festen Gewohnheit (S XII—359, 363, 407).

Dieses Ganze steht nun schließlich in einem „ewigen Zusammenhange" mit den sittlichen und religiösen Grundlagen unserer Natur, besonders mit Liebe und Glauben (S XII—404). Wie schon früher gesagt, vollendet sich die Veredlung des Menschen im (sittlichen) Dienst des Allerhöchsten (III—427, XVIII—86 f.).

B. Auf der Grundlage dieser systematischen Ordnung gibt Pestalozzi eine g e n e t i s c h e Darstellung von der Entfaltung der sittlich-religiösen Anlagen des Glaubens und der Liebe, während die Ideen der Wahrheit und der Tathandlung im „Schwanengesang" nur gestreift werden. Die Entfaltung der vier sensorisch-motorischen Funktionen (Anschauen, Sprechen, Denken, Kunstschaffen) durch „naturgemäße Selbstbildung" wie durch „nachhelfende Bildung"

---

1) „Das, was dem neugebohrnen Kinde von der Natur unmittelbar gegeben ist, sind seine fünf Sinne, äußere Gegenstände, die auf dieselben würken, Bedürfnisse, die es mit diesen Gegenständen in Verbindung bringen, und ein Vermögen, der Eindrücke dieser Gegenstände auf seine Sinne in sich selbst bewußt zu werden." Die fünf Sinne werden mit gewissem Recht als „thierisch" bezeichnet, insofern sie etwas Biologisches sind, das dem Tier und dem Menschen eignet. Wenn Pestalozzi sagt, der Mensch hört „ohne sein Zuthun", er „benutzt" die Eindrücke der Natur, so zieht Pestalozzi eine Grenze zwischen den bloßen Funktionen (dem sensorischen Anschauen und Denken, dem motorischen Sprechen und Tun) und den geistig-spontanen Akten (Forschen, Leisten, Liebe und Glaube). „Über den Sinn des Gehörs" (1803—4), XVI—265, 315, 318). Vgl. dazu meine Schrift „Wert und Wirklichkeit", Berlin 1941, S. 40 ff.

2) Jedes Wort, jede Zahl, jedes Maß ist ein Resultat des „Verstandes", das von „gereiften Anschauungen" erzeugt wird. XIII—105.

mittels der Erziehungs- und Unterrichtskunst wird dagegen an verschiedenen Stellen des Buches sehr ausführlich behandelt. Auch in der „Theorie der Menschenbildung", die Seyffarth den „Ansichten und Erfahrungen" im IX. Bd. als „Beilage" angefügt hat, wird (S. 326 ff.) klar unterschieden zwischen der „intellektuellen Elementarbildung" (der Partialkräfte) und zwischen der „sittlichen Elementarbildung" (der geistigen Kräfte).

a) Wie früher dargetan, ringt sich Pestalozzi immer mehr zur verinnerlichten Religiosität des Herzens und des Handelns durch. Der Weg zum Himmel ist die Erfüllung der Pflichten der Erden. Da niemand „Gott jemal erkannt" hat, da der Mensch nichts von Gott, dem „bekannten und Ungekannten" weiß und also nicht von ihm, dem guten „Vater", reden kann, so ist der Glaube nicht Folge „gebildeter Weisheit"; ja „Weitläuftigkeit im Wortunterricht" ist für den Glauben wie für Liebe und Weisheit ein „wahres Gift" (VII—306, IV—334, XIII—358, VIII—259, IV—286).

Unter diesen Gesichtspunkten wird die natürliche Reifung und die sittlich-religiöse Erziehung des Kindes betrachtet. Denn alle Menschlichkeit geht aus dem „Geist und Leben der innern, göttlichen Kräfte" hervor, die von der Sittlichkeit klar abgehoben werden und die wir mit keinem Geschöpf auf Erden gemein haben, wenn auch der „Anfangspunkt der Menschlichkeit" auf die instinktartigen Gefühle des Tieres zurückweist (S XII—370, 400, 401).

Liebe und Glauben sind die Fundamente des sittlichen Lebens: das Kind liebt und glaubt, ehe es denkt und handelt. Daher können sich diese Kräfte allein im häuslichen Leben entfalten, allein in der Wohnstube zum „wahrhaft christlichen Fühlen, Denken und Handeln" emporgehoben werden[1]). Die religiöse Sittlichkeit geht also durchaus nicht von der menschlichen Kunst (Erziehung) aus, aber sie fordert von der Wiege an Handbietung zur Angewöhnung häuslicher und bürgerlicher Pflichten (296, 314, 358, 399).

Es ist die heilige Muttersorge, die instinktiv im Herzen der Mutter wohnende Mutterkraft und Muttertreue, welche die ersten Keime unserer sittlichen und religiösen Anlage belebt und stärkt[2]). Nur in dieser Ruhe der Häuslichkeit vermag sich das Wesen der Mensch-

---

[1]) Die „Briefe an J. P. Greaves", Mutter und Kind, erörtern die erste Kindheit unter der Obhut der Mutter. Das Manuskript ist verloren, weswegen die Briefe aus dem Englischen rückübersetzt sind. Ausgabe von H. Lohner und W. Schohaus, Zürich u. Leipzig [1924]. Vgl. H. Schönebaum, a. a. O., IV—49.

[2]) Im „Schweizer-Blatt" wurde die Güte des Mannes mit der Mittagssonne, die Güte des Weibes mit der Morgenröte und Abenddämmerung verglichen (VIII—132). So überwindet auch Gertrud alle Schwierigkeiten mit Liebe, „sanfter Geduld" und Beten („Christoph und Else", VII—126 f.).

lichkeit zu entfalten, behütet vor der Unruhe sinnlicher Reize der Selbstsucht. Das Kind glaubt, auf das Wort seiner Mutter, an ihren Vater im Himmel, betet mit der Mutter die „Herzenssprache“ des Gebetes, wenn sie betet und in der Bibel liest. Der Kreis der menschlichen Liebe und des menschlichen Glaubens und Vertrauens dehnt sich dann immer mehr aus (vgl. o. S. 192 f.). Unter dem Einfluß des häuslichen Lebens wachsen die sittlichen Kräfte des Kindes, daß es fähig wird, was es kennt und weiß, jedem anderen Kinde mitzuteilen, und zwar auf Grund der Einfachheit aller elementarischen Bildungsmittel. Denn ein Kind, das von früher Jugend an gelernt hat, „täglich herzlich und andächtig zu beten“, zu denken und zu arbeiten, ist schon halb erzogen[1]. So eng hängt „das Wesen der Idee der Elementarbildung“ zusammen mit dem Geist des Christentums, seines göttlichen Glaubens und seiner göttlichen Liebe (297 ff., 314, 357, 401). In dieser innigen Frömmigkeit ohne Gottesfurcht, Vorsehungs- und Offenbarungsglauben, ohne Theologie ist kein Raum und kein Anlaß zu den früheren Angriffen gegen Kirche, Dogma und die politisierende bzw. rückständige Geistlichkeit. Doch wird die sittlich-religiöse Erziehung in dem „Schwanengesang“ nicht weiter verfolgt über den Einfluß der Wohnstube hinaus. In „Lienhard und Gertrud“ wird die Hauserziehung dagegen zur Dorferziehung und zur Staatserziehung erweitert[2]), welche Ideen dann in der späteren Schrift „An die Unschuld“ zu praktischen Vorschlägen ausgereift sind. In den „Ansichten und Erfahrungen“ wird die Idee der Wohnstube selbst auf die große Familie der Menschheit übertragen, deren Allvater Gott ist (S IX—245). Nach Pestalozzis „Reden an sein Haus“ vollzieht sich Bildung durch die „Allseitigkeit“ der Liebe. Sie ist das „Wesen“ der Erziehung, das „einzige, das ewige Fundament der Bildung unsrer Natur zur Menschlichkeit“ (Ma IV—20 ff.).

b) Auch unser wahrhaft menschliches Denken, das Streben nach W a h r h e i t geht aus der göttlichen Kraft hervor, unsern Geist

---

[1]) Pestalozzi weiß, daß „die Arbeit eben nicht alles und alles in der Welt sey“. Liebe und Dank und beruhigende Hoffnung müssen den Arbeitseifer vernünftig leiten („Christoph und Else“, VII—446).

[2]) Im Anschluß an die biblische Mahnung, auch unsere Feinde zu lieben, werden die Grenzen sittlichen Handelns aufgezeigt. Der Pfarrer aber, der den Treufaug einlädt, sowie der Rudi, der den sterbenden Hummel speist (II—346 ff.; IV—405 f.), handeln aus Gläubigkeit, die über die Ethik des Diesseits hinausreicht. Es ist interessant, damit Bismarcks Brief vom 30. VIII. 1853 an seine Gattin zu vergleichen. — Es wäre eine dankenswerte Aufgabe, die Entwicklung von Pestalozzis Weltfrömmigkeit zu betrachten im Zusammenhang mit derjenigen der zeitgenössischen Denker, besonders mit Goethe, Schleiermacher, Fichte, Schelling, Hegel sowie mit L. Nicolovius und Fr. H. Jacobi, auf deren Einflüsse bereits Ed. Spranger in einer Akademieabhandlung (Berlin 1935) hingewiesen hat.

herrschen zu machen. Die im Glauben und auch in der Liebe begründete und mit dem Bewußtsein der Pflicht verbundene Wahrheit ist dem Vater und Bürger alles. „Sie glauben an die Wahrheit, weil sie sie lieben, und lieben sie, weil sie an sie glauben". Hier liegen die höchsten Segnungen der naturgemäßen Entfaltung der Anlagen, welche die Elementarbildung zu erforschen bestrebt ist. Damit kann nicht das „isolierte" (bloß funktionale) Denken der Zahl- und Formenlehre gemeint sein, von dem weiter unten zu handeln ist, sondern das „mit den heiligen Fundamenten des Glaubens und der Liebe" belebte „Forschen nach Wahrheit für die Erkenntnis des Menschlichen" (S XII—371, 377 f., 464 f.)[1]. Der „Wahrheitssinn" und die „Wahrheitskraft" führen erst zum herzlichen Beten, richtigen Denken und verständigen Arbeiten (vgl. die „Figuren", XI—207 ff.). Dieses gefühlsbetonte Gerichtetsein, die Sehnsucht, wie wir sagen möchten, sind „heiliges und nothwendiges Bedürfnis der Natur" (VIII—58). Daher wird auch (in den Änderungen und den Erweiterungen der Cottaschen Ausgabe von 1819 ff., S XI—575) die mit Glaube und Liebe gepaarte Herzensbildung von der intellektuellen Geistesbildung abgehoben, die es vielmehr mit dem Recht zu tun hat. Wenn demgemäß Wahrheit immer wieder in einem Atem genannt wird mit Glauben (Religion) und Liebe, mit Sittlichkeit; wenn Gottes Wort als „die Wahrheit" im Sinne der „wahren Weisheit des Lebens", der „Gleichmüthigkeit und Ruhe" bezeichnet wird, so ist damit das geistige Verlangen nach echtem Glauben und echter Liebe gemeint, wie wir (o. S. 179 f.; vgl. dazu S. 190 f.) die besondere Zusammenstellung von (reiner, wirklicher) Wahrheit und Recht als Streben nach e c h t e m Recht erkannt haben. Vgl. III—170, XVI—272, 328, 330, XVIII—94, 121.

Pestalozzi, der W a h r h e i t s s u c h e r , hat sich seit den frühesten Anfängen seines schriftstellerischen Wirkens („Agis", „die Abendstunde") bis hin zu den „Nachforschungen", ihren „Vorarbeiten" und darüber hinaus bis an sein Lebensende der Erforschung der Wahrheit, der „Wahrheit fürs Volk" gewidmet. Die Lektüre volkspolitischer Schriften in den achtziger Jahren bis 1792 hat ihn dabei wohl gefördert, vermochte seine Eigenart aber nicht zu fälschen. Sein Gefühl, seine Intuitionen führten ihn dabei sicherer als ausgeklügelte Definitionen, auf die er sich nicht einließ (Brief an Lavater, X—500.)

Der V o l k s e r z i e h e r Pestalozzi sucht die Wahrheit in der Überzeugung, daß nur die rücksichtslose Aufdeckung aller Irrtümer

[1]) So ist auch die Unterscheidung Lessings gemeint zwischen dem Suchen nach Wahrheit und ihrem Besitz.

und Mißstände die bedürftigen Menschen in ihrer Not zur Selbsthilfe erwecken könne. Daher sein Kampf für Freiheit von allen Einengungen und Bedrückungen äußerer und innerer Art, von der Gewalttätigkeit der Menschen und der Selbstsucht des eigenen Ich. Nur durch die Wahrheit der Selbsterkenntnis, durch „Aufmerksamkeit", Ausdauer und „Bedachtsamkeit" kann der Mensch zur Selbstüberwindung seiner tierischen Triebe durchdringen; denn alle bürgerlichen Verbrechen sind die Folgen der nicht genügsam geübten Überwindungskräfte (IX—275 f.; vgl. S XII—293 f.). In dieser Meinung mag Pestalozzi durch die Lektüre Shaftesburys wohl bestärkt sein.

Diese Grundgedanken leiteten auch den Methodiker Pestalozzi. Wie Fichte das letzte Prinzip immer weiter zurückverlegt, ins Ich und über das Ich hinaus ins Absolute, ins Göttliche, so suchte auch Pestalozzi immer tiefer zu „höheren Fundamenten", „Anfangspunkten" und „Elementen" vorzudringen, um seine Elementarbildung immer mehr zu vereinfachen und ihre Wahrheiten dem ganzen Volke, allen Ständen, allen Müttern und selbst den Kindern zwecks wechselseitiger Hilfe zugänglich zu machen (XIII—13, 228). Er will die Aufmerksamkeit durch gewissenhafte Arbeit an „mehreren und ungleichen Gegenständen" festhalten, die „Beurtheilungs-Fähigkeit" schärfen und die Herzen durch Gehorsam, durch Teilnahme an häuslichen Angelegenheiten, durch Glaube und Liebe veredeln. So Pestalozzi in den beiden Hauptwerken, die Gertruds Namen tragen. Der Weg solcher Bildung führt vom Zwange des Instinktes zur Freiheit und Harmonie aller Kräfte sowie zu ihrer Unterordnung unter die Erkenntnis der Wahrheit. Vgl. VIII—288, XVI—6. Denn Wahrheitserkenntnis ist die Aufgabe jeder Schule, wie wir oben (s. S. 73) gesehen haben. In der Überschrift des 19. Stückes im 3. Teil des Volksbuches (1785) heißt es daher: „Das Fundament einer guten Schul(e) ist das gleiche mit dem Fundament alles Menschenglüks: und nichts and(e)res als wahre Weisheit des Lebens."

c) Wie Goethe das Ergebnis seiner Erfahrung und Besinnung in dem Ausgleich von „Denken und Tun" zusammenfaßt, so sucht auch Pestalozzi von früh an, Unterricht und die „tägliche Tathandlung" zu vereinen, im besonderen Fabrikarbeit, Landbau und Hauswirtschaft („Tagebuch" von 1774, I—122; „Aufsätze über die Armenanstalt", I—159). „Nicht das, was der Mensch weißt, macht ihn vernünftig", sondern Beobachten und Handeln, und zwar in seinen Verhältnissen mit guter Beobachtung und richtigem Urteil (III—407, VIII—246, XIII—334). Alle Kunst der Erziehung muß im Dienst „des wirklichen Lebens" stehen. So wird der Mensch in den Stand gesetzt, sich selbst und seinem Bruder, dem Ebenbild Gottes im Menschen zu helfen. Pestalozzi ruft daher immer wieder alle Stände zum Handeln „in der That und Wahrheit“ auf, zum Beistand der verarmten Bevölkerung, und zwar ganz besonders eindringlich in der „Langenthaler Rede“, wo die Förderung der Volks- und Berufsschulen im Sinne der Nationalbildung aller Stände hervorgehoben und die in England zwanzig Jahre später auftauchenden Gefahren mit seherischem Blick klar geschaut werden (S XII—486, 499, 507, 509, 511, 514, 516). Was in „Lienhard und Gertrud“ an praktischen Beispielen veranschaulicht ist, wird in den „Bemerkungen zu gelesenen Büchern“ dahin zusammengefaßt, daß wohlgeordnete Tätigkeit die Quelle der ordnungsmäßigen Entwicklung und Bildung unserer Anlagen sei. Auch in der „Lenzburger Rede“ wird der Wert fester G e w ö h n u n g an das tägliche Gebet bis hin zum habituellen Handeln bestätigt (S X—315, S XII—357, 359, 375, 457). Vgl. dazu u. S. 247.

An einer bedeutsamen Stelle des „Schwanengesangs“ werden die in der Schrift „An die Unschuld“ aufgewiesenen Entwicklungs- und Erziehungsmöglichkeiten der Häuslichkeit wie des staatlichen Lebens (o. S. 166 ff.) in gedrängter Kürze klarer herausgearbeitet. Nach dem früheren Pessimismus der „Nachforschungen“ (o. S. 157 ff.), der sich nunmehr zu einem kritischen Idealismus wandelt, eröffnen sich folgende positive Aussichten eigener Vollendung auf tief religiöser Grundlage (S XII—399 ff.):

1. Die „religiöse Sittlichkeit“ hat eine „tiefere Begründung“ als die menschliche Erziehungskunst und muß „von einem höhern Standpunkt aus“ ins Auge gefaßt werden, zumal selbst die Liebe, als bloßes sinnliches Wohlwollen, „nicht Sittlichkeit, noch weniger Religiosität“ ist.

2. Die Religion „benutzt, vollendet und heiligt“ erst alle Resultate menschlicher Kunst.

3. Dies geschieht mittels der „sittlichen Angewöhnungen“, die uns unumgänglich zur Pflicht gemacht werden.

4. Damit wird die unerläßliche „Gemütsstimmung“, die wir als Grund (Motiv) des Wollens, als geistige Quelle alles H a n d e l n s erkannt haben, „begründet, entfaltet und gesichert“. Es ist also nicht das „Wissen“, das den Menschen aus Not und Zwiespältigkeit erlöst, da die „Entfaltung der intellektuellen Kräfte“ nicht zum wahren Streben nach Vollendung unserer selbst führt, wenn schon, den „Nachforschungen“ gemäß, der Mensch das ganze Elend seiner Verworfenheit einzusehen und sich darüber hinaus ein Bild der ver-

lorenen Unschuld, des reinen Wohlwollens und kraftvollen Instinkts vorzustellen vermag[1]).

5. Nur die Religion erhebt uns zum „ernsten, unabläßlichen Kampf" im „Dienst des Höhern und Göttlichen", das sowohl in der „Welt" wie auch als „göttlicher Funke" in uns selbst lebt.

6. Das „Streben nach Vollkommenheit, nach Vollendung", das allein den Samen der Zwietracht in uns vertilgen kann, geht demnach „nur aus dem ernsten Suchen des göttlichen Beistands und der göttlichen Gnade hervor", das zur Andacht und zum Gebet führt, die ohne „die Wahrheit des göttlichen Glaubens und der göttlichen Liebe undenkbar" sind.

War in den „Nachforschungen" bereits zugestanden worden, daß der Mensch, trotz seines Tiersinns, wohl die sittliche Forderung und das Streben nach dem Edelsten in sich erlebt und daher einen Gott fürchten will, um recht tun zu können, so war jedoch die Vollendung als Werk seiner selbst, d. h. als bloß gesetzte Idee geleugnet worden, da der Mensch reiner Sittlichkeit und wahrer Religion nicht fähig sei. In dem Buche „An die Unschuld" (1815) sowie im „Schwanengesang" (1811—13 und 1824/25), auch schon früher in den „Reden an sein Haus" (1808—18) wie in der „Lenzburger Rede" vom Jahre 1809[2]) werden nunmehr konkrete Wege und Mittel aufgewiesen, wie der gläubige Mensch in seiner individuellen Existenz durch Glauben, Andacht und Gebet im ernsten Kampf, d. h. im Handeln aus fester Angewöhnung, der göttlichen Gnade teilhaftig werden kann!

C. Die früheren Ansichten Pestalozzis über Wesen und Zusammenwirken der Partialkräfte, der Anschauungs-, Sprach-, Denk- und Kunstkraft, und der ihnen entsprechenden Bildungsmittel wird im „Schwanengesang" endgültig geklärt, z. T. mit größeren Abweichungen von früheren Darstellungen (s. o. S. 42 f.). In der zu Brugg (1826) gehaltenen Rede und mehr noch in den höchst bedeutsamen Erläuterungen der Aussprache zeigt Pestalozzi den intellektuellen Entwicklungsgang des Kindes bis zum 6. Lebensjahr auf, wenn die Geschwister sich auf Grund der Anschauung naturgemäß mit ihm beschäftigen, mit ihm sprechen und spielen,

[1]) Auch nach Niederers Auffassung hielt es Pestalozzi mit der Moral wie mit dem Christentum, daß „sie wortlos bleiben und aufs absolute Tun gründen" müssen. E. Dejung, a. a. O., S. 50.

[2]) Ein sehr schönes Beispiel aus dem praktischen Leben eines Geistlichen entwirft Pestalozzi bereits (1800) in den „Siben Tag by Pfarrer Samuel" (XIII—57 ff.).

wodurch „Schwätzerei und altkluges Wesen", „halbes Wissen" und „übereilte Bildung" vermieden werden (S XII—534 ff.).

a) Die Anschauung und ihre Bedeutung im Rahmen naturgemäßer Erziehung war schon von Erasmus und Bacon, von Komenský und Locke, von Francke, Rousseau und Wolke erkannt, ist aber erst von Pestalozzi im ontologischen Sinne zur umfassenden Grundlage der Elementarbildung gemacht worden. Wohl waren seit der Denkschrift „Die Methode" (XIII—116 f.) die tiefen Zusammenhänge zwischen der Anschauung Gottes und dem Gebet eingesehen und schon in den „Geßnerbriefen" eine bestimmte Reihenfolge des Bildungsganges in der Anwendung von Bildungsmitteln (Anschauung — Reden — Lesen — Zeichnen — Schreiben) herausgearbeitet; der Zusammenhang von Anschauung, von der Entfaltung der Sprach-, Denk- und Kunstkraft und weiterhin der Liebe, des Glaubens und der Wahrheit im Entwicklungsgang des Kindes ist aber erst in der Schrift „Ueber den Sinn des Gehörs" aufgedeckt[1]) und dann im „Schwanengesang" theoretisch ausgeführt worden, nachdem z. B. in der bedeutsamen Schrift „An die Unschuld" (1815) die Partialkräfte Sprache, Form und Zahl nur flüchtig erwähnt waren und im Volksroman der Leutnant und Schulmeister Glülphi immerhin praktisch das Zählen exerziert hatte!

Die zunächst „willenlose" Anschauung, das „einzige wahre Fundament" aller Bildungsmittel, erstreckt sich nicht nur auf die Gegenstände unserer Umwelt, sondern umfaßt auch die „sittliche Bildung" der „inneren Anschauung", d. h. Eindrücke, die „unsere innere Natur belebend ansprechen", durch Vater, Mutter sowie den weiteren Kreis des gesamten häuslichen Lebens, der das Kind mit Liebe umgibt (S XII—314 f., 318; vgl. o. S. 45). In diesem Sinne wird die Elementarbildung, die naturgemäße Entfaltung aller Kräfte, auch der sittlich-religiösen, im „Schwanengesang" unlösbar mit der Wohnstube verbunden. Die Elementarbildung knüpft in sittlicher Hinsicht an das wirkliche Leben des Kindes, an den instinktartig belebten Vater- und Muttersinn der Eltern, wie auch an den Bruder- und Schwestersinn im häuslichen Kreise an. Der Volksroman „Lienhard und Gertrud" zeigt, wie durch innere Anschauung ein ganzes Dorf zur Sittlichkeit erzogen wird. Vielleicht wird einmal die Zeit kommen, wo Pestalozzi, die innere Anschauung seines Werkes und Wollens, die ganze Welt mit sich fortreißt.

---

1) „Sprache ohne Anschauung ist nicht denkbar, Anschauung in der Natur ohne Sprache nicht fruchtbar, und Anschauung und Sprache ohne Liebe, führt in der Natur nicht zu dem was die Ausbildung unsers Geschlechts menschlich macht". Dazu muß nun noch Wahrheit und Glauben treten (XVI—331 f., 272).

Der Gang der natürlichen Entfaltung der Anschauungskraft ist an die Wahrheit der individuellen Lage gebunden[1]. Die Unterrichtskunst kann die Reize der Gegenstände vermehren, stärken und ordnen und auf diese Weise fruchtbarer gestalten, muß sich aber immer an den Gang der Natur halten, an die Wirklichkeit der Lage, Umstände und Verhältnisse, wenn sie elementarisch (= naturgemäß) begründet sein soll. Vgl. o. S. 71 f. Zu diesem Zweck müssen die Bildungsmittel, die der Ausbildung der Anschauungskraft durch elementarische Übungen dienen, zur höchsten Vereinfachung erhoben und dem kindlichen Alter auf jeder Stufe angepaßt werden. Die Kinder kommen zur lebendigen und klaren Erkenntnis aller Gegenstände, wenn sie zum richtigen Sehen, zum richtigen Hören, Riechen, Schmecken, Fühlen, Greifen usw. hingeführt werden. Die naturgemäße Entfaltung der Sprach-, Denk- und Kunstkraft muß mit den Fortschritten der Anschauungskraft immer gleichen Schritt halten (S XII—352, 363).

Die Entfaltung aller dieser Kräfte durch vereinfachte Unterrichtsmittel greift wechselseitig ineinander, wie auch alle Bildungsmittel im innigen Zusammenhang miteinander stehen (XII—403). Die Anschauungskraft wird wiederum durch die Entfaltung der Sprachkraft naturgemäß begründet, wenn die Gegenstände dem Kinde stufenweise vor die Sinne gebracht und damit ein solides Redenlernen erzielt wird[2]. Entfalten sich Anschauungskraft und Denkkraft miteinander, so wird die Zwischenstufe der zu bildenden Sprachkraft mechanisch aus diesem innigen Zusammenhang hervorgehen. Die Entfaltung der Denkkraft bereitet weiterhin der Ausbildung der Kunstkraft den Weg, wie bereits oben angedeutet wurde.

Die reine und göttliche Entfaltung der selbsttätigen Kräfte des Kindes wird durch die natürliche Umgebung des Kindes in der Häuslichkeit begründet, durch Vater-, Mutter- und Kindersinn, insbesondere durch die Ruhe der Mutter entfaltet und gestärkt. Zeichnet sich doch die Anschauung der Gegenstände im Kreise des häuslichen Lebens durch ihre Wiederholung und die Vielseitigkeit der Erscheinungen dieser Gegenstände aus. Durch diese Anschauungserkenntnisse seines häuslichen Lebens vorbereitet, tritt das Kind in die Schule ein, wo der „elementarisch gebildete Schulmeister" schnell auf solche Schüler aufmerksam wird, die sich durch ihr liebreiches Benehmen auszeichnen und schwächeren Schülern nachhelfen (S XII—315, 403, 461 f.).

---

[1]) Vgl. A. Heller, Das Problem der Individualisierung in der Pädagogik Pestalozzis, Pestalozzistudien 1932, II—15 ff., 56 ff.

[2]) Ebenso und ausführlicher in dem Aufsatz der Wochenschrift für Menschenbildung IV, S. 138 ff.

In der „Skizze" zur „Langenthaler Rede" (1826) wird der Einfluß der Wohnstube auf die Entfaltung der Anschauungskraft, neben der Bedeutung des „Anschauungstriebes", besonders stark unterstrichen (S XII—521 f.).

b) Dem Prozeß der Erlernung der eigenen und fremder Sprachen sowie der Sprachlehre hat Pestalozzi in dem „Schwanengesang" als Ergänzung früherer Ansichten (s. o. S. 128 f.) seine ganz besondere Aufmerksamkeit gewidmet und mit genialem Tiefblick Einsichten enthüllt, die erst in jüngster Zeit Verständnis finden.

I. Wie die Bildung der Anschauungskraft, so geht auch die Entfaltung der Sprachkraft im Redenlernen des Kindes vom Leben aus. Das heißt, die Erlernung der Muttersprache erfolgt durch Beispiel und Nachahmung, durch „Geben und Empfangen", d. h. durch Imitation. Die „Kunst" muß der Entwicklung der Natur folgen, also mit dem göttlich gegebenen Fundament der Menschenbildung in Übereinstimmung stehen, die zufälligen und verwirrten Eindrücke aber überdies ordnen und bereichern. Auf dieser Grundlage entwickelt Pestalozzi eine „allgemeine Normalform des Verstehens und Redenlernens" in der Mutter- wie in der Fremdsprache, insofern jeder naturgemäße Sprachunterricht auf ewigen Gesetzen beruht, deren Befolgung die Spracherlernung erleichtert und vereinfacht. Er ist aber erst dann wahrhaft naturgemäß, wenn er alle seine Mittel an die Anschauungserkenntnisse des häuslichen Lebens ankettet, die vorhanden sein müssen, ehe man das willkürliche, in jeder Sprache verschiedene Wortzeichen mit dem Begriff verknüpft. Die Sprachlehre ist also in diesem Sinne ein Anwendungsmittel der Anschauungserkenntnisse, da leere Wörter nicht ohne Sacherkenntnis eingeprägt werden dürfen, was weiter unten noch genauer zu bestimmen ist. Die Töne sind mithin, ohne belebten Zusammenhang mit den Eindrücken der Anschauung, nur leere, eitle Töne, die erst allmählich geistig bildend werden. Zunächst ist dennoch das Redenlernen „bloß mechanisch", indem „die Kraft des Mundes" vorbereitend geübt wird. Diese psychologische Begründung der „Anfangspunkte" der Sprachlehre und ihre Vereinfachung ist naturgemäß und entspricht der Idee der Elementarbildung (302, 317 ff., 332 f., 339 f.). Vgl. o. S. 60 f. („Über den Sinn des Gehörs").

Auch die Naturgemäßheit der Erlernung von Fremdsprachen besteht zunächst in der Nachahmung des Gehörten. Man lernt eine Fremdsprache nur „durch bloßes, anhaltendes, fleißiges Reden", was sowohl im Privatunterricht wie in den öffentlichen

Schulen übersehen wird[1]). Von der Anschauung unterstützt, werden dem Kinde naturgemäß die Wörter und ihre „Abänderungen" im Deklinieren und Konjugieren der Grundteile[2]) mitsamt der grammatischen Regeln geläufig ohne alle Erklärungsweise. Denn das Redenlernen ist „an sich" in den Anfängen seiner Einübungsmittel „durchaus nicht die Sache der Geistesbildung, sondern des Redenhörens und des Redens selber" (S XII—321, 335 ff.)[3]).

II. Die Natur, auch die Unterrichtskunst, muß zunächst den langsamen Weg des Redenlernens gehen nach Maßgabe der Entfaltung der Anschauungserkenntnisse. Infolge des Selbsttriebes, seine Sprachkraft zu gebrauchen, beginnt das Kind zunächst zu schreien und Töne hervorzubringen, die mit der Artikulation der menschlichen Sprache noch keinen Zusammenhang haben und sich erst allmählich dem Klang unserer Vokale und Konsonanten nähern. Dann kann die Mutter das Kind fördern in der Auffassung der Gegenstände, im Hören und in der Übung der Sprachorgane, je nach der Fähigkeit des Kindes. Die Mutter wird dem Kinde die Sprachtöne mit lebendiger Munterkeit vor die Ohren bringen, daß das Kind eine Lust fühlt, sie ihr „nachzulallen" und die Ausdrücke, der Reife seiner Anschauung gemäß, zu wiederholen. Damit wird auch der Wille des Kindes belebt, Ausdrücke für die Eindrücke der Anschauung kennen und brauchen zu können. Die Kunst erleuchteter Muttersorge kann somit die Langsamkeit des Naturganges beschleunigen.

Das gilt auch für die Erlernung der Fremdsprachen. Die naturgemäße Erlernung jeder andern als der Muttersprache geht nicht den „langsamen Gang". Das reifere Kind hat „schon gewandte Sprachorgane". Es hat nur die der Fremdsprache „eigenen Töne seinen an sich im allgemeinen schon kraftvollen Sprachorganen einzuüben". Diese naturgemäße Erleichterung der Kunst besteht darin, die bekannten Worttöne der Muttersprache in Worttöne der unbekannten Sprache „umzuwandeln" (S XII—302, 321, 328 f.). Ich habe diese Möglichkeit in meiner „Methodik und Didaktik des neu-

---

1) Auch im „Schwanengesang" (S XII—403) wird dagegen das „eitle leere Schwatzen" abgelehnt. Vgl. o. S. 184.

2) Im „Schwanengesang" (S XII—323, 334) wie bereits früher (XIII—266 ff., 367) erfolgt schon der wichtige Ansatz, das Wesen der Wortart auf bestimmte Kategorien der Wirklichkeit zurückzuführen, desgleichen in der „Skizze" zur „Langenthaler Rede" (S XII—522 ff.).

3) Außerordentlich richtig und wahr ist, was Pestalozzi über die Reihenfolge (!) der Fremdsprachen sagt, über das Einüben der Formenlehre, von Phrasen und Beispielen und schließlich über die Einführung der Regeln, die erst den Abschluß der Spracherlernung bilden.

sprachlichen Unterrichts" (1922, 1925) das „Prinzip der sprachlichen Anknüpfung an die Muttersprache" genannt[1]).

III. Das reifere Kind hat bereits „Millionen Erkenntnisse" durch Anschauung erworben, die dem Redenlernen naturgemäß dienstbar gemacht werden können. Das gilt besonders für das Erlernen fremder, der neuen oder der alten Sprachen[2]). Es kann und muß also das vorbereitend-mechanische Redenlernen der niederen Stufe, das im „unnatürlichen und naturwidrigen" „Routinegang" der alten Sprachen vernachlässigt wird, durch die Erlernung der Regeln zur „deutlichen Erkenntnis" gebracht werden. Das kann man als Grundsatz „verstandesmäßiger Belehrung" bezeichnen (S XII—302, 321).

Wie Pestalozzi für den Akt der Spracherlernung eine „allgemeine Normalform" entwickelt, so begründet er als erster die Theorie der allgemeinen Grammatik. Er spricht in diesem Sinne von dem „Wesen der Grundformen jeder Sprache", von der „Reinheit ihres Ursprungs". Diese vereinfachenden Grundformen drücken sich in der Muttersprache aus, „als in ihnen selbst liegend und durch die Erfahrung in ihnen selber begründet". Entfaltet sich doch auch die Sprachkraft nach ewigen Gesetzen (S XII—318, 323, 331 ff., 336). Auch in der „Skizze" zur „Langenthaler Rede" (S XII—522 f., 525 f., 529) kommt Pestalozzi auf die Idee der „schon so lange gesuchten, allgemeinen Sprachlehre" zurück, auf die „ewigen und in ihrem Wesen unveränderlichen Grundteile aller Sprachen", auf das „geistige Wesen" bzw. das „innere Wesen aller Sprachen in dem Dasein ihrer ewigen, unveränderlichen Hauptteile"[3]). Vgl. o. S. 216. Wieder wird das Allgemein-Gesetzliche als das „innere Wesen der Sprache" (Sprachkraft), das „ewigen, unveränderlichen Gesetzen unterworfen" ist, dem „äußern (= empirischen) Ausdruck ihrer Tonarten" gegenübergestellt. Auch hier wird die „Norm der Erlernung jeder Sprache" gestreift, und zwar in Anlehnung an die Sonderung von enseignement mutuel und individuellem Unterricht! Es ist lebhaft zu be-

---

[1]) Vgl. auch meine „Allgemeine Unterrichtslehre", Berlin-Leipzig 1933, S. 269.

[2]) Die „solide Erlernung der Muttersprache" ist das naturgemäße Fundament für die Erlernung der fremden Sprachen. „Meine Lebensschicksale", 1826 (S XII—270).

[3]) Als „Fundament der Redekraft" nennt Pestalozzi in den „Epochen" (XIV—103) wie in den „Geßnerbriefen" (XIII—295; vgl. 266 f., 315 f.) sehr richtig nur vier Wortarten: Namen für Gegenstände („Nennwörter"), sodann „Eigenschafts"- („Beschaffenheits"-) sowie „Zeitwörter"; dazu viertens die „Beschaffenheit ihrer Verrichtungen": die „Nebenwörter" („Verbindungswörter"), insofern er damit auf Präpositionen und Konjunktionen als einheitliche Klasse hinzielt.

dauern, daß Pestalozzi (in den erhaltenen Schriften) diesen wichtigen Gedanken nicht weiter verfolgt hat, dem W. v. Humboldt und dann später E. Husserl und A. Marty nachgegangen sind. Denn jede wissenschaftliche Sprachtheorie muß, wie auch jede wissenschaftliche Pädagogik, auf das Allgemeine der Menschennatur zurückgehen, um die Systematik und Einheit der Forschung zu wahren[1]). Mit vollem Recht drängt Pestalozzi darauf hin, daß die Elementarbildung „dem Kind das Innere, Ewige, Unveränderliche" dieser Hauptteile, der Wortarten, der Deklinations- und Konjugationsformen usw. an der gesprochenen Sprache des „Redenlehrens" „geistig klar" machen, das „Äußerliche, Veränderliche dieser Formen aber ihm mechanisch einüben" sollte. Noch heutzutage herrscht jedoch darüber die größte Verwirrung!

c) Nach der oben gegebenen systematischen Übersicht (212 ff.) können wir die Entfaltung der intellektuellen Denkkraft kürzer behandeln. Auch die Bildung dieser Kraft an der Anschauung entfaltet sich naturgemäß aus einem ihm innewohnenden Triebe, der durch die „Kunst" angeregt und belebt werden kann und an die Entfaltung der Sprachkraft gebunden ist. Zudem fordert die Kultur unseres Geschlechts eine fortdauernde Übung und Ausbildung der logischen Kunstmittel zur naturgemäßen Entfaltung unseres Denkvermögens. Die elementarisch vereinfachte Zahlen- und Formenlehre ist in dieser Hinsicht das vorzüglichste Mittel, die Vorstellungen zu deutlichen Begriffen zu erheben, wie in den „Geßnerbriefen" immer wieder dargelegt ist. „Zählen und Rechnen ist der Grund aller Ordnung im Kopf" (II—278). Doch darf die Logik nicht von der Anschauung der Realität getrennt werden. Dabei ist jedoch keine Rede von irgendeiner Anwendung des Rechnens auf das praktische Leben! Wenn die Zöglinge das Zusammenstellen, Trennen und Vergleichen „selbständig in sich selbst" ausführen, wird der Selbsttrieb der Abstraktionskraft belebt; die Einübung des Zählens und Messens artet dann nicht in eine mechanische Einübung des Zählens und Messens aus. Diese Kunst wurde den Besuchern der Pestalozzischen Institute besonders gern vorgeführt. Im „Schwanengesang" werden die Zusammenhänge zwischen der Bildung der Anschauungs-, Sprach- und Denkkraft an praktischen Beispielen aus der Naturgeschichte, der Naturlehre, der Geographie und Geschichte veranschaulicht (S XII—300, 340 ff., 353 f., 359, 363 usw.). Die „Skizze" zur „Langenthaler Rede" gibt einen kurzen Überblick über die hier vorgetragenen Ansichten (S XII—526 f.).

---

[1]) Vgl. meine Akademieabhandlung, Sprache und Sprachbetrachtung, Prag 1944; „Wert und Wirklichkeit", Berlin 1941, wo die gleichen Grundsätze vertreten werden.

d) Die Entfaltung der Kunstkraft geschieht im innigsten Zusammenhang mit der Bildung der Anschauungs-, Sprach- und Denkkraft, und zwar zunächst auf natürlichem Wege, dann aber auch mit Nachhilfe der Unterrichtskunst unter Belebung der geistigen und physischen Grundkräfte, d. h. auch des physischen Antriebes der Sinne und Glieder. Die „Kunstanlage" (der „Kunstsinn") ist zunächst, wie alle Kräfte, nur instinktartig belebt und untersteht ewigen, unveränderlichen Gesetzen. Die Bildung des Kindes durch Übung der Kräfte, der Sinne und Glieder geht von der Aufmerksamkeit auf die Richtigkeit jeder Kunstform aus und wird weiterhin von dem Bestreben geleitet, die Richtigkeit mit Leichtigkeit und Zartheit in der freien Darstellung der Formen zu vereinen. Es gleitet also die ursprüngliche Kraftbildung zu „Anwendungsfertigkeiten" hinüber. Denn wie jede Kraft und jede Wissenschaft, so haben auch Berufskenntnisse und Fertigkeiten ihr „bestimmtes eigentümliches Wesen". Wer aber eine Kunst oder auch eine Wissenschaft naturgemäß lehren will, muß sowohl die vollendete Erkenntnis der elementarisch vereinfachten Ausbildungsmittel unserer Anlagen wie diejenige der Wissenschaft und Kunst besitzen. Als Kunst- und Gewerbefächer werden neben Schreiben, Zeichnen, Singen und Klavierspielen noch die Tonkunst, Tanzkunst und Gymnastik erwähnt (S XII—304 f., 316, 320, 345 ff., 359 f., 464). Über die praktischen Auswirkungen dieser Ideen wird weiter nichts gesagt; es bleibt bei der bloßen Theorie.

Auch die mechanischen Fähigkeiten werden bereits im häuslichen Leben vorbereitet, und zwar nach Maßgabe der besonderen Lage und des Standes. Die Kinder des Landvolks und der Handwerktreibenden üben das Wesentliche der speziellen Fertigkeiten für ihr späteres Berufsleben ein, wenn sie an der Ausübung des väterlichen Berufs teilnehmen. Der „elementarische wohlerzogene Jüngling" findet dann späterhin als Vater und Bürger auf seiner Laufbahn bleibenden Segen, wenn die Pflichten seiner Lage mit der Richtung seines Geistes und den Fertigkeiten seines Berufs übereinstimmen! So ruht auch die Erfüllung der Berufspflichten auf den Fundamenten des Guten, auf Liebe, Glauben und Wahrheit[1]). Das sind die höchsten Segnungen der Naturgemäßheit in der Entfaltung der Kräfte der Menschennatur (350, 359 f., 465).

Während in der „Langenthaler Rede" (1826) das religiöse Innenleben (Glaube usw.) nicht erwähnt wird, steht die Idee der Ökonomie, im Dienste des Vaterlandes und besonders der armen

[1]) Kunstkraft und Handfertigkeit müssen „aus der Vernunftkraft" ausgehen (XVIII—64).

Bevölkerung, im Mittelpunkt dieser Rede. Wie schon früher wird auch hier vor den Gefahren des „Goldes“, des „Geld“- und „Großreichtums“ gewarnt (s. o. 123), da er den sicher begründeten häuslichen und bürgerlichen Wohlstand untergräbt, Aufwand, „Luxusthorheit“ („Zeitluxus“), Eitelkeit und „Modenarrheiten“ mit sich bringt (S XII—487, 490 f., 493 ff., 500, 516).

Pestalozzi drängt daher auf Genügsamkeit und Mäßigung hin, nicht auf „kleinliche Sparsamkeit“, auf Förderung der „Verdienstkraft“ und Erwerbsgewandtheit, auf bessere Berufsausbildung, auch im Feldbau, auf „tiefere Begründung der intellektuellen und Kunstkräfte“ aller Stände (im Sinne der Idee der Elementarbildung) zwecks Förderung des häuslichen und öffentlichen Wohlstands, also nicht als bloße Routine, sondern auf der Grundlage der Sittlichkeit, zur Erneuerung der Herzen (502 ff., 505 ff., 511, 513 f.)[1]. Wie im „Schwanengesang“ werden in der „Skizze“ zur „Langenthaler Rede“ wenigstens die Hauptgesichtspunkte der Kunstübungen (auch der Maler-, Bildhauer- und Schauspielkunst) angedeutet: Allgemeine („innere“) Kraftübung als Fundament, sodann die mechanische Ausbildung der einzelnen Sinne, Organe und Glieder zur Richtigkeit, Kraft und Zartheit der Fertigkeiten, in Freiheit durch besondere Übungen, aus einem „Gefühl der Gemeinkraft der Kunst“ hervorgehend (527 f.).

D. Wir schließen diesen Abschnitt, indem wir die leitenden Grundsätze des „Schwanengesangs“, die in der obigen Darstellung hier und da auftauchten, systematisch behandeln und zusammenstellen. Pestalozzi selbst hat sowohl im Anfang wie vor dem Einschub des biographischen Teils (410 f.) einen Anlauf in dieser Richtung genommen. Es ist ihm vor allem darum getan, die Naturgemäßheit der Elementarbildung herauszuarbeiten (290; vgl. o. S. 71 f.).

Naturgemäß ist die Elementarbildung dann, wenn sie die ewigen, unabänderlichen Gesetze der Menschennatur erforscht, die tierischen Triebe dem göttlichen Wesen unserer Anlage unterordnet, die aus den Trieben hervorgehende Entfaltung unserer Kräfte durch angemessene Kunstausbildung ergänzt, nicht einseitig, sondern vollendet

---

[1]) Diese Gedanken kehren wieder am Anfang der Schrift „Ein Wort über den gegenwärtigen Zustand meiner pädagogischen Bestrebungen usw.“, 1820 (S XII—83 ff.), sowie, mit vielen Wiederholungen, in „Ansichten über Industrie, Erziehung u. Politik“, 1822 (S XII—137 ff.). Hier wird überdies (165 f.) die mosaische Religion als Gesetzgebung gepriesen, noch mehr die Christusreligion als Gottesdienst, wenn dem eigentumslosen Manne unser Eigentum zum Opfer gebracht wird. Die gleiche Stellungnahme zur mosaischen Gesetzgebung findet sich auch im 2. Teile der Cottaschen Fassung von „Lienhard u. Gertrud“, 1819 (S XI—281).

nach den ewigen Gesetzen der Menschennatur und unter Wahrung ihrer Einheit und Harmonie, also die Bildung auch auf Liebe und Glauben gründet. Denn die naturgemäße Entfaltung der Partialkräfte sowie der Liebe und des Glaubens durch den Gebrauch muß den Menschen in der „Gemeinkraft der Menschennatur“ ergreifen, also Herz, Geist und Hand, und immer in Übereinstimmung mit der Lage, den Verhältnissen, Umständen und Kräften der einzelnen Stände und Individuen vor sich gehen.

In seiner Geburtstagsrede 1818 faßt Pestalozzi die Grundgedanken seiner Idee der naturgemäßen Elementarbildung in gedrängter Kürze zusammen: Diese Idee fordere „die Entfaltung jeder einzelnen menschlichen Kraft und Anlage nach den ewigen Gesetzen ihrer eigenen selbständigen Natur“. Die „gesonderte Bildung“ aller Kräfte durch „gesonderte“ und „vereinfachte“ Entfaltungsmittel der einzelnen Kräfte[1]), in psychologischen Reihenfolgen auf der Grundlage wissenschaftlicher Erkenntnis geordnet, sei das Problem der Zeit. Die Lösung sei nicht Pestalozzis Werk, sondern erfolge nach „Gottes Ordnung“, d. h. nach der „göttlichen Ordnung der Bildungsgesetze, die in der Menschennatur selbst liegen“! Das ist der Sinn des Naturgemäßen, des „innern Wesens“ der Elementarbildung, zugleich aber auch die Begründung der „absoluten“ Methode. Die Aufgabe der „Armenhilfe“ durch die Methode ist nicht Schaffung „besserer Brotmittel“ für den hungrigen Mann, sondern Erziehung zu „Freiheit, Mut, erhebendem Streben zum Höhern“. Das Ziel der Bildung, daß die Menschen in allen Ständen „gottesfürchtig, einsichtsvoll, menschenliebend und häuslich und bürgerlich brauchbar“ werden, kann nur mit den vereinigten Kräften aller Mitarbeiter erreicht werden (Ma IV—93 ff.; vgl. Ma IV—21, S X—461). Ausführlicher wird das Erziehungsziel in der Schrift „Ein Wort über den gegenwärtigen Zustand meiner pädagogischen Bestrebungen usw.“, 1820 (S XII—98) angegeben: „Das auf dieser Bahn zu erziehende Kind soll auf jeder Stufe seiner Führung dahin gebracht werden, daß es bei strengem Gehorsam frei, im Frohsinn der Freiheit gehorsam, bei anhaltender Thätigkeit ungezwungen, bei hoher Selbstüberwindung lieblich, bei wachsender Kraft nicht ein-

[1]) Genauer in seinen „Lebensschicksalen“, 1826 (S XII—274): „Jeder Teil eines Unterrichtsfaches, der den Geist seiner Mittel in einer ihm eigenen Kraft der Menschennatur zu suchen hat, muß in den Anfangspunkten seiner diesfälligen Führung von allen andern Teilen desselben, die die Gesetze ihrer Ausbildung in einer andern Kraft der Menschennatur zu suchen haben, gesondert werden“.

seitig und steif, bei stiller Frommkeit nicht maulhängerisch, bei seelerhebendem Glauben nicht schriftgelehrt, bei beruhigendem Gefühl seiner Kraft nicht anmaßlich und eitel, und beim Aufschwung seines innern geistigen Lebens nicht träumerisch und für sein äußeres Leben abgeschwächt und unbrauchbar werde". Hier finden sich auch Einzelheiten über die (häusliche) Anstaltserziehung der armen Kinder gegenüber derjenigen der begüterten sowie über die Erziehung junger Erzieher. Vgl. dazu die ähnliche, gekürzte Darstellung in der Schrift „An die Menschenfreunde meines Zeitalters, die mein Bestreben kennen und einiges Vertrauen darauf setzen", 1820 (S XII—127 ff., besonders S. 128 f.)[1]).

Diese Elementarbildung ist bisher noch nicht völlig ausgearbeitet, ja als „Idee" ist ihre Vollendung „undenkbar" (310, 447); sie ist in ihrem Umfange auch nirgend elementarisch organisiert, weshalb Pestalozzi alle Stände zur Mitarbeit aufruft, was Millionen von Kräften wecken würde. Vgl. auch S. 355 f., 362 f.

Im einzelnen ergeben sich dann folgende Gesichtspunkte, die den bereits in Stans gewonnenen Erkenntnissen weitgehend entsprechen (s. o. S. 15 ff.).

a) Wie wir des öfteren gesehen haben, weiß Pestalozzi, daß die Menschen „millionenfach" verschieden sind, die Landessitten der Völker, ihre Sprachen. Über diese empirische Besonderung hinaus will er aber, wie bei der Sprache, (s. o. S. 217 f.) und ganz im Sinne der Aufklärungszeit, zum Allgemein-Gesetzlichen der Menschennatur, die „immer sich selbst gleich", immer die „nehmliche" ist (S XII—434; XIV—131; XIII—316), vorstoßen, d. h. zum „Gang, den die Natur in der Ausbildung unsers Geschlechts (!) zur Kunst allgemein geht und allgemein gehen muß"[2]). In unerbittlicher Folgerichtigkeit wird daher der Rückgang auf das Kategoriale im Menschen, in „Natur"- und Menschenbildung, durch nie fehlende Ausdrücke bzw. Zusätze gekennzeichnet wie *das Allgemeine (allgemein), das Wesen (wesentlich), das Element (elementarisch), Fundament* und *Anfangspunkt, das Ewige (ewig), Unwandelbare,*

---

[1]) Dazu auch Pestalozzis erster Brief „Über die Erziehung der armen Landjugend" (S III—247 ff.) u. „Bild eines Armenhauses" (S III—380 ff.) sowie „Lienhard u. Gertrud", 2. Fassung (IV—277).

[2]) Alle systematische Philosophie hat die Tendenz, „auf allgemeine und möglichst fundamentale Grundlagen" durchzustoßen. So ist „die Geschichte der Philosophie in gewissem Sinne eine große Sammlung von Versuchen, die Welt auf Kategorien zu bringen". Von mir gesperrt. N. Hartmann, System. Philosophie, S. 247 f.

Innere usw.[1]). Dabei wird das Innere und Ewige und Unwandelbare im Sinne eines a priori aufgefaßt, das nicht „in das Kind“ hineingelegt ist, sondern schon „in ihm“ „zum voraus daliegend und innerlich selbstthätig, nach äußerer Entfaltung strebend“, vorgefunden wird (XVIII—40; s. u. Textprobe III). So wird das Allgemein-Kategoriale vom Einzel-Empirischen abgehoben, um nun den einzelnen Menschen mit Hilfe einer allgemeinen Methode (Pädagogik) zu erfassen.

Da also das „innere Fundament“ der Ansprüche der Elementarbildung „in uns selbst“ liegt und sich „allgemein in allem Volk“ offenbart, so ist „die Natur aller wahren Kunstmittel“ der Elementarbildung, die der Idee nach „sich in allen Ständen und Verhältnissen“ ohne alle Kunst naturgemäß ausspricht, zu erkennen und zur Anerkennung zu bringen. Ihre Anfangspunkte, die auf die „a l l g e m e i n e B a s i s“ der „Menschennatur“ und so auf das „große, allgemeine und göttlich gegebene Fundament der Menschenbildung“ zurückgehen, sind „äußerst einfach“. Infolge ihrer Einfachheit sind daher auch die „elementarisch wohl ausgeführten Entfaltungs- und Bildungsmittel“ „allgemein bildend“. Damit erschließt sich uns der tiefere Sinn der auf das Allgemeine, d. h. auf die ewigen Gesetze der Menschennatur gegründeten Vereinfachung und Erleichterung der Methode (S XII—305 f., 308, 317 f., 369, 453 f., 466). Vgl. o. S. 29, 32.

In diesem Sinne sucht Pestalozzi die „ewigen“ und „unveränderlichen“ („unabänderlichen“) Gesetze der Natur, auf die weiter unten, wo von der „Harmonie“ der menschlichen Bildung zu handeln ist (S. 232 ff.), noch weiter eingegangen wird. Wieder begegnet uns die Gegenüberstellung von „inner“ (bzw. „ewig“) und „äußer“ (bzw. „zufällig“, „veränderlich“), wobei die erstere Bezeichnung auf das allgemein-gesetzliche „Wesen“, das letztere auf die empirisch-zufällige Besonderung der Lage geht. So war schon früher von „innerer Anschauung“ bzw. „äußerer Erscheinung“ (S VIII—481 f.), von den „zufälligen äußeren Nebenumständen“ (IX—28), von den „äußeren Umständen“ (IX—93 bzw. 106) gesprochen worden. Ebenso im „Schwanengesang“: Der „Gang der Kunst“ ist „ewig und unveränderlich“ wie der „Gang der Natur“, und zwar „in Rücksicht auf

---

[1]) Dieser Gedanke ging den Kritikern Pestalozzis nicht ein, z. B. den Philanthropen und Steinmüller, zumal sich erst um diese Zeit (1802) der Wandel von der einseitigen Erforschung der intellektuellen Kategorien zu denen der sittlichen Bildung anbahnt (vgl. XVI—58). Wie wenig man Pestalozzi auch späterhin verstanden hat, wird durch einen Hinweis Th. Litts bestätigt (Pestalozzi, Berlin—Leipzig 1946, S. 4): man habe bis in die 20er Jahre unseres Jahrhunderts Pestalozzi und seine „Methode“ wesentlich unter dem einseitigen Gesichtspunkt von Wort, Form und Zahl betrachtet.

das Innere seines Wesens", während „das Äußere" seiner Anwendungsmittel veränderlich ist. Die aufs höchste vereinfachten Ausführungsmittel besitzen eine innere Gleichheit, während ihre „äußere Gleichheit" demgemäß nicht denkbar ist! Demnach kann das „innere Wesen der Entfaltung aller elementarischen Mittel an sich selbst" als ewig und unveränderlich herausgestellt werden, während „die Objekte und Gegenstände der Anwendung der Kräfte" und auch der Grad der zu bildenden Individuen je nach ihrer Lage sehr verschieden sind. Dann wird auch „der innere, ewige Zusammenhang" der Idee der Elementarbildung mit den sittlichen und religiösen Grundlagen unserer Natur verständlich, zumal die Liebe als das „i n n e r e Erweckungsmittel" bezeichnet war, während die „äußere Ausbildung" dieser Gemeinkraft die Handbietung der menschlichen Kunst erfordert (310, 346, 351, 375 f., 389, 404).

Auch in Pestalozzis „R e d e n a n s e i n H a u s" (1808—18) begegnet immer wieder die Gegenüberstellung von „Inner" im Sinne des Göttlich-Gesetzlichen und „Äußer" im Sinne des Empirisch-Zufälligen, z. B. das „Innerste" eures Wesens, das „innere Wesen" der Bildung — „äußere" Gewalt, „äußere" Fertigkeiten, das „Äußere" meiner Unternehmung usw. (Ma IV—46, 49, 53 ff., 74, 81, 84, 111, 120, 123, 132; S X—523). Gerade die Neujahrsrede vom Jahre 1811 eröffnet uns das Verständnis für die Motive, aus denen Pestalozzi über das Wandelbare, Veränderliche, Vergängliche und Menschliche, d. h. über das „Äußere" hinausdrängt zum Allgemeinen, Gesetzlichen, Unwandelbaren, Unsterblichen, Göttlichen und Ewigen, d. h. zum „Innern" unserer Natur, worauf allein die E r z i e h u n g und die A b s o l u t h e i t der Methode gegründet werden kann, wie der Wahrheitssucher Pestalozzi auch die Geschehnisse der flüchtigen Gegenwart oder eines Jahres gern unter dem Aspekt der Todesstunde oder seines Lebensganzen betrachtet (Neujahrsrede 1808, Pfingstrede 1811, Neujahrsrede 1816)[1]. So wird denn schließlich einsichtig, wie infolge des Anschauens der Gegenstände, wenn man mit ihnen gründlich vertraut wird, der G e i s t dadurch entwickelt wird, daß die Zahlen-, Formen-, Meß- und auch Sprachverhältnisse Sicherheit des Auges und der Hand, F e s t i g k e i t, F r e i h e i t und W ü r d e d e r L e b e n s f ü h r u n g wirken! Das legt Pestalozzi überzeugend dar in den sonst so anspruchslosen „Abendgespräche zweier Freunde" (S X—57 ff.), die derselben Zeit angehören mögen, desgleichen in der „Lenzburger Rede" (Ma III—452, 456, 469 f.).

[1]) Vgl. auch den Brief aus der Verlobungszeit (Nr. 205, S II—361).

Die Gegenüberstellung von „inner" und „äußer" findet in der Schrift „Geist und Herz in der Methode" (1805) eine besonders klare Formulierung (XVIII—40 f.), wobei, wie immer, jedes Wort genau zu beachten ist. Die „Anfangspunkte" der intellektuellen Bildung (Wort, Form, Zahl) liegen als Urkräfte, „innerlich" selbsttätig nach „äußerer Entfaltung" strebend, „zum voraus" schon im Kinde. Das heißt, daß die Anfangspunkte der intellektuellen Bildung, kategorial gedacht, zunächst nur selbsttätige Kräfte sind und durch Übung im Denken an der äußeren Erfahrung zu empirischer Erfüllung kommen. Entsprechend gelangen die kategorialen „Grundlagen" der sittlichen Elementarbildung (wesentlich die Liebe als Urkraft), „innerlich selbsttätig" und unabhängig vom Willen des Menschen durch Übungen des sittlichen und religiösen Sinnes „im Lieben, im Danken, im Glauben" zur „äußern" Entfaltung, d. h. mit empirischem Gehalt.

Pestalozzi ist dabei von der Bedeutung der empirischen Lage, der Verhältnisse und der Umstände zutiefst überzeugt, daß er nicht vergißt, ihres Einflusses auf das Allgemein-Gesetzliche immer wieder zu gedenken, z. B. I—309, 311 f.; II—345; IV—84; 277; VII—127, 130, 238 f., 496, 521; VIII—285 ff., 312 ff.; XII—57. Seit früher Zeit beachtet er die „Individuallage" des einzelnen Menschen, wie er sich auch gegen alle Verwischung gesellschaftlicher Unterschiede ausspricht (XII—34, 105; vgl. die Tierfabeln seiner „Figuren", z. B. XI—263 ff., 276 f.). Dagegen ist und bleibt jedes Tier in seiner Umwelt immer dieses Tier (XI—226 f.).

In der Besinnlichkeit der „Nachforschungen" sowie der Schrift „An die Unschuld" (S XI—163 f., 181 f., 193 f.) klärt sich allmählich Pestalozzis Blick (und damit seine Terminologie) für feinere Unterscheidungen empirischer Einzeltatsachen, allgemeiner Gesetzlichkeiten und möglichster Echtheitsgrade einer Idee. Es treten schließlich im „Schwanengesang" zwei sich durchschlingende Spannungspaare, mit mancherlei Übergängen, auseinander, entsprechend den möglichen Auffassungen der Natur (s. o. S. 96 ff.):

I. Die hier und da empirisch vorgefundene Natur: die „zufällige Beschaffenheit", der „veränderliche" und „wandelbare Wechselzustand", auch das „Äußere" oder „Äußerliche" genannt — das Allgemein-Gesetzliche der Natur, das Kategorial-Apriorische: die „unwandelbaren", „unveränderlichen Gesetze", auch das „innere Wesen"[1]) genannt, als das Ziel seines Strebens nach „Wahrheit". Ur-

[1]) So auch in dem bereits herangezogenen Brief Pestalozzis vom 1. III. 1816 an Joh. Niederer. Vgl. o. S. 190 f., 217. Pestalozzi spricht vom „innern Wesen" der psychologischen Fundamente der Formenlehre sowie vom „innern Wesen der Erziehungskunst" (S XII—273 u. 274)!

sprünglich die allgemeinen Urformen Wort, Form und Zahl meinend. Vgl. o. S. 29 ff., 36 ff.; 222 f. (*ewig, rein* etc.).

II. Der wirkliche Echtheitsgrad, das Gute im einzelnen Menschen, was durch Attribute wie *rein, hoch (höher* und *höchst), wahr, wirklich, sittlich, göttlich, heilig* usw. gekennzeichnet wird — Das Ideenhafte als eine erst zu verwirklichende Aufgabe des menschlichen „Geistes", wofür *Gefühl, Gemüt (Gemütsstimmung!), Begriff, Kraft, Werk meiner selbst* gesagt wird, z. B. die Veredlung des Menschen, die Unschuld, („ganz reine") Sittlichkeit „als Werk meiner selbst", später als „Idee" bezeichnet, z. B. die „Idee der Elementarbildung"[1]). Vgl. o. S. 179 f., 189 ff.

b) Nachdem auch W. Dilthey die Erziehung als eine „Funktion" der Gesellschaft eingesehen hatte, die von dem Kulturprozeß nicht loszulösen ist, da sich Menschen erziehen, wo immer sie einander begegnen, ist in jüngerer Zeit die „funktionale Erziehung" als unbewußt-irrationales Geschehen immer wieder der bewußt-absichtlichen Bildung gegenübergestellt worden[2]). Diese Extreme hat Pestalozzi in seinem „Schwanengesang" überwunden. Während er in der Denkschrift „Die Methode" (s. o. S. 18) bereits die Frage nach der natürlichen Erziehung stellt: „Was thut die Natur selber", um mir zur inneren Zufriedenheit zu verhelfen? lautet nun das Problem, das der naturgemäßen Bildung zugrunde liegt und den „Schwanengesang" von Anfang bis Ende durchzieht: „Was kann die Kunst des Menschengeschlechts dazu beitragen", den Gang der Natur harmonisch zu fördern, d. h. wie wirken die „freie Tätigkeit" der „Selbstbildung" und die „nachhelfende Bildung" der Erziehungs- und Unterrichtskunst zusammen (S XII—347 f., 353, 405)? Das ist auch das Thema der Rede, die Pestalozzi am 21. November 1826 in der Kulturgesellschaft zu Brugg gehalten hat (S XII—534 ff.). Es wird auch in den gleichzeitigen „Lebensschicksalen" aufgenommen (S XII—274 ff.). Eine Parallele zu Hegel, wo das Denken — bei Pestalozzi das Lernen — dem Naturprozeß folgt.

Die naturgemäße, kunstlos sich selbst überlassene Elementarbildung knüpft in geistiger und sittlicher Hinsicht an das „wirk-

[1]) Daneben konkrete Angaben wie Kindersinn der Menschheit, weise und väterliche Gerechtigkeit, Vaterhaus als Schule der Sitten und des Staates, Volksglaube, Volkssegen usw. („Abendstunde"!), Wahrheit und Recht (Recht und Wahrheit) als Idee der Gerechtigkeit, Wahrheit und Tugend u. dergl.

[2]) Auch Pestalozzi selbst hatte in einem Diktat von 1817 die Tatsache der funktionalen Erziehung bereits klar erkannt und ausgesprochen: „Das ganze Erdenleben des Menschen ist ein Stand der Erziehung, in welchem nach dem Willen unseres Schöpfers die Kräfte und Anlagen für die Ewigkeit ausgebildet werden sollen" (S X—626).

liche Leben“ des Kindes, an den „dem Menschengeschlecht allgemein innwohnenden und ursprünglich instinktartig belebten Vater- und Muttersinn“ der Eltern (und Geschwister) im Kreise des häuslichen Lebens an, wo die Anfangspunkte aller wahren Sittlichkeit und Religiosität liegen, Glaube und Liebe. Daher erinnert Pestalozzi im „Schwanengesang“ immer und immer wieder an das Wort: „Das Leben bildet“, das auch in der „Skizze“ zur „Langenthaler Rede“ (XII—519) aufgenommen wird: „Das Leben bildet die Naturkräfte des Kindes . . . sämtlich durch sich selbst“. Das ist die „Naturbasis“ aller wahren Kunstbildung. Hierauf beruht auch zuguterletzt „die Einfachheit aller elementarischen Bildungsmittel“, deren Bedeutung auch in der „Skizze“ zur „Langenthaler Rede“‘ gewürdigt ist (314, 453; 520 f.).

Wie in der Schrift „Über den Sinn des Gehörs“ (XVI—267) ausgeführt wird, geht der erste Unterricht im Hören, Sehen und Reden vom Instinkt aus. Die „Beweggründe“ zur Entfaltung unserer geistigen Fähigkeiten liegen im „Selbsttrieb“ (294, 296, 303, 315 usw.). „Der Selbsttrieb . . . entfaltet; die Kunst ordnet“ („Skizze“ zur „Langenthaler Rede“). Pestalozzi unterscheidet in dieser Hinsicht den tierisch-instinktiven Trieb unserer sinnlichen Natur als Vorstufe des Menschlichen. Die tierische Kraft (Kunstkraft) ist unabhängig vom Willen des Tieres, insofern sie nicht von ihm gebessert oder verschlechtert werden kann. Vgl. o. S. 24 f. Wohl aber ist die menschliche Kraft (Kunstkraft) von unserem Geist abhängig. Ihr Keim geht aus dem Innersten unseres ganzen Wesens hervor, aus dem tiefsten Zusammenhang unserer geistigen, sittlichen, physischen Kräfte, d. h. „einer in uns selbständig liegenden Kraft“ (VIII—284 ff.; XVI—327 f.; vgl. S XII—520). Wenn also „Instinkt“ und „Kraft“, d. h. „Überlegung und Gedanken in sich selbst wollen zu lassen, auch gegen den Instinkt“ (XII—39), klar unterschieden werden, so ruhen doch beide tief in unserm Innern. Das wird uns immer wieder eingeschärft. So erklärt es sich, daß der Mensch ursprünglich böse und gut ist, daß nach dem Wort des Pfarrers die Keime der Zertrümmerung alles Guten in der Natur des Menschen liegen, besonders in der Kollektivität der Masse, aber auch die Keime des göttlichen Glaubens und der göttlichen Liebe (IV—435; XI—235). Beide Keime, das Edle wie das Schlechte, werden durch Not gefördert! So wird auch der Widerspruch, der ewige Kampf beider verständlich und daß das Ziel aller Erziehung darauf hinausgeht, daß die Menschen Wahrheit und Liebe höher achten als die selbstsüchtigen Ansprüche ihres sinnlichen Verderbens (I—248 ff.; XI—246, 250, 252, 258, 270, 326 f.).

Mit der Betonung des im Menschen wirkenden Selbsttriebes kann sich Pestalozzi auch dem Standpunkt der „negativen Erziehung" nähern und versichern, daß es besser ist, die Menschen nicht an dem zu hindern, was sie selbst werden können, als ihnen viel zu geben; wie es auch besser ist, anderer Menschen Wohlstand nicht zu behindern, als ihr Glück zu fördern („Bemerkungen zu gelesenen Büchern", IX—312; vgl. Pestalozzis „Reden an sein Haus", Ma IV—90).

Der ewige und unveränderliche „Gang der Natur" geht dem nachahmenden „Gang der Kunst" voran und begründet somit ihre „Erleichterungsmittel", die auch im Dienste des wirklichen Lebens stehen. Daher die stete Mahnung bzw. Ausdrucksweisen, besonders in der Denkschrift „Die Methode" wie in den „Geßnerbriefen": „Ahme es (sie) nach!" bzw. die Kunst „hilft nach", „ahmt nach", leistet der Natur „Handbietung" usw. Aber die Kunst tut noch mehr: sie bringt ihm die zerstreute, um den Menschen als Mittelpunkt „wirbelnde" Natur im engeren Kreis näher, vergegenwärtigt, ordnet das ineinanderfließende Meer verwirrender Anschauungen, verstärkt ihre Eindrücke, erhebt sie zu klaren und deutlichen Begriffen. Das alles in lückenloser Folge. Die Mutter zeigt und benennt die Gegenstände, läßt die Gegenstände der Natur sehen, hören, schmecken, riechen, fühlen, spricht zum Kinde, liebevoll und anmutig, betet mit dem Kinde und führt es zu den Menschen und zu Gott. So auch im „Schwanengesang" (319 ff., 347, 350, 387, 405 u. ö.). Rationale, planmäßige Bildung ist daher Hilfe („Nachhilfe") zur irrationalen, unbewußten Selbstbildung und Selbsthilfe. Das ist auch der Sinn der „Methode" (III—312 f.; vgl. XIII—235, „Skizze" zur „Langenthaler Rede", S XII—519). Die „tierischen" Eindrücke der Welt können mithin geleitet und früher und richtiger zur Reife gebracht werden, als es die sich selbst, dem bloßen Zufall überlassene Natur vermag. „Wenn die physische Elementarbildung durch Reihenfolgen von Mitteln die Kräfte des menschlichen Körpers schneller entfaltet und höher treibt, als die Natur in ihrem harmlosen und langsammern Gang, so muß sie es wesentlich in Verbindung mit den Reihenfolgen der Kunstmitteln thun, durch die die intellektuelle und sittliche Elementarbildung die Kräfte des menschlichen Geistes schneller entfaltet und höher hebt" (XVI—327 f.; XVIII—65).

Aber nicht bloß durch Worte, sondern vor allem durch das V o r b i l d eigenen Tuns (IV—427)! Gertrud fängt nicht mit Schwatzen und Zanken an, sondern damit, „daß sie selber untadelhaft ist". Sie erhebt ihre Wohnstube zum „Heiligthum Gottes". In tätiger Nächstenliebe und sozialer Hilfsbereitschaft erzieht sie ihre Kinder, die Kinder der Nachbarn, das ganze Dorf. Dabei kommt es gerade auf Kleinigkeiten an (II—245 ff., V—274, VII—125 f.; vgl. IV—424 ff.). Die vorbildliche Art des Pfarrers gibt allen Dorfbewohnern das rechte Beispiel; er weiß einen jeden recht zu behandeln, auch die Gefangenen in den Zuchthäusern (V—232 f.). Und wenn er seine Gemeinde belehren wollte, so las er am Vorabend der Feier mit kurzen Worten „das Bild alter Leute" vor (IV —433 ff.). Auch der Kirchmejer belegte seine Erörterungen mit anschaulichen Bildern und Beispielen (VII—211 ff.) — wie Pestalozzi selbst! Dagegen wird von dem sterbenden Christian im Volksroman ausdrücklich gesagt, daß er in seiner sichtbaren Schwäche, bei seinem Beten und Händefalten, trotz allem Reinen und Guten, doch „kein Mann, und kein Beyspiel" war (VII—308).

So erklärt es sich, daß Pestalozzi seit dem bereits öfters erwähnten „Tagebuch" (I—129) die Nachahmung empfiehlt, auch die sorgfältige Nachahmung der Natur (z. B. II—3, V—3), und daß der Grundzug der Kunst nichts anderes ist als Nachahmung des Naturganges. Daher (z. B. XIII—107) die dauernde Mahnung in den „Geßnerbriefen": „Fasse es ins Aug! dieses Thun der hohen Natur!", was oben bereits erwähnt ist. So wird auch einsichtig, daß Pestalozzi gerade auf das Vorbild des Heilandes zu allen Zeiten hingewiesen hat, besonders nachdrücklich in den „Reden an sein Haus"[1]) (Ma IV—41, 47, 49 ff. u. ö.; S X—397 ff., 451 ff.: Charfreitagsreden). Jesus Christus hat uns nicht unterrichtet, sondern „ergriffen" „durch die Anschauung seiner selbst, seines hohen Sinnes und seiner Hingebung für seine Brüder" (S IX—267 f.). Daher gilt auch für uns, daß der Mensch seinen Nebenmenschen nicht durch Bilder und Worte, sondern allein durch sein Tun „zum wahren Dienst des Unsichtbaren erheben" kann (IV—334 ff.). Der Prozeß der Bildung ist eben nicht Sache der Worte, sondern des Vorbildes, der Tat.

c) Pestalozzi läßt sich die „psychologische Begründung des Stufengangs" aller „Einwirkungsmittel" sowie der Übereinstimmung dieses Stufengangs mit der Natur und den Lagen, Umständen und Verhältnissen der verschiedenen Stände seit frühester Zeit sehr angelegen sein (S XII—381)[2]). Diese Stufenfolge ist auch in der „Langenthaler Rede" angedeutet (S XII—513 f.). Er unterscheidet mehr oder weniger klar folgende Reihenfolge der Entfaltung von Kräften bzw. der „Bildungsmittel".

I. Die natürliche „Entfaltung" der menschlichen Kräfte, und zwar zunächst an der Anschauung der Gegenstände und mensch-

[1]) Siehe auch Israel, a. a. O. I—236 ff., 338.

[2]) Schon in den „Vorarbeiten u. Entwürfen" zu den „Geßnerbriefen" (1801): „Die Ryhenfolge, in welcher der menschliche Geist in seiner Entwiklung fortfahret, ist unwandelbar" (XIII—386).

lichen Verhältnisse. Die „Reifung“ im „Gang der Natur“ ist notwendig „die wesentliche Wurzel aller Ausbildungsmittel“, deren sich der Gang der Kunst bedient. Das wird uns tausendfach eingeprägt (auch XII—315, 381). In der „Langenthaler Rede“ (S XII—507 f.) bedauert Pestalozzi, daß in den ersten 6—7 Kinderjahren vor der wissenschaftlichen Ausbildung so wenig für die Ausbildung der „Kräfte“ geschieht.

II. Die „Kunstbehelfe“ umfassen zunächst eine „Anfangs-Vorbereitung“, die „lange blos mechanisch“ ist. So knüpft die Sprachlehre an die vorläufige dunkle Erkenntnis, die das Ohr des unmündigen Kindes von den Worttönen seiner Umgebung erhält, und an die Geläufigkeit des Sprechens an; das ist „für die reelle Ausbildung der Sprachkraft eine Vorbereitungsstufe“. Dieser Einfluß „der mechanischen Vorbereitungsmittel des Redenhörens“ auf die Ausbildung der Sprache ist äußerst groß und vielseitig. Daher fordert diese mechanische Vorbereitung zum Redenlernen „die ganze Aufmerksamkeit der Personen, die auf das Redenlernen des Kindes Einfluß haben“. Das hat man heutzutage intentionale Bildung genannt. Ebenso ist die „mnemonische“ Einprägung einer ausgedehnten Nomenklatur, z. B. in der Geographie und Geschichte, wovon wir auch in den „Geßnerbriefen“ gehört haben, eine gute Vorübung und Vorbereitungsübung. Auch werden die höheren Resultate der Sittlichkeit und Religiosität durch die heilige Muttersorge naturgemäß vorbereitet. Denn die „höchsten elementarischen Resultate“ müssen nach allen Richtungen der Erziehungsbedürfnisse „von der Wiege auf vorbereitet werden“ (XII—297, 304, 319, 329, 332, 366 ff., 388, 390 f., 404, 524 f.: „Skizze“ zur „Langenthaler Rede“)[1]).

III. Es folgt nunmehr die eigentliche Leistung der Elementarbildung. Sie ist Kraftbildung; ihre Mittel heißen demgemäß „Kraftbildungsmittel“. Immer wieder hören wir, daß das Wesen des Menschen „Kraft“ ist, die als physische, geistige, sittliche, religiöse Kraft im Innersten seiner Natur liegt, wie es schon in der „Abendstunde“ heißt (I—265 f.). „Seine Kraft ist ihm (dem Kinde) alles“ nach der „Denkschrift“ an die Pariser Freunde von 1802 (S VIII—487). Vgl. o. S. 47 f. und S. 219 (Anm.). Denn „was nützt der Überfluß von Anwendungskräften, wo die Kräfte, die angewandt werden sollen, selber mangeln?“ Diese gilt es also zunächst zu beleben und anzuregen, zu leiten und zu stärken durch „Ursprungsmittel“, durch „Erweckungs“- und „Entfaltungsmittel“. So erklärt es sich, daß die

[1]) Vgl. Pestalozzis Brief an J. P. Greaves unter dem 17. IV. 1819: „Vorbereitende Übungen“ zwecks Anregens des Denkens, Israel, a. a. O. II—291.

Gefühle der Eltern auf den weiten Kreis des Hauses, auch auf Gott übertragen werden können. Denn die naturgemäße Entfaltungskunst hat nichts mit einer mechanischen Einübung zu tun, da die „Übungskraft" aus dem „Selbsttrieb" der menschlichen Natur stammt. Daher Pestalozzis dauernder Kampf gegen Schwächlichkeit, Kraftlosigkeit und Entkräftung (327, 342 f., 351, 362, 366 f.).

Wenn man dies „formale Bildung" im üblichen Sinne genannt hat, so ist es abwegig. Pestalozzis Idee der naturgemäßen Elementarbildung ist viel tiefer und umfassender gedacht. Aus den letzten Gründen unseres Seins entsprossen, meint sie die einheitliche und ausgeglichene Entfaltung aller geistigen Kräfte zur Klarheit und Wahrheit und sittlich-religiösen Tat.

In der Schrift „Geist und Herz in der Methode" vom Jahre 1805 (XVIII—40) wird über die Stufen der Kraftbildung noch ausgeführt, daß sich die Elementarbildung nach der von Gott festgelegten grundlegenden Ordnung auf die im Kinde liegende „Urkraft" der intellektuellen bzw. sittlichen Anfangspunkte (Wort — Form — Zahl bzw. Liebe) gründet (vgl. u. S. 281). Die Mittel der intellektuellen bzw. sittlichen Elementarbildung gehen wesentlich vom „Üben im Denken" (nicht „vom Unterricht über das Denken") aus bzw. von Übungen „im" Lieben, Danken und Glauben (nicht vom „Unterricht über sittliche und religiöse Wahrheit"). So auch der „Schwanengesang".

IV. Die abschließende Stufe ist die „A n w e n d u n g der gebildeten Entfaltungskräfte". Denn die Mittel der „Einübung und Abrichtung zu den Kenntnissen und Fertigkeiten" sind wohl zu unterscheiden von den „immer sich selbst gleichen, von ewigen Gesetzen ausgehenden E n t f a l t u n g s m i t t e l n der menschlichen Grundkräfte". „Die Erhebung der Geisteskraft zur Menschlichkeit fordert zum voraus die Ausbildung der Menschlichkeit selber", die wesentlich aus Liebe und Glaube hervorgeht; denn „Glaube und Liebe ist das A und O der naturgemäßen, folglich der elementarischen Bildung zur Menschlichkeit". Entsprechend geht auch die Einübung der Handfertigkeiten, z. B. die Einübung der mechanischen Fertigkeiten des Zeichnens und der Schreibkunst von der Festigkeit und Sicherheit vielseitig eingeübter „reiner Grundformen" gerader und krummer Linien usw. aus. Entfalten sich die menschlichen Kräfte auch unter den verschiedensten Umständen nach ewigen, unveränderlichen Gesetzen, so hat die A n w e n d u n g der Kräfte im praktischen Leben doch in Übereinstimmung mit der Lage des zu bildenden Kindes und mit der Eigenheit seiner Anlagen zu erfolgen und von der Richtigkeit zur Freiheit der Ausübung fortzuschreiten. In diesem Sinne ist keine „äußere Gleichheit" der „Ausführungsmittel" denkbar (XII—308 ff., 316, 342, 349, 351, 362, 366 f., 380, 387 ff., 409). Das ist der Sinn der „Unterordnung der Schulbildung unter die Berufsbildung", d. h. der Berufsbildung für jeden Stand durch Erziehung (IV—285, 401). Denn erst sind wir Menschen, dann erst gehören wir dem Beruf.

Die Elementarbildung durch Weckung und Regmachung unserer Kräfte, der göttlichen Stimme „in uns", kann nicht durch äußerliche Mittel, auch nicht durch lehrhafte Reden erfolgen. Ja, das Wissen an Worten ist geradezu schädlich („Tagebuch" von 1774, I—118 f.). Und wenn eine Frau schon Bücher liest, so müssen sie sein „wie der Sonntagsrok — und die Arbeit wie die Werktagsjüppe", nicht umgekehrt, wie es Rudis verstorbene Frau hielt, welche „die Sonntagsjüppe" alle Tage trug („Lienhard und Gertrud", II—248). Was die Schulmeister in den Schulen reden, sind immer doch nur Wörter. Ganz anders wirke die Lehre von Vater und Mutter in der Wohnstube, an die häuslichen Vorfälle geknüpft (vgl. o. S. 207 f.). Darum sei die Wohnstube auch die beste Schule. In der Gewöhnung der festen Hausordnung entwickelt sich „natürlicher Verstand und Mutterwitz". Die Kinder lernen die Eltern lieben „bei hunderterley kleineren Sachen und ihre Arbeit tun aus Liebe, Not und Bedürfnis, ohne daß man viel sagt: Du sollt, oder du must". Statt der Schläge sind die Kinder zu bewegen, „aus freyem Willen, aus Dank, und Liebe, aus eigenen Einsichten, und um ihres eigenen Vortheils willen, recht zu tun" („Christoph u. Else", VII—132, 248 ff., 280, 294; vgl. „die Kinderlehre", VII—6 f., 123).

d) Wenn schon Pestalozzi in allen seinen größeren Werken auf die Harmonie der menschlichen Reifung und Entfaltung der Kräfte hingewiesen hat, so ist doch in keiner Schrift die Notwendigkeit allseitigen Gleichgewichts so dringend gefordert worden wie im „Schwanengesang". In den „Vorarbeiten und Entwürfen" zu den „Geßnerbriefen" ist das Ziel der Methode, die Gesetze der Harmonie aufzufinden, klar herausgestellt (s. o. S. 45). Diese Harmonie umfaßt die Übereinstimmung von Außen und Innen, d. h. der angeschauten Umgebung, auch von Körper und Viereck, und unserer Natur, von Leib und Seele, von instinktiv-sinnlicher Triebhaftigkeit und der Seelenkräfte, von den drei Elementarmitteln (Wort, Form, Zahl, dazu Gesang und Schönheitsgefühl) unter sich und mit den sittlich-religiösen Kräften, in Sonderheit von Glaube und Liebe und Wahrheit, worauf wahre Freiheit und wahres Recht beruhen (XI—311 f.), wobei Intellekt und Religion der Sittlichkeit eingeordnet werden (XIII—348). Natürliche Entfaltung und nachahmende Kunst, d. h. Reifung und Unterricht haben in vollkommener Übereinstimmung mit der Ordnung der Natur zu stehen, die auch Lage,

Umstände und Verhältnisse berücksichtigt. Die bloße Harmonie ohne die Gemütsstimmung macht jedoch nicht sittlich (XII—223 f.).

Schließlich ist das Gefühl der Harmonie die Grundlage der schönen Künste, des Anstands und der wahren Erziehung („moralische Ordnung" als Schönheit). Denn „alle Schonheit ist Wahrheit" (IX—333). Einfluß Shaftesburys!

In dem „Schwanengesang" wird dauernd wiederholt, daß sich die menschlichen Kräfte nach „ewigen, unauslöschlichen und unabänderlichen Gesetzen" entfalten, die dem Gang der Natur in der Entfaltung der Kräfte zugrunde liegen. Die Gesetze selbst sind, wie alle unsere Anlagen, göttlicher Natur; sie liegen im Wesen jeder einzelnen menschlichen Kraft, die instinktiv aus einem unauslöschlichen Selbsttrieb auf Grund des Gebrauchs und der Übung zur Entfaltung drängt. Der Mensch will das und muß es wollen. Das gilt für die Anschauungskraft als „Anfangspunkt" und „wesentliches Fundament" wie für die hierauf beruhende Sprach-, Denk- und Kunstkraft, desgleichen für die sittlich-religiösen Kräfte. Wie es Gesetze der Gymnastik gibt (S XII—346), so auch „Grundformen jeder Sprache" (293 f., 305, 316, 341 ff., 346, 351 usw.).

Auch die „immer sich selbst gleichen, von ewigen Gesetzen ausgehenden Entfaltungsmittel der menschlichen Grundkräfte" sowie der Anwendungsfertigkeiten müssen in ihrer lückenlosen Stufenfolge mit dem Gang der Natur in Übereinstimmung stehen, und zwar müssen alle „Kulturmittel" unter sich „übereinstimmend vorwärts schreiten", also auch Sprach-, Geistes-, Herzens- und Berufsbildung. Denn die Idee der Elementarbildung ist „die Idee der naturgemäßen Entfaltung und Ausbildung der Kräfte und Anlagen des menschlichen Herzens, des menschlichen Geistes und der menschlichen Kunst", wobei „naturgemäß" besagt, „dem Gange der Natur in der Entfaltung (!) und Ausbildung (!) unserer Anlagen und Kräfte die Handbietung angedeihen zu lassen". Das geschieht nach dem „Grad der Empfänglichkeit der Kräfte". Auch die Erlernung fremder Sprachen steht mit der natürlichen Erlernung der Muttersprache in vollkommener Übereinstimmung: das ist die „Normalform" der Spracherlernung (293, 296, 308 f., 316, 328, 331, 334, 337, 346, 348, 354 usw., 410, 520: „Skizze" zur „Langenthaler Rede").

Schließlich müssen die verschiedenen Kunstmittel mit den speziellen Lagen und Bedürfnissen der Menschen, der menschlichen Stände und Klassen, mit den „Realfundamenten des wirklichen Lebens" in Übereinstimmung gebracht werden, was, wenn nicht eine „deutliche Erkenntnis", so doch „gewiß ein belebtes, inneres Gefühl" von dem Gange der Natur voraussetzt. So wird „die tierische Hülle unsers Fleisches und Blutes mit dem göttlichen

Funken unserer innern Menschennatur in Übereinstimmung" gebracht, unser Fleisch und Blut den höhern Ansprüchen unseres Geistes untergeordnet (293 f., 323 f., 350, 405 u. ö. Vgl. o. S. 46 ff.). Ist doch die „innere Übereinstimmung der Gesundheit an Leib und Seel" wichtiger als der „Vorschritt unsrer wissenschaftlichen Erkenntnis" (VIII—293 f.).

Seit früh her befürwortet Pestalozzi auch den Ausgleich aller Kräfte im Staate, zwischen Bürger und Vaterland, zwischen Volk und Fürsten, zwischen Volksstimmung, Gesetzgebung und Staatsbedürfnissen, zwischen Industrie und den „Quellen des positiven Wohlstands", wie auch die französische Konstitution nach seiner Meinung den Zweck hatte, den „Regierungseinfluß aller Stände und Beruffen in ein wahres Gleichgewicht zu setzen", da in dieser Absicht und Freiheit die Quelle häuslichen Wohlstandes, der Sitten, Tugend, Ruhe und des Lebensgenusses liege. Selbst politische Wahlen können „stille Handlung des Gottesdiensts" sein (I—213 ff., 216, 226, 313, VII—223 f., X—12; S XII—515; vgl. besonders die „Abendstunde"!). Mit Recht hebt Pestalozzi in der „Langenthaler Rede" die Tatsache hervor, daß es der Schweiz Jahrhunderte lang gelungen ist, den Frieden im Innern und nach außen zu wahren (S XII—487).

Durch alle Schriften Pestalozzis zieht sich die Mahnung, ein angefangenes Werk im lückenlosen Fortschritt zu v o l l e n d e n (vgl. S X—402; XIII—189, 315, 352 f.: das Gesetz der Vollendung). Demgemäß wird auch im „Schwanengesang" öfters wiederholt, daß erst jeder Schritt zu vollenden ist, ehe man zu neuen Übungen fortschreitet; daß die naturgemäße Bildung „durch ihr Wesen zum Streben nach Vollkommenheit, zum Streben nach Vollendung der menschlichen Kräfte" führt, und daß die Harmonie dieser Kräfte nur aus der gleichartig guten und naturgemäßen Besorgung jeder einzelnen derselben wahrhaft und befriedigend hervorgeht. „Nur das Vollendete wirkt allgemein im Großen; nur dieses hat unwiderstehliche Kraft." Dies „Streben nach Vollkommenheit, nach Vollendung" wird auf das „ernste Suchen des göttlichen Beistands und der göttlichen Gnade" zurückgeführt. So ist es denn die Religion, welche nicht nur die Gemütsstimmung jedes Standes begründet, entfaltet und sichert, sondern auch die Berufsbildung vollendet, heiligt und segnet (294, 309, 399 f., 401, 406, 454).

Wie vordem die Bildungsmittel auch „Vereinigungsmittel" (unsrer geistigen und sittlichen Veredlung) genannt wurden (z. B. XIII —348, 352), so lesen wir im „Schwanengesang" den ständigen Zusatz, daß die Ausbildung „u m f a s s e n d" sein soll, im „ganzen Umfang" der Kulturmittel vorwärtsschreitet und dergleichen Ausdrucksweisen. Auf der andern Seite wird dauernd Stellung genommen gegen „Einseitigkeit", gegen das „Übergewicht" einer einzelnen Kraft, gegen den „Hochmut geistiger" und den „Übermut physischer Kräfte", gegen die „oberflächliche", ohne Anschauung begründete und die Denkkraft nicht erwogene Wahrheit, gegen den Menschen, dessen Wissen und Können Stückwerk und dessen Ausbildung daher ohne vollendetes Gleichgewicht ist, der „in seiner Sittlichkeit einseitig belebt, gedankenlos, geistig unentfaltet und in seinen häuslichen und bürgerlichen Berufspflichten ungebildet, ungewandt, nachlässig und kraftlos umherwandelt" (294, 307, 309, 319 f., 328, 372, 391, 406, 408, 454). Ebenso hatte sich Pestalozzi schon früher gegen die Verbildung, gegen „Halb- und Viertelsbildung" gewandt (z. B. IV—420, XVIII—106, 117), gegen alle Gewalttätigkeit, die auf „das bediente Kind" zurückgeführt wird (IX—303).

Wie wir die Ganzheit und Einheit der ausgereiften Persönlichkeit betonen, so schon Pestalozzi von Anfang an: „Alles ganz und nicht voreilig" (I—122). Vgl. o. S. 74 f. Die Mittel müssen notwendig „auf das Ganze der menschlichen Natur" wirken. Am Anfang der kindlichen Entwicklung steht die vollkommene Einheit und Harmonie von Geist und Herz. Es geht „das Wahre, Heilige der Menschenbildung" im Wesen aller seiner Mittel „von der Einheit der Menschennatur" aus und bewährt seine Wahrheit und Kraft durch Stärkung dieser Einheit (S VIII—483). Das ist die individuelle „Basis" der „Harmonie unsrer Kräfte" (S XI—246; vgl. XVIII—87)[1]. Auch im „Schwanengesang" führt Pestalozzi aus, daß die „Einheit" des Menschen am Anfang und am Ende aller Bildung steht: Alle Gesetze wie die Kräfte gehen aus der „Einheit der Menschennatur" hervor; die „Einheit der Kräfte unserer Natur" ist uns „als wesentliches Fundament" aller menschlichen Mittel zu unserer Veredlung „göttlich und ewig" gegeben. Wie die Mehrzahl der Probleme, welche die Elementarbildung zu lösen hat, miteinander zusammenhängen und sich gegenseitig beleben, so hängen auch die elementarischen Mittel, welche diese Probleme lösen, durch das

[1]) In der bereits oben (S. 43) gestreiften „Einleitung" zu einer „Elementargymnastik" knüpft Pestalozzi an den Bewegungstrieb des Kindes an (S X—163 f., 166, 174) und verlangt nach der Harmonie von Körper, Geist und Herz, die ein „untrennbares Ganzes" ausmacht. Körperbildung „im Zusammenhang mit dem Ganzen der Menschennatur" ist nicht Sache des Fechters, des Tänzers usw., sondern des „fechtenden Mannes", des „tanzenden Weibes", also des ganzen Menschen (157 ff., 164 f., 172). — „Wir vollenden uns nur durch das Ganze und für das Ganze", nach Pestalozzis Ansprache an die Lehrer über die Aufsicht, A. Zander, Leben und Erziehung in Pestalozzis Institut zu Iferten, Aarau o. J., S. 188.

Wesen der Menschennatur selber und durch „die Einheit derselben, aus der sie hervorgehen", unter sich zusammen und unterstützen ihre Lösung gegenseitig. Nur das, was den Menschen in der „Gemeinkraft der Menschennatur", d. h. als Herz, Geist und Hand ergreift, ist für ihn wirklich, wahrhaft und naturgemäß bildend. Die „Resultate" einzelner Übungen müssen unter sich in Übereinstimmung gelangen und sich so zu einer „Gemeinkraft der Kunst erheben", ohne welche eine Veredlung des Menschen nicht möglich ist. Jedes Einzelne befruchtet das Ganze (S XII—294 f., 306, 391, 408 f.; vgl. XVIII—41). Desgleichen wird in der „Skizze" zum „Schwanengesang" gesagt, daß aus den elementarisch gebildeten Kräften eine Gemeinkraft „hervorgeht" (S XII—528). So ordnet sich die Ganzheit der Elementarbildung schließlich der Einheit der Methode (Quadrat und ABC der Anschauung als Vereinigungsmittel), der Schule (XIII—241 f.), der Individuallage des Menschen in Volk und Staat, schließlich dem Wirtschaftssystem ganz Europas ein (s. o. S. 105 f. u. S. 124 f.); das ist ein geordnetes Ganzes, aber ohne Gleichmacherei (I—235 f.: Conformationssucht), das dem Ganzen dient im Sinne des von Pestalozzi aufgenommenen Zitats: „Nicht mir, sondern den Brüdern! — Nicht der eigenen Ichheit, sondern dem Geschlechte! — Dieß ist der unbedingte Ausspruch der göttlichen Stimme im Innern" (XIII—356).

Wenn nach der Stoa und dem Neuplatonismus, nach Komenský (Deus — natura — ars) Gott und (schauende) Weltseele, Geist und Natur, Innen und Außen, Mikrokosmos und Makrokosmos in einer durchgehenden Ordnung aufeinander abgestimmt erscheinen; wenn nach Leibniz in der Vorrede zur Theodicee „Gott die Ordnung selbst", Gott „mit der universellen Harmonie identisch" ist, so gehen auch bei dem Kreisdenker Pestalozzi die Welt der Realgegenstände, der Menschheit und Gott, Natur und Kunst, die einzelnen Kunstmittel, ja selbst die Ideen Freiheit, Wahrheit und Recht, Glaube, Liebe und Vertrauen in wechselnden Verbindungen ineinander über, zumal das Gute, das Gott selbst in den Menschen gelegt hat, wie alle Laster in einem allgemeinen Zusammenhang stehen (IX—131; vgl. o. S. 83).

Damit stößt Pestalozzi zum Zentralproblem der Erziehung durch, das in jüngerer Zeit auch G. Kerschensteiner aufgegriffen hat, d. h. zur Grundfrage: Wie ist Bildung möglich? Die Antwort liegt in der Tatsache, daß der Mensch nur an denjenigen Gütern der Kultur wachsen kann, die dem persönlichen Anruf der Seele zu antworten vermögen. Und das ist eben nur möglich, wenn objektive und subjektive Kategorien des Seins (bzw. der Erkenntnis) einander entsprechen[1]).

„Wär' nicht das Auge sonnenhaft,
Die Sonne könnt' es nie erblicken".

Diese gesuchten Anfangspunkte der Elementarbildung sind zudem die Kategorien einer allgemeinen Wissenschaftslehre und Pädagogik, wie sie bereits W. Dilthey in seinen Berliner Vorlesungen psychologisch zu begründen gedachte. Erst der besinnliche Rückblick auf Pestalozzis gesamtes Werk und Wollen macht das Ringen verständlich, dem der Methodiker, der Volkserzieher und Wahrheitssucher sein ganzes Leben geweiht hat.

e) Pestalozzis Ethik ist ebenso schlicht wie tief. Es klingt zunächst recht unbedeutend, wenn Arbeit und Mäßigung als Quell der Behaglichkeit, der Gesundheit, des guten Muts und der Sittlichkeit gedacht sind. Dann wäre die Bestimmung des Menschen: „In seinem Stand glücklich zu seyn, und in seinem Kreis nüzlich zu werden". „Erziehung zum gesellschaftlichen Leben" würde dann besagen, „aus Gehorsam und Ordnung Ruhe und Glük entspringen (zu) sehen", so daß „das Gesez der Nothwendigkeit" darin bestände, unter der Macht der guten Erziehung „nicht schlecht handeln (zu) können" (I—121, VIII—269, IX—332, 362). Aber die innere Begründung liegt doch viel tiefer! Pestalozzi, der sich allezeit als „ein Kind Gottes" fühlte, trug Christi Mahnung, umzukehren und wie die Kinder Gottes zu werden, um ins Himmelreich zu kommen, lebendig in der Tiefe seines Gemüts. Also auch hier das Vorbild des Heilands! Schon in seinen Erstlingsschriften vernehmen wir daher den Ruf nach kindlicher Unschuld, Einfalt und Ruhe. In der Skizze „Agis", der als König allem Besitz entsagt, wird die „unschuldige Einfalt", „voll göttlicher Ruh" gepriesen (I—6); in der Schrift „Von der Freyheit" die „hohe" Einfalt (I—242) und dann in der „Abendstunde" beständig „Einfalt und Unschuld" (vgl. o. S. 83). Diese Sehnsucht nach der Ursprünglichkeit einfachen „Naturgefühls" zieht sich durch das ganze Werk und Wollen Pestalozzis. In „Lienhard und Gertrud" bittet er: „Geist der Einfalt, du mein Geist! verlaß mich izt nicht . . ." Statt des Jagens nach vielen Gründen und Erklärungen, statt „lähmender Rede" verlangt er nach „ruhender Ein-

[1]) Vgl. dazu N. Hartmann, Das Problem des Apriorismus in der platonischen Philosophie. Berlin 1935. S. 26: Die Prinzipien, die das Wesen der onta ausmachen, müssen zugleich Prinzipien der Erkenntnis und als solche in der Psyche vertreten sein. Oder in Spinozas Sicht und Worten: „Die Ordnung und Verknüpfung der Ideen ist dieselbe wie die Ordnung und Verknüpfung der Dinge" (7. Lehrsatz des 2. Teiles, Ausgabe Kröner).

falt“, nach „Harmlosigkeit“, nach „Krafft mit Samftheit“ (XII—188); denn Ruhe ist „die beste Genießung des Volks“ (III—210 ff., 374; IV—555). Einfalt und Unschuld ist Quelle des Glaubens, der Weisheit und Kraft. Strahlt doch auch nach Fichte (17. Vorlesung der „Grundzüge des gegenwärtigen Zeitalters“) die Religion «Frieden aus, und Ruhe«. Die Ruhe, wenn nicht durch „thierische Neigung“ untergraben, ist das echte „Gegenmittel“ gegen Einseitigkeit; verbunden mit dem „Hang zu Genießungen“, ist sie „die Quelle der Freude und der Sicherheit“, „der Dienstleistungen der Menschen“ (I—270, 274; IX—303, 319; XII—129). „Nach Unschuld strebend“, erhebe ich mich zu der obersten Höhe, die meine Natur zu erreichen vermag (XII—126). In der Schrift „An die Unschuld“, wie auch in „Ansichten und Erfahrungen“ erscheint die Unschuld als Kennzeichen der individuellen Kultur im Gegensatz zur oberflächlichen, schweifenden und verhärteten Zivilisation der „kollektiven Existenz“ (vgl. o. S. 190 u. S. 193 ff.). Gelegentlich steht dafür „Demut“, d. h. „schlichter Menschensinn“ (z. B. S IX—241, Ma IV—65). In „Ansichten und Erfahrungen“ (IX—267) wird die Unschuld mit der Schuld in Beziehung gesetzt: Gott allein kann den Menschen, als Kind Gottes, dessen „Unschuld Gottes Sache ist“, von Schuld frei machen.

In den „Bemerkungen zum Matthäusevangelium“ des XIV. Bandes der kritischen Ausgabe wird die Unschuld, sittliche Reinheit und leidenschaftslose Ruhe, die Erhaltung der Gemütsstimmung, die höchste Anmaßungslosigkeit, die Aufopferungskraft, Selbstverleugnung und Entsagung, die stete Wachsamkeit gegen sich selbst und innere Selbständigkeit immer wieder gepriesen. So ist es auch zu verstehen, daß Pestalozzi die Armen zur Armut erziehen will, wenn er sich auch über das Ergebnis einer Täuschung hingegeben haben mag (vgl. S XII—89 f. und Morf, a. a. O. IV—611).

Unter „Ruhe“, die in dem Fragment über die „Grundlagen der Bildung“ (1803, XVI—3) besonders eindringlich empfohlen ist, wird nicht der „Hang zur Tregheit“, die spießbürgerliche Gleichgültigkeit der Schwächlinge verstanden; echte Demut und Bescheidenheit hat auch nichts mit Kriecherei zu tun (I—133, VII—533, XI—125 ff., 170, 203, 205), vielmehr wird des öftern „Ruhe und Kraft“ in einem Atem genannt (z. B. XI—120), wie die „kraftvollere und bedürfnislosere Einfalt unsrer Väter“ als Vorbild hingestellt wird (XI—327)[1]). In diesem Sinne kann Pestalozzi sagen: „Die

[1]) Auch Israel a. a. O. I—239. Die gestraffte Intensität seines geistigen Seins spricht aus „Pestalozzis Selbstschilderung“ vom Jahre 1802 (XIV. Bd.): „Ich will's — . . . Ich kann's — . . . Ich soll's“.

Ruhe des Staats ist das höchste Gesetz" (XI—285 f.). Im „Schwanengesang" wird des unmündigen Kindes heilige Ruhe, von der Mutter instinktiv gefördert, als „das große erste Gesetz" der Elementarbildung hingestellt. Vgl. o. S. 207 f. Einfachheit aber ist notwendige Eigenschaft des Erhabenen (IX—309).

Pestalozzi hebt die Einfalt sowohl gegen den „Schimmerglanz unsrer Zivilisationsverkünstlung" (S XI—209) ab wie gegen alle „Vielwisserei" und die „Menge oberflechliches und unverdautes Wüssen" (XVIII—138).

In immer neuen Wortprägungen nimmt er Stellung gegen alle Staatskünstelei, Etiquette und „Hoofffraüleinssitten" (I—219). Das typische Wort hierfür ist Schimmer, das seit seiner Jugendzeit bis ins hohe Alter stets wiederkehrt, besonders in der „Abendstunde": „Hang zum niedern Schimmer" („glänzende, blizende Erschöpfung"), „schimmernder Hang zur Regierungseitelkeit", „schimmerndes Blendwerk", „Hoffartschimmer", „Herrschafftsschimmer" usw.[1]), dazu auch „Flitter" und das Verb „schimmern" (I—211, 223, 228, 232, 236, 242, 244, 279 f. u. ö., besonders in Pestalozzis „Reden an sein Haus"; vgl. o. S. 106). Ebenso in der „Langenthaler Rede", wo alle Stände, namentlich die überstürzt reich gewordenen Fabrikanten und Fabrikarbeiter, zur Mäßigung, Einfachheit, Anspruchslosigkeit, zu Reinheit, Unschuld und Edelmut aufgerufen werden gegen den „Zivilisationsschimmer" des Luxus, der Eitelkeit und der fremden Sitten (S XII—479 ff., 482 ff., 489). Daneben spricht Pestalozzi von „schimmernden Leuten", vom „schimmernden Forthüpfen auf der Oberfläche der Dinge" u. ä. (I—396, IV—278 ff.). Solche gekünstelte Erziehung macht aus Menschen verkünstelte Schwächlinge, Menschenaffen und Menschenbettler (XI—116, XII—227). „Nehrung zur Unschuld des Wohlwollens" ist dagegen „das einzige Mittel zur Vollendung meiner selbst"! So krönt die Idee der Einfalt (der Einfachheit) und Unschuld den Naturalismus und christlichen Sozialismus Pestalozzis.

Tausendmal wird alle „Klügelei" verurteilt, die zeitgenössische Philosophie, die „Studenten-Zerstreuung der wissenschaftlich-gebildeten Leuten", der Wissenschaftler, Rechtsgelehrten und Geistlichen, aber auch der Krieger, denen es an „Bildung häuslicher Weisheit" mangelt, was durch Wissenschaft nicht zu ersetzen ist. Auch hier wird der Heiland wieder als Vorbild hingestellt, da er „selber am natürlichsten, einfältigsten, und gemeinsten geredet" habe

[1]) Daneben auch in anderm Sinne „ein Schimmer von Hoffnung" (I—400, Brief Pestalozzis).

(III—489 f., VII—311, VIII—294 f.)[1]). Die „Suspension des Urtheils“ sei die Quelle der Zufriedenheit (Einfluß Grammonts). Daher sei die „ungebildete Natur“ eine bessere Führerin zur Vernunft als die Sophisterei und die mit der Realwelt unbekannten Studierstuben. Auch ein kunsterfahrener Mann (= Handwerker) sei der Wahrheit näher als ein Gelehrter. Darin berührt sich Pestalozzi, trotz alles Gegensatzes auf schulischem Gebiet, mit Fr. E. von Rochow, der sich (1783) für „einfache Weisheit, aus ruhiger Beobachtung, Nachdenken und Sympathie für Wahres, Schönes und Gutes entsprossen“, ausgesprochen hat[2]).

Die schlichte Einfalt Pestalozzis ist schwer zu vereinigen mit dem »vornehmen Anstand« aristokratischer Selbstdarstellung und humanistisch gebildeter Kreise[3]). Wohl bezeichnet Pestalozzi (unter Einfluß Shaftesburys) gelegentlich die Einfalt des Lebens als erste Quelle der Anmut und des unschuldigen (!) Anstands. Aber echter klingt es, wenn er die „bürgerliche Tochter“ mahnt, nicht nach dem Anstand des Edelmannes zu streben: der Anstand setze eine Aisance voraus, welche die Sicherheit des bürgerlichen Standes untergrabe (IX—316, 337).

Darüber hat sich Pestalozzi im zweiten Bändchen des „Schweizerblats“ zusammenhängend geäußert (1782, 269 ff.). Da die Wahrheit von der Lage und den Umständen der Menschen abhängig ist, so soll jeder in seiner Lage glücklich werden. Also kein Sprung nach einem höhern Brotkorb infolge der Leidenschaften und Neigungen unbesonnener Väter mittels der „Kunstführung“ der hohen Schulen und der verkünstelten Erziehungs-Methoden der neuen Zeit unter Vernachlässigung der „gemeinen Hausauferziehung“! Dann fehlt die Hauptsache: Einfalt ohne Tugend und Unschuld, was bloß „Affenarbeit“ sei. Den „Spielmethoden“ und den „Weisheitslaternen“, dem „Mischmasch des Kriegs, des Katheder, der Kanzel, der Oekonomie, der Finanz bis auf die Barbierkünste hinunter“

[1]) Ebenso warnt Pestalozzi in seinen „Bemerkungen zum Matthäuserevangelium“, wie auch in seiner „Selbstschilderung“ vom Jahre 1802, vor den „Lehrarten“, bloßen Kenntnissen und vor Wortklauberei (XIV. Bd., zu Kap. XIII, XVI u. XXII) und deutet auf Christus als Vorbild hin (zu Kap. XIX u. ö.). Noch bestimmter äußert sich Niederer: der recht denkende und handelnde Pädagog muß „Christum selbst als Menschenbildner ins Auge gefaßt und begriffen haben“. Damit eröffnen sich letzte Zusammenhänge zwischen Christentum und Methode. Mittels der „christlichen Methode soll das Kind von Gott aus in die Natur und in sich selbst, und dadurch von der Natur und sich aus wieder zu Gott“ geführt werden. Em. Dejung, a. a. O. S. 51 f. u. 66.

[2]) Fr. E. von Rochow, Sämtliche päd. Schriften I, Berlin 1907, S. 320.

[3]) Vgl. Goethes „Lehrjahre“ (I), 5. Buch, 16. Kap.; Herders Reden, z. B. „Von der Grazie in der Schule“; Schillers „Anmut und Würde“; W. v. Humboldts Briefe usw.

wird der einfache Gang der Auferziehung unsrer Alten gegenübergestellt, der zum beruhigten häuslichen Leben hinführt. Daher finden wir die seit Jahrhunderten geübten, verehrungswürdigen Überreste wahrer Menschenerziehung noch auf Edelsitzen, in Bürgerhäusern und Bauernhütten, wo die Sitten von Großvater und Vater überliefert sind.

Einfalt und Unschuld haben auch nichts mit dem bloßen „Buchstaben des Gesetzes" ohne den „Geist" des Rechts zu tun, nichts mit der Kunst der Rechtsgelehrten und der „blassen Juristen", der Justiz, und nichts mit dem steifen Wesen „obrigkeitlicher Formalitäten" (I—214, IV—184, VII—137, VIII—14, IX—73, 277, XVI—342 f.). Über all das gießt Pestalozzi ständig seinen Spott und Hohn aus. Er kennt die Unzulänglichkeit und Unbestimmtheit der Gesetze, die es ermöglichen, den eigenen Beutel zu füllen (IX—15 f.; XI—216 f.). Er hat es erfahren, daß die Ansprüche alles bürgerlichen Rechts nur ein „Hinderniß der sittlichen Reinheit" sind und daß das „harte Recht" das Sittlichkeitsgefühl zerstört (IV—415 f., XIII—186). Deswegen verficht er die Idee der Gerechtigkeit, die grundsätzlich durch die Formel „Wahrheit und Recht" („Recht und Wahrheit") ausgedrückt wird, das Fundament der Einfalt (und Tugend) ist und nichts anderes als „Rechtthun" bedeutet, da sich unsere empirisch „gesellschaftliche" Rechtlichkeit und Unrechtlichkeit unserer sittlichen Kraft unterzuordnen hat (VIII—277, XII—227). So wird denn auch die Unschuld in den „Epochen" (XIV—184) als „innere Rechtlichkeit" bestimmt. Recht beruht nicht auf steigender philosophischer Erkenntnis, setzt jedoch geklärte Einsicht voraus: den Verstand auf den geraden Wegen der „frommen Einfalt, Ruh und Gerechtigkeit und Frieden" (II—159, VIII—277). Diese Idee soll auch die Gesetzgebung versittlichen: „Heilige Gesezgebung! Wenn wirst du dir selbst nicht mehr widersprechend die Menschen zu ihrer natürlichen Stellung hinlenken? — und sie den erstes Genuß ihres Standes nicht mehr trüglichem, genußleerem, alles vergiftendem Flitter aufopfern machen? Erhebe dich wieder aus dem Staub deines Kriechens vor betrogenen Thronen, und dem Schlamm eines Staats, in dem alles versinkt!" (IV—265).

Wenn dann Recht und Freiheit in stereotyper Formulierung wiederkehren, so weiß Pestalozzi gegenüber Rousseau, daß Freiheit kein Ziel ist, sondern nur eine Bedingung, „Stütze und Quell" aller Genießungen und Tugenden, „Sicherung des Menschenrechts", und daß sich auf dieser Grundlage erst die Freiheit verantwortlichen Handelns aus Liebe zum Menschen und Vertrauen auf Gott aufbaut: Freiheit und Gleichheit kann die Obrigkeit nicht schaffen, sondern ist Sache gemeinsamen Handelns des Volkes. Dabei ist „die ausgebildete Kraft einer nähern Beziehung Quelle der Weisheit und Kraft des Menschen für entferntere Beziehungen" (I—271). Darin steckt einmal die Begründung des Heimatsgedankens. Das besagt aber auch, daß wir uns und der Familie erhalten müssen, um im Beruf dem Volke zu dienen und schließlich dem weitesten Kreise der Menschheit: die Idee echter Humanität (I—206, VII—227 ff.: Kirchmejers Vorträge, X—145).

Der Weg zur Einfalt und Unschuld führt demnach von der Irrationalität des Naturstandes zur geklärten Sittlichkeit. Erst nach Verlust der tierischen Unschuld und Behaglichkeit setzen die „Widersprüche" ein im ewigen Schwanken zwischen Wohlwollen und Selbstsucht. Intellekt und Unterricht, im Dienste der Sittlichkeit, leiten hin zur Erkenntnis der Wahrheit. Durch die Rationalität des gesellschaftlichen Rechtes, durch den „harten Meister" von Recht und Gesetz und durch „verhärtete" Sitte (der 4. „Epoche"), d. h. Etiquette, durch die Täuschungen der „Lehrlingsjahre" reift der Mensch zur „höheren" Selbständigkeit, nachdem er den Trug des gesellschaftlichen Zustandes erkannt hat. Durch Selbsterkenntnis und Selbstüberwindung ringt er sich durch zur Freiheit und harmonisch ausgeglichenen Gemütsstimmung, die erst die „Veredlung" ermöglicht, zumal die „Eindrücke" des Naturstandes in mir nachwirken „bis in mein Grab". Von der Unbewußtheit zur Bewußtheit und von da zu einer religiös vertieften und geläuterten Ruhe, Einfalt und Unschuld! Sind doch die geistigen Erlebnisse der Liebe, des Glaubens und des Vertrauens im tiefsten Grund irrational und fließen immer wieder ineinander. —

Alle diese Grundsätze der Elementarbildung sind bereits in Pestalozzis methodischen Schriften des Jahres 1802 aufgewiesen[1]): in der „Note" über seine Methode, in der Schrift „Über das Wesen, den Zweck und den Gebrauch der Elementarbücher" und besonders in der „Denkschrift an die Pariser Freunde über Wesen und Zweck der Methode", die uns auch in S VIII—469 ff. zugänglich gemacht ist. Es geht in diesen Arbeiten wiederum um folgende Gesichtspunkte: Zusammenhang von „Naturkrafft" und „Kunstkrafft"; Unterscheidung von intellektueller, physischer und sittlicher Elementarbildung des Geistes (= Verstandes), des Körpers und des Herzens („Kennen, Können und Wollen" des Guten); Innehaltung der

[1]) Sie liegen mir in Bogen, z. T. nur in Fahnenabzügen des XIV. Bandes der kritischen Ausgabe vor.

psychologisch gereihten Stufenfolge der Kunstmittel[1]) im tätigen, freudigen und lückenlosen Fortschreiten auf dem Pfade der Natur, den die Mutter in ihrem „gesunden Instinkt" geht; Hinführung zu deutlichen Begriffen (d. h. zur Wahrheit) an Formen, Maß- und Zahlenverhältnissen ohne „voreilenden Gebrauch", mit „unbeschränkter Reinheit" und dem „höchsten Grad der Richtigkeit" auf dem einzigen Fundament der Anschauung, vom Körper ausgehend („allgemeiner Anschauungsunterricht"), am Quadrat als Urform und einfachstem Fundamentalmittel, an den nahestehenden Gegenständen und ihren Eigenschaften hinsichtlich Wort, Form und Zahl („bestimmter" oder „spezieller Anschauungsunterricht"); Veredlung des ganzen Seins der Menschen durch wiederholte, allgemeine und harmonische Belebung der innewohnenden Kräfte unter Ablehnung jeglicher Verirrungen (Selbstsucht, leere Worte, die Einseitigkeiten und Vereinzelungen der „Verstandesbestien", der „Faust- und Herzensbestien"); Unterordnung aller gebildeten Kräfte unter das Sittliche mit Berücksichtigung der Reallage (der äußeren Lage) und der Anlage der einzelnen Menschen, damit sie sich selbst helfen können; Vertrauen auf Gott, Liebe und Dank, wohin das „Wesen" der Methode am Faden unserer ersten Bedürfnisse führt; wahre Selbständigkeit, Gefühl für Schönheit, Ordnung und Ruhe („Reinheit unserer inneren Anschauung"). Die erwähnte Schrift „Über das Wesen, den Zweck und den Gebrauch der Elementarbücher" enthält eine drei- bzw. vierfache Stufenfolge der Anschauungskunst oder Anschauungsmittel (vgl. u. S. 250 Anm.) sowie praktische Einzelheiten über Anschauungs- (Sinnen-), Zeichnungs- und Ausmessungsübungen im Zusammenhang mit Redeübungen, je nach der Fassungskraft des Kindes. Dies sind die Grundlagen der Handfertigkeiten in der Stufenfolge des „Buches der Mütter", des „ABC der Anschauung" sowie der „Anschauungslehre der Zahlverhältnisse".

In den nationalökonomischen Arbeiten des Jahres 1802 wird nun der Gedanke der psychologisch begründeten Reihenordnung von den methodischen Schriften in den Bezirk der Politik übertragen[2]). Hängt doch die „unbeschränkte Reinheit" in den seelischen Fundamenten des Unterrichts gerade von der Reihenfolge der Anschauungsmittel ab (XIV—62). Entsprechend fordert die „innere Organisation" des Staates eine „harmonisch" abgestimmte, „allgemeine" „Reyhenordnung der Krefften und Mitt-

[1]) Vgl. die Note des I. Anhanges, XIV—26, Z. 1 ff.

[2]) Die Bedeutung der „Reyhenfolge" war schon bei den Ausmessungsabteilungen der ersten Schreib- u. Zeichenexperimente am Viereck erkannt, während für Zahl, Form u. Maß die „innere Gleichheit ihres Wesens" noch nicht „allgemein" (!) eingesehen war (XVI—124 ff.; vgl. o. S. 65).

len" in der „Ordnung" aller Bürger, jeder Berufsart, der Wissenschaften und Künste, und zwar wiederum in der Stufenfolge der Individuen, Gemeinden, Distrikte und Kantone gegenüber dem nach Möglichkeit zu entlastenden Staate! Die Finanz im besonderen, die nach Pestalozzi die Geistes- und Berufsbildung der Nation, die „Policey" (Armenanstalten, Waisenhäuser, Schutz des Eigentums usw.), die Gerechtigkeitspflege, die Militärbedürfnisse und die personalen Ausgaben umfaßt, beruht „auf vollstendiger Kentnis, auf vollstendiger Ordnung und vollstendigen Mitteln", wie auch die Grundsätze des Sparens auf der „unerschütterlichen Vesthaltung einer Reyhenordnung im Ausgeben" des absolut Notwendigen ruhen (XIV—3, 5, 6, 8, 17). Diese Grundsätze werden in den „Ansichten über die Gegenstände usw." ausführlich dargelegt, besonders hinsichtlich des Ausbaus einer zweckmäßigen Volksbildung (XIV—210 ff.), einschließlich der Berufsbildung für Feldbau und Industrie.

Der Übergang von der unterrichtlich-methodischen zur nationalökonomischen Reihenordnung läßt sich im ersten Entwurf der Flugschrift „An die Freunde der Menschen und an Helvetiens Freunde" deutlich verfolgen. Außer dieser Abhandlung kommen hier noch folgende Arbeiten des XIV. Bandes der kritischen Ausgabe in Betracht: „Über die Finanzen", „Ansichten über die Gegenstände auf welche die Gesetzgebung Helvetiens ihr Augenmerk vorzüglich zu richten hat" und die in zwei Fassungen, einer gekürzten französischen und einem deutschen Entwurf, vorliegende Denkschrift „Mémoire sur la situation du Canton de Zurich relativement à la constitution qui pourra lui convenir" („Denkschrift über die Verfassung für Helvetien, gerichtet an die französischen Regierungskommissäre").

Die Staatsverfassung, in Sonderheit die Organisation des Finanz-Systems und der Zehnteinkünfte erfordert, wie auf methodischem Gebiet, einen Rückgang auf das „Wesen der Fundamente, auf welche wir das Wohl Helvetiens mit Sicherheit bauen können" (XIV—7, 13, 209). Die von Pestalozzi ins Feld geführten sozialpolitischen Maßnahmen laufen im letzten auf eine „innere Veredlung" der Menschen hinaus[1]), was besonders stark in den Schriften „Die Epochen" und „An die Unschuld" unterstrichen war:

[1]) Auch hier stoßen wir auf die Gegenüberstellung von „inner" im Sinne von wesentlich-allgemein und „äußer" im Sinne von empirisch-tatsächlich, z. B. die Finanz „beruht" innerlich auf der Vollständigkeit der Kenntnisse, Ordnungen und Mittel, äußerlich „umfaßt" sie die Geistes- und Berufsbildung usw. (XIV—1); „weder äußere Formen noch innere Bildung" (11); „äußere Gleich-

1. Voraussetzung aller Erfolge im Bezirk des Steuerwesens ist eine Herabsetzung der bezahlten Beamten und ihres überflüssigen Anhangs von Vettern und Basen (XIV—241 ff.). Die Staatskunst ist von Grund aus so wenig als immer möglich durch Menschen auszurichten, die in Dienst und Sold stehen, vielmehr durch freie, selbständige Mitwirkung der Individuen, Gemeinden, Distrikte und Kantone und so mit größter Sparsamkeit zur höchsten Vollendung zu bringen (4 ff.). Der Grundsatz der Ökonomie wird treffend formuliert, „mit den wenigsten Mitteln die größte Würkung hervorzubringen" oder, persönlich gewandt, diejenigen Menschen heranzuziehen, die in der Lage sind, alles „mit den wenigsten Hülfsmittlen, mit der größten Sachkenntnis", dazu mit der wenigsten Zeitversäumnis zu tun (9, 17). Vgl. S XII—484 f., 492 f., 502 f. („Lenzburger Rede").

Es soll in „weiser" und „gut organisierter Freyheit" geschehen, indem alle Bürger „zur freyen Theilnahm an allen nöthigen Dienstleistungen gebracht werden" und sich durch die Gleichheit der Lasten möglichst gerecht behandelt fühlen (9, 10, 15, 241, 249 ff., frz. u. dtsch. Text). Es wären Männer zu finden, die sich „eine Ehre und eine Pflicht" daraus machen, die Sache auf eine Weise zu tun, wie sie kein Fremder vollbringen könnte und sich selbst durch ihren Dienst glücklich machen (16 f., „Über die Finanzen", Vorarbeit). Die Not des zehntpflichtigen Mannes wäre dann zu mildern, die Erträge des Bodens und der Industrie zu steigern, der Großreichtum des Zehntherrn auszugleichen zu Gunsten eines soliden Mittelstandes, die Sicherheit und der Genuß des Besitzes zu gewährleisten, womit frühere Gedankengänge wieder aufgenommen werden.

2. Die zweite Maßregel bestände in der Hebung des Unterrichts, dessen Organisation auf „tiefe Psychologie" angelegt sei, wie auch jedes Steuersystem die „psychologischen Fundamente der menschlichen Anschauungsweise" wohl zu berücksichtigen habe (S. 5, 15). Pestalozzis eigene Methode würde dem Genüge leisten in der Hand von Männern, die imstande sind, die Geistestätigkeit der Kinder zu beleben und aus der Erfahrung Ordnung und Reihenfolge der Übungen zu bestimmen, in denen die verschiedensten Arbeitsgattungen mit dem Denken und Nachsprechen zu verknüpfen sind.

---

heit der Auflagen" ohne „innere Gleichheit des öffentlichen Urtheils" (14); die „allgemeinen" Fertigkeiten des Körpers und des Geistes — ihre „äußere Anwendung" (210) auch neben „innerer" Kraft; Organisation, Vollkommenheit, Veredlung usw. neben „wesentlichen" und „unwesentlichen" Bedürfnissen (8, 18). Vgl. (13) „bey dem Grad unserer allgemeinen innern Ausbildung" und dazu die Note des I. Anhangs; „innere Sicherheit ihrer selbst, das ist allgemeine Soliditet ihrer Mittel" (Note zu S. 16); die „Fundamente ihrer wesentlichen inneren Kräfften" (Variante zu S. 22, Z. 10—16).

Denn das Volk muß im Denken ebenso gewandt sein wie im Arbeiten, im Feldbau wie in der Industrie, was durch „vollendete Übungen von stufenweise steigenden ungleichen Arbeitsgattungen" gesichert wird (Erster Entwurf zum Aufsatz „An die Freunde der Menschen usw."). Im besonderen wird wiederum die Reihenfolge von Kunstmitteln gemäß dem Gange der Natur empfohlen, die nach Möglichkeit für den Gebrauch des Vaters und der Mutter in der häuslichen Unverdorbenheit zu vereinfachen sind, damit das Kind harmonisch zur höchstmöglichen Selbständigkeit hingeführt werde und nicht „in die Hände eines sauertöpfischen ABC Flegels" geriete („Ansichten über die ‚Gegenstände usw.", XIV—211 f.).

3. Schließlich ist die innere Organisation der Staatsverwaltung und der Finanzen eine Aufgabe der Erziehung, der gesamten Volksbildung: „Nur Erziehung kann uns retten" („An die Freunde der Menschen", 2. Entwurf, wieder gestrichen)[1]. Die sittliche Bildung hat die durch eine gute Elementarbildung erweckten „Anlagen unseres Herzens zur Menschenfreundlichkeit und zum Wohlwollen" zu stärken und zu erweitern. Dies wird uns in den „Ansichten über die Gegenstände usw." (210, 219, 221 usw.) immer wieder nahegelegt.

Zu diesem Zweck wendet sich Pestalozzi, der patriotische Sozialist und konservative Republikaner, an die Wahrheitsliebe und den Edelsinn der Bürger und empfiehlt eine Vereinigung aller Guten in der tätigsten Beförderung alles Guten, was ohne Glauben an die neue Ordnung nicht möglich ist. Denn der Sozialpolitiker Pestalozzi vertritt nicht einen bloß äußerlichen Unitarismus, sondern einen helvetischen Einheitsstaat, der auf der Gesinnung des geeinten Volkes gegründet ist. So durchzieht denn all die erwähnten volkswirtschaftlichen Aufsätze die Mahnung, das Volk „durch Freud und Ehre", d. h. durch Freude an der Ehre zu „reizen", die „Selbstkraft" der Individuen zu beleben, den Gerechtigkeitssinn und die „inneren Kräfte" anzuregen. Während die ersten methodischen Schriften Pestalozzis, trotz des Wortes „Selbsttätigkeit", mehr ein reaktives Verhalten des Nachahmens (Nachsprechens, Nachzeichnens) verraten, was wir oben verfolgen konnten und auch von Besuchern bestätigt wird[2]), werden dann mehr und mehr die sittlichen, die häuslichen und bürgerlichen Individualkräfte angesprochen. So müssen Gesetzgebung und Erziehung zusammenwirken

[1]) Vgl. den Brief an die Gräfin Ch. Schimmelmann (1803; XVI—7 ff.): „Das Wüssen ist für den Menschen wenig, das Gewohnen ist für ihn alles". Aber auch: „Ohne Erkenntniß der Wahrheit gibt es keinen wahren Glauben, und ohne Bildung zur Wahrheit keine Erkenntniß der Wahrheit" (Brief an den dänischen Seminarlehrer Ström vom 23. XII. 1803, Morf, a. a. O. II—222).

[2]) Vgl. Israel, a. a. O. I, S. 254, 306; XIII—202, 204; XVI—164 ff.

zur Selbstveredlung des Menschen und der Menschheit, was durch bloße Verwaltungsmaßnahmen nicht zu erreichen ist. —

Wie bereits angedeutet, werfen wir von der gewonnenen Warte aus einen kritischen Rückblick auf die „LENZBURGER REDE" (1809), deren erster Teil uns ja nur in der Redaktion aus Niederers Hand vorliegt (s. o. S. 148 f.).

A. In diesem ersten Teil, den wir zunächst einmal von Ma III—376 bis 484 (Ende des 160. Abschnitts) ansetzen, finden wir dieselben Grundgedanken, die wir oben in dem Überblick auf S. 201 ff. und besonders in den leitenden Grundsätzen auf S. 220 ff. herausarbeiten konnten — ein Zeugnis, wie weit der Meister und sein empfänglicher Jünger und Mitarbeiter durch dieselbe Aufgabe und durch gemeinsames Gedankengut verbunden waren.

Auch im ersten Teil der „Lenzburger Rede" wird zwischen der biologisch-tierischen und der geistigen Kategorie ein klarer Trennungsstrich gezogen, wenn auch, genetisch gesehen, sinnlicher Naturtrieb und das Sittlich-Göttliche im Menschen auf eine „instinktartige" Urschicht zurückweisen (Ma III—384, 531 f.). Wieder stoßen wir auf die Einteilung der geistigen Kräfte (i. w. S.) in sittliche (Wollen, Herz), geistig-intellektuelle (Kennen, Geist) und physische (Können, Hand) im Sinne der Fertigkeiten bzw. Künste (375, 400 ff.), wobei immer die Unterordnung der letzteren unter die Sittlichkeit gefordert wird (450, 468 u. ö.). Alle Kräfte sind durch Gebrauch und Übung „habituell" zu machen (401 f., 403, 427, 430, 435, 470 u. ö.; vgl. o. S. 211). Wieder wird die Bedeutung der Gefühle und der Gemütsstimmung hervorgekehrt (z. B. S. 384, 430) und Vernunft als die „lebendige, geistige Kraft im Kinde" bestimmt (402).

B. Als sittlich-religiöse Kräfte werden im einzelnen Wahrheit und Recht, Wahrheit und Liebe, (wahrer) Glaube und (wahre) Liebe (372, 373, 375, 435, 454 f. usw.), Dank, Vertrauen (384, 419, 447 u. ö.), dazu hier auch das Wahre, Schöne und Gute (382) hervorgehoben[1]), auch die Bedeutung des Handelns und der Handlung gewürdigt: jede Elementarübung der geistigen Kräfte ist „nichts anders als eine Handlung unsrer geistigen Kraft selber" (427 f.).

Einen breiten Raum nehmen die Erörterungen der Zusammenhänge von Christentum, Sittlichkeit und Elementarbildung (Elementar-Bildung) ein. Pestalozzi (Niederer!) unterstreicht die Übereinstimmung zwischen „dem sittlichen Geiste des Christentums" („dem Wesen des Christentums, insoweit dieses als die Offenbarung unsrer

---

[1]) S. 394 in einer Stelle, die in der Cottaschen Ausgabe gestrichen ist.

sittlichen Natur und ihrer Entwicklung betrachtet wird")[1], dem Gang „der menschlichen Naturverhältnisse", dem Wesen der Elementarbildung und schließlich der Handlungsweise der Mutter. Elementarbildung ist demnach nicht Sache einer menschlichen Kunst, sondern liegt schon im Wesen des Christentums (421 ff.). Mithin sind Sittlichkeit und Religiosität das „absolute und notwendige Fundament" der Methode, Religion das „universelle Erziehungsmittel der Menschheit" (419, 441, 447) oder auch das Göttliche des Christentums als das „vollendetste Mittel der Sittlichkeit unseres Geschlechts" (439)[2].

Während in der „Langenthaler Rede" (1826) das Wirtschaftliche und Politische im Vordergrund steht, tritt beides hier in der gesamten „Lenzburger Rede" zurück, wie ja auch im „Schwanengesang" (1825).

C. Von den intellektuellen Partialkräften bzw. Elementarmitteln werden, wie in den „Geßnerbriefen", nur Zahl, Form und Sprache genannt und behandelt (402 ff., 405 ff.); sie werden auch auf die Anschauung zurückgeführt, in der sie uns erst zum Bewußtsein gebracht werden, und stehen im Dienste der Denkkraft (407 ff., 451 f.). Der Kunstbildung wird dazu ein größerer Raum gewidmet (Ma III—402, 467 ff.). Sie geht einerseits aus der Entfaltung unserer geistigen (und sittlichen) Kräfte hervor, andererseits aus der Entfaltung der sinnlich-mechanischen Kraft unserer physischen Anlagen zur Kunst. Ebenso wie die intellektuelle Ausbildung ordnet sich die Kunstbildung der sittlichen Natur unseres Geschlechts ein. Die Künste — Musik, Gesang, Zeichnen, Plastik, Gymnastik usw. — erziehen zur Vollkommenheit, zur Schönheit („Verhältnis-Gefühl"), zur Harmonie, zum Gefühl des Erhabenen, des Gefälligen und Schick-

[1]) Und umgekehrt: die Sittlichkeit selbst, wie sie in der unwandelbaren und ewigen Beschaffenheit des Menschen liegt, hat sich in der Person und im Geist seines Stifters geoffenbart (418 f.)!

[2]) Ist doch zudem die Elementarbildung, wie der Glaube, ein Werk göttlicher Gnade (vgl. o. S. 221, sowie S. 254, 260). Wenn man von Religion im Dienste der Sittlichkeit gesprochen hat, so beweisen die „Bemerkungen zum Matthäusevangelium" gerade das Gegenteil. Hier (zu Kap. XV, auch XVI, XVIII, XXII u. XXIV) stellt Pestalozzi die Unterordnung aller Menschensatzungen unter die unverletzliche Anerkennung der Heiligkeit göttlicher Gesetze fest. Alle menschlichen Einrichtungen und Ordnungen, die nicht aus dem Göttlichen quellen, tragen den Samen des Todes in sich selbst. Die Lehren Christi haben in der „inneren unvergenglichen Natur der Menschen" ihr unzerstörbares Fundament. Daher ist die Sittlichkeit auf Gottesverehrung und Menschenliebe gegründet.

lichen[1]). In tiefer Schau psychologischer Zusammenhänge wird das Kunstschaffen aus der Harmonie des „Innern“ begründet. Wenn dann schließlich die Kunstbildung auf Anschauung, Sprache und Denken zurückgeführt wird (469), so leiten diese Einsichten bereits auf die späteren Gliederungen des „Schwanengesangs“ und der „Skizze“ zur „Langenthaler Rede“ über (Anschauungs-, Sprach-, Denk- und Kunstlehre). Im ersten Teil der „Lenzburger Rede“ werden diese Tatsachen wohl systematisch aufgewiesen, weniger ihre Entfaltung im Kindesalter (408 ff.).

Hier klingt auch die frühere Erörterung der allgemeinen „Einlenkungsmittel“ an, nämlich Ton und Schönheitsgefühl. Das allgemeine „Entwicklungsmittel“, das Viereck, wird nicht herangezogen, wohl aber andeutungsweise der menschliche Körper (411, 415). Vgl. o. S. 42. Auf die „inneren körperlichen Theile“ sowie auf das Quadrat (und das Rund) wurde auch in den „Epochen“ von 1802 Bezug genommen (XIV—104 ff.).

D. Auch die wesentlichen Punkte der oben (S. 220 ff.) herausgestellten l e i t e n d e n G r u n d s ä t z e d e r E l e m e n t a r b i l d u n g finden sich fast ausnahmslos bereits im ersten Teile der „Lenzburger Rede“, also schon 1809. Die e l e m e n t a r i s c h e B i l d u n g als solche muß ausgehen von bestimmten „nach ihren eigenen inneren Gesetzen als Wissen und als Kunst von ihrem Ursprung aus entwickelten und erweiterten“ Anfangspunkten (382, in der Cottaschen Ausgabe gestrichen). Sie erkennt „die Einheit unsrer Natur“ an, richtet sich auf das Ursprüngliche der Menschennatur sowie auf das Allgemeine, z. B. der einzuübenden Fertigkeiten. Insofern die Methode „den Stufengang der Natur in der Entwicklung des Menschen“ zu immer erweiterter Einsicht und Kraft mit demjenigen ins Gleichgewicht bringt, was das Kind aus sich selbst erzeugen muß, um seine Bedürfnisse mit den Forderungen seiner äußeren Lage in Übereinstimmung zu halten, ist sie „naturgemäß“ (382 f., 467, 471 u. ö.).

a) Wir haben oben (S. 222 ff.) festgestellt, daß die Entgegensetzung von „inner“ und „äußer“ die a l l g e m e i n e G e s e t z l i c h k e i t d e r m e n s c h l i c h e n N a t u r (und damit auch der

[1]) Pestalozzi hat sich, unter dem Einfluß von J. Schmid, Ramsauer und Peter Schmidt (Berlin, Plamannsches Institut), den systematischen Ausbau des Zeichenunterrichts in den „Geßnerbriefen“, „Elementarbüchern“, im „Bericht an die Eltern“ von 1807, in der Einleitung zum „ABC der mathematischen Anschauung für Mütter, oder Anweisung, die Geisteshätigkeit der Kinder an Form, Größe und durch damit verbundene Zeichnungsübungen anzuregen und sie auf bildende Weise zu beschäftigen (!)“, und schließlich in der „Lenzburger Rede“ sehr angelegen sein lassen. Vgl. S X—142 ff.

Bildungsmittel) meint im Gegensatz zum empirisch Zufälligen der besonderen Lagen, Umstände und Verhältnisse einzelner Menschen. Statt „inner" heißt es auch *göttlich, heilig, ewig,* auch *ursprünglich, geistig, rein, wesentlich (das Wesen), notwendig, unwandelbar, gleich, allgemein, unveränderlich* usw.; statt *„äußer"* auch *äußerlich, ungöttlich, menschlich, zufällig, willkürlich* usw. Pestalozzi sowie der theoretisierende Niederer (!) machen von diesen Möglichkeiten reichlichen Gebrauch, um das „Allgemeinheits-Prinzip", auf dessen Realisierung die Methode ausgeht, darzutun (395). Im Sinne dieses Prinzips, das auch in der Allgemeinheit des Christentums wie der (intellektuellen) Elementarbildung für alle Berufe und Stände zum Ausdruck kommt, werden Juden und Heiden getadelt, weil sie sich an der „Allgemeinheit der Ansprüche der Menschennatur auf die innere Wahrheit in der Entfaltung ihrer sittlichen Kräfte" stoßen, weil sie „diese Allgemeinheit" nicht wollten und trennten, was Gott „göttlich und menschlich zusammengefügt hat" und so „die Allgemeinheit und die Reinheit der Ansprüche der Natur in der sittlichen und religiösen Bildung" verkannten, wie auch heute viele Menschen (424)! Denn die Wahrheit der gesuchten „Idee der Elementarbildung" bedeutet im letzten Grunde die „Entfaltung" der in jedem Menschen gleichen Naturanlage, d. h. der allgemein-gesetzlichen Elemente (Anfangspunkte, Keime) an den empirisch-individuellen Besonderungen der äußeren Lage (den Umständen, Verhältnissen, Bedürfnissen): „Alle Wahrheit und alle Schlüsse, die ich durch die Zahl hervorbringe, entfalten sich aus dem reinen Wesen der menschlichen Denkkraft selber, d. h. die Denkkraft entfaltet sich beim Gebrauch dieser Mittel gleichsam durch sich selbst . . . Zur Auffindung von reinen Verhältniswahrheiten, die aus der Betrachtung äußrer sinnlicher Gegenstände entspringen, kann mir nur die Formenlehre, das ist die Kenntnis des Wesens und der möglichen Verbindungen der Formen, den Weg bahnen" (407)[1]. An dieser Formulierung mag Niederer sein gut Anteil haben.

[1]) Anders gefaßt: „Vermöge der innern Kraft, die sich durch Übungen der Zahl in mir entfaltet, bringe ich die Wahrheiten, die rein innerlich in meiner Natur liegen, mir zum Bewußtsein" (ebd.). Noch klarer S. 384 f. Damit vergleiche man die Fassung der Schrift „Über das Wesen, den Zweck und den Gebrauch der Elementarbücher" (XIV—62): „Also die Reihenfolge von Anschauungsmitteln bringen die Fundamente des Unterrichts mit unbeschränkter Reinheit in die Seele des Kindes hinein und holen die Resultate derselben ebenso unvermischt wieder aus ihm selbst heraus und ketten das hohe Leben der einfachen Natur an das in ihm selbst lebende Wesen seiner Erkenntniskraft".

Es erhellt aus dem Vergleich der herangezogenen Stellen, daß Pestalozzi hier keinen klaren Standpunkt zu Leibnizens Apriori bzw. zur Transzendentalphilosophie bezogen hat. Sagt er doch selbst in einem Brief an Dr. Kern unter dem 10. XII. 1804 (Israel, a. a. O. II—94), daß er die Transzendentalphilosophie nicht kenne[1]). Seine Bemühungen und all sein Ringen liegen vielmehr in der Richtung des zeitbeherrschenden, von der Stoa herkommenden konstruktiven Rationalismus und Universalismus[2]) und gehen auf Ergründung des mit dem Ganzen der Natur gegebenen und in diesem Sinne vorgegebenen Allgemeinen, Wesentlichen und Notwendigen, also nicht bloß der »im Gemüthe a priori bereit liegenden« Formen Kants, oder Fichtes Bedingungen der Möglichkeit personalen Seins und Werdens, sondern der Sinnrichtungen geistigen Seins[3]). So sind die Beiwörter *inner, ewig, unveränderlich, rein, göttlich* zu verstehen.

In diesem umfassenden Rahmen erforscht, auf dem besonderen Gebiete der Methode, die gesuchte Elementarbildung — über die ersten „Anfangspunkte" Wort-Form-Zahl hinaus — die „Elemente' und damit die apriorischen Kategorien einer allgemeingültigen Bildungslehre sowie die lückenlose Reihenfolge vereinfachter Bildungsmittel! Vgl. u. S. 281. In dieser Richtung liegt das „innere" Wesen der Idee der Elementarbildung begründet. Solche harmonische Kraftbildung des Allgemein-Menschlichen in unserer Natur knüpft an die äußere Lage und die inneren Bedürfnisse des einzelnen Menschen an, gibt Ruhe und Festigkeit des Charakters und rechtfertigt den Anspruch der Absolutheit der Methode, wie wir oben (S. 224) zeigen konnten.

Besonders überzeugend für diese Erkenntnis sind noch folgende Gegenüberstellungen von „inner" und „äußer" sowie deren Synonyma: Die Anfangspunkte liegen in dem, worin der Mensch, ungeachtet „aller äußern und scheinbaren Veränderungen", sich „immer gleich" ist und was ihm als „angestammtes ewiges Gut" bleiben muß (383). „Die Anschauungen und Gefühle selber, welche die äußern Eindrücke veranlassen, gehören der innern Kraft des

1) Vgl. dazu den Brief G. Toblers an Pestalozzi unter dem 25. VII. 1802; Morf, a. a. O. II—70.

2) Vgl. D. Mahnke, Der Barock-Universalismus des Comenius, Ztschr. f. Geschichte d. Erziehung u. d. Unterrichts 21 (1931), S. 120 ff.; 22 (1932), S. 61 ff.

3) S. den zusammenfassenden Überblick der „Rückbesinnung" am Schlusse der Arbeit. Wir können demnach ein gut Stück mit Franz Brentano, Kategorienlehre (Leipzig 1933) zusammengehen, insofern seine Kategorien weder Begriffe a priori, noch oberste Gattungsbegriffe sind (S. 219 ff., 129), sondern Unterschiede der Dinge (S. 225).

Kindes an". „Von den äußern Gegenständen", an denen der Mensch „sich selbst und sein Inneres wahrnimmt", getrennt, „rein und selbständig angeschaut . . . sind sie die einfachen und unveränderlichen Elemente aller rein menschlichen, rein geistigen, rein sittlichen Kultur der Kindheit und der Menschheit" (384 f.). Durch „das äußere Band" der Sprache, durch „das innere Band" des Bewußtseins knüpfen sich „das Äußere und das Innere, das Subjektive und das Objektive, Sprach- und Erkenntniskraft" aneinander (415). Das praktische Christentum fordert, „erst das Innere zu reinigen, damit das Äußere rein werde", d. h. das einzelne empirische Denken und Tun (429). Der Schein einer äußerlichen „oberflächlichen Aufklärung" ohne „höhere Kraftbildung" . . . (437). „Äußere Mitteilung" — „inneres Leben" . . . (438). Es tritt das „Äußere an die Stelle des Innern, das Gemeine an die des Heiligen, das Zeichen an die der Idee" (442). Liebe als das „Innere der Menschennatur", schlaue Lieblosigkeit (einzelner Handlungsweisen!) als das „Äußere" derselben . . . (463). Das „innere wesentliche Fundament" spricht sich „äußerlich" aus (467). Die Übereinstimmung „in seinem Innersten" auch „äußerlich durch die Kunst" darstellen (469)[1]).

Man wird der Intuition des „Allgemeinheits-Prinzips" nicht gerecht, wenn man die Antithese von „Inner"-„Äußer" und ihrer Äquivalente nur in der Oberflächlichkeit der üblichen Redeweise auf-

[1]) Sehr kennzeichnend sind auch die gelegentlichen Häufungen der mit allgemein-gesetzlich (bzw. sittlich, echt usw.) gleichbedeutenden Bezeichnungen: das Ganze der einen Menschheit offenbart sich in jedem einzelnen Dasein als „das Eine, Unwandelbare und Ewige, mehr oder minder sichtbar" (387). Die Methode will nur „dem Höhern über sie, der göttlichen Natur im Kinde", zur vollen Erscheinung im Dasein verhelfen (385). Die Anfangspunkte (Elemente) alles menschlichen Wissens und Könnens sprechen ihr Wesen selbst aus und sind „in Hinsicht ihrer notwendig, konstitutiv, absolut . . . ewig an ihr Dasein gebunden" (388). Durch die „von der Natur selbst wesentlich und unveränderlich gegebenen Mittel" kann die gesamte Geisteskraft in uns am leichtesten ausgebildet werden (402). „Unser Inneres, als die Elemente aller menschlichen Erkenntnis" (402). Der Entwicklungsgang in seiner „innern Notwendigkeit" (405, Wochenschrift). „Vermöge der innern Kraft . . ., bringe ich die Wahrheiten, die rein innerlich in meiner Natur liegen, mir zum Bewußtsein" (407). Der Elementarbildung sind die „reinen Kräfte" (die „höhern Kräfte") unsrer Natur heilig (430). Die „Entfaltung des Einzelnen" in der „reinen allgemeinen Entfaltung des Ganzen" (435). „Das Heilige und Reine in der Menschennatur" (440). Die „Reinheit der innern Menschennatur" (452). Das Christentum wie die Idee der Elementarbildung sprechen „das Wesen der geistigen Entwicklung des Menschengeschlechts als unwandelbar und ewig im Menschen wohnend" an (463). „Das Wesentliche, Innere, Heilige und der Menschennatur Segenbringende" (468). Die naturgemäße Bildung des Kindes zur Kunst geht „vom Notwendigen und Ewigen zum Zufälligen und Willkürlichen, und nicht von diesem zu jenem" (472) usw.

fassen wollte; denn hier liegt der eigentliche „Anfangspunkt" der Methode, die Pestalozzi, wie das Christentum, unter dem Aspekt der Allgemeinheit, schließlich der Ewigkeit, demütig und stolz zugleich, erfassen zu können glaubt.

Damit klärt sich auch die Gegenüberstellung von Allgemeinheit der Methode und individualisierender Erziehungsweise (386 f., 390 ff.). Gegenüber dem Vorwurf, eine „allgemeine Erziehungsweise sei der Individualität entgegen", sagt Pestalozzi mit Recht, das „Positive", d. h. der Akt der Erziehung und des Unterrichts behandle das Kind individuell und gehe immer in „anspruchsloser Bescheidenheit und Hingebung" „vom Kinde selbst" aus. Da aber der Zögling, bei allem Reichtum seiner Individualität, „mit unabänderlicher Notwendigkeit den Gang und die Gesetze seiner Entfaltung in sich trägt", so bietet die allgemeine Methode ihrem treuen Beobachter das Mittel, „durch das Äußere nie gehindert, das Innere wahrzunehmen" und zu erkennen, wie „doch wieder die e i n e Menschheit in allen erscheint" und wie jeder das „Eine, Unwandelbare und Ewige, mehr oder minder sichtbar", offenbart! Diese Rechtfertigung wird gestützt durch Vergleich der Elementarbildung mit dem Christentum, das „frei von allen äußern Formen" „im Innern des Menschen" gegründet sei und „das Göttliche unsrer Natur selbst" „als ein Gemeingut der Menschheit" anspreche. Sein Stifter habe die sittliche Natur auf „das Ursprüngliche, Einfache, Reine und Unvermittelte aller sittlichen Regung", nämlich auf die Gefühle der Liebe, des Dankes und Vertrauens zurückgeführt. Dies „unwandelbare, absolut allgemeine und zugleich ebenso absolut individualisierte" Wesen der Sittlichkeit setzte Christus in jedem Individuum voraus, als Entwicklung der göttlichen Idee in ihm (419 ff.): Die entscheidende Begründung undogmatischer Religiosität!

Unter diesem Gesichtspunkt der Allgemeinheit und ideellen Vollkommenheit erscheint auch die Idee der „H u m a n i t ä t", des „M e n s c h l i c h e n i m K i n d e", das „d i e K e i m e d e r E r k e n n t n i s d e s W a h r e n, d e s G e f ü h l s d e s S c h ö n e n u n d d e r K r a f t d e s G u t e n" in sich schließt, die „reine Basis" der Menschlichkeit vor aller besonderen beruflichen Ausbildung, die „Offenbarung der göttlichen Idee", vor welcher der Erzieher mit Ehrfurcht steht (382, 385, 387, 471). Haben wir doch oben (S. 189 f., 225 f.) erkannt, daß die Attribute *rein, göttlich, hoch* usw. nicht nur die gesetzliche Allgemeinheit kennzeichnen, sondern auch den mehr oder weniger verwirklichten Echtheitsgrad einer ewigen Idee, deren „Wesen" Pestalozzi gelegentlich „ihrer ersten Erscheinung" gegenüberstellt (522).

Zum Abschluß erhärten wir die Tragweite unserer Deutungen an zwei Stellen der „Vorrede“ zur zweiten Auflage der „Lenzburger Rede“ (1821), die wohl ein Werk Pestalozzis ist und zeigt, wie hier das „innere Wesen“ der Elementarbildung unter dem umfassenden Gesichtspunkt des Allgemeingültigen, des Ewigen und Göttlichen geschaut ist: „Die Kunst der Elementarbildung ist in ihrem Wesen als eine menschliche Kraft, oder vielmehr als eine menschliche Zugabe der göttlichen Grundlage der innern Naturgemäßheit in der Entfaltung unserer Kräfte, die im Wesen dieser Kräfte selbst liegt, anzusehen . . . Jede, das heilige innere Wesen der göttlichen Unterordnung des Menschlichen, Wechselnden und Willkürlichen unter das Göttliche, Ewige und Bleibende der Menschennatur mißkennende, sowie jede auf die Einheit und Gemeinkraft derselben störend einwirkende Bildungs- und Unterrichtsweise desselben trägt das Gepräg(e) ihrer ungöttlichen, menschlichen Verirrung in sich selber . . .“.

b) Die Methode bezweckt das „Auffinden“ — nicht etwa das „Erfinden“ — „wesentlicher Elemente, d. h. unveränderlicher Anfangs- und Fortleitungspunkte alles Unterrichts und aller Erziehung“, die „mit der Schöpfung des Menschengeschlechts schon vorhanden“ sind. Die Erziehungskunst geht damit auf die natürliche Reifung zurück, auf die keimhaften Instinkte des ursprünglichen Menschen. Damit wird sie in den tiefsten Schichten menschlichen Seins verwurzelt, ohne daß des Tierischen im Menschen ausführlicher Erwähnung getan wird (vgl. S. 384). Wenn jedoch der Erzieher den Willen des Kindes, „seinen Trieb zum Wahren, sein Wohlgefallen am Schönen und seinen Eifer für das Gute“ lebendig in Anspruch nimmt, so erfüllt er mit Einsicht, was der „reine Instinkt bewußtlos, aber mit sicherm Erfolg tat“[1]). Ohne von seiner Kraft zu verlieren, soll sich der Instinkt in Erkenntnis umsetzen (381 f.). Auf diese Weise greifen „Natur“ und „Kunst“, die funktionale Er-

[1]) Damit wendet sich Pestalozzi (Niederer!) gegen den von Arndt u. a. ausgesprochenen Vorwurf, die Methode der Elementarbildung lähme die Phantasie. In der bereits herangezogenen Einleitung zum „ABC der mathematischen Anschauung für Mütter“ wird weiter ausgeführt, daß es die besondere Aufgabe und Eigenart der Mütter sei, aus der Fülle ihres Herzens in der rechten Gemütsstimmung mit Gott und den Menschen, den „Tätigkeitstrieb“ des Kindes instinktiv zu wecken und in geordnete Bahnen zu lenken. In Anknüpfung an das Spiel wird das Kind „unmerklich“ u. „kindlich“, „nicht als Unterricht“, zum Beobachten u. Zeichnen von Linien, Dreieck usw. hingeführt auf Grund der Anschauung u. unter Benutzung einer (Schiefer)tafel. Ebenso wie in der „Lenzburger Rede“ wird weiterhin die Forderung erhoben, die verstandesmäßig-sachliche Belehrung der Schule habe auf dieser Grundlage aufzubauen (S X—143 ff.).

ziehung, d. h. das bloße Wachstum, und die „positive" Kunst der nachhelfenden Erziehung ineinander, was Rousseau nicht zureichend gewürdigt hat. Denn die Methode soll die Anlage des Kindes, seine Triebe und Kräfte beleben und in Tätigkeit setzen (385). Instinktiv hat das wahre Genie von jeher „den Gang der Natur und des Geistes" als Methode angesehen (389). Instinktartig lenkt auch die unverdorbene Mutter, die „von der Natur gegebene Führerin", ihr Kind mit aller ihrer Liebe und Weisheit, je nach der Lage, nach Umständen und Verhältnissen (476).

„An das Unveränderliche und Ewige der Umgebungen der Menschennatur und ihres Seins selber anknüpfend", ahmt die Methode „auf dem geistigen Gebiete das hohe Tun der Natur in der Körperwelt nach" (396). So wird wiederum die Wichtigkeit der Nachahmung sichtbar. Demgemäß wird dann auch hier sowohl Gott als Urbild wie das Vorbild Christi in lebendiger Anschauung dem Kind vor Augen gestellt (397, 419 f.; besonders herzlich in dem wesentlich von Pestalozzi verfaßten Teile: 533, 535 ff.). Besteht doch, nach einem Worte Hamanns, der ganze Schatz menschlicher Erkenntnis und Glückseligkeit in Bildern.

c) Der methodische Gedanke eines lückenlosen Fortschritts, in dem keine Stufe überschlagen, übereilt und verfrühend vorausgenommen werden dürfe, ist ein alter pädagogischer Grundsatz, welcher, durch philosophisch-kirchliche Anschauungen gestützt, schon in der Didactica magna Komenskys des öftern wiederkehrt. So wird denn auch seit Pestalozzis ersten methodischen Schriften und auch im ersten Teil der „Lenzburger Rede" das „Ideal" vertreten, daß das Kind „in der Unschuld seiner unmündigen Tage" methodisch vom einfachsten Anfangspunkte in „lückenlosen Reihenfolgen zu der höchsten diesfälligen Kraft erhoben werde". Dabei soll die Methode „den Stufengang der Natur in der Entwicklung des Menschen" zu immer höherer Kraft und Liebe „in ihrem Organismus" anschaulich ausdrücken. Demgemäß wird das Verfahren verspottet, das die Menschen zuerst „höher" machen und ihnen dann erst eine „höhere Kraft" geben will.

I. Wie in den früheren und gleichzeitigen Schriften (in den „Reden an sein Haus") und so auch dann (im „Schwanengesang") immer wieder die Notwendigkeit des ungestörten „Wachstums" und der „Reifung" als erste Stufe vor aller methodischen „Kunst" unterstrichen wird, so auch in der „Lenzburger Rede" (477)[1]. Anlage und Kräfte „entfalten" sich, können also „nicht durch irgend eine

[1]) In der Cottaschen Ausgabe (457) ist der Zusatz „nach Reifung" nachträglich eingefügt.

äußere Geschicklichkeit und Fertigkeit in die menschliche Seele hineingebracht werden". Daher wird auch der bereits erwähnte Vorwurf Arndts zurückgewiesen, daß der Zögling der Methode durch sie „zu früh aus dem heiligen Dunkel der Ahnung der Wahrheit und des frommen vorgreifenden Glaubens" herausgerissen werde (447, 477). Und gerade Pestalozzi zeigt im einzelnen, wie sich das Kind „aus der Hand der Natur von jedem Keim seiner Kräfte aus sich als ein ganzes, unzertrennliches Wesen entfaltet", und verlangt im zweiten Teil der Rede „die Erhaltung dieses großen Naturwerks in seiner Reinheit und in seiner Kraft" als des wesentlichen Fundaments der Idee der Elementarbildung. Nur auf dieser Bahn trifft man „die Natur in sich selbst noch ganz unverkünstelt und unumwunden an", wo sich das Kind noch im „Heiligtum seiner in Unschuld wirkenden Kraft rein und frei in der Wahrheit bewegt". Die höchst einfachen Wirkungen der Natur selber äußern sich „in den instinktartigen Erscheinungen des Haschens des Kindes selbst nach Entfaltung". Die Kunst „darf ihre Mittel niemals an die für sie noch ungereifte Naturkraft anknüpfen, sonst reifen auch sie nicht und können nicht reifen" (523 ff., 532).

II. und III. Die Stufe der Vorbereitung wird in der gesamten „Lenzburger Rede" nicht ausdrücklich erwähnt, wohl aber die Erziehungskunst als Kraftbildung des Kindes, indem sie „seine Kraft mit seinem Wissen, seine Bedürfnisse mit seinen Trieben, die Forderungen seiner äußern Lage und Verhältnisse mit dem, was es in sich trägt, in Übereinstimmung" hält. Die Methode hat daher „das an sich und ursprünglich Menschliche, Geistige und Sittliche im Kinde (!) zu erfassen, zu beleben und zu stärken", indem sie dieses als eine „wirkliche, lebendige, selbsttätige Kraft" ansieht, die „mit dem ersten Augenblicke des Daseins auf ihre eigene Entwickelung und Erweiterung organisierend und organisch wirkt, die erzeugt, wie sie aufnimmt, die formt und gestaltet, wie sie hervorbringt und indem sie es tut". Bildung ist demgemäß nicht „negative Hinderung des Bösen", sondern „positive Belebung des Guten". Alle Individuen sind nur „gesteigerte Potenzen einer und eben derselben alles beseelenden Urkraft", Offenbarungen „der göttlichen Idee". In diesem Sinne liegt dann die Gründlichkeit der Methode nicht in der bloßen Ausdehnung des Wissens, sondern vielmehr in der „Bildung der Kraft, richtig urteilen und schließen zu können". „Rein geistige Kraftbildung" ist nur das Gefühl der Augenblicks-Handlung, in dem das Kind „ein ihm gegebenes geistiges Problem in sich selber aufgelöst hat und sich dieser Auflösung bewußt ist" (382, 384 f., 387, 389, 429, 452).

IV. Die letzte Stufe der Elementarbildung liegt in der A n w e n d u n g der gebildeten Kräfte, so auch in den „Epochen" (XIV—97, 99 ff.). Zunächst Menschenbildung, und zwar durch Wahrheit und Liebe, wie es im ersten Teile der „Lenzburger Rede" wesentlich heißt, dann erst Berufsbildung (Kunstbildung), die sich ebenso wie die intellektuelle Ausbildung der Sittlichkeit unterordnet (Ma III—468). Wie die Elementarbildung das Bedürfnis der selbständigen Entfaltung jeder einzelnen Kraft und ihre Unterordnung unter die sittlichen und religiösen Ansprüche unserer Natur anerkennt, so auch „die Trennung der Entfaltungsmittel unserer Kräfte und Anlagen von den Bildungsmitteln der Fertigkeiten" und ihrer Anwendung. Denn „Standes- und Berufsbildung, die nicht auf das Fundament der Menschenbildung gegründet ist, verfehlt selber ihren eigenen Zweck". Somit geht die Kunst „notwendig von der Erhebung des Geistes und des Herzens" aus, d. h. „von ihrem innern wesentlichen Fundament", und spricht sich dann „durch Ausbildung unsrer Sinne und unsrer physischen Kräfte äußerlich" aus in der „Einübung der mechanischen Fertigkeiten" in den „verschiedenen Arten ihrer Werkstätte". Damit erweist sich Gott als „die Urquelle der höchsten, reinsten Erhebung des Herzens!" Dies gilt im besonderen für die gymnastischen Übungen: diejenigen, welche „die Entfaltung der Kraft der Glieder des Kindes zum reinen und ungemischten Zweck haben", gehen denjenigen voran, welche „die Fertigkeiten derselben zu einem besonderen (auffallenden) Zweck ausbilden sollen" (373, 437, 467, 472 f.).

d) In der lückenlosen Anordnung und Anwendung der Bildungsmittel und ihrer einheitlichen Unterordnung unter die Forderungen der Sittlichkeit äußert sich bereits das Streben nach V o l l e n d u n g, nach H a r m o n i e. Wird doch auch die in der Sittlichkeit des Menschen zum Ausdruck kommende Harmonie und Einheit der von Gott ausgehenden und im „Innern des Menschen" gegründeten Wahrheit, Liebe und Handlungsweise von dem Stifter des Christentums als „das höchste Ziel, als das wahrhaftige Dasein des Menschen" dargestellt! Das „Allgemeine, Ursprüngliche und Positive seiner Verfahrungsart" bestand eben darin, die sittliche Individualität jedes Einzelnen, je nach Stand und Beruf, erhaben zu vollenden und so alle Widersprüche der sittlichen Existenz „in einer göttlichen Harmonie" zu vernichten (419 ff.). Daher durchzieht auch die Sehnsucht nach Übereinstimmung und Einheit, nach Ausgleich der Gegensätze, nach vollendeter Harmonie von Theorie und Erfahrung, von Gott und Mensch, von Körper und Geist, von

Instinkt und Vernunft, von Notwendigkeit und Freiheit, von Erziehungskunst und vom Gang der Natur, von allgemeiner innerer Anlage, dem „Unveränderlichen und Ewigen der Umgebungen", und den besonderen äußern Umständen der Lage und der Verhältnisse, von Sittlichkeit und geistig physischer Bildung sowie von allen Bildungsmitteln untereinander, vom Wirken der Mutter im häuslichen Leben und der Lehrart die ganze Rede, einschließlich der Vorrede zur zweiten Auflage (373 ff., 382 f., 396, 399 ff., 401, 403, 414, 417 ff., 424, 431, 441, 449, 453 f., 457 u. ö.). Die Einheit und Ganzheit des Kindes ist daher Ausgangspunkt und zugleich Ziel der Vollendung durch die Entfaltungsmittel der Kunst (396 f., 399 f., 401, 404 f., 415, 431 f. u. ö.)[1]). Die Methode, die „überall nichts gegen die Natur, sondern alles in Übereinstimmung mit ihr" vollbringt, wird daher „nach ihrem Wesen die Menschennatur als eine Einheit, als ein Ganzes, im Umfang aller ihrer Kräfte und Anlagen" ansprechen (447, 449). In diesem Sinne gebraucht Pestalozzi (oder wohl Niederer!) immer wieder die Bezeichnung „Organismus" bzw. „organisch" für das einheitliche Ganze der Individualität in ihrer Vollendung.

e) Ohne die geordnete Stufenfolge der Entfaltungsmittel und ohne die Harmonie aller unserer Kräfte ist durchaus keine „sittliche, häusliche und bürgerliche Beruhigung unseres Geschlechtes durch die Erziehung denkbar". Anstatt der Wahrheit ist dann der Schein, anstatt der Liebe die Selbstsucht, anstatt gereifter Kräfte die anmaßliche Schwäche und anstatt „Ruhe im Bewußtsein seines innern Werts[2]) ist dann die Unruhe das Teil des Menschen (435). So kommt denn Pestalozzi (und Niederer) immer wieder auf die R u h e, die U n s c h u l d u n d R e i n h e i t zurück als letztes Ziel

[1]) Statt Vollendung gebraucht Pestalozzi auch die Bezeichnung „Auslernen". Das Auslernen gehört zur wesentlichen „Eigentümlichkeit des naturgemäßen Unterrichts"; es schließt die Fähigkeit ein, „das andren mitzuteilen, was man gelernt hat". Vorrede zur „Zahl- u. Formlehre", Cotta Bd. XIV und S XI—244. Dies „Auslernen" (vgl. o. S. 13, 17 usw. u. S XII—272, 274) bekommt einen immer tieferen Sinngehalt.

[2]) So die richtige Fassung der Seyffarthschen Ausgabe (X—232). — Auch der zeitüberragende Erzieher des Altertums, Sokrates, verkündet, nach H. Maiers und W. Jaegers Interpretation, das Evangelium der Selbstbeherrschung und Selbstgenügsamkeit (Enkratie) als Grundlage aller Tugenden, die sich dann zu Platons Idee der Sophrosyne wandelt. Wie hoch auch die religiöse Bewegung unserer Tage die demütige Selbstbescheidung einschätzt, geht z. B. aus dem „Bericht über die Weltmissions-Konferenz in Tambaram" 1938 hervor, wo diese Forderung immer wieder erhoben wird („Das Wunder der Kirche unter den Völkern der Erde", Stuttgart u. Basel 1939). Da ohne Selbstbeherrschung keine Freiheit denkbar ist, so treffen diese beiden Ideen, mit deren Klarstellung Pestalozzi seit 1774 („Tagebuch") ringt, in der Wurzel zusammen.

der Menschenbildung. Mit „voller Unschuld und kindlicher Unbefangenheit, aber zugleich mit Sicherheit" tritt der Zögling ins Gebiet der Selbst-, der Welt-, der Menschenkenntnis und Erfahrung zugleich ein. „Ohne Anmaßung lernt er sich in den notwendigen Schranken" seiner Natur bewegen und kennen. Die Einmischung der Welt und ihrer Leidenschaften, die Neigung zu Ehre und Furcht vor Schande vernichten dagegen seine Unschuld wie die Einheit seines heiligen Wesens (373, 415, 429, 431, 435, 478). Pestalozzi drängt daher in dieser Rede, wie in allen seinen Werken, auf Selbstüberwindung, Selbstverleugnung, ja auf „Vernichtung der Persönlichkeit" (375, 420). Wie er in allen seinen methodischen Schriften lehrt, daß der Mensch sich nicht an die verwirrende Fülle der äußern Welt verlieren soll und sich allein in der Ruhe und Schlichtheit häuslicher Verhältnisse „unbefangen und unverkünstelt" zu entfalten vermag, so faßt er in der „Vorrede" die Summa seiner Ethik in die Mahnung zusammen: „Jeder, jeder wandle in Unschuld und Reinheit in den Schranken, in denen ihm sein eigenes Licht zu zünden vermag."

Daher warnt Pestalozzi auch wie früher vor „Schimmer" und „Flitterglanz", vor der „herzlosen Verstandestätigkeit". Denn „die Elemente der Sittlichkeit gehen nicht von Begriffen, sie gehen vom Glauben aus". Und alle „Verstandesbildung, welche die steigenden Kräfte des Glaubens hemmt und verwirrt, ist nicht naturgemäß, sondern führt zur Unnatur" (374, 465, 535). Ohne den „reinsten Sinn kindlicher und mütterlicher Unschuld und Einfalt", „ohne zartes Auffassen der Lebensregungen des Kindes" ist deren Erforschung nicht möglich, die nicht „aus einem willkürlichen, von den Äußerungen des Kindes abstrahierten pädagogischen Silhouettenziehen der Umrisse seiner Seele, sondern aus einem genialen Schauen der Bedeutung dieser Äußerungen", „aus dem Erfassen und Durchdringen der Seele selbst, die sich darin spiegelt", Erfolg verspricht (417). In dieser Überzeugung wendet sich auch Pestalozzi selbst in der „Vorrede" gegen den „voreilenden Drang zu einer philosophisch begründeten Darstellung der Idee der Elementarbildung" (von seiten Niederers!), die durchaus nicht aus der „geistigen Tiefe" bloßer Nachforschungen, aus dem „isolierten Nachdenken über unsere Kräfte selber" hervorginge, sondern „wesentlich und allgemein (!) aus tausend partiellen Erfahrungen des wirklichen Tuns der Natur in der Entfaltung unserer Kräfte selbst" — ein „Resultat des allseitig belebten menschlichen Tuns, des tätigen Lebens in Wahrheit und Liebe".

So neigt sich denn Pestalozzi ehrfürchtig vor allem Leben, in dem sich die „erhabene Größe der Natur", die allgemeine Notwendigkeit ihrer Gesetze, die Ewigkeit der göttlichen Idee offenbart. In Demut betrachtet er — das findet in seiner „Vorrede" und vom 163. Abschnitt (S. 486) an einen tief empfundenen Ausdruck — auch das eigene unvollendete Werk nur „als eine menschliche Zugabe der göttlichen Grundlage, der innern Naturgemäßheit in der Entfaltung unserer Kräfte, die im Wesen dieser Kräfte selbst liegt"[1]), d. h. als Ausfluß göttlicher Gnade, da er ja seine Methode nur „aufgefunden hat", wie wir gesehen haben. Ebenso steht der Lehrer und Erzieher, „voll anspruchsloser Bescheidenheit und Hingebung die menschliche Natur" unbedingt achtend, „in priesterlicher Würde als Mittler da zwischen dem Kind und dem Leben" (376, 386 f.). So auch die „entweder ganz gebildete, oder ganz einfache und menschlich natürliche Mutter"[2]), die instinktiv mit Liebe und Weisheit, in Reinheit und Unschuld, allein durch ihre Gegenwart, durch den ganzen Eindruck ihres Daseins, in dem sittlichen Naturverhältnis häuslichen Friedens die Keime und Elemente der Idee des Guten, des Gewissens und des Glaubens, in der „Wahrheit des wirklichen Seins und Lebens" weckt und das Kind an der Anschauung des häuslichen Lebens zum deutlichen Erkennen und zu seinem Heiland hinführt (398 f., 408, 415, 421 ff., 445 f., 451). Ist doch nach Lao-tses klugem Wort nur der Demütige fähig zu führen, zu herrschen. Das wird besonders innig und überzeugend von Pestalozzi selbst (im zweiten Teile der Rede, 523 ff.) dargelegt. So greift „die Idee der Elementar-Bildung als Fundament der Nationalbildung in alle Verhältnisse des Lebens ein". —

Es ergibt sich demnach, daß sich auch die Grundgedanken des ersten Teils der Rede ganz in dem von Pestalozzi begründeten Ideenkreise bewegen — aber die Art der Behandlung, die Stellungnahme zu den Einzelheiten wie die Ausdrucksweise ist eine ganz andere![3]) Während Pestalozzi in ehrfurchtsvoller Scheu vor dem letzten Wort zurückweicht und sich damit abfindet, das »Unerforschliche ruhig zu verehren«, behandelt und zergliedert Niederer reflektierend seine Lieblingsthemen, z. B. seine Betrachtungen über das Wesen des Christentums, die dann wie eine Predigt anmuten (425). Er spricht von Pestalozzi in der dritten Person, wartet mit literarischer Belesenheit auf (Lykurg, Plato und Kenntnis des Griechentums, Comenius, Rousseau, Basedow, Hamann, Herder, Novalis,

---

[1]) Nach der Interpunktion der Seyffarthschen Ausgabe (S X—182).

[2]) Gelegentlich wird auch der Vater erwähnt (444 f.).

[3]) Später (1830) ist das Dialektisch-Antithetische im Denken und Ausdruck Niederers äußerst zugespitzt. Vgl. Niederers ausführliche Rezension zu Hennings Aufsatz über Pestalozzis Leben und Werke in Em. Dejung, a. a. O., S. 45—92.

Niemeyer usw., Anklänge an Schelling, Fichte und Herbart, dazu Kenntnis von Zeitschriften und Zitaten), wehrt Angriffe ausführlich ab (z. B. Arndt), deutet weitere Auseinandersetzungen an, braucht gern, auch wiederholt, bestimmte Fremdworte (brillant, prononziert, Genie und genial, immediat, Developpierung, sehr häufig Organismus, Humanität, human und Inhumanität); Gegenüberstellungen wie subjektiv — objektiv, reell — ideal, den Empirikern empirisch, den Wissenschaftsmenschen wissenschaftlich, Stoff und Form[1]). Das Wort „Entwicklung", statt „Entfaltung" (entfalten) wird stellenweise überwiegend gebraucht, während im zweiten Teil nur „Entfaltung" vorkommt. Immer wieder begegnen im ersten Teil Ausdrücke wie zerfallen, einteilen, Abteilungen aufstellen. Es fällt auf, wie vieles von alledem in der Cottaschen Ausgabe gestrichen ist! Vielleicht ist der Zusatz: „die Idee" (der Elementarbildung), neben der Zusammenziehung „Elementaridee", auch auf Niederers Einfluß zurückzuführen, da dieser Zusatz z. B. in der „Denkschrift" an Pestalozzis Pariser Freunde (1802!) nicht einmal, in der „Lenzburger Rede" aber, also sieben Jahre später, schon sehr häufig[2]), später dann regelmäßig wiederkehrt (Geburtstagsrede von 1818; „Vorrede" von 1821; „Ein Wort über den gegenwärtigen Zustand meiner pädagogischen Bestrebungen usw.", 1820; „Ansichten über Industrie usw.", 1822; „Schwanengesang", 1825; „Meine Lebensschicksale", 1826).

Man könnte sagen, diese oder jene Ausdrucksweise begegnet auch bei Pestalozzi. Das ist nicht verwunderlich für einen Kreis von Freunden und Mitarbeitern, der sich in dauernden Auseinandersetzungen wechselseitig anregt. Aber es kommt darauf an, an welcher Stelle und wie oft daselbst gerade diese oder jene Wendung gebraucht wird. Es ist neben der anderen Haltung gerade auch der davon nicht zu trennende Stil, der Rhythmus des Satzgefüges, der einen ganz anderen Menschen verrät. Vgl. o. S. 148 f.

Nach Fr. Mann sind die Abschnitte 8—19 „nach Inhalt und Sprache ausschließlich Niederers Werk". Man könnte vielmehr sagen, daß hinter allem die „unwidersprechliche Wahrheit", d. h. Pestalozzi steht, daß aber die Fassung des ganzen ersten Teiles stark von Niederer bearbeitet ist. Man spreche laut die Seiten 380, 388,

---

1) Vgl. dazu Arndts Stellung zu Pestalozzi nach Israel, a. a. O. I—210 f.

2) Auf S. 461 u. 523 ist der Zusatz erst in der Cottaschen Ausgabe hinzugefügt. Der Zusatz fällt fort, wo er schwerfällig (mehrere Genetive!) oder unangebracht wäre, z. B. der „Geist und das Wesen der Elementarbildung" (S XII—172), „die Elementarbildung in der Hand wirklich elementarisch gebildeter Erzieher" (S XII—173). Ähnlich S XII—245: „Wesen der Elementarbildung".

410, 412, 419 ff., 441 ff. und vergleiche damit die schlichte, herzliche und ursprüngliche Rede von S. 467 (468) an[1]). Hier spricht „Vater Pestalozzi" selbst![2])

B. In diesem zweiten Teil stoßen wir auf die leitenden Ideen, die Pestalozzi seit langem im Bann gehalten haben: die Idee der naturgemäßen Volkserziehung, Sehnsucht nach Errichtung einer Armen-Anstalt, Pflege des häuslichen Sinns in der Erziehungsanstalt, Sorge für die Gesundheit (Nahrung) der Jugend, Hoffnung auf engeren Zusammenschluß seines Kreises („Reden an sein Haus": „unsere Vereinigung"), verbunden mit Rückblicken auf frühere Versuche und dankbarer Anerkennung seiner Mitarbeiter, Bedeutung der Erfahrung und der praktischen Erprobung seiner Grundsätze („Vereinfachung" der Lehr- und Unterrichtsmittel), Führung des „befriedigten" Kindes im „Genuß" mütterlicher Sorge und Liebe zur Gottesliebe, zum Gottesglauben; Betonung von Wahrheit und Unschuld, Liebe und Glauben (454, in der Cottaschen Ausgabe hin-

---

[1]) Vgl. dazu die beiden Fassungen von Pestalozzis Brief an Nicolovius (vom 1. X. 1793), Israel, a. a. O. I—6 ff. Auch die Darstellung Niederers in Em. Dejung, a. a. O. S. 84 ff.

[2]) Der Pädagoge G. A. Gruner berichtet über seinen Eindruck, den er (1803) von Pestalozzis Anblick hatte (H. Morf, Zur Biographie Pestalozzi's II—237): „Man hat mir so viel von Pestalozzis abschreckendem und abstoßendem Äußeren gesagt, und es ist wahr, seine tiefen starken Züge, seine Runzeln und Falten im ganzen Gesicht, seine verzogenen Augenbraunen und die Spannung, die in seinem ganzen Wesen, in seinem Blick, in seiner Bewegung, in seiner Sprache sichtbar ist, das alles wirft eben kein liebliches Bild auf die Netzhaut Deines Auges". Dann aber in seinen „Briefen aus Burgdorf über Pestalozzi, seine Methode und Anstalt" (ebd. S. 239): eine kleine Zahl von Zöglingen erwartet morgens (im Winter kurz nach 6 Uhr) Vater Pestalozzi. „Jetzt tritt Pestalozzi mit seinem Lichte herein. Welches Wohlwollen und welche Herzlichkeit ist in seiner Miene ausgedrückt, wie spricht sie sich in seinem väterlichen Morgengruße aus! Er reicht dem und jenem die Hand; er spricht mit jedem mit Berücksichtigung seiner Eigenthümlichkeit. Zuweilen redet er alle an. Väterlich und traulich theilnehmend fragt er jeden nach dem, was ihn betrifft; nach seinem Befinden, wenn er gerade nicht ganz gesund ist, nach seinen Fortschritten in einer Übung, die ihm noch schwer wird, oder in einer Fertigkeit, die etwa seine Eltern ihm besonders wünschen. Er erinnert die Kinder an ihre Eltern, bittet sie, denselben Freude zu machen." Dazu gibt Niederer folgende Schilderung vom Geist der Persönlichkeit Pestalozzis: Er sprach viel mit seinen Zöglingen, einzeln oder klassenweise, und war „für die Lehrer der personifizierte Geist der Methode, für die Schüler das personifizierte Gesetz der Schulzucht, der Wecker und Leiter der Gesinnung. Sein Alter, die Vorstellung seiner Verdienste, sein väterlicher Sinn, seine schlechthin unvergleichliche und unnachahmliche Originalität in Erscheinung, Tat und Wort, seine sympathische Wirkung auf das Herz, die magische und elektrische auf den Kopf und die Einbildungskraft weckten das Höchste in ihnen, die Ahnung, die Ideale, das Bewußtsein des Unsichtbaren". Em. Dejung, a. a. O., S. 91. Dazu die eindrucksvolle Schilderung seines Mitarbeiters J. Ch. Buss (XIII—234).

zugefügt), Bekämpfung der Selbstsucht und alles Ungesunden, Entfaltung des Kindes als eines Ganzen aus der Hand der Natur, Epochen der kindlichen Entwicklung, Darlegung des häuslichen Lebens; in methodischer Hinsicht die Unterordnung der intellektuellen und physischen Kräfte unter Sittlichkeit und Religiosität, ihr harmonischer Ausgleich und ihre Vollendung, Wichtigkeit der schöpferischen Gemütsstimmung („Gemütlichkeit"), Wachstum der Kräfte und Handbietung mittels der „Eingreifungsmittel", lückenlos geordneter Stufengang und Anknüpfung an reine Anfangspunkte, an die Anschauung vor dem Redenlernen, Bevorzugung der mathematischen Übungen vor der Grammatik der toten Sprachen, Übereinstimmung von Schule und Haus (Erörterung der Schulfähigkeit!), Erziehung als Aufgabe der Gesamtheit unseres Geschlechts. Und, wie schon früher und oftmals in späterer Zeit: „Das Leben bildet"!

Dazu eine im Grunde ganz andere Redeweise: Eigenartiger Satzbau infolge Häufung der (genetivisch verknüpften) Substantiva (Vatersinn, Kindersinn, Heiligtum, Wesen, Schein); Zusammensetzungen mit Welt- und Zeit- (Weltmenschen, Zeitschwäche); Worte wie Schwäche, Belebung, Erhebung (erheben), Veredlung, Kraft[1]) (kraftlos usw.), Traum, Geschlecht, Menschlichkeit (statt Humanität), Reiz, Einfluß, Handbietung, Verhältnis (verhältnismäßig), Ansicht, Kreis, Punkt, Bahn, Folgen (hervorgehen), Mangel, Haschen, Fundament, Keim (entkeimen), Anspruch; Gebrauch präpositionaler (in Rücksicht, im ganzen Umfang), verbaler (ins Auge fassen) und partizipialer Wendungen (umschwebend); Gedrungenheit der Ausdrucksweise durch reiche Verwendung der Wortkomposita (Zeitverkünstelung, Anschauungs-Epoche); Lebhaftigkeit der Sprache: Anreden (Freunde! Brüder!), Imperativa (Faß es ins Auge!), rhetorische Fragen, Verstärkungen (die Eltern leben fast alle in der Täuschung — sie müssen es), Ausrufe (Groß ist die Natur!); Innigkeit der Rede (Gärtchen, Hündchen: in der Sprache des Kindes!). Das alles ist echt, einzigartig und groß, in völliger Übereinstimmung mit dem Wesen des Kämpfers für Wahrheit, Recht und Freiheit, mit der Persönlichkeit des Propheten, der die Botschaft der Liebe und des Glaubens gelehrt und auch gelebt hat.

---

[1]) Niederer ändert im Manuskript des Briefes „An Herrn Geheimrat Delbrück" (1812) Pestalozzis Ausdruck „Kraft" in „Stärke" um (S XII—54 Anm.), doch steht in der „Lenzburger Rede" regelmäßig „Kraft" bis auf seltene Abweichungen („Stärke", 422, 453; „Stärkung des Geistes", 385).

RUCKBESINNUNG

Dem kritischen Leser, der die vorstehende Gedankenfolge ernst überdacht hat, werden gewisse Eigenwilligkeiten der Anlage, der Sprache und Durchführung nicht entgangen sein. Sind doch die ersten Abschnitte des ersten Teiles vorwiegend entwickelnd gehalten, die anderen Teile jedoch der systematischen Darstellung leitender Werke eingeordnet; das Inhaltsverzeichnis geht dazu, zwecks erleichternder Überschau, nur in den „Ausführungen" des ersten und des letzten Teiles auf richtungweisende Einzelheiten ein, aus deren Vergleich sich das Bleibende sowie dessen Abwandlung heraushebt. Das am Ende angefügte Sachverzeichnis dient dem Aufweis tragender Ideen, unter Hintansetzung sonstiger Besonderheiten. Das alles ergibt sich zwangsläufig aus Pestalozzis Werk und Wollen.

Pestalozzi sah die Umwälzungen seiner Zeit als „eine einfache Folge der verwahrlosten Menschennatur" an und achtete ihr Verderben für eine unausweichliche Notwendigkeit, um die „verwilderten Menschen" zur Besonnenheit zurückzulenken. Dieser Aufgabe sollte die Elementarbildung dienen. Pestalozzi weiß, daß sie als Idee nicht vollendet, nicht verwirklicht sein kann. Als heilige Aufgabe will er sie einer „glücklichen Nachwelt" überliefern. Daher sind viele seiner Gedanken und Ausdrucksweisen unausgeglichen, nicht zu Ende geführt. Will doch Pestalozzi keine endgültige Lösung letzter Probleme erzwingen, er will auch nicht gefällig schreiben. Im „träumenden Suchen" strebt er nach „Wahrheit fürs Volk". Entsprechend wäre auch der Versuch einer glatten und abgerundeten Wiedergabe seines Lebens und Wirkens eine Fälschung. So soll denn die vorliegende Schrift nur anregen, sich in sein Werk und Wollen immer wieder zu versenken, immer wieder zurückzukehren zu den Quellen, da es noch eindringender Vertiefung bedarf, um Pestalozzis Intuitionen auch nur annähernd zu ergründen.

In theoretischer Hinsicht geht Pestalozzi in den sich stetig vertiefenden Nachforschungen seines gesamten Lebens über das „Gemeine" und „Äußere" der zufälligen, nach Lage und Verhältnissen wandelbaren Anschauungen hinaus und stößt auf das Allgemeine, das

„innere Wesen" der gesamten Natur vor[1]). Damit dringt Pestalozzi über den Umweg seiner ersten Anfangspunkte, den „Urformen" Wort, Form und Zahl, zum unveränderlichen Dasein des Weltgefüges und dessen Gesetze durch. Auf Grund dieser Erkenntnis tritt er grundsätzlich auf den Boden einer ontologischen Betrachtungsweise der Natur, deren kategorialer Aufbau, neuzeitlich gesprochen, ein Gefüge von Schichten ist. Hierin offenbart sich Pestalozzis Naturalismus als „natürliche" Einstellung zur gegenständlichen Welt, jenseits jedes dogmatischen Apriorismus. Haben doch die Dinge auch außerhalb unseres Bewußtseins ein reales Sein, unabhängig von aller menschlichen Erkenntnis.

1. Pestalozzis Sehnsucht, sich über die realontologischen Grundverhältnisse der Welt klar zu werden, gibt bereits der „Abendstunde" ein eigenes Gepräge. Die Frage nach dem Wesen des Menschen („Selbst(er)kenntnis" als Ausgangspunkt!), nach den „Realgegenständen" statt des „tausendfachen Gewirres" der herrschenden Lehr-Meinungen der Zeit nimmt sein ganzes Denken in Anspruch. „Realkenntniß wirklicher Gegenstände", ihrer „Beziehungen" und „Verhältnisse", die „Realverbindungen feststehender Naturlagen der Gegenstände", „vollendete Sachkenntnis", statt des „Wirrwarrs" des Vielwissens, das ist „reine Menschenweisheit". Alle diese dauernden Fragen nach der wirklichen „Bahn der Natur" und dann weiterhin nach den Grundlagen der Menschenbildung sind nur zu verstehen aus einem Realismus, der grundsätzlich, allerdings ohne klares Bewußtsein von der Größe der Fragestellung, auf Erfassung der Realkategorien im ontologischen Sinne gerichtet ist. Wohl gesteht Pestalozzi selbst, daß ihm diese „Realintuitionen" aus „träumendem Suchen" gekommen sind, aber es drängt sich ihm, aus ungeklärten Ahnungen letzter Zusammenhänge, zugleich der Ausdruck auf die Lippen: „Das Wort — ist groß". Von dieser ontologischen Grundlage aus wird Pestalozzis Lehre von der „Anschauung", als „fester, heiterer, aufmerksamer Blick" „anschauender Erkenntniß" der „wesentlichen nächsten Verhältnisse", und zwar „durch alle fünf Sinne" in vollem Maße erst verständlich.

[1]) Es wäre eine dankenswerte Aufgabe, Pestalozzis Idee des „inneren Wesens", der „Harmonie" und „Vollendung" der Menschenbildung, zu vergleichen mit den Bedeutungserfüllungen der „inneren Form" persönlicher und überpersönlicher Bildung wie der Sprachentfaltung in der metaphysisch-dynamischen Theorie des Geniebegriffs im englischen Platonismus bei Cudworth, bei Shaftesbury und dessen Neffen Harris, weiterhin bei Hamann und Herder, Goethe und Humboldt bis zu E. Cassirers „Philosophie der symbolischen Formen".

Aus dieser erkenntnistheoretischen Einsicht entwickelt Pestalozzi folgende Grundsätze seiner umfassenden, absoluten Methode:

a) Die Natur ist das „einzige Fundament der menschlichen Erkänndtnüs“, insofern das für „Wahrheit“ zu nehmen ist, was „in villseitigen Verbindungen als Wahrheit vor Augen komt“.

b) Der Mechanismus der sinnlichen Natur ist „in seinem Wesen (d. h. kategorial betrachtet, s. u. Abschnitt f.!) den nemlichen Gesezen unterworfen“ wie die physische Natur. Auf Grund dieser „ewigen Gesetze“ kann „der menschliche Geist an dem Faden der außern Anschauung zur Entwiklung der reinen selbstständigen Kräften seiner innern Anschauung emporgehoben werden“. (Über „rein“ s. u. Abschnitt f.).

c) Es ist weiterhin „alles das, was in meiner Natur ligt, mir selbst zum Bewußtsyn“ zu bringen. So kommt der Mensch von „dunkeln“, „sinnlichen Anschauungen“ zu „deutlichen Begriffen“. (Über „Begriff“ s. u. Abschnitt f.).

d) Die Anschauung ist in allen Teilen vollendet („gebildet“), wenn „das ineinander fließende Meer verwirrter Anschauungen“ in unserm Geist „in eben den Zusammenhang, in dem sie sich in der Natur wirklich befinden“, gebracht wird. Die Kunst (= Unterrichtskunst) hat also auch die Aufgabe, „die Natur meines Geistes“ mit „derjenigen meiner Lage und meinen Verhältnissen in Übereinstimmung zu bringen“ (Grundsatz der Harmonie!) und durch den Wortschatz der Sprache (Dictionarium!) zu ergänzen.

e) Nicht der „wandelbare Wechselzustand“ der „realen Gegenstände“ ist die Quelle der Wahrheit, sondern ihr „unwandelbares, unveränderliches Wesen“. Also kann nur das Unwandelbare die „allgemeine Basis“ („Naturbasis“) aller wahren Menschenerziehung sein. Später (mit dem Ende des 12. Geßnerbriefs, 1801, den „Epochen“, 1802, und „Über den Sinn des Gehörs“, 1804) tritt zu den objektiven Elementen der Realgegenstände bzw. zu den intellektuellen Partialkräften und den physisch-technischen Fertigkeiten („Kennen“ und „Können“), auch noch das „ewig Gleiche und Unveränderliche“ der sittlich-religiösen Beziehungen bzw. der auf Gemütsstimmungen beruhenden Geisteskräfte der Liebe und des Vertrauens, des Dankes und des Glaubens an Gott und an Jesum Christum.

f) Mit „Wesen“ („innerem Wesen“, „innerer Wahrheit“) ist sowohl die Essenz (das Sosein) als auch ganz besonders die „physische Existenz“ gemeint (z. B. XIII—115, XVI—241) auf der betonten Grundlage der ins-Aug-fassenden Nachahmung, aber nicht die zufällige „Außenseite“ der realen Gegenstände, nicht ihre „äußern

Eigenschaften", sondern ihre einfachen Elemente (Anfangspunkte, Fundamente oder auch Urformen), die wir Kategorien im ontologischen Sinne nennen. Subjektiv werden sie als Grundkräfte (Partialkräfte des Verstandes bzw. Geisteskräfte der Gemütsstimmung und des Willens) aufgefaßt, verstandesmäßig geklärt, auch als einheitlicher, zur Deutlichkeit erhobener „Begriff" bezeichnet (Einheits-, Abstraktions-, Fundamentalbegriff). Daher — was bisher viel zu wenig beachtet ist — die durch alle Werke gehende Wiederholung der Epitheta: neben *allgemein, ewig, unabänderlich, inner* auch *sich selbst gleich, göttlich, heilig, notwendig, gesetzlich, wahr, rein, vereinfacht*; ebenso die verallgemeinernden Ausdrücke *Geschlecht, Menschengeschlecht* gegenüber *Individuallage*. Daher auch die stete Betonung, daß alle Menschen in ihrem „Wesen" gleich sind, trotz aller Ungleichheit der Lage und Umstände.

g) Wie der „Mechanismus der Natur" hoher, einfacher Gang ist, sind also die Elementarmittel (Ur-, Vereinigungs- und Verkürzungsmittel!) in diesem Sinne zu „vereinfachen", in die richtige Reihenfolge zu bringen und mit dem Gange der menschlichen Entwicklung in Harmonie (Übereinstimmung, Gleichgewicht) zu setzen.

h) Die These von der „Harmonie", von der „Ordnung" der Welt durchzieht Pestalozzis gesamtes Sinnen und Schaffen von den ersten Anfängen seiner Berichterstattung im „Tagebuch" von 1774 und den „Aufsätzen über die Armenanstalt auf dem Neuhofe" bis hin zu den reifen Schriften des Alters, immer bestimmter als Feststellung der Wirklichkeit und als dringende Forderung erzieherischer Wirksamkeit gesehen.

Ohne diese Einsichten blieben Pestalozzis Grundgedanke der Familienerziehung, seine Auffassung der Individuallage gegenüber den Verhältnissen (Umständen) und Bedürfnissen wie auch seine Forderung der Nachahmung und Schaffung eines Dictionariums, desgleichen der Sinn der nachhelfenden Bildung und lückenlosen Stufenfolge seiner Elementarmittel, als Ergänzung der Naturbildung, nur ein zusammenhangsloses Bündel von Einzelheiten! Wir mußten daher in allen drei Teilen auf diese Zusammenhänge immer wieder ausführlich eingehen. Darüber gibt das Sachverzeichnis nähere Auskunft.

Wenn Pestalozzi seine Methode als „Elementarbildung" bezeichnet; wenn er im „Schwanengesang" von der „elementarisch bearbeiteten" Zahlenlehre spricht, von „elementarischen Bildungsmitteln", von der „elementarisch organisierten Schule", der „elementarisch wohlbegründeten Erziehung" und „elementarischer Führung", ebenso von dem „elementarisch wohlgeführten Kinde" usw., auch von der Entfaltungsweise der menschlichen Kräfte „in elementarischer Reinheit", so besagt Element die ewigen, unveränderlichen Fundamente, d. h. die Kategorien, die das „innere Wesen" der Natur, d. h. der Welt (einschließlich der „inneren Menschennatur"!) ausmachen. Dabei sind diese „allgemeinen" und „ewigen Fundamente" von Anfang an als ewige und unveränderliche Gesetzlichkeiten verstanden, die a priori, d. h. „schon zum voraus" „im" Kinde „daliegen". Insofern Philosophie (Ontologie) letzthin Kategorienlehre bedeutet, ist Pestalozzis Denken eminent philosophisch.

Die Elemente, die unwandelbaren, durch „Vereinfachung" aus den „Reizen" der Natur gewonnenen Anfangspunkte sind das „naturgemäße Fundament", die „Naturbasis" des nachahmenden Unterrichts. Daraus folgt die Harmonie und enge Verkettung von „elementarisch" und „naturgemäß".

Damit fallen alle Kritiken wie die abwegigen Versuche einer Ehrenrettung der „Methode" in sich zusammen. Pestalozzis Ringen um die „elementarisch" vorschreitende Methode geht über die unhaltbaren Anfangspunkte Wort—Form—Zahl zu einer immer deutlicheren Erfassung der Kategorien des Weltgefüges über (s. u. S. 280 f.) und so zur allgemeinen Grundlegung der ganzheitlichen absoluten Methode. Mit dieser Klarstellung eröffnet sich erst der Weg zu einem umfassenden Verständnis von Pestalozzis Werk und Wollen.

2. Das Schichtungsgefüge der gesamten „Natur". Auch hier müssen unsere Feststellungen sehr zurückhaltend sein, um nicht in Pestalozzi hineinzulegen, was er nur „dunkel" gefühlt hat; um nicht zu bestimmt zu formulieren, was er nur angedeutet hat. Aber die von ihm geahnte Struktur der Wirklichkeit darf nicht übersehen werden, falls man den Zugang zu seinem letzten Wollen nicht verfehlen will. Unbeschwert von dem Ballast der herrschenden Schulphilosophie, hat er sich nicht mit fruchtlosen Theorien der Vergangenheit auseinandergesetzt, sondern ist in voller Verantwortung seine eigenen Wege gegangen, die erst jetzt wieder, nach H. Pichlers klärenden Untersuchungen, von N. Hartmann und G. Jacoby mit Erfolg beschritten sind.

a) Von seiner Lieblingsbeschäftigung mit Sprache und ihrer Grammatik her konnte Pestalozzi zunächst einen Einblick in die Kategorien der gegenständlichen Schicht gewinnen. Sein Ringen um eine allgemeine Grundlegung der Sprache offenbart weit klarere und überzeugendere Einsichten als Kants apriorische Anschauungsformen der Sinnlichkeit. Pestalozzi sucht „die in ihrem

Wesen ewigen und unveränderlichen Hauptteile" „aller Sprachen", welche „die wesentlichen Resultate der innern Bestrebungen der Menschennatur" bzw. „der innern Grundtriebe" sind. Er unterscheidet daraufhin folgende, ihrem Wesen nach unveränderliche „Grundtheile" der Sprache: die Gegenstands-, die Eigenschafts-, die Zeit- und die Nebenwörter. Mit dieser Herausstellung der vier wesentlichen Wortarten, wie wir jetzt sagen, entdeckt er die grundlegenden Kategorien der gegenständlich-anschaulichen Seinsschicht, wie schon Aristoteles seine fundamentalen kategorialen Erkenntnisse aus der Sprache gewonnen hat. Auch die neuere Sprachphilosophie hat sich in dieser Richtung sehr fruchtbar erwiesen[1]). Gegenständlichkeit, Eigenschaft, Vorgang und Relation (Beziehung) als reale Dingbestimmtheiten, nicht bloße Formen unseres Bewußtseins, sind demgemäß die „Anfangspunkte" oder „Elemente" der sinnlichen Anschauung, in Pestalozzis Auffassung zu Ende gedacht, statt des ursprünglichen Irrwegs Wort-Form-Zahl; Pestalozzi hat diese elementaren Kategorien wohl in seiner Sprachtheorie begründet, ist aber nicht mehr dazu gekommen, sie in seine Idee der Elementarbildung, und zwar als Grundlage der intellektuellen Bildung, hineinzuarbeiten.

b) Pestalozzi unterscheidet weiterhin mit Recht drei Kategorien innerhalb der Schicht des Weltgeschehens: die unbelebte („todte") Natur, diejenige des Tieres und die des Vernunftmenschen, dessen „Kräfte", trotz der gemeinsamen Wurzel, eindeutig von den bloßen Instinkten tierischen Seins abgehoben werden — eine Sonderung, die nach Darwins bedeutsamer Entdeckung infolge der verallgemeinernden Verwendung des Ausdrucks „Entwicklung" bis heutzutage immer wieder verwischt wurde, was zu verhängnisvollen Analogieschlüssen führen mußte. Wir haben eingehend verfolgt, wie der ursprüngliche Ausdruck „Mechanismus" seiner früheren Schriften allmählich geklärt und durch die Bezeichnung „Organismus" verdrängt wurde[2]); wie das Verhältnis von Instinkt bzw. Trieben, Bedürfnissen, harmloser Behaglichkeit und tierischem Wohlwollen unserer tierischen Natur veredelt werden

[1]) In seiner Besprechung meiner Akademieabhandlung „Sprache und Sprachbetrachtung", Prag 1944, hat Fr. Kainz in den Blättern für deutsche Philosophie XVII, 3/4 dahinweisende Anregungen gegeben.

[2]) Was die Auffassung der menschlichen Gesellschaft als „Organismus" betrifft, so vergleiche man die Linie Hobbes, Rousseau, Saint-Simon, Comte und dessen Unterordnung des Selbstgefühls unter das Sozialgefühl der durch Liebe vereinten Menschheit. Solche allmähliche Auseinanderlegung wesensverschiedener Kategorien wird bereits durch Pestalozzis Scheidung des Biologischen und des Geistigen eindeutig vollzogen.

kann zu Selbsttrieben, zum kraftvollen Instinkt, dem reinen Wohlwollen, den Gefühlen und den Bestrebungen des sittlich-religiösen Menschen! („Nachforschungen“, 1797, und besonders die Wendung in der Schrift „An die Unschuld“ von 1815). Pestalozzi, der übrigens mehr und mehr von der „Entfaltung“ des Menschen statt von „Entwicklung“ spricht, hat zudem wohl gesehen, daß solche Kategorien nur aus der Einsicht in ihre „übergreifenden“ Gesetzlichkeiten zu sondern sind. Das ist auch das Problem der neueren Ontologie.

c) Innerhalb der sittlich-religiösen Schicht des Gefühls und des Wollens (vgl. o. S. 204 sowie S. 209) werden schließlich immer wieder, in wechselnder Terminologie, verschiedenartige Klassen unterschieden. Da erscheinen neben der Güte des Herzens, der opfernden, sich selbst verleugnenden Liebe, auch noch die Ideen des Vertrauens, des Dankes, des Gehorsams, der Ehre, der Treue, der Achtung, des Edelmuts, der Pflicht, die zusammen die Kategorie der verantwortungsbewußten Macht, der Leistung ausmachen. Diese beiden Kategorien werden ergänzt und umfaßt durch die Kategorie des „Ahndungvermögens“, der Gläubigkeit. Auf praktisch-wirtschaftlichem Gebiete treten dazu der Erwerbssinn (die Sparsamkeit), in der Sphäre der Theorie das Streben nach Wahrheit sowie das Schönheitsgefühl (der Kunstsinn); nicht zu sprechen von Recht und Sitte, die keine irrationalen Willensregungen darstellen, vielmehr rationale Regelungen der Gesellschaft sind. Pestalozzi ist weit davon entfernt, alle diese Kategorien des Gemüts und Willens in ein System zu bringen, hebt sie aber doch später (besonders deutlich im „Schwanengesang“, 1826) von den Partialkräften des Verstandes und der Hand ab, in der betonten Gegenüberstellung von „sittlich“ — „geistig“ (letzteres die intellektuellen und physischen Partialkräfte umfassend). Diese sittlich-religiösen Kategorien gefühlsbetonten Wollens, der „Gemütsstimmung“, der „belebten Gefühle“, auf die Pestalozzi zu unzähligen Malen zurückkommt, erscheinen, so betrachtet, nun erst im rechten Lichte. Nur Gefühl und Wille als „Kraft“, die so leicht der „Erschlaffung“ bzw. der „Verhertung“ verfällt, lassen sich „anregen“, durch „Anstrengung“ beleben („Belebungsmittel“)! Die ausgeglichene Gemütsstimmung ist „das“ Wesen der Sittlichkeit (XII—226), wodurch der durch Gehorsam freie Mensch„ das „Werk seiner selbst“, in Übereinstimmung mit sich selbst fühlt und handelt — dies alles gesehen aus der aufbrechenden Perspektive einer emotionalen, geisteswissenschaftlichen Strukturpsychologie, welche die elemtare Funktionspsychologie der Partialkräfte mehr und mehr durchgeistigt und umformt.

So weit die theoretische Grundlegung des immer tiefer schürfenden Methodikers und Wahrheitssuchers. Dem Volkserzieher erwächst auf dieser Grundlage die Forderung praktisch-sittlichen Handelns, der Menschenführung zur Selbsthilfe im Kampf um Wahrheit und Recht, für Freiheit, Liebe und Glaube als höchste Aufgabe des Volkes. Diese Leistung hat die nachahmende Elementarbildung zu vollbringen: „Es ist für den sittlich, geistig und bürgerlich gesunkenen Weltteil keine Rettung möglich, als durch die Erziehung, als durch die Bildung zur Menschlichkeit, als durch die Menschenbildung!" Folglich nicht reden oder herrschen als „nur leidenschaftliche Parteimenschen" mittels der Politik oder der Kirche oder der „Behördenansprüche", sondern Selbstüberwindung und Dienst an Volk und Menschheit in innerer Würde, Einfalt und Demut, im Aufblick auf das Vorbild des Heilands. Das ist auch die Losung unserer physisch und sittlich zusammengebrochenen Welt. Ihre Erneuerung bedeutet mithin zunächst einmal die Mahnung: Zurück zu Pestalozzi; dann vorwärts in seinem Geiste: „Laßt uns Menschen werden"!

PROBEN VON PESTALOZZIS DENKUNGSART UND SEINES STILS

I.

Der Mensch ist mein Bruder, meine Liebe umfasset sein ganzes Geschlecht; aber ich schließe mich zum Elenden ein, ich bin doppelt sein Vater; göttlich zu handeln wird meine Natur; ich bin ein Kind Gottes; ich glaubte an meine Mutter, ihr Herz zeigte mir Gott; Gott ist der Gott meiner Mutter, er ist der Gott meines Herzens, er ist der Gott ihres Herzens; ich kenne keinen anderen Gott, der Gott meines Hirns, ist ein Hirngespinst; ich kenne keinen Gott, als den Gott meines Herzens; und fühle mich nur im Glauben an den Gott meines Herzens ein Mensch; der Gott meines Hirns ist ein Götze, ich verderbe mich in seiner Anbethung; der Gott meines Herzens ist mein Gott, ich veredle mich in seiner Liebe. Mutter! Mutter! du zeigtest mir Gott in deinen Befehlen, und ich fand ihn in meinem Gehorsam. Mutter! Mutter! wenn ich Gottes vergesse, so vergesse ich deiner, und wenn ich Gott liebe, so bin ich deinem Unmündigen an deiner Statt; ich schließe mich zu deinem Elenden ein, und dein Weinendes ruhet auf meinen Armen, wie auf Mutterarmen.

Mutter! Mutter! wenn ich dich liebe, so liebe ich Gott, und meine Pflicht ist mein höchstes Gut. Mutter! wenn ich deiner vergesse, so vergesse ich Gott, und der Elende ruhet nicht mehr auf meinen Armen, und ich bin dem Leidenden nicht mehr an Gottes statt; wenn ich deiner vergesse, so vergesse ich Gottes, lebe dann wie der Löwe für mich, und brauche, im Vertrauen auf mich, meine Kräfte für mich gegen mein eigen Geschlecht, dann ist kein Vatersinn mehr in meiner Seele, dann heiliget meinen Gehorsam kein göttlicher Sinn, und mein scheinender Pflichtsinn ist trügender Schein.

Mutter! Mutter! wenn ich dich liebe, so liebe ich Gott. Mutter und Gehorchen, Gott und Pflicht ist mir dann ein und eben dasselbe — Gottes Wille und das Edelste, Beste, das ich zu erschaffen vermag, ist mir dann ein und eben dasselbe. Ich lebe dann nicht mehr mir selbst; ich verliere mich dann im Kreise meiner Brüder, der Kinder meines Gottes — ich lebe nicht mehr mir selbst, ich lebe dem, der mich in Mutterarme genommen, und mich mit Vaterhand über den Staub meiner irdischen Hülle zu seiner Liebe erhoben. Und je mehr ich ihn liebe, den Ewigen, je mehr ich seine Gebote verehre, je mehr ich an ihm hange, je mehr ich mich selbst verliere und sein bin; je mehr wird auch meine Natur ein göttliches Wesen, je mehr fühle ich mich selbst übereinstimmend mit meinem Wesen und mit meinem ganzen Geschlechte . . . Ich habe den Ewigen in mir selbst erkannt; ich habe die Wege des Herrn gesehen, ich habe die Gesetze seiner Allmacht im Staube gelesen, ich habe die Gesetze seiner Liebe in meinem Herzen erforscht, — ich weiß an wen ich glaube. Mein Vertrauen auf Gott wird durch die Erkenntniß meiner selbst, und durch die daraus entkeimende Einsicht in die Gesetze der sittlichen Welt, unbeschränkt. Der Begrif des Unbeschränkten verwebt sich in meiner Natur mit dem Begriffe des Ewigen ich hoffe ein ewiges Leben. Und je mehr ich ihn liebe, den Ewigen, desto mehr hoffe ich ein ewiges Leben; und je mehr ich ihm vertraue, je mehr ich ihm danke, je mehr ich ihm folge; desto mehr wird mir der Glaube an seine ewige Güte zur Wahrheit; desto mehr wird mir der Glaube an seine ewige Güte zur Überzeugung meiner Unsterblichkeit.

„Wie Gertrud ihre Kinder lehrt“
14. Brief. XIII—353 ff.

II.

Die innere Gleichheit der menschlichen Verirrungen

Er. Hat der Mensch den vesten und reinen Willen, durch den er zur Wahrheit und zum Recht zu gelangen vermag, wenn er empfindet, denkt und handelt, wie er ohne allen Zwang und Gewalt immer thut?

Ich. Das ist nicht möglich.

Er. Warum?

Ich. Weil er in diesem Fall in seinem Empfinden, Denken und Handeln, ganz von dem Punkt ausgeht, auf welchem mein Geschlecht in wirklicher Unempfänglichkeit für Wahrheit und Recht blos thierisch dahin geht.

Er. Wohin muß aber diese Beschaffenheit meiner selbst mich in allen Verhältnissen des gesellschaftlichen Lebens hinführen?

Ich. Zur Untreue am gesellschaftlichen Recht.

Er. Worin besteht diese Untreue?

Ich. In der Unredlichkeit, die Entsagung des Rechts der bluttriefenden Freiheit der Naturverwilderung nur zu heucheln, im Grund aber mitten in der bürgerlichen Gesellschaft das gewaltthätige, blutdürstige Raubthier zu bleiben, das der Mensch im thierischen Verderben seiner Naturverwilderung im Walde ist.

Er. Wie äusert der Mensch diese Untreue auf dem Thron?

Ich. Durch Neigung zur Tyranney.

Er. Gesteht aber der Mensch auf dem Thron diese Neigung zur Tyranney?

Ich. Nichts weniger.

Er. Wie heißt er dieselbe?

Ich. Festigkeit in der Erhaltung seiner hoheitlichen, seiner Souveränitäts- seiner Kronrechte, und wie die hohen Namen alle heissen.

Er. Wie äusert der Mensch diese Untreue unter dem Strohdach?

Ich. Durch Neigung zur Anarchie, zur Standesauflösung, zum Sansculottism.

Er. Aber gesteht er unter dem Strohdach seine Neigung zur Anarchie und zur Standesauflösung?

Ich. Nichts weniger.

Er. Wie heißt er dieselbe?

Ich. Sorgfalt für Menschenrechte, für Freiheit, für Gleichheit, und wie die schönen Namen alle heissen.

Er. Wie äusert der Patrizier diese Untreue am gesellschaftlichen Recht?

Ich. Durch Neigung zur Oligarchie.

Er. Gesteht aber der Patrizier diese Neigung zur Oligarchie?

Ich. Nichts weniger.

Er. Wie heißt er dieselbe?

Ich. Neigung zur Aristokratie.

Er. Und wenn das böse Leben der Oligarchie den zum Blendwerk dargeworfenen Namen Aristokratie, auch bei der blinden

Menge gebrandmarkt hat, wie heißt er dann seine Untreue am gesellschaftlichen Recht?

Ich. Wie es kommt, bald landesherrliche Sorgfalt, bald landesherrliche Treue.

Er. Wie äusert der Edelmann diese Untreue am gesellschaftlichen Recht?

Ich. Durch Verfeinerung aller Heillosigkeiten unter dem Strohdach, durch Wild- und Jagdverschwendung, und durch Tracasserien seiner Amtleute, mit seinen Wirthshäusern, Mühlen, mit seinem Maaß und Gewicht, kurz mit allen Eigenheiten der amtlichen Manier, in Behandlung der herrschaftlichen Einkünfte.

Er. Gesteht aber der Edelmann in diesem Fall, daß er ein so heilloser Mensch ist, wie sein verdorbener Bauer?

Ich. Nichts weniger.

Er. Wie heißt er seine Heillosigkeit?

Ich. Standesmässige Aufführung.

Er. Gesteht aber sein Amtmann diese Untreue am gesellschaftlichen Recht?

Ich. Gott behüte!

Er. Wie redet er von derselben?

Ich. Als von seiner großen Treue und Sorgfalt in der Verwaltung der herrschaftlichen Gefälle, die sich alle auf heitere klare Rechte, auf vormundschaftliche Rechte, auf Schirmrechte, auf Lehnsrechte, Canzleirechte, Zollrechte, Wegrechte, Zehendrechte, Frohnrechte, Lieferungsrechte, Jagdrechte, Fischrechte, Waidrechte u. s. w. gründen, und alle vollkommen in der Ordnung seyen, daß auch kein Mensch im geringsten daran zu zweifeln habe.

Er. Und der Kaufmann und der Handwerker, wie äusern diese ihre Neigung zum gesellschaftlichen Unrecht?

Ich. Durch Vorliebe zu Monopolien.

Er. Was ist ein Monopol?

Ich. Ich denke soviel als eine Bemächtigung, irgend eine Sache mit gesellschaftlich unrechtmäßiger Beschränkung seiner Nebenmenschen benuzzen zu dürfen.

Er. Also wäre ein Monopolist so ziemlich ein in der bürgerlichen Gesellschaft privilegiertes Naturthier?

Ich. Ich denke nicht viel anders.

Er. Und die Cyklopen, die mit ihrer Keule zutodt schlugen, was in der Nähe ihrer Höhlen zu waiden wagte, wären also die ersten Monopolisten?

I c h. Ja! aber doch privilegierten diese dennoch sich selber, und waren also in ihrer eigenen Sache selber Richter, die neuern gehn doch nicht so völlig via facti zu Werke, sie lassen wohl auch ganz nahe an ihrem Wege leben, was lebet, und mögen zu Zeiten, wann sie bei guter Laune sind, es noch gar wohl leiden, wann sich etwan ein braver Mann bei ihnen um ein Stück Brod meldet, das macht doch einen grossen Unterschied zwischen ihnen und den einäugigen Menschenfressern.

E r. Es macht einen Unterschied, aber wir wollen ihn nicht zu genau entwikkeln. Wie äusert sich die Untreue an dem gesellschaftlichen Recht bei den Gelehrten?

I c h. Durch Streit und Zank, vorzüglich aber durch das Hungergewäsch ihrer unbehelflichen Seelen.

E r. Wie heissen sie ihren Streit und Zank?

I c h. Eifer für Wahrheit und Recht.

E r. Und das Hungergewäsch ihrer unbehelflichen Seelen?

I c h. Geistesprodukt.

E r. Und die Geistlichen, wie äusern diese ihre Untreue am gesellschaftlichen Recht?

I c h. Durch Schlaf- und Herrschsucht, durch Einmischung, und durch ihre allerunterthänigste Unterthänigkeit.

E r. Wie heissen sie ihre Schlafsucht?

I c h. Ruhe in Gott.

E r. Und ihre Herrschsucht?

I c h. Königliches Priesterthum.

E r. Und ihre Einmischung?

I c h. Heilige Pflichttreue.

E r. Und ihre allerunterthänigste Unterthänigkeit?

I c h. Nachfolge eines Mannes, der zwar freilich der Ordnung der Welt bis in den Tod gehorsam war, aber seinen Rükken dennoch nie vor Unrecht, Anmassungen und Heuchelei bog.

E r. Sind aber diese Anmassungen der Untreue unsers Geschlechts an Wahrheit und Recht allgemein etwas anders, als Folgen des Uebergewichts unserer thierischen Neigung, mitten in der bürgerlichen Gesellschaft also zu leben, wie der Mensch ohne allen Zwang und Gewalt immer lebt?

I c h. Sie sind allgemein nichts anders als Folgen der Heillosigkeit im Gebrauch ieder gesellschaftlichen Kraft zu diesem Zweck; daher ist die Neigung des Königs zur Tirannei, und die Neigung des

Bauern zur Anarchie, in ihrem Wesen die nämliche Sache, daher spricht der Oligarch und der Sansculott aus einem Munde, daher sind die Heillosigkeiten des adelichen Landlebens blosse Verfeinerungen der Heillosigkeiten unter dem Strohdach, und eben so die Tracasserien des Amtmanns mit den Tracasserien des Geistlichen, und hinwieder die monopolischen Großsprechereien der Kaufleute mit den monopolischen Gewaltthätigkeiten und den Innungsarmseligkeiten der gelehrten Republik eine und eben dieselbe Sache.

Aus den „Nachforschungen" XII—62 ff.

III.

Ohne Unterordnung der intellectuellen Bildung unter die sittliche ist der erste Grundsaz der Elementarherzensbildung, daß ihr Wesen selbstendig, ihre Formen aber mit den Formen der intellectuellen Elementarbildung in der höchsten Harmonie stehen, in den Tag hinein geschwazt, unausführbar und folgenleer; es ist ohne sie durchaus keine Elementarbildung des Herzens denkbar.

Wie sich der Geist wesentlich in Zahl, Form und Wort ausspricht, und alle Mittel seiner Ausbildung von diesen drei Fundamenten seiner Entwiklung ausgehen, also spricht sich das Herz wesentlich durch die Liebe aus, und alle Mittel seiner Ausbildung müssen nothwendig von dieser ihrer Urkraft ausgehen und in allen ihren Übungen sich an sie anketten.

Diese Urkraft der Sittlichkeit ist selbstendig und von der Urkraft der intellectuellen Erscheinung unsers ganzen Syns selber wesentlich getrent, hingegen aber geth die sittliche Bildung als ein Theil der allgemeinen Bildung unsers Wesens, das die höchste Einheit, die höchste Harmonie in sich selbst tregt, mit der intellectuellen Bildung nach den nemlichen Gesezen einen und eben denselben Gang. Wir wollen diesen in dieser lesten Hinsicht einen Augenblik verfolgen.

So wie die intellektuelle Elementarbildung, indem sie unverwirrt von ihren Anfangspunkten ausgeht und lückenlos an denselben fortschreitet, nichts in das Kind hineinlegt, sondern alles, was sie in ihm rege macht, schon in den Kräften, die sie in ihm belebt, zum voraus daliegend und innerlich selbstthätig nach äußerer Entfaltung strebend vorfindet, also legt auch die sittliche Elementarbildung, indem sie hinwieder, wie die erste, unverwirrt von ihrem Anfangspunkte ausgeht und lückenlos an demselben fortschreitet, nichts in das Kind hinein, sondern findet alles, was sie in ihm rege macht, in den Kräften, die sie in ihm belebt, schon zum voraus daliegen und, innerlich selbstthätig, nach äußerer Entfaltung hinstreben.

So wie die Mittel der intellektuellen Elementarbildung wesentlich vom Üben im Denken, und nicht vom Unterricht über das Denken ausgehen, so wie das Vorausgehen der Übungen im Denken vor dem Unterricht über das Denken als eine Ordnung, die nicht vom Willen des Menschen eingelenkt, sondern als ewige Grundlage unserer Natur selber von Gott selbst gegeben ist, also gehen auch die Mittel der sittlichen Bildung von Übungen im Lieben, im Danken, im Glauben aus. Sie fängt also ihr heiliges Werk nicht mit dem Unterricht über sittliche und religiöse Wahrheit, sondern mit dem sorgfältigen Entfalten eines sittlichen und religiösen Sinnes an, und sieht das Vorausgehen der Bildung zur Gottesforcht vor dem Unterricht über die Gegenstände der Gottesverehrung als eine Rangordnung an, die nicht vom Willen des Menschen eingelenkt, sondern als ewige Grundlage unserer Natur selber von Gott selbst gegeben sey.

So wie ferner die intellektuelle Bildung auf jeder Stuffe, auf der das Kind ihrenthalben steht, in ihm ein Streben nach der Vollendung seiner selbst auf dieser Stuffe und überhaupt nach dem Höchsten und Größten, das durch die auf dieser Stuffe in ihm lebendig gewordene Kraft erzielt werden kann, erzeugt, und wie sie dieses Streben dann noch durch Reize zur Anstrengung und Ausharrung für alles, was es durch diese Kräfte auszuführen und zu erzielen sich vornimmt, in ihm unterstützt und begründet, also erregt auch die sittliche Elementarbildung auf jeder Stuffe, auf der es ihrenthalben steht, in ihm ein inneres Streben nach der Vollendung seiner selbst auf dieser Stuffe und überhaupt nach dem Höchsten und Größten, das durch die in ihm lebendig gewordene Kraft der Liebe auf ihr und durch sie erzielt werden kann; sie unterstützt und begründet dieses Streben hinwieder durch die Reize zur Anstrengung und Ausharrung in allem, was das Kind durch die in ihm rege gemachte Kraft der Liebe auszuführen und zu erzielen sich vornimmt.

So wie die erste den menschlichen Geist in allen seinen Anlagen zugleich ergreift, und indem sie eine dieser Anlagen, welche es auch immer sey, auf eine der Natur gemäße Art erregt und belebt, dadurch auch alle andern in Thätigkeit setzt, entwickelt und stärkt, also ergreift auch die sittliche Elementarbildung das menschliche Herz und setzt hinwieder, indem sie eine seiner Anlagen, welche es immer seye, auf eine naturgemäße Art erregt und belebt, dadurch auch alle übrigen in Thätigkeit und entwickelt und stärkt sie. Hinwieder, so wie die erste nur dadurch mit gesichertem Erfolg in irgend einer ihrer einzelnen Übungen und Maaßregeln vorschreitet, daß diese mit dem Daseyn und der Mitbelebung alles Übrigen, was der Mensch zur allgemeinen Entwicklung aller seiner Geistesanlagen bedarf, verwoben erscheint und damit sorgfältig in Übereinstimmung gebracht ist, also schreitet auch die letzte in jeder einzelnen ihrer Bildungsmaßregeln und Übungen nur dadurch mit gesichertem Erfolg ihrem Ziele entgegen, wenn diese mit dem Daseyn und der Mitbelebung alles Übrigen, was der Mensch zur allgemeinen Entwicklung aller seiner Herzensanlagen bedarf, verwoben erscheint und sorgfältig damit in Übereinstimmung gebracht wird.

... Noch mehr, eben so wie die intellektuelle Elementarbildung durchaus nicht auf die Ausdehnung des Erkentniskreises, sondern auf die Beschränkung desselben auf uns nahe berührende Gegenstände und auf die innere Vollendung der Erkentnis dieser wenigen Gegenstände in uns selbst gebaut werden muß, also wird auch der Zweck der sittlichen Bildung nicht auf die Ausdehnung unsers Gefühlskreises, sondern auf die Beschränkung desselben auf nahe liegende Gegenstände unsrer Liebe und die Vollendung dieser Liebe für diese wenigen Gegenstände in uns selber erzielt. Die Natur ist auch hierinn in allen ihren Verhältnissen sich selbst gleich.

... Der Mensch hat von dem unermeßlichen Wissen seines Geschlechtes nur wenig nothwendig. Aber, was diesfalls Noth thut, ist, daß er das, was ihn nahe berührt, recht kenne, und das, was er kennt, recht benutze, damit es ihm wohl thue ...

Was in der Liebe Noth thut, ist wieder das, was beim Wissen Noth thut. Der Mensch liebe, was ihm zur Liebe nahe liegt, er liebe, was seine Pflicht ist, er liebe nicht schweifend, e r v e r e d l e s i c h durch seine Liebe.

„Geist und Herz in der Methode"
XVIII—40 ff.

Die folgenden Bemerkungen mögen diese Textprobe erläutern, die unter dem Gesichtspunkt der so viel umstrittenen „M e t h o d e" ausgewählt und gekürzt ist und sich, sehr kennzeichnend, den leitenden Grundsätzen weitgehend einfügt, die aus dem „Schwanengesang" und der „Lenzburger Rede" gewonnen sind (s. o. S. 220 ff. u. 249 ff.).

Zeitlich eingeordnet in sein gesamtes Lebenswerk, sucht Pestalozzi in der vorliegenden Arbeit, die intellektuelle Elementarbildung des „Geistes" in die sittliche Bildung des „Herzens" harmonisch einzuordnen, um die gegen ihn gerichteten Angriffe einseitiger Verstandesbildung zu entkräften.

Die zu klärenden Begriffe und Wendungen sind von mir gesperrt. Ihre Fülle läßt erkennen, wie Pestalozzi selbst mit den auf ihn eindrängenden „Intuitionen" gerungen hat. Gesteht er doch, z. B. auch in den „Geßnerbriefen", zu, daß er sich dieser Ideen „selbst nicht deutlich bewußt war". Er wußte bestimmt nicht, was er „that", aber er wußte, was er „wollte". Überdies war es ihm „sehr schwer, immer die Worte zu finden, die das, was er wollte, bestimmt ausdrückten". Unsere Interpretation soll daher auch nur die Richtung andeuten, in der sein Wollen mehr oder weniger bewußt vorstößt.

1. Die „A n f a n g s p u n k t e" aller Erkenntnis und sittlicher Bildung liegen in der „Beschränkung" des Erkenntnis- und Gefühlskreises auf die „u n s n a h e l i e g e n d e n G e g e n s t ä n d e". Damit ist auf den realontologischen Ausgangspunkt der Methode hingedeutet. So ist auch die Betonung des „D a s e y n s" der zu übenden Anlagen zu verstehen.

2. Die Elementarbildung geht nicht von der Überfülle verworrener Anschauungen aus, sondern „u n v e r w i r r t" von bestimmten „A n f a n g s p u n k t e n" oder „F u n d a m e n t e n" der Entwicklung, die aus „i n n e r e r V o l l e n d u n g" unserer Erkenntnis der Gegenstände bzw. unserer Liebe „i n u n s s e l b e r" erzielt sind. Damit verschiebt sich die Bedeutung von „Anfangspunkt" (= Ausgangspunkt) in der Richtung auf Fundamente (= Kategorien), weswegen sie auch „Formen" genannt werden. Demgemäß wird bereits in den frühesten methodischen Schriften von „vereinfachten" Elementen bzw. Bildungsmitteln gehandelt. Pestalozzi glaubt, daß

solche unwandelbaren Kategorien durch Verallgemeinerung gewonnen sind, worauf die ständigen Ausdrucksweisen wie *das Allgemeine, allgemein, im allgemeinen, das Wesen, wesentlich* usw. hindeuten. Daneben wird auch von der Abstraktion, z. B. der Zahl gesprochen.

3. Die kategorial aufgefaßten „Anfangspunkte" sind „Urkräfte", und zwar einerseits des „Geistes" (im intellektuellen Sinne): Zahl, Form und Wort; andererseits des „Herzens" (im emotionalen, sittlichen Sinne): „wesentlich" die Liebe. Die Sonderung der intellektuellen und der sittlich-emotionalen „Geistes"- bzw. „Gefühlsanlagen" wird von Pestalozzi hier, wie auch sonst, klar durchgeführt: Die „Urkraft der Sittlichkeit" ist von der „intellectuellen Erscheinung" unseres ganzen Seins selber „wesentlich getrent". Beider „Wesen" ist „selbstendig". An anderen Stellen wird die Schichtung der Begriffe und Kategorien weiter vorgetrieben. Das Beiwort „selbst", „selber" verdeutlicht Pestalozzis Hindrängen auf ihre Abgrenzung.

4. Die Elementarbildung, durch die „nichts in das Kind hineingelegt" wird, „findet" die zu belebenden Kräfte „schon zum voraus daliegend", „in ihm", „innerlich selbstthätig" nach „äußerer Entfaltung", d. h. an den „Gegenständen" der Außenwelt nach empirischer Erfüllung der Formen „hinstrebend". Damit ist die Hinwendung zu einer apriorischen Auffassung der Kräfte unserer Menschennatur angebahnt, die „in allen ihren Verhältnissen sich selbst gleich" ist. An anderen Stellen (z. B. Ma III—407) wird das Zusammenwirken von innen und außen betont: Alle Wahrheiten, die ich „durch Bearbeitung der Form" hervorbringe, „liegen als reine und vollendete Produkte des Geistes im Wesen der geraden und krummen Linien und der durch sie möglichen Zusammensetzungen". Aber dann doch die Einschränkung: Die äußere Natur bietet nur die Reize, vermag aber auf die Natur und Lebensgesetze des Kindes nichts (ebd. 384 f.). Vgl. dazu, was o. S. 38 f. über „Grundkräfte" gesagt ist.

Alle diese unter Punkt 1—4 aufgewiesenen Gedanken liegen der Idee der „Elementarbildung" (von „Element" im dargelegten Sinne) zugrunde.

5. Die Forderung der Naturgemäßheit beinhaltet den Gedanken, daß die Elementarbildung, dem „Gang" der Natur gemäß, lückenlos in Stufen „an" den Anfangspunkten fortschreitet.

6. Diese Rangordnung der Übungen ist nicht vom Menschen „eingelenkt", sondern „als ewige Grundlage unserer Natur

selber“ „von Gott selbst gegeben“. Die Übungen im Denken wie die Bildung zur Gottesfurcht gehen dem Unterricht über das Denken wie dem Unterricht über sittliche und religiöse Wahrheit voran.

7. Dadurch, daß eine der menschlichen Anlagen naturgemäß durch Anstrengung einzelner Übungen gereizt, erregt und belebt wird, werden auch alle übrigen Anlagen des Geistes und des Herzens in Tätigkeit versetzt, wenn die Elementarbildung mit der „Mitbelebung“ aller übrigen zu entwickelnden Anlagen verwoben erscheint und sorgfältig in Übereinstimmung gebracht ist.

8. Die „Einheit“ und die „Harmonie“ der Methode beruht darauf, daß sich der Entwicklungsgang wie derjenige der Ausbildung nach den „nemlichen Gesezen“ vollzieht. Die „Unterordnung“ der intellektuellen Bildung unter die sittliche ist der erste Grundsatz der Elementarbildung, die daher an dieser Stelle als „Elementarherzensbildung“ charakterisiert wird. Pestalozzi selber versteht sich als „Gefühls“-, nicht als „Verstandesmensch“ (ebd. S. 51).

9. Die Harmonie gründet sich ferner darauf, daß die Mittel der intellektuellen wie der sittlichen Bildung „wesentlich“ ausgehen von den an die Urkräfte „geketteten“ Übungen im Denken bzw. im Lieben (Danken und Glauben) und „auf jeder Stuffe“ im Kinde ein „inneres Streben“ nach der „Vollendung seiner selbst“ erzeugen.

10. Die „Beschränkung“ der Anschauung und unseres rechten, verwendbaren Wissens wie unserer veredelnden Liebe auf die „uns nahe berührenden Gegenstände“ bzw. auf das „Naheliegende“ ordnet sich dem Erziehungsziele Pestalozzis ein: Bildung des Menschen zur Unschuld, Einfalt und Ruhe.

Im folgenden (XVIII—45 ff.) wird schließlich die Elementarbildung auf die „reine Unschuld des Mutterverhältnisses“ in der Wohnstube gegründet und damit auf den Glauben an Gott und Jesum Christum.

DIE WICHTIGSTEN DATEN AUS PESTALOZZIS LEBEN

12. I. 1746	Johann Heinrich Pestalozzi in Zürich geboren. Er wird erzogen von der Mutter und der Magd Babeli nach dem frühen Tod des Vaters, eines Wundarztes. Er besucht die gelehrten Schulen Zürichs bis zum Herbst 1765, ohne einen Abschluß zu erreichen.
1765/1766	„Agis".
1768	Erwerb eines bei Birr gelegenen Geländes, auf dem der „Neuhof" errichtet wird.
1767—1769	Briefwechsel Pestalozzis mit Anna Schultheß, die dem Kreis der „Patrioten" unter Bodmers geistiger Führung nahesteht; Einfluß Rousseaus.
1769	Ihre Vermählung. Anna war 31 Jahre alt, also mehr als 7 Jahre älter als Pestalozzi.
1770	Geburt des einzigen Sohnes Jacob (gest. 1801).
1774	„Tagebuch Pestalozzis über die Erziehung seines Sohnes". Begründung der Armenanstalt auf dem Neuhof; sie geht 1779 ein. Pestalozzi tritt in die Helvetische Gesellschaft zu Schinznach ein, wo er Iselin kennen lernt.
1777/1778	„Aufsätze und Briefe über die Armenanstalt auf dem Neuhofe".
1779	„Von der Freyheit meiner Vaterstatt!".
1779/1780	„Die Abendstunde eines Einsiedlers".
1780	Elisabeth Näf (Urbild der „Gertrud") kommt als Magd auf den Neuhof.
1781—1783	„Über Gesezgebung und Kindermord".
1781—1787	„Lienhard und Gertrud" in 4 Teilen. 1790—1792 erscheint die 2. Fassung in 3 Teilen.
1782	„Ein Schweizer-Blatt".

1786/1787	„Über die Entstehung der sittlichen Begriffe in der Entwicklung der Menschheit“.
1788—1794	„Bemerkungen zu gelesenen Büchern“.
1792—1799	Revolutionsschriften.
1793	Begegnung Pestalozzis mit Fichte.
1797	„Figuren zu meinem ABC-Buch oder zu den Anfangsgründen meines Denkens“. „Meine Nachforschungen über den Gang der Natur in der Entwiklung des Menschengeschlechts“.
1798	Ausbruch der Revolution in der Schweiz. Pestalozzi als Leiter des Waisenhauses in Stans.
1799	„Über den Aufenthalt in Stanz“ (Brief an einen Freund). Pestalozzi beginnt als Schulmeister in der Elementarschule zu Burgdorf. „Die Sprache als Fundament der Kultur“.
1800	Denkschrift „Die Methode“.
1801	„Wie Gertrud ihre Kinder lehrt“.
1802	„Die Epochen“ (Pestalozzi an sein Zeitalter). „Denkschrift an die Pariser Freunde über Wesen und Zweck der Methode“. Aufenthalt in Paris bis Januar 1803.
1803	Joh. Niederer tritt erstmalig für Pestalozzi ein: Abwehr der von Pfarrer R. Steinmüller erhobenen Anschuldigungen.
1803/1804	„Erklerung über die Grundseze und Mittel meiner Methode sowie über ihren Erfolg“.
1804	„Über den Sinn des Gehörs“ (1808 veröffentlicht). Übersiedlung nach Münchenbuchsee (Auseinandersetzungen mit Ph. Em. Fellenberg) und von da nach Iferten.
1805	„Geist und Herz in der Methode“.
1806/1807	„Ansichten und Erfahrungen, die Idee der Elementarbildung betreffend“.
1808	Pestalozzi wird Präsident der Schweizerischen Gesellschaft für Erziehung in Lenzburg.
1808—1818	„Reden an sein Haus“.
1809	„Lenzburger Rede“: Über die Idee der Elementarbildung.
1810	J. Schmid verläßt das Institut infolge dauernder Streitigkeiten. Auf Niederers Bitte kehrt er 1815 nach Iferten zurück.

1815 „An die Unschuld, den Ernst und den Edelmuth meines Zeitalters und meines Vaterlandes".
Pestalozzis Gattin stirbt. Ausbruch neuer Streitigkeiten.

1816 Pestalozzis älteste Mitarbeiter, darunter Krüsi, trennen sich von ihm.

1817 Auch J. Niederer verläßt das Institut. Er ist seit 1814 mit der Jungfrau Kasthofer, der Leiterin des Mädcheninstituts, verheiratet. Prozeß wegen des Instituts zwischen Pestalozzi und Schmid einerseits und dem Ehepaar Niederer andererseits. Es kommt 1824 zu einem formalen Vergleich.

1818 Errichtung einer Armenanstalt in Clindy aus dem Subskriptionsertrag der geplanten Cotta'schen Ausgabe.

1818/1819 „Briefe an Greaves".

1819—1826 Pestalozzi gibt seine Werke im Cotta'schen Verlage heraus.

1825 Pestalozzi gibt seine Anstalt in Iferten auf.

1826 „Der Schwanengesang" (vorbereitet 1811—13, 1824—25 vollendet).
„Meine Lebensschicksale".
Pestalozzi spricht als Präsident der Helvetischen Gesellschaft: „Die Langenthaler Rede". Er ergänzt sie durch die „Skizze über das Wesen der Idee der Elementarbildung".
Rede in der Kulturgesellschaft zu Brugg (verlesen von Pfarrer Steiger zu Birr).

17. II. 1827 Pestalozzi stirbt.

Sachverzeichnis

heit unvergeßlich zum Bewußtsein zu bringen ist 36, 40.

Die zum Bewußtsein erhobene Anschauung und Erfahrung, wenn ihr unser selbständiges Streben entgegenkommt, fördert unsere Kenntnisse der Dinge, bringt sie mit unserm Pflichtbewußtsein in Übereinstimmung und verhilft uns zur Anschauung solcher Gegenstände, die nie zur eigentlichen Anschauung gelangt sind 16, 63, 98; sowie auch dessen, was recht und was unrecht ist 12 f., 14, 16, 49;

Hilfe der Sprache 51.

4. So kommt der Mensch zu Ergebnissen von absoluter Notwendigkeit 29.

Diese Gesetze sind verschiedener Art:

a) Einblick in das Wesen der Fundamente (Anfangspunkte): das Unwandelbare, Ewige, innere Wesen, gegenüber dem Zufälligen 69, 129; ewige Gesetze, nach denen die (intellektuellen wie sittlich-religiösen) Anlagen an der äußern Anschauung zur Entwicklung der reinen (s. das.) selbständigen Kräfte emporgehoben werden können 38.

Das ist das erste der drei Naturgesetze (35 f.), nach dem sich der menschliche Geist von sinnlichen (dunkeln) Anschauungen zu deutlichen **Begriffen** erhebt 34;

der Weg führt von dunkeln Anschauungen (Verwirrungen) zur Bestimmtheit, zur Klarheit, zur (bewußt) deutlichen Erkenntnis 20, 26, 29, 35, 37, 63, 129;

der Mechanismus der Natur ist in seinem ganzen Umfang hoher, einfacher Gang 26 (XIII—106 ff.).

Siehe die Übersichten „Anfangspunkte" (3), „Wesen" (1) und „Wahrheit" (2 b).

b) **Das Gesetz der physischen Näherung**, siehe die Übersicht „Wahrheit" (1).

c) Die mit unserm Anschauungsvermögen allgemein verwobene **Sinnlichkeit** unserer Natur, siehe die Übersicht „Wahrheit" (2 c).

d) Der Mechanismus der menschlichen **Geistesentwicklung** ist in seinem Wesen (d. h. kategorial betrachtet!) den (nämlichen) Gesetzen der physisch-sinnlichen Natur unterworfen 26 (Punkt 3), 34;

die menschlichen Kräfte entfalten sich nach ewigen, unauslöschlichen und unabänderlichen Gesetzen, die dem Gang der Natur in der Entfaltung der Kräfte zugrunde liegen 233.

e) Aus diesen Gesetzlichkeiten ergab sich die Notwendigkeit einer psychologischen Unterrichtsmethode 7, 25, 26, 28, 32, 34, 37, 59, 60 f., 72 f., 245 f.;

auch der Seelenzustand der Kinder ist zu beobachten 18.

Die Grundgesetze der psychologischen Methode sind dann: die Nachahmung der freien Bahn der Natur; die vereinfachten Elementarmittel mit dem Wesen des menschlichen Geistes in Übereinstimmung bringen; das Unwesentliche in lückenloser Reihenfolge an das unerschütterlich tief eingegrabene Wesentliche anketten 9 f., 17, 25 f., 28, 34 f., 39.

Siehe die Übersichten „Wesen" (1) und „Elementarbildung" (4, Harmonie).

Der Rückgang auf die Elemente (Anfangspunkte oder Fundamente) sichert Ergebnisse von unbedingter Notwendigkeit 27.

Es kann daher nicht zwei gute Unterrichtsmethoden geben 28, 34, 42, 72, 148, 221, 224.

5. **Die Bildungsmittel.**

Ihre **Bezeichnung:** *Kunst-, Elementar-, Lehr-, Anschauungs (lehr)-, Vorbereitungs-, Weckungs-, Belebungs-, Entwicklungs-, Verkürzungs-, Erleichterungsmittel, (Vereinigungspunkt* 57*), Eingreifungsmittel* 263;

die Einlenkungsmittel Gesang und Schönheitsgefühl (die wie der menschliche Körper im Schwanengesang zurücktreten) 5, 205.

Arten: Wort, Form, Zahl; Körper und Viereck; Linien, Winkel, Bo-

klare Erkenntnis aller Gegenstände folgt aus dem richtigen Sehen, richtigen Hören, Riechen, Schmekken, Fühlen, Greifen usw. 214.

b. Die ewigen Gesetze, nach denen der menschliche Geist sich von sinnlichen Anschauungen zu deutlichen Begriffen erhebt 26, 33.
Diese bilden das Wesen (s. das.) der Dinge und der Menschen. Sie sind das eigentliche ABC der Anschauung, die unwandelbaren Anfangspunkte, die ewigen Wahrheiten, das innere Wesen der Erscheinungen gegenüber den in die Augen fallenden zufälligen, wandelbaren Eigenschaften der Dinge, siehe die Übersicht „Anfangspunkte" (3);
denn unsere Kenntnisse ruhen auf der Sicherheit der Fundamente 17: realontologische Grundlegung der Methode!
Darüber hinaus liegen sittlich-religiöse Wahrheiten im Innersten unserer Natur, die heiligen Fundamente des Glaubens und der Liebe 7, 138, 178 f., 181, 209, 233.
Die Selbstkenntnis umfaßt nicht nur die Kenntnis meiner physischen Natur, sondern auch die Kenntnis meiner inneren Selbständigkeit, meines Willens, das eigene Wohl selbst zu fördern und den erkannten Pflichten getreu zu sein 44;
wie sich der Geist wesentlich (d. h. kategorial, siehe „Wesen") in den Fundamenten Zahl, Form, Wort ausspricht, also spricht sich auch sittlich-religiös, das Herz wesentlich durch die Liebe aus, woran sich entsprechend alle Übungen der Urkraft anketten 277. Siehe die Übersicht „Methode" (3: Bewußtsein).

c. Die mit unserm Anschauungsvermögen allgemein verwobene Sinnlichkeit unserer Natur, d. h. die Neigung (der Drang), alles zu kennen (Forschungskraft), auch zu genießen, bzw. die Trägheit (Kaltblütigkeit des Urteils). Mit diesem Hinweis auf den Drang des Wissen-Wollens ist der emotionale Akt der im triebhaften Instinkt wurzelnden Forschungskraft klar abgehoben vom bloß funktionalen Denken des Verstandes, 181 und besonders 278 f., 281. Siehe die Übersichten „Klassifikation der psychischen Phänomene" (3) und „Methode" (6, Anregung der Kräfte).
Ergibt sich doch die Wahrheit nur aus langem stillen, träumenden Suchen 8, 130, 185;
aus langsamem Urteilen 183, in besinnlich beherrschter Stille 49.
Die naheliegende Beziehung zu den Gemütstätigkeiten (s. das.) wird nicht verfolgt. —
Je nach dem Stande bzw. der Schicht (s. das.) werden verschiedene Arten von Wahrheiten unterschieden: Weberwahrheit, Gartenwahrheit, Volkswahrheit (Wahrheiten fürs Volk) 130, 134, 154.
Abstrakte Wahrheiten, d. h. Wahrheiten, bloß um ihrer selbst willen, werden abgelehnt 133;
Wahrheit, aus den Bedürfnissen unserer Verhältnisse erwachsen, sind nur in dem Grade wichtig, als sie uns helfen 154, 158 f.;
wir können uns nur so viel Wahrheit wünschen, wie wir ertragen im Hinblick auf Glück und Sittlichkeit 182 und Anm.
Dennoch wird die Möglichkeit objektiver Wahrheit anerkannt. Wahrheit bleibt Wahrheit, alles wechselt außer Wahrheit 185.
Meine Natur muß das für Wahrheit nehmen, was ihr in vielseitigen Verbindungen der Realverhältnisse als Wahrheit vor Augen kommt 14, 16, 21 Anm., 73;
Form, Namen und vor allem die Zahl (64) sind die (wesentlichen) Eigenschaften der Dinge 3, 7, 40, 59, 61;
also vollendete Sachkenntnis ist Wahrheit aus Realgegenständen 106;
dazu gehört die harmonische Ganzheit der umfassenden Anschauung 17, 32, 279, 282;

Wesen für beide Fälle gebraucht werden können. Es ist daher wohl schwer zu sagen, welcher Gedanke in Stellen wie *das innere heilige Wesen der Menschenbildung* (142) überwiegt, wie denn auch gelegentlich (252 Anm.) das Allgemein-Notwendige (Kategoriale) als das *Höhere* ohne den Sinn eines stärkeren Echtheitsgrades bezeichnet wird. Man muß sich daher wohl hüten, die Abgrenzungen der Ausdrucksweisen weiter zu treiben, als der Wahrheitssucher Pestalozzi selbst vorstoßen wollte. Andererseits besteht aber doch ein solcher Unterschied zwischen den auf realontologische Klärungen hinauslaufenden Interpretationen der Anfangspunkte (Elemente, Fundamente) und den Bemühungen, den stärkeren Grad der Angemessenheit an eine Norm zu kennzeichnen, so daß im ersteren Falle nur Ausdrücke wie *unwandelbar, unveränderlich, einfach, allgemein,* im letzteren Falle Bezeichnungen wie *sittlich* oder gar *echt* verwendet werden. Wie zu erwarten, wird daneben der Ausdruck *Wesen* auch im schlichten Sinne gebraucht, z. B. das Wesen (das Wesentliche) meines Buchs 136, die Buchstabenschrift als unwesentliche Form des Redens 30, die wesentlich nächsten Verhältnisse 14 usw.;
ähnlich die verschiedenen Abstufungen des Sinnes von *inner (Inneres)* auf S. 252, die Erläuterung der Unschuld als *innere Rechtlichkeit* 241 usw.;
wie auch der Sinnwandel von *allgemein* zu *gemein* hinneigt (18 Anm.) und *rein* zur Bedeutung *sittlich* (s. „rein"). Daher die Schwierigkeiten der Sinndeutung in jedem einzelnen Fall.

Wille, siehe die Übersicht „Klassifikation der psychischen Phänomene" (2).

Wort und Zahl, siehe die Übersicht „Elemente" (1 und 3).

Zivilisation und Kultur, siehe „Individuum und Gesellschaft".

Nachweis der herangezogenen Schriften Pestalozzis

Die Anordnung der Titel erfolgt alphabetisch nach dem ersten kennzeichnenden Wort